教育部哲学社会科学重大攻关项目"特别行政区制度在我国国家管理体制中的地位与作用研究"

国家社科基金项目"两岸政治关系定位与台湾地区参加国际活动问题研究"

教育部规划基金项目"构建两岸关系和平发展框架的宪法机制研究"

台湾地区权利保障司法案例选编

祝 捷 编著

九州出版社
JIUZHOUPRESS 全国百佳图书出版单位

图书在版编目（CIP）数据

台湾地区权利保障司法案例选编／祝捷编著．--2版．--北京：九州出版社，2023.9
（国家统一理论论丛／周叶中总主编）
ISBN 978-7-5225-2172-5

Ⅰ.①台… Ⅱ.①祝… Ⅲ.①权益保护-案例-台湾 Ⅳ.①D927.580.305

中国国家版本馆 CIP 数据核字（2023）第 180254 号

台湾地区权利保障司法案例选编

作　　者	祝　捷 编著
责任编辑	关璐瑶
出版发行	九州出版社
地　　址	北京市西城区阜外大街甲 35 号（100037）
发行电话	（010）68992190/3/5/6
网　　址	www.jiuzhoupress.com
印　　刷	北京捷迅佳彩印刷有限公司
开　　本	720 毫米×1020 毫米　16 开
印　　张	23.75
字　　数	316 千字
版　　次	2023 年 12 月第 2 版
印　　次	2023 年 12 月第 1 次印刷
书　　号	ISBN 978-7-5225-2172-5
定　　价	108.00 元

★ 版权所有　侵权必究 ★

"国家统一理论论丛"总序

党的二十大报告指出："解决台湾问题、实现祖国完全统一，是党矢志不渝的历史任务，是全体中华儿女的共同愿望，是实现中华民族伟大复兴的必然要求。"这充分体现出解决台湾问题对党、对中华民族、对全体中华儿女的重大意义，更为广大从事国家统一理论研究的专家学者提供了根本遵循。

自 20 世纪 90 年代以来，武汉大学国家统一研究团队，长期围绕国家统一的基本理论问题深入研究，取得一系列代表性成果，创建湖北省人文社科重点研究基地——武汉大学两岸及港澳法制研究中心。长期以来，研究团队围绕国家统一基本理论、反制"法理台独"分裂活动、构建两岸关系和平发展框架、构建两岸交往机制、两岸政治关系定位、海峡两岸和平协议、维护特别行政区国家安全法律机制、国家统一后治理等议题，先后出版一系列学术专著，发表数百篇学术论文，主持多项国家级重大攻关课题和一大批省部级以上科研项目。其中，《构建两岸关系和平发展框架的法律机制研究》与《构建两岸交往机制的法律问题研究》两部专著连续两届获得教育部高等学校科学研究优秀成果奖（人文社会科学）一等奖，后者还被译为外文在海外出版，产生一定国际影响。研究团队还围绕国家重大战略需求，形成一大批服务对台工作实践的战略研究报告，先后数十次获得中央领导同志批示，一大批报告被有关部门采纳，为中央有关决策制定和调整提供了充分的智力支持。

在长期从事国家统一理论研究的过程中，我们形成了一系列基本认识和基本理念，取得了一大批关键性成果，完成了前瞻性理论建构布局。我们先后完成对包括国家统一性质论、国家统一过程论、国家统一治理论在内的国家统一基本理论框架的基础性探索；以问题为导向，逐一攻关反"独"促统、两岸关系和平发展和特别行政区治理过程中面临的一系列关键性命题，并取得重要理论成果；面向国家统一后这一特殊时间段的区域治理问题，提出涵盖理论体系、制度体系、机构体系、政策体系等四大体系的先导性理论设计架构。

在过去的近三十年时间里，武汉大学国家统一研究团队的专家学者，形成了大量服务于国家重大战略需求的研究成果。然而，由于种种原因，这些成果未能以体系化、规模化的方式展现出来，这不得不说是一种遗憾。为弥补这一遗憾，我提议，可将我们过去出版过的一些较能体现研究水准、对国家统一事业具有较强参考价值的著作整合后予以再版，出版一套"国家统一理论论丛"，再将一些与这一主题密切相关的后续著作纳入这一论丛，争取以较好的方式形成研究成果集群的体系化整合。提出这一设想后，在九州出版社的大力支持下，论丛首批著作得以顺利出版。在此，我谨代表团队全体成员，向广大长期关心、支持和帮助我们的朋友表示最衷心的感谢！同时，我们真诚地期待广大读者的批评和建议。我们坚信：没有大家的批评，我们就很难正确地认识自己，也就不可能真正战胜自己，更不可能超越自己！

周叶中
2023年夏于武昌珞珈山

前　言

　　了解台湾地区法律制度，不仅是促进中国之"法理统一"所必须，亦为大陆民主法治发展借鉴之需。了解之对象除处于文本之静态法律制度外，尚包括体现为案例之动态法律制度。大陆学界当前介绍之重点在于前者，而对后者尚付阙如。基于台湾地区现行"宪法"之规定，"司法院"在台湾地区政治体制中占据着重要位置，经由"司法院大法官"做作之"大法官解释"，为台湾地区重要法源之一。"大法官解释"将台湾地区法律制度动态化、实践化，因此，对"大法官解释"所涉案件的研究，乃从动态角度研究台湾地区法律制度的最佳途径。本书拟以1990年台湾地区"宪政改革"后之"大法官解释"（具体而言，系指"释字第261号解释"后的"大法官解释"）为对象，对台湾地区法律制度进行介绍和分析。本书所涉案例为与台湾地区人民息息相关的基本权利保障制度。本书作者曾于《台湾地区"宪政改革"研究》一书中，撰写第七章曰"台湾地区'宪政改革'与人权"，其中对"大法官解释"与人权的关系进行了分析，本书亦可以看作是这一部分的扩展。

　　全书共分两个部分：基本权利保障的总论和基本权利保障的分论。总论中涉及台湾地区保障人民基本权利之原则和具有总体性和基本性的制度，分论中涉及台湾地区具有典型意义的基本权利，并分门别类加以介绍和分析。从微观角度着眼，每一案件包括案情要览、基本知识、解释要点、理论评析和延伸思考，其作用分述如下：

——案情要览。介绍案件的基本案情以及争点所在，使读者对案件能有一个大体的了解，并根据自己之"前见"对案情争点有一基本之认识和判断。

——基本知识。就与案件所涉争点之基本理论知识进行交代，并介绍与争点有关的理论学说。

——解释要点。以"大法官解释"的"解释文"和"解释理由书"为依据，介绍"大法官"对案件争点的处理，以及对台湾地区法律制度的形塑作用。

——理论评析。对案件所涉理论问题进行评析，探讨"大法官解释文"和"解释理由书"在理论上的问题，并对"大法官"的论证脉络进行分析，介绍"协同意见书"和"不同意见书"的观点。本部分也是案例分析的核心部分。

——延伸思考。对案件所涉基本权利在理论和实务上的未决问题和争议问题加以简要介绍，并提出供读者思考的问题。

本书案例均取材于台湾地区"司法院""大法官解释"，"解释文""解释理由书""协同意见书"和"不同意见书"均可从台湾地区"法源法律网"上进行检索，案情要览系作者根据"大法官解释"所附司法文书（包括申请书、当事人上诉状、台湾地区法院之判决书等）整理。在编排顺序上，本书以案件所涉理论问题（知识点）进行类型化，并依传统之教科书序列排列类型，在同一类型中，依照案件所涉之知识点排列具体案件。需要说明的是，"大法官解释"只有解释号，而无案件名称，本书按照司法案件名称命名的通例，以"声请人诉被声请人"的格式命名案件名称。当然，台湾地区"大法官解释"可以是没有被声请人的"释疑案件"，对于该类案件，本书将视具体情况另行命名。

本书可以作为涉台理论和实务界、法学界研究、教学的参考资料，以及关心台湾问题人士的兴趣读物。由于台湾地区政治制度和法律制度与祖国大陆颇有不同,尤其是在两岸政策上与祖国大陆相异处较多,本书尽量不选取可能导致读者误读的案例,必须涉及之处亦做了技术处理,相信读者自会有一个理性的判断。

目　录

总　论

第一部分　法律保留原则 …………………………………（3）
　　案例1　美商西北航空等诉"民用航空局"案 …………………（3）
　　案例2　彭天豪诉"入出境管理局"案 …………………………（13）
　　案例3　谢维安诉台湾地区"信托局"案 ………………………（25）

第二部分　比例原则 ……………………………………（38）
　　案例4　陈志祥质疑死刑案 ………………………………（38）

第三部分　信赖保护原则 ………………………………（54）
　　案例5　吕明凡诉"铨叙部"案 ……………………………（54）

第四部分　正当程序原则 ………………………………（69）
　　案例6　张宜昌等质疑"检肃流氓条例"案 ………………（69）

第五部分　基本权利的功能 ……………………………（80）
　　案例7　彰化第四信用合作社诉"财政部"案（1999年） …（80）
　　案例8　刘治平诉"铨叙部"案（1999年） ………………（91）

第六部分　特别权力关系 ………………………………（104）
　　案例9　简良机诉成功大学案 ……………………………（104）

分 论

第一部分 人格尊严 ………………………………………（119）
案例10 李秋兰诉陈明云案 ………………………………（119）

第二部分 平等权 …………………………………………（133）
案例11 梁秋蓉诉孙德宝案 ………………………………（133）
案例12 王×泉诉高雄市第三信用合作社案 ……………（143）
案例13 郑×中诉"中央警察大学"案 …………………（153）

第三部分 言论自由 ………………………………………（168）
案例14 黄鸿仁、林莹秋诉蔡兆阳案 ……………………（168）
案例15 台湾国际烟草公司诉台北市卫生局案 …………（180）
案例16 王×贵诉台北市地方法院案……………………（194）

第四部分 宗教信仰自由 …………………………………（205）
案例17 吴宗贤等四人诉台湾地区"国防部"等案 ………（205）
案例18 五峰景德会、五指山灶君堂诉师善堂案 ………（217）

第五部分 财产权 …………………………………………（231）
案例19 费立杰等三人诉叶财记工程有限公司案 ………（231）
案例20 何加兴诉嘉义市政府案 …………………………（246）

第六部分 人身自由 ………………………………………（263）
案例21 张大勇等四人诉台湾高等法院高雄分院案 ……（263）

第七部分 工作权 …………………………………………（276）
案例22 潘正雄诉台湾地区"卫生署"案 ………………（276）
案例23 李永恒诉台北市政府案 …………………………（290）

第八部分 获得救济权 ……………………………………（303）
案例24 陈俊男诉台湾地区"健康保险局"案 …………（303）

第九部分　应考试权 ………………………………………… (317)
　　案例 25　蔡镜辉诉台湾地区"考试院""考选部"案 ……… (317)
第十部分　社会权利 ………………………………………… (331)
　　案例 26　苏焕智等 55 人质疑台湾地区"国军老旧眷村改建
　　　　　　 条例"案 ……………………………………………… (331)
第十一部分　未列举权利 …………………………………… (349)
　　案例 27　黄茂林诉嘉义县水上乡户政事务所案 ……………… (349)
参考文献 ……………………………………………………… (359)
后　记 ………………………………………………………… (365)

总　论

第一部分　法律保留原则

案例1　美商西北航空等诉"民用航空局"案

解释号:"释字第313号解释"

知识点:法律保留原则与授权明确性原则

【案情要览】

本案声请人为美商西北航空公司、台湾地区中华航空股份有限公司等十四家民用航空业者,以搭载世界各地旅客为业。1987年前,根据台湾地区"戡乱时期台湾地区港口机场旅客入境出境查验办法"第24条规定,[①] 若声请人搭载无入境许可证明之旅客入境者,应处以新台币3000元至18000元的罚锾。1987年后,该办法被废止。1988年,台湾地区"交通部"以修正"民用航空运输业管理规则"第29条之方式,规定民用航空业不得搭载无入境许可证明之旅客来台,并大幅提高罚锾额度。嗣后,台湾地区"民用航空局"依照上述规定,就声请人搭载无入境许可证明之旅客来台之行为,或声请人搭载持逾期入境许可证明之旅客来台无明文限制之行为,课予罚锾。声请人经诉愿、再诉愿及行政诉讼,台湾地

[①] 本书所引条文俱为解释作成时之条文,若其后所引条文发生变动(修改、废止)等,均不再一一说明,请读者自行查阅。

区"行政法院"维持诉愿及再诉愿决定,认定"民用航空运输业管理规则"第29条并无违背法令而无效之情事,并认为台湾地区"交通部""……以命令规定其处罚,不能谓超越其业务……系依民用航空法第九十二条之授权制定管理规定,尤不得认越俎代庖,或超越母法",遂对声请人作成不利判决。声请人以"民用航空局据以处罚声请人等之民用航空运输业管理规则之位阶,以及其所由制定之授权依据,即民用航空法第九十二条之授权范围,均不足为限制人民财产权之依据"为由,声请"大法官解释"。

【基本知识】

本案涉及法律保留原则。所谓"法律保留原则",是指对人民基本权利之侵犯,必须依法律方得为之。[①] 法律保留原则最早源于法国《人权宣言》第4条:"自由就是指有权从事一切无害于他人的行为。因此,各人的自然权利的行使,只以保证社会上其他成员能享有同样权利为限制。此等限制仅得由法律规定之。"从理论源头而言,法律保留原则乃法治原则的自然延伸。根据法治原则的要求,公权力机关行使职权必须在法律规定的范围内,尤其是行使可能侵犯基本权利的职权时,更应严格遵守法律规定,非法律规定,不得对基本权利施以限制。由于公权力对基本权利的限制主要来自于行政权,因此,对行政权适用法律保留予以限制,成为法律保留原则的基本内容,亦即从法律保留转化为国会保留或立法保留。[②] "法律保留"中的"法律"并非指广义之公权力制定之全部规范性文件,而仅指立法机关制定的规范性文件,亦即形式意义上的法律。

德国基本法基本权利专章几乎在每项基本权利后,都含有"非依法律不得限制"的表述。如第2条第2项有关生命及身体权之规定,即有"此等权利唯根据法律始得干预之";第5条第2项又规定,该条第1项规

---

① 陈新民:《德国公法学基础理论》(下册),山东人民出版社2001年版,第354页。
② 陈慈阳:《宪法学》,元照出版有限公司2004年版,第400页以下。

定之"表意自由"得依一般法律之规定加以限制,等等。在德国基本法第 19 条第 1 项对于法律保留原则进行了比较具体之规定。根据该项之规定,法律保留原则有着三项具体要求:其一,限制基本权利之法律应具有一般性;其二,该法律不得仅适用于特定事件;其三,该法律应具体列举其条文指出其所限制之基本权利。

在台湾地区,台湾地区现行"宪法"第 23 条被认为是法律保留原则的法源。[①] 第 23 条规定:"以上(第 7 条至第 22 条)所列之自由权利,除为防止妨碍他人自由,避免紧急危险,维持社会秩序,或增进公共利益所必要者外,不得以法律限制之。"查台湾地区"行政法院"判决,其认定"民用航空法"第 92 条授权"交通部"制定管理规定,且台湾地区"民用航空局"确实系依该经授权制定的规定对声请人处予罚锾,并无不妥之处。声请人认为,台湾地区"民用航空运输业管理规则"第 29 条及第 46 条以"行政命令"位阶之规范不当限制人民财产权,与保障财产权意旨及法律保留原则抵触。因此,本案的争点在于:系争之台湾地区"民用航空法"第 92 条对台湾地区"交通部"之授权是否符合法律保留原则。

【解释要点】

"大法官"针对本案作成"释字第 313 号解释",对法律保留原则的基本权利保障功能予以肯定,并补充授权明确性原则,并据此宣告系争之"民用航空法"第 92 条违反法律保留原则。

据"大法官""解释文"和"解释理由书":对人民违反"行政法"上义务之行为科处罚锾,涉及人民权利之限制,其处罚之构成要件及数额,应由"法律"定之。若"法律"就其构成要件,授权以命令补充规

---

① 吴庚:《宪法的解释与适用》,三民书局 2004 年版,第 55 页。

5

定者，授权之内容及范围应具体明确。"大法官"认为，台湾地区"民用航空运输业管理规则"第29条和第46条系依据"民用航空法"第92条对"同法"第87条第7项构成要件所作之规定。但该项谓"其他违反本法或依本法所发布命令者"，其法律授权之依据，有欠明确，与授权明确性原则不符，因而"应自本解释公布之日起，至迟于届满一年时，失其效力"。

【理论评析】

本案被施文森称为"经典法则"。[①] 前文已述，法律保留原则之目的，首在于限制行政权对基本权利之限制，其原因出于18世纪至19世纪后人民对行政权限制基本权利之戒心。[②] 但是，随着现代公共行政的发展，行政权侵夺立法权之权能已经成为不可阻挡的历史趋势，其表现之一就是立法机关透过法律大量授权行政机关立法。因此，坚持传统的法律保留原则，已经无法适应行政机关获法律授权而立法的情势。本案即为法律保留原则遭遇授权立法冲击的典型范例之一。如何在新的条件下对行政权适用法律保留原则之限制，成为一项新的课题，亦即在行政机关已有授权立法的情势下，如何对法律保留原则本身进行调整，以使得法律保留原则能继续符合法律保留原则保障基本权利之原意。

对于法律保留原则进行调整，有补充说和限制说两种理论。补充说认为，法律保留原则满足防止行政权肆意限制基本权利之形式要求，但法律保留原则涵义不够丰满，应通过补充，使法律保留原则涵义更加明确。补充说的要旨是通过对法律保留原则构成要件的补充，使法律保留原则更加具有可操作性。限制说认为，法律保留原则的古典意义表现在其乃限制人权之功用，对法律保留原则之调整，应针对法律保留原则这一古典意义加

[①] "释字第488号解释"施文森之一部不同意见书。
[②] 陈慈阳：《宪法学》，元照出版有限公司2004年版，第400页。

以限制，以构成"限制之限制"。① 由是观之，补充说更加具有合理性。第一，限制说谓法律保留原则之古典意义表现在其乃限制人权之功用，并不符合法律保留原则之原初意义，相反，法律保留原则之原初意义在于限制对基本权利之限制，以使得对基本权利之限制只能依据形式意义的法律为之。第二，就法律保留原则而言，其需调整的根本原因在于法律保留原则不能适应行政权侵夺立法权之权能的情势，而非法律保留原则自身变异为限制基本权利之原则，申言之，唯有进一步完善、加强法律保留原则，而非限制，俾能使法律保留原则回复限制对基本权利之限制的原初功能。第三，限制说系依据德国基本法第19条规定之三项要求提出，但该三项要求并非仅可理解为对法律保留原则之限制，而毋宁是对法律保留原则的排除性构成要件。因此，限制说不仅不符合法律保留原则的原初意义，而且还可以为法律保留原则所涵盖。本书对法律保留原则的调整采补充说。

具体到补充方式，陈慈阳将对法律保留原则之补充列为明确性原则、个案立法之禁止和比例相当性原则；② 陈新民根据德国公法学理论，将对法律保留原则之"限制"（实为"补充"）概括为个案法律之禁止原则、指明条款要求和根本内容之保障；③ 吴庚更是将对限制基本权利法律的制约（实为补充）列为比例原则、本质内容限制之禁止、明确性原则、个别性法律之禁止和指明要求五类。④ 上述学者观点多取材自德国基本法第19条，因而大部重复，总结起来，学界对法律保留原则之补充有四：其一，明确性原则，系指法律应明确指明限制的基本权利，而且在法律授权行政机关发布法规命令时，应规定此项授权之内容、目的和范围；其二，禁止"个案立法"原则，系指立法者不应针对个案立法，防止对特定人

---

① 陈新民：《德国公法学基础理论》（下册），山东人民出版社2001年版，第364页；吴庚：《宪法的解释与适用》，三民书局2004年版，第162页。
② 陈慈阳：《宪法学》，元照出版有限公司2004年版，第406页以下。
③ 陈新民：《德国公法学基础理论》（下册），山东人民出版社2001年版，第364页以下。
④ 吴庚：《宪法的解释与适用》，三民书局2004年版，第162页以下。

课予义务与负担；其三，比例原则，系指对基本权利之限制，系指立法者制定法律限制基本权利，所采取的限制手段必须与限制基本权利的目的成比例，本书将在总论第二部分详述；其四，限制基本权利核心之禁止原则，不得限制基本权利之核心领域，以防止造成基本权利的空洞化。本案所涉为第一项补充"明确性原则"。

明确性原则的规范母本系源自德国基本法第 19 条第 1 项第二分句和第 80 条第 1 项。德国基本法第 19 条第 1 项第二分句谓："凡基本权利依本基本法规定得以法律限制者……该法律并应具体列举其条文指出其所限制之基本权利"；第 80 条第 1 项谓："联邦政府、联邦阁员或邦政府，得根据法律发布命令（Rechtsverordnungen）。此项授权之内容、目的及范围，应以法律规定之。所发命令，应引证法律根据。如法律规定授权得再移转，授权之移转需要以命令为之。"对于前者，陈新民称之为"指明条款要求"，[①] 对于后者，吴庚将其直接作为明确性原则的分析模板。陈新民认为，德国基本法第 19 条第 1 项"指明条款"要求的目的十分清楚，即要求立法者限制人权的意图应尽量明确化，免得适用法律之机关——行政及司法——会曲解、甚或扩张被限制人权之范围。陈新民认为，"指明条款"是一条纯粹的形式规定，发挥保障人权的效果极为有限，主要作用一为警示作用，即警示立法者，其行为已经是限制某些人权之规定了，二为提请作用，即提醒司法者把握法律涉及之人权条文的范围。[②] 吴庚认为，依据德国基本法第 80 条第 1 项，明确性原则可以区分为两层涵义：其一是法律规定的本身应明白及确定，其二是授权发布法规命令的明确性。至于授权明确性的审查密度，[③] 吴庚引据德国学者观点，认为立法者

[①] 陈新民：《德国公法学基础理论》（下册），山东人民出版社 2001 年版，第 366 页。
[②] 陈新民：《德国公法学基础理论》（下册），山东人民出版社 2001 年版，第 366 页。
[③] 对于审查基准、审查密度等词的用法，本文采吴庚在《宪法的解释与适用》一书中的观点，将审查标的时参照的上位法规范称为"审查基准"，将审查标的时所形成的宽严不同的尺度称为"审查密度"，在涉及美国法上"二重基准""双重标准"等概念时，进行特别说明。

应遵守两点：其一为方针规则，即法律应明白指出其目的及法规命令所得规制的界限；其二为预见性规则，即应使人民能预见根据法律授权，被授权机关将发布何种命令。①明确性原则的两层涵义并非不会发生竞合。若授权法律本身并不明确，究竟是属于法律本身的不明确，还是授权发布法规命令的不明确，并非毫无疑义。②

据台湾地区现行"宪法"第23条，从文本中可以直接推出法律保留原则无疑，但是，却不能直接推导出授权明确性原则。施文森所谓"经典法则"的"经典"之处，便是"释字第313号解释"比较完整地以明确性原则补充了法律保留原则。问题在于："释字第313号解释"所补充的明确性原则，究竟是法律本身的明确性，还是授权明确性。据"解释文"和"解释理由书"，"大法官"对法律保留原则及其补充的明确性原则，共经历了三步推演：

第一步："大法官"确定对基本权利之限制应以法律保留原则为原则。"解释文"及"解释理由书"谓："对人民违反行政法上义务之行为科处罚锾，涉及人民权利之限制，其处罚之构成要件及数额，应由法律定之。"从而将限制基本权利之依据，限定为必须以法律为之，体现了法律保留原则的精髓。

第二步："大法官"确定基本权利之限制，虽应以法律为之，但法律可以就其构成要件授权命令为之。"解释文"及"解释理由书"谓："若法律就其构成要件，授权以命令为补充规定者……"即明确表示：虽然法律可以授权命令规定基本权利限制的有关内容，但此种内容只能为法律已有规定之"构成要件"，而非为基本权利创设新的限制。

第三步："大法官"确定授权明确性原则是对法律保留原则的补充。"解释文"及"解释理由书"谓："授权之内容及范围应具体明确，然后

---

① 吴庚：《宪法的解释与适用》，三民书局2004年版，第169页至第170页。
② 李念祖：《人权保障的程序》，三民书局2003年版，第317页。

据以发布命令",始符合法律保留原则之要旨。从而确立了授权明确性原则。

经过以上三步推演可见,"释字第313号解释"所确立的明确性原则,系指授权明确性原则,而未对法律本身的明确性原则作出规定,相反,"释字第313号解释"还将构成要件设定为可授权部分,与法律本身的明确性似已有相背之处。具体到对声请人的请求,"大法官"套用以上三步推演,论证了系争之"民用航空法"第92条之授权并不符合法律保留原则,其推演过程如下:

第一,"大法官"查明,"民用航空运输业管理规则"系根据"民用航空法"第92条之授权,该规则第29条第1项系在1987年后增订而成。根据"民用航空运输业管理规则"之规定,违反该规则第29条第1项,应根据同规则第46条适用"民用航空法"第87条处以罚锾。因此,上述法规范实际上形成了一条逻辑链:"民用航空法"第92条(授权条款)——"民用航空运输业管理规则"第29条第1项(违法事项之规定)——"民用航空运输业管理规则"第46条(法律适用条款)——"民用航空法"第87条。因此,"民用航空法"第92条之授权符合法律保留原则的问题,转化为"民用航空法"第87条是否符合法律保留原则。

第二,"大法官"发现,"民用航空法"第87条并未对"民用航空运输业管理规则"第29条第1项所列违反事项进行直接规定,而是透过"兜底条款",即第7款,"其他违反本法或依本法所发布命令者",将处以罚锾事项的构成要件交由"本法所发布命令者"。形成了"立法"机关对行政机关在限制基本权利之"构成要件"的授权。基于"大法官"对授权明确性原则的阐述,该授权应符合明确性要求。

第三,"大法官"认为,"民用航空法"第87条第7款"法律授权之依据,有欠明确","对应受行政罚制裁之行为,作空泛而无确定范围之授权"。由此认定"民用航空法"第 87 条第 7 款以及有着相同情况的第 86 条第 7 款违反法律保留原则。

正如施文森所言,"释字第 313 号解释"的确是台湾地区历史上的一个"经典"。虽然"大法官"在"释字第 313 号解释"前亦曾引用法律保留原则,但并未对法律保留原则作出如此精确和完整的阐述。"释字第 313 号解释"成为台湾地区学者撰写公法学专著或论文中"法律保留"一节时所最经常引据的案例。

【延伸思考】

"释字第 313 号解释"虽被谓为经典,但并非毫无问题。许宗力认为,授权明确性原则当然有矫正授权法律"粗糙""流于滥用"的积极功能,但"释字第 313 号解释"仅仅将授权的明确的范围规定为"范围""内容",而未论及"目的"明确之要求。[①] 当然,"目的"明确性的要求,已经"释字第 367 号解释"补充。[②] 除此以外,"释字第 313 号解释"尚有其他可供思考的问题:

第一,判断"明确"的标准是什么?"大法官"于推演步骤的第三步直接指出"法律授权之依据,有欠明确",虽在其后有"对应受行政罚制裁之行为,作空泛而无确定范围之授权",但并未提出一个具有操作性的"技术标准"。大陆学者欧爱民曾经提出法律明确性原则宪法适用的技术方案,似为补足。[③] 欧爱民提出的方案包括三个明确性公式:如果系争法律涉及的是刑事领域,那么立法者必须遵循最为严格的法律明确性原则,亦即一号明确性公式,这是一个严格审查基准;如果系争法律涉及的是治安处罚领域,那么其应该遵循中度的法律明确性原则,亦即二号明确性公

---

① 许宗力:《行政命令授权明确性问题之研究》,载许宗力:《法与国家权力》,月旦出版社有限公司 2003 年版。
② "释字第 367 号解释"之"解释理由书"。
③ 欧爱民:《法律明确性原则宪法适用的技术方案》,《法制与社会发展》2008 年第 1 期。

式,这是一个中度审查基准;如果系争法律涉及的是经济处罚领域,那么其就只应遵循最为宽松的法律明确性原则即可,亦即三号明确性公式,这是一个宽松的审查基准。① 但是,欧爱民的技术方案与其说是判断明确与否的标准,毋宁是在不同案件中"明确"一词的审查密度,至于到底如何判断"明确",也并无明白的说辞。是否判断"明确",又要寄托于虚无缥缈而又无处不在的"事务本质"?值得进一步思考。

第二,授权明确性原则中的"授权"是否仅指"一次授权"。"大法官"在阐述"民用航空运输业管理规则"第29条第1项的来源时,有谓"民用航空运输业管理规则虽系依据民用航空法第九十二条授权而订定,惟其中第二十九条第一项",系"交通部"于1987年后因应需要而增订。虽然该"增订"是否在"授权"范围之内并未成为检讨"民用航空法"第87条第(七)款是否符合法律保留原则的问题,但"大法官"在使用"虽……,惟"句式时,是否已经有着法律之"授权"仅为"一次授权"的意涵,值得探讨。

第三,"大法官"虽在"释字第313号解释"中形成授权明确性原则,以为法律保留原则之补充,但其推演过程纯为理论之推演,并无"明确"的规范依据。因为从台湾地区现行"宪法"第23条中,根本无法读出任何与"明确性"有关的内容。其实,"大法官"对授权明确性原则的形成,与其说是依据台湾地区的规范资源,毋宁是围绕德国基本法形成的德国公法学。但两者不同之处是:德国公法学上所谓的"授权明确性原则"毕竟能从基本法第19条第1项和第80条第1项中找到直接依据,但台湾地区"司法院"的"大法官"们却没有这样一个直接、甚至是一个间接的规范依据。因此,"大法官"们在形成"授权明确性原则"时,是否自己也违反了"授权明确性原则",值得疑问。

---

① 欧爱民:《法律明确性原则宪法适用的技术方案》,《法制与社会发展》2008年第1期。

本案的影响尚不止于法律保留原则论域。叶俊荣曾将该案作为管制案件的经典案例进行分析，对台湾当局在本案中的管制时代背景、管制结构、管制流程进行了深入的探讨，并认为应在被授权主体内形成内部分工以至"第二次制衡"。① 另外，在"释字第313号解释"的"解释文"和"解释理由书"中，"大法官"还有两处阐述引发了对"大法官解释"功能的拷问。其一，"大法官"并未宣告"民用航空法"第87条第（七）款立即失效，而是宣告定期间失效，② 在期间届至之日前，不经有权机关修"法"，违反法律保留原则的规范继续有效，这是否会抵消法律保留原则对基本权利保障之功效？其二，"大法官"在认定"民用航空法"第87条第（七）款违反法律保留原则时，还"顺带"指出第86条第（七）款亦违反法律保留原则。"大法官解释"制度属司法性质之审查制度无疑，应受司法之消极性、被动性制约，声请人并未就"民用航空法"第86条第（七）款是否符合法律保留原则提出声请，"大法官"是否可以"顺带"指出其亦违反法律保留原则？当然，该两个问题已经涉及"大法官解释"自身的功能设计，并非法律保留原则所能涵盖。

案例2　彭天豪诉"入出境管理局"案

解释号："释字第443号解释"

知识点：法律保留原则的阶层化

【案情要览】

声请人彭天豪根据台湾地区有关规定，具有"役男"身份。1993年4月28日，声请人向台湾地区"入出境管理局"声请入出境许可。"入出

---

① 叶俊荣：《行政法案例分析与研究方法》，三民书局2003年版，第279页以下。
② 关于"定期间失效"制度，参见周叶中、祝捷：《我国台湾地区"违宪审查制度"改革评析》，《法学评论》2007年第4期。

境管理局"函复声请人：依据台湾地区"役男出境处理办法"第13条之规定，声请人应补免除服兵役证明文件或主管机关之核准出境公文等以凭办理出境手续，否则依该办法第8条第1项之规定，无法同意出境。经查，台湾地区"役男出境处理办法"第8条第1项规定"应征年次内，尚未接受征兵处理者，不同意出境"。声请人提起诉愿、再诉愿以及行政诉讼，台湾地区"行政法院"维持诉愿及再诉愿结果，认为台湾地区现行"宪法"第20条明文规定"人民有依法律服兵役之义务"，至有关兵役之征召，台湾地区"兵役法施行法"第45条规定，"征兵规则"由台湾地区行政机关定之，具体到役男出境之处理，依"征兵规则"第18条规定，由"内政部"订定"役男出境处理办法"，因此，"役男出境处理办法"自有其法源依据。虽台湾地区现行"宪法"第23条规定："各条列举之自由权利，除为防止妨碍他人自由，避免紧急危难，维持社会秩序或增进公共利益所必要者外，不得以法律限制之。"但依该规定之反面解释，为维持社会秩序或公共利益所必要者，自得以法律限制人民之自由权利，而"役男出境处理办法"既有法源依据，已如前述……系为维持社会秩序及公共利益所必要，自无"违宪"之可言，原告所为主张，尚无可采，由此对声请人作出不利判决。声请人遂以"役男出境处理办法"第8条第1项违反台湾地区现行"宪法"第23条之规定为名，声请"大法官解释"。

【基本知识】

法律保留原则之本意在于对基本权利之限制，仅可依据立法机关制定之法律为之，亦即从法律保留过渡至"立法机关保留"或谓立法保留。[①]但现代公共行政之发展，以及由此引发之立法机关授权行政立法，已经使

[①] 陈慈阳：《宪法学》，元照出版有限公司2004年版，第400页以下。

得纯粹的立法保留不再具有现实性。因此，对法律保留原则之补充成为使法律保留原则在新情势下继续发挥原初功能的基本方法。此经案例1已得详述。但是，依靠对法律保留原则的补充（主要通过授权明确性原则），仅能起到限制授权立法之作用，行政机关完全可以依据立法机关之"明确"授权制定命令限制基本权利。在此背景下，仅靠授权明确性原则，已不足以完全发挥法律保留原则之基本权利保障功能。因此，应对某些特别重要之基本权利予以特别保护，不允许授权——即或是明确的授权——对之施以限制。

从词源上而言，法律保留原则中之"法律"，既可以指形式意义上的法律，也可以指实质意义上的法律。该分类系参照德国公法学巨匠施密特对"形式意义的宪法"和"实质意义的宪法"的分类。按施密特的观点：成文宪法被称为"形式意义的宪法"，该"形式意义的宪法"指依制宪或修宪程序所制定的宪法法规；包括成文宪法在内，凡规定政体、基本权利、公权力机关及职权等内容的规范性文件，俱可归入"实质意义的宪法"。[①] 因此，形式意义上的法律专指立法机关制定的规范性文件，名称虽不以"法"或"法律"为限，但制定主体必须是立法机关，排除行政机关、司法机关以及可能之地方立法机关制定的规范性文件。实质意义上的法律，是指包括形式意义上的法律在内，所有公权力机关（立法机关、行政机关、司法机关以及可能之地方自治团体）制定的、具有抽象性的规范性文件。

在台湾地区，依据台湾地区"中央法规标准法"第5条第1款和第6条之规定，"法律"系指形式意义上的法律，而不能以除台湾地区现行"宪法"、形式意义上的法律之外的命令定之。除"中央法规标准法"外，台湾地区其他"法律"尚有"保留"之规定。如"地方制度法"第28条

---

① ［德］卡尔·施米特：《宪法学说》，刘锋译，世纪出版集团、上海人民出版社2005年版，第16页；吴庚：《宪法的解释与适用》，三民书局2004年版，第1页至第2页。

规定以下事项,应当由"地方自治条例"规定,而不得以自治规则定之,其一,"法律或自治条例规定"应经地方"立法"机关议决者;其二,创设、剥夺或限制地方自治团体居民之权利义务者;其三,关于地方地址团体及所营事业机构之组织者;其四,其他重要事项。台湾学者黄锦堂谓之为"自治条例保留原则"。[1] 至于该"自治条例保留原则"是否属于法律保留原则,黄锦堂并未作说明。但基于"地方制度法"第 28 条之存在,台湾地区除"形式意义上的法律保留原则"外,尚包括"实质意义上的法律保留原则",两者之间必然存在一定程度的分工,两者因分工产生的落差,并非不会发生冲突。

本案即因"形式意义上的法律保留"与"实质意义上的法律保留原则"相冲突所产生。从表面上看,本案仍因授权立法所涉问题产生,但该授权形成阶层性的法规范体系,其间涉及各阶层规范在"实质意义上的法律保留原则"上的分工。因此,本案的争点是:系争之"役男出境处理办法"在"实质意义上的法律保留原则"分工中,是否可以依授权限制基本权利。

【解释要点】

"大法官"针对本案作成"释字第 443 号解释",对"实质意义上的法律保留原则"予以肯定,并形成了阶层化的法律保留原则,并对宣告系争之"役男出境处理办法"第 8 条第 1 项定期间失效。

据"解释文"和"解释理由书",台湾地区现行"宪法"基本权利专章所定人民之自由及权利范围甚广,凡不妨害社会秩序公共利益,均受保障。惟并非一切自由及权利均无分轩轾受毫无差别之保障:关于人民身体之自由,第 8 条规定即较为详尽,其中内容属于"宪法"保留之事项

---

[1] 黄锦堂:《自治事项与委办事项之划分标准》,《政大法学评论》2008 年第 102 期。

者，纵令"立法"机关，亦不得制定"法律"加以限制，而第7条、第9条至第18条、第21条及第22条之各种自由及权利，则于符合第23条之条件下，得以"法律"限制之。至何种事项应以"法律"直接规范或得委由命令予以规定，与所谓规范密度有关，应视规范对象、内容或法益本身及其所受限制之轻重而容许合理之差异：诸如剥夺人民生命或限制人民身体自由者，必须遵守罪刑法定主义，以制定"法律"之方式为之；涉及人民其他自由权利之限制者，亦应由"法律"加以规定，如以"法律"授权主管机关发布命令为补充规定时，其授权应符合具体明确之原则；若仅属于执行"法律"之细节性、技术性次要事项，则得由主管机关发布命令为必要之规范，虽因而对人民产生不便或轻微影响，尚非不许。又关于给付行政措施，其受"法律"规范之密度，自较限制人民权益者宽松，倘涉及公共利益之重大事项者，应有"法律"或"法律"授权之命令为依据之必要，乃属当然。"大法官"认为，"兵役法施行法"第45条仅授权行政机关订定"征兵规则"，对性质上属于限制人民基本权利之役男出境限制事项，并未设有任何具体明确授权行政机关订定之明文，更无台湾地区"行政院"得委由"内政部"订定办法之规定，因此，系争之"役男出境处理办法"限制役男出境的规定，"虽基于防范役男借故出境，逃避其应尽之服兵役义务，惟已对基本权利构成重大限制……应自本解释公布日起至迟于届满六个月时，失其效力"。

【理论评析】

在本案之前，台湾地区并非没有有关"实质意义上的法律保留原则"的案件。如吴庚在"释字第271号"解释之"不同意见书"中提出"宪法保留"一词，[①] 在"释字第392号解释"中，多数"大法官"又谓台

---

① "释字第271号解释"吴庚之"不同意见书"。

湾地区现行"宪法"第8条具有"宪法保留"(Verfassungsvorbehalt)之性质。①此观点亦为"释字第443号解释"所引用。但是,除"宪法"、形式意义上的法律之外的"实质意义上的法律",是否有"保留"功能,"大法官"并未说明,而从规范层次而言,除"地方制度法"第28条外,尚无其他之"实质意义上的法律保留原则"。

在"释字第443号解释"的"解释理由书"中,"大法官"肯定了"实质意义上的法律保留原则",并形成了阶层化的法律保留原则,还提出了"形式意义上的法律保留原则"和"实质意义上的法律保留原则"以及"实质意义上的法律保留原则"内部的分工依据。

阶层化的法律保留原则,系指按照基本权利的性质或对基本权利主体影响的重要性程度,建构不同层级的保留体系,②这里的"法律"当然是指"实质意义上的法律"。依照台湾地区现行"宪法"第23条以及"中央法规标准法"第5条、第6条之规定,在实定法上仅有"形式意义上的法律保留原则",而无"实质意义上的法律保留原则"。"释字第443号解释"之"解释理由书"中"惟并非一切自由及权利均无分轩轾受……毫无差别之保障"一句表明,虽同为基本权利专章所列举之基本权利,但在保障上并非毫无差别,从而肯定了"实质意义上的法律保留原则"。随后,"释字第443号解释"又依据"规范密度",建立起阶层化的法律保留原则。

所谓"规范密度",按"大法官"和台湾学者的见解,系指视规范对象、内容或法益本身及其所限制之轻重而容许合理之差异,是上位与下位规范之分工状态。③从字面义而言,规范密度是划分阶层化的法律保留原则,以及"形式意义上的法律保留原则"和"实质意义上的法律保留原

---

① "释字第392号解释""解释理由书"。
② 陈新民:《宪法基本权利之基本理论》(上册),元照出版有限公司1999年版,第203页。
③ 吴庚:《行政法之理论与实用》,中国政法大学出版社2005年版,第70页;李念祖:《人权保障的程序》,三民书局2003年版,第328页。

则"以及"实质意义上的法律保留原则"内部的依据。

根据"规范密度","释字第443号解释"将"实质意义上的法律保留原则"分为四层,吴庚曾作表如下:①

表1 阶层化的法律保留原则

"宪法"保留	
绝对的法律保留	
相对的法律保留	
非属法律保留范围的次要事项	

第一层:"宪法"保留。"宪法"保留系指对于最为重要之基本权利,必须由"宪法"本身加以保障和限制,即或是立法机关制定之法律,亦不得加以限制。依"释字第443号解释""解释理由书","宪法"保留中"最为重要"的标准是"宪法"中"较为详尽"的规定,专指台湾地区现行"宪法"第8条。

第二层:绝对的法律保留。绝对的法律保留系指必须由形式意义上的法律自行规定,法律本身若未加规定,而由实施细则径行订定者,即属违反法律保留。② 结合"释字第313号解释"和"释字第443号解释",对基本权利之限制,属于绝对的法律保留,只有形式意义上的法律方可规定对基本权利的限制。"释字第443号解释"更为具体地指明:剥夺人民生命或限制人民身体自由者,必须遵守罪刑法定原则,以制定法律之方式为之,即便满足授权明确性要求,亦不得由行政命令加以规定。

第三层:相对的法律保留。相对的法律保留系指由法律直接规定,或由有法律明确依据之行政命令加以规定。③ 根据"释字第443号解释",属于相对的法律保留事项有除生命、自由之外的"其他自由权利之限

---

① 吴庚:《宪法的解释与适用》,三民书局2004年版,第59页。
② 吴庚:《行政法之理论与实用》,中国政法大学出版社2005年版,第70页。
③ 吴庚:《行政法之理论与实用》,中国政法大学出版社2005年版,第70页。

制"，以及给付行政措施中"涉及公共利益之重大事项者"。结合"释字第313号解释"，在相对的法律保留原则下，经法律明确授权的行政命令可以限制部分基本权利，但仍须受两点限制：其一，限制基本权利之行政命令应经明确授权，即符合授权明确性原则；其二，经明确授权的行政命令，也仅得对限制基本权利的"构成要件"加以规定，而不得径行限制基本权利，后者仍属于绝对的法律保留。

第四层：非属法律保留范围的次要事项。非属法律保留范围的次要事项，系指属于执行法律之细节性、技术性次要事项，不在法律保留之列。据"释字第443号解释""解释理由书"，细节性、技术性次要事项不在法律保留范围之列，并非谓细节性、技术性次要事项不会产生限制基本权利的效果，但该限制效果只是对基本权利之行使产生"不便"或"轻微影响"。从反面推知，若该"细节性、技术性次要事项"对基本权利之行使产生非为"不便"或"轻微影响"，而是"重大影响"，该"细节性、技术性次要事项"仍应遵循相对的法律保留，甚或是绝对的法律保留或"宪法"保留。

形成上述阶层化的法律保留原则后，"大法官"对本案之争点进行了推演，该推演共分三步：

第一步："大法官"整理出系争之"役男出境处理办法"第8条形成之授权链。"大法官"查明，"役男出境处理办法"系由"内政部"依据台湾地区"行政院"发布之"征兵规则"制定，而台湾地区"行政院"制定"征兵规则"的依据是台湾地区"兵役法施行法"第45条。于是，"大法官"整理出"役男出境处理办法"第8条的授权链："兵役法施行法"第45条——"征兵规则"——"役男出境处理办法"第8条。

第二步："大法官"判断对"役男出境处理办法"第8条所涉之基本权利的限制，应属于哪一个层次的"实质意义上的法律保留"。依据声请人声请以及"大法官"在形成阶层化的法律保留原则中的论述，"役男出境处理办法"第 8 条限制声请人在台湾地区现行"宪法"第 10 条上所规定之"迁徙自由",而"兵役"事项,又依台湾地区现行"宪法"第 20 条规定,只能由"法律"或"法律"明确授权之命令加以规定,因此,对"役男出境处理办法"第 8 条所涉之基本权利的限制,应属"相对的法律保留",亦即透过法律明确授权,可以由命令加以限制。因此,本案的争点转化为"役男出境处理办法"是否有明确的法律授权。

第三步:"大法官"发现,台湾地区"兵役法施行法"并无任何限制役男出境之条款,且"兵役法施行法"第 45 条仅授权行政机关订定"征兵规则",对于限制"役男出境处理办法"第 8 条所涉之基本权利并未设有任何具体明确授权行政机关订定之明文,更无台湾地区"行政院"委由"内政部"订定办法之规定。因此,"役男出境处理办法"第 8 条违反授权明确性原则,也即违反法律保留原则。

"释字第 443 号解释"形成了阶层化的法律保留原则,对法律保留原则进行重大补充,亦为多数台湾学者在撰写"法律保留"一节时引用。

【延伸思考】

"释字第 443 号解释"虽无"大法官"作成"协同意见书"或"不同意见书",但并非毫无问题。李念祖谓本号"解释理由书"首句"宪法所定人民之自由及权利范围甚广,凡不妨害社会秩序公共利益者,均受保障"就有语病之嫌,即存在"凡与社会秩序、公共利益有所妨害者,即不受保护"之暗示的可能。[①] 当然,此一问题并非理论之缺陷,至多是"大法官"用词之疏忽。对于"释字第 443 号解释"以及由此形成的阶层化的法律保留原则而言,尚有以下问题值得思考。

第一,理解"法律"一词时,是否可以将"法律"绝然二分为"形

---

① 李念祖:《人权保障的程序》,三民书局 2003 年版,第 327 页至第 328 页。

式意义上的法律"和"实质意义上的法律"？台湾学者郭德厚认为，所谓形式与实质上之差异性，主要着眼于法源上的意义。① 对于"法律"以及"形式"与"实质"之区分，在德国公法学界存在两种不同理论：区分理论和同一理论。两种理论皆博大精深，本书仅能作一简述。区分理论为德国学界多数见解，所谓区分，系指"法律"可以区分为形式意义之法律概念和实质意义之法律概念。此种古典意义的区分论为德国公法学者拉班德所体系化。② 拉班德认为，形式意义之法律和实质意义之法律在逻辑上无包含关系，而是应该理解为两个完全不同的概念。③ 对于拉班德的绝对区分理论，学者 Haenel 提出修正之区分理论。根据修正之区分理论，法律概念之形式意义与实质意义绝非完全不相干的独立概念，事实上两者部分外延范围可能相互呈叠合状态，其相互交集之部分，代表法律概念同时拥有形式与实质之特征，只有无交集部分，才可能形成两个独立之概念："纯粹的形式意义"以及"纯粹的实质意义"之法律概念。④ 同一理论仅为部分德国学者所主张。根据同一理论，由于法律被定义为立法机关以立法之程序与法律之形式所发布的一般指示性要求，因此，立法机关于立法过程之"决定性参与"具有绝对前提性。只有形式意义和实质意义之法律概念的交集部分才是法律，而纯粹的形式意义或纯粹的实质意义之"法律"，都不是法律。⑤ 对照本文前述有关"形式意义上的法律"和"实质意义上的法律"，究竟是在古典的区分理论上而言的，还是在修正的区分理论上而言的，抑或是在同一理论上而言的；或者，从不同的理论视角观察，阶层化的法律保留原则是否仍然存在，抑或呈现出其他可能之

---

① 郭德厚：《法律语句及其意义之矛盾性》，《中正大学法学集刊》2007 年第 22 期。
② 郭德厚：《法律语句及其意义之矛盾性》，《中正大学法学集刊》2007 年第 22 期。
③ 陈新民：《法定预算的法律性质——释字第 520 号解释的检讨》，载刘孔中、陈新民主编：《宪法解释之理论与实务》（第三辑下），"中央研究院"中山人文社会科学研究所 2002 年版。
④ 郭德厚：《法律语句及其意义之矛盾性》，《中正大学法学集刊》2007 年第 22 期。
⑤ 郭德厚：《法律语句及其意义之矛盾性》，《中正大学法学集刊》2007 年第 22 期。

样态或特征,都值得吾人进一步深思。

第二,同"明确"的判断标准一样,阶层化的法律保留原则之"阶层化",是以何标准形成?"释字第433号解释"谓"规范密度"为形成阶层化的法律保留原则阶层化之标准。但是,规范密度本身又是一不确定之理论概念:何为规范对象、内容或法益本身及其所限制之轻重?又何为容许合理之差异?都值得疑问。也许李念祖之上位与下位规范之分工更具说服力,然而随之产生的问题是:此种"分工"又是依何标准形成?如此循环往复,使得"阶层化"之判断标准似不得不再次求助于"事物本质"。就"释字第443号解释"而言,"宪法"保留、绝对的法律保留、相对的法律保留之确定标准并不统一:对"宪法"保留而言,以台湾地区现行"宪法"是否"较为详尽"之规定为依据,当然,也可谓"宪法"为详尽规定者,为最为根本、重要之基本权利;对绝对的法律保留原则和相对的法律保留之划分,则以基本权利之重要性作为标准。由此产生之疑问是:台湾地区现行"宪法"上规定之基本权利是否存在位阶?该位阶是否可以作为法律保留原则阶层化的标准?[①]查"释字第433号解释"以及其他"大法官解释"(如"释字第392号解释""释字第414号解释"等),似可作出肯定回答。但此结论仅为实证法考察之结果,并无理论支撑,且亦将面临为何此一基本权利优位于彼一基本权利的问题,恐怕又将回到"标准"的循环中。上述问题,都值得探讨。

第三,"释字第443号解释"论证阶层化的法律保留原则的基本方式是基本权利之重要性程度,但法律保留原则的思考面向并非仅涉及对基本权利之保障,还涉及立法权和行政权之分工。诚如"大法官"于嗣后作成之"释字第614号解释""解释文"和"解释理由书"谓:"法律保留原则乃现代法治原则之具体表现,不仅规范公权力与人民之关系,亦涉及

[①] 李建良:《论基本权利的位阶次序与司法审查标准》,载刘孔中、陈新民主编:《宪法解释之理论与实务》(第三辑下),"中央研究院"中山人文社会科学研究所2002年版。

行政、立法两权之权限分配。"① 台湾学者颜厥安认为，法律保留原则的背后是一个民主正当性的问题。对于基本权利的限制，必须视其问题的性质与重要性的高低，来决定设定规范者（立法者）的层次。重要性越高，越需要由立法机关自行加以规范。② 由此产生阶层化的法律保留原则之另一思考面向：是否可以通过权力而非权利，将李念祖所谓之"分工"明确为上下级公权力机关之间的分工？显然，此一问题涉及面广于基本权利之重要性问题远甚，有待作进一步思考。

第四，台湾地区"入出境管理局"设立之目的，在于掌理人民之入出境事务，其组织、职权为组织法所规定，此查"内政部警政署入出境管理局暂行组织规程"可知，在有组织法明确规定"入出境管理局"系"掌理人民之入出境事务"机关的情况下，"入出境管理局"是否自然依组织法获得制定命令，限制与入出境相关之基本权利的依据，亦即组织法是否可以成为行为法之依据？瑞士学者 F. Gygi 认为，行政机关之设置、权限及内部分工既均由法律加以规定，则行政机关为随时以适当方式履行其职责，应视为已有规章制定权之委任，因此，应承认行政机关有权发布内容为执行性质之命令。③ 组织法之概括授权，是否符合授权明确性原则？法律保留原则是否会退化为"组织法保留原则"？如何弥合组织法与行为法之间的落差？从当前台湾地区的实践来看，倾向于采严格之授权明确性原则，亦即否定"有组织法即有行为法"命题之成立。但是，这一处理方式，是否又会造成组织法之空洞化？上述问题，尚无理论与实践给予回答。

除上述问题外，"释字第 443 号解释"亦类似于前述"释字第 313 号

---

① "释字第 614 号解释"之"解释文"和"解释理由书"。
② 颜厥安：《自由与伦理——由代理孕母的合法化问题谈价值命题的论证》，载颜厥安：《法与实践理性》，中国政法大学出版社 2003 年版。
③ 吴庚：《行政法之理论与实用》，中国政法大学出版社 2005 年版，第 66 页。

解释",并未宣告违反法律保留原则之"役男出境处理办法"第 8 条立即失效,而是继续采定缓期间失效之办法,然"释字第 443 号解释"规定之期间为"6 个月",有别于"释字第 313 号解释"之"1 年",[①]该不同的依据又为何?是有意为之,还是另有一套标准?并未见"大法官"有详尽说明。[②] 当然,此一问题亦已超出法律保留原则之论域。

案例 3　谢维安诉台湾地区"信托局"案

解释号:"释字第 474 号解释"

知识点:法律保留原则与法学方法论

【案情要览】

本案声请人谢维安原任高雄高等地方法院书记官,于 1994 年 8 月 1 日退休。先于在职期间之 1994 年 5 月 16 日,检送台北"荣民"医院出具 1984 年 3 月 2 日切除全胃确定成残之残废证明,向台湾地区"信托局"所属之"公务人员保险处"请领残废给付。但是,该处于 1994 年 5 月 19 日函复声请人,以"公务人员保险法施行细则"第 70 条为依据,认定声请人已逾二年请领时效而拒绝给付。声请人提起诉愿、再诉愿以及行政诉讼,台湾地区"行政法院"亦作成不利于声请人之判决。在本案中,声请人除主张限制基本权利(本案中具体为财产权)应以法律规定,不得以细则为之外,尚比附台湾地区之"民法""保险法""提存法施行细则"等其他有关规定,以"法理推论"支持其诉讼请求。台湾地区"行政法院"除以上述"公务人员保险法施行细则"已有明确授权为由不支

[①]　"释字第 613 号解释""大法官"许玉秀的部分"协同意见书"所附的《定缓失效期间或失效期日之"大法官解释"》,彭文茂制作。

[②]　实际上,"大法官"对定缓失效期间长度之规定相当随意,参见周叶中、祝捷:《我国台湾地区"违宪审查制度"改革评析》,《法学评论》2007 年第 4 期。

持声请人之前项请求外，亦专门针对声请人之"法理推论"提出意见：台湾地区之"民法""提存法施行细则"和"保险法"相关条文，与本案保险给付请领时效规定之原因、性质及请求标的各不相同，自不得比附援引。声请人不服台湾地区"行政法院"判决，遂声请"大法官解释"。

【基本知识】

本案涉及之法律保留原则及作为法律保留原则补充之授权明确性原则，已经案例1详述，不再赘述。惟本案所涉另一知识点为法律保留原则与法学方法论之关系。[①]

法学方法论建立在两层二分的基础上。第一层：规范与规范语句的二分。在语意学上，规范和规范语句是二分的，法律规范系由规范语句组成，是规范语句的意义。[②] 规范通过规范语来表示意义，规范语句形成了规范的内涵与外延，可是语言的可变性又模糊了规范的意义，因为语言总是在描述一物时，又同时指示另一物。[③] 为了透过规范语句发现规范，需要一定的方法，此种方法主要作用于对规范语句的解释过程中，不妨称之为"解释方法"。[④] 第二层：规范与事实的二分。规范乃是用抽象的语句去规定具体的事实，如何将抽象的语句适用到具体的事实，需要借助一定的方法，此种方法主要用于对抽象规范运用到具体事实这一过程的论证，不妨称之为"论证方法"。[⑤] 本案所涉及的法学方法，主要是在"解释方

[①] 大陆学界有所谓法学方法论、法律方法论、法律学方法论之辩，本书认为，此种概念辨析式的研究虽非全无意义，但也"贡献"甚微。因此，本文采取比较具有概括意义之"法学方法论"，读者大可从以上三个概念理解本文所用之"法学方法论"。

[②] 王鹏翔：《论基本权的规范结构》，《台大法学论丛》2005年第34卷第2期。

[③] 殷鼎：《理解的命运》，生活·读书·新知三联书店1988年版，第85页。

[④] 当然，对于解释方法是否一定有效，是值得疑问的。参见祝捷：《宪法解释方法论之批判与重构》，《公法评论》（第5卷），北京大学出版社2008年版。

[⑤] 论证方法一词，借助法律论证中的"论证"一词，意指一种符合普遍言说的规则的过程，但更加偏向"内部论证"的含义。相关资料，参见［德］罗伯特·阿列克西：《法律论证理论——作为法律证立理论的理性论辩理论》，舒国滢译，中国法制出版社2002年版；颜厥安：《法、理性与论证——Robert Alexy 的法论证理论》，载颜厥安：《法与实践理性》，中国政法大学出版社2003年版。

法"领域。

解释乃是在一种总括意义上而言的，系指对法律规范意义的发现过程，这一发现既可能是发现规范明确表现于规范语句上的意义，亦可能是没有明确表现于规范语句上的意义。对于前者，在法学方法论上可称为"狭义的解释"，简称为解释，主要的解释方法包括文义解释、体系解释、历史解释和目的解释；对于后者，在法学方法论又可称为"漏洞填补"。[①] 漏洞填补，亦称"法律内的法的续造"，系指透过一定方法，使法律体系上的不圆满状态恢复至圆满状态，漏洞填补的主要方法有类推适用、目的性限缩、目的性扩张和创制性补充等。[②] 对于解释方法而言，由于是发现规范明确表现于规范语句上的意义，因而只存在解释是否恣意、解释是否偏离立法者原意、解释是否合于社会一般认识等问题，尚难与法律保留原则发生冲突。但对于"漏洞填补"的方法而言，由于是为了发现规范未表现于规范语句上的意义，亦即发现规范语句以外的规范意义，实质上给予漏洞填补者以立法者的权力。因此，"漏洞填补"是否违反法律保留原则，便成为一个值得探讨的问题。

本案中，声请人除认为对基本权利之限制不应由台湾地区"公务人员保险法施行细则"第70条规定外，尚包括对"公务人员保险法施行细则"第70条未规定事项的"漏洞填补"。"公务人员保险法施行细则"第70条规定："本保险之现金给付请领权利，自得为请领之日起，经过二年不行使而消灭。"声请人认为，"自得为"（实为"请领之日"）含义不明，形成法律上之漏洞，应以类推适用方式，通过其他法律以及法理予以填补。根据声请人引据之"民法"第197条、第330条、"保险法"第65条、"提存法施行法"第7条及"释字第335号解释"，所谓"请领之日"

[①] ［德］卡尔·拉伦茨：《法学方法论》，陈爱娥译，商务印书馆2003年版，第246页。
[②] ［德］卡尔·拉伦茨：《法学方法论》，陈爱娥译，商务印书馆2003年版，第249页、第258页以下；黄茂荣：《法学方法与现代民法》，台湾大学法学丛书编辑委员会2006年版，第555页、第729页以下。

应从宽认定。台湾地区"行政法院"却认为台湾地区之"民法""提存法施行细则"和"保险法"的相关条文，与本案保险给付请领时效规定之原因、性质及请求标的各不相同，自不得比附援引。因此，本案的争点是：系争之"公务人员保险法施行细则"第70条之漏洞可否通过类推适用其他法律相关条文予以填补，此种类推适用是否符合法律保留原则。

【解释要点】

"大法官"针对本案作成"释字第474号解释"，肯定声请人有关"公务人员保险法施行细则"第70条因违反法律保留原则而不予适用的主张，又认定在法律不明时，可以类推适用其他法律有关规定，亦即采取类推适用的方式进行漏洞填补，并不违反法律保留原则。苏俊雄提出"部分不同意见书"一份。

在"解释文"和"解释理由书"中，多数"大法官"重申法律保留原则、授权明确性原则和阶层化的法律保留原则，并认为根据授权所订定的施行细则，不得逾越母法规定之限度或增加法律所无之限制。由此，多数"大法官"认为，台湾地区"公务人员保险施行细则"订定之母法"公务人员保险法"第14条并未对保险金请求权设立消灭时效期间，"公务人员保险施行细则"第70条属增加法律所无之限制。况且，时效制度不仅与基本权利有重大关系，"且其目的在于尊重既存之事实状态及维持法律秩序之安定，与公益有关，须迳由法律明定，自不得授权行政机关衡情以命令订定或由行政机关依职权以命令订定"。因此，"公务人员保险施行细则"第70条因违反法律保留原则而不予适用。

多数"大法官"复认为，由于系争之"公务人员保险施行细则"第70条违反法律保留原则而被不予适用，"公务人员保险法"在公务人员保险金请求权消灭时效制度上形成漏洞。对于此漏洞，多数"大法官"认为，"应类推适用公务人员退休法、公务人员抚恤法等关于退休金或抚恤金请求权消灭时效期间之规定。至于时效中断及不完成，于相关法律未有规定前，亦应类推适用民法之相关条文"。

【理论评析】

在本案前，台湾地区并非没有在属于法律保留的事项中涉及类推适用的案例，如"释字第151号解释"。但前述解释系认定类推解释违反法律保留原则，与本案有所不同。[①]

无论在理论上，还是实务上，类推适用都是最为常见的"漏洞填补"方法。讨论对采取类推适用的方式进行"漏洞填补"是否违反法律保留原则，需解决以下两个问题：第一，法律上之漏洞是法律没有规定的事项，还是法律虽未明文规定，但可以通过法学方法推知的事项；第二，类推适用的性质是造法活动，还是解释法的过程。

第一个问题：法律上之漏洞是法律没有规定的事项，还是法律虽未明文规定，但可以通过法学方法推知的事项。法律上之漏洞，系指"法律体系上之违反计划的不圆满状态"。[②] 对于法律上之"漏洞"，不可径直从直观表象上理解为"法律没有规定"或"法律规定不清"，而应作精致之判断。黄茂荣认为，以下几种类型，虽"法律没有规定"或"法律规定不清"，但仍能透过其他方式获知规范之意义，因而不属于法律上所谓的"不圆满"。第一，立法政策上或技术上的缺失。这种缺失不但在基本上是可以改进的，而且即使不予改进，也仍能尽其规范上的功能，所以它并没有法律漏洞意义下的"不圆满性"。[③] 第二，法内漏洞，包括对于大部分法律概念之解释和授权式类推适用。对于前者，法律用语虽多为不确定法律概念，但可以通过解释获知，对于后者，类推适用已经法律明确授

[①] "释字第151号解释"之"解释文"和"解释理由书"、陈世荣之"不同意见书"。
[②] 黄茂荣：《法学方法与现代民法》，台湾大学法学丛书编辑委员会2006年版，第555页。
[③] 黄茂荣：《法学方法与现代民法》，台湾大学法学丛书编辑委员会2006年版，第558页。

权,系立法者为避免繁琐的重复规定为之,因而也不构成法律意义上的漏洞。① 第三,规范矛盾,系指数个不同的法律规范对抽象之法律事实(同一个案型)加以规范,并赋予不同的法律效力,该矛盾大多可以依竞合理论,透过法律解释的途径圆满解决。② 第四,有意义的沉默,法律对应加以规范之事项保持"沉默",但该"沉默"并不绝对是一个漏洞,因为有时立法者并不打算对其沉默的事项加以规范,此时的"沉默"构成一个"有意义的沉默",亦称"表见漏洞",因而并非是一个法律意义上的"漏洞"。③ 排除以上直观表象之"漏洞",法律漏洞在以下四种情况下发生:其一,法律无完全的规范;其二,规定同一事项的规范之间互相矛盾;其三,法律对类似事项进行规范,但对应规定事项还是根本未作规范;其四,对已规定事项作了不妥当的规范。④ 总体而言,法律上之漏洞是一种法律上"应存在而不存在,或不应存在而存在的规范状态"。⑤ 由此可见,法律上之漏洞,并不是直观表象上的"法律没有规定",或者"法律规定不清",而是存在着法目的、法体系和法价值方面的考量,此观"应存在"或"不应存在"可知。⑥

第二个问题:类推适用的性质是造法活动,还是解释法的过程。作为"漏洞填补"的方法之一,类推适用自应符合"漏洞填补"活动的一般性质。据黄茂荣观点,"漏洞填补"活动是法律解释活动的延续,亦是造法

---

① 黄茂荣:《法学方法与现代民法》,台湾大学法学丛书编辑委员会 2006 年版,第 561 页至第 581 页。
② 黄茂荣:《法学方法与现代民法》,台湾大学法学丛书编辑委员会 2006 年版,第 584 页至第 585 页。
③ 黄茂荣:《法学方法与现代民法》,台湾大学法学丛书编辑委员会 2006 年版,第 623 页。
④ 黄茂荣:《法学方法与现代民法》,台湾大学法学丛书编辑委员会 2006 年版,第 652 页。
⑤ 黄茂荣:《法学方法与现代民法》,台湾大学法学丛书编辑委员会 2006 年版,第 654 页。
⑥ 黄茂荣:《法学方法与现代民法》,台湾大学法学丛书编辑委员会 2006 年版,第 654 页至第 657 页。

的尝试。① 前者系从个案观点而言,表明法律解释和"漏洞填补"皆为找寻妥当的规范而努力;后者系从规范观点而言,表明"漏洞填补"者不可能一次地把一个从前未有的规定,一般地为一切类似的案件创造出来。② 复考察类推适用的自身特征。理论上所谓"类推适用",系指将法律明文规定,适用到该规范所未直接加以规定,但其规范上之重要特征与该规范所明文规定者相同之案件。③ 又据拉伦茨之更加明晰之概念:将法律针对某构成要件或多数彼此相类的构成要件而赋予之规则,转用于法律所未规定而与前述构成要件相类的构成要件。转用的基础在于:二构成要件在与法律评价有关的重要观点上彼此相类,因此,二者应作相同的评价。④ 由此可见,类推适用实质上是平等原则"等者等之"的逻辑结果。⑤ 因此,难谓类推适用是一造法过程,而毋宁是借由平等原则,将彼一规范之意义解释为此一应有规范之意义(完全无规范时)或此一规范之应有意义(有规范而规范有漏洞时)。

将上述两项讨论的结果结合起来,可以得出以下结论:法律上之漏洞系指法律虽未明文规定(包括完全无规定以及规定不明确),但可以通过法学方法论推知的事项,而类推适用的性质是一种法律解释活动。根据此一结论,对法律上之漏洞,运用类推适用的方法加以填补,并不违反法律保留原则。判断类推适用方法并不违反法律保留原则的关键问题有二:其一,如何判断一漏洞为法律上之漏洞;其二,如何判断一外观上表现为类推适用的法学方法,的确为类推适用。

"释字第474号解释"展现了"大法官"解决上述两个关键问题之努

---

① 黄茂荣:《法学方法与现代民法》,台湾大学法学丛书编辑委员会2006年版,第658页至第662页。
② 黄茂荣:《法学方法与现代民法》,台湾大学法学丛书编辑委员会2006年版,第658页至第659页,第662页。
③ 黄茂荣:《法学方法与现代民法》,台湾大学法学丛书编辑委员会2006年版,第730页。
④ [德]卡尔·拉伦茨:《法学方法论》,陈爱娥译,商务印书馆2003年版,第258页。
⑤ 黄茂荣:《法学方法与现代民法》,台湾大学法学丛书编辑委员会2006年版,第729页。

力,"大法官"经由"释字第474号解释"形成了一套可供使用的标准,并宣告系争之"公务人员保险法施行细则"第70条因违反法律保留原则而不予适用。"大法官"对本案争点的推演共三步:

第一步:"大法官"重申法律保留原则、授权明确性原则和阶层化的法律保留原则,将保险金请求权之消灭时效制度解释为绝对的法律保留事项,须迳由法律明定,从而宣告系争之"公务人员保险法施行细则"第70条因违反法律保留原则而不予适用。值得注意的是,在该步骤,"大法官"并未支持声请人有关类推适用的主张,而是径直以"释字第443号解释"形成之阶层化的法律保留原则,认定"公务人员保险法施行细则"第70条违反法律保留原则。

第二步:"大法官"发现,台湾地区"公务人员保险法"并未规定保险金请求权消灭时效制度,因而在"公务人员保险法"上形成一法律漏洞,该法律上之漏洞应予填补。于是,"大法官"将本案的争点从"公务人员保险法施行细则"第70条之漏洞可否通过类推适用其他相关条文予以填补,以及此种类推适用是否符合法律保留原则上,转移至如何填补"公务人员保险法"上的漏洞。

第三步:"大法官"运用类推适用的方法,认定在"公务人员保险法"没有明定保险金请求权消灭时效制度前,应适用台湾地区之"公务人员退休法""公务人员抚恤法"等关于退休金或抚恤金请求权消灭时效期间之规定,至于时效中断及不完成,于相关"法律"(包括"公务人员退休法""公务人员抚恤法")未有规定前,亦应类推适用台湾地区"民法"之相关条文。

多数"大法官"对于判断类推适用方法并不违反法律保留原则之两个关键问题的回答,对于形成判断类推适用方法并不违反法律保留原则的标准颇有裨益。对于如何判断一漏洞为"法律上之漏洞","大法官"以绝对的法律保留判断之,认定一事项因系绝对的法律保留,而法律未有规定者，即构成一"法律上之漏洞"。对于"如何判断一外观上表现为类推适用的法学方法，的确为类推适用"一问题上，可从"大法官"的两次类推适用中推知。"大法官"第一次类推适用，系将公务人员保险金请求权消灭时效制度与公务人员退休金请求权消灭制度和公务人员抚恤金请求权消灭制度类比，认为前者与后两者之间具有"类似"性，可以类推适用。"大法官"第二次类推适用，系因"公务人员退休法"和"公务人员抚恤法"亦未对请求权消灭时效的中断及不完成作出规定，又形成一法律上之漏洞而引起，在第二次类推适用中，"大法官"认为保险金、退休金、抚恤金的请求权消灭时效，因其为"时效"，与私法上的时效，具有"类似"性，可以类推适用。值得探讨的是：为何"大法官"并未依照声请人之声请书意见，将保险金请求权消灭时效径直以"时效"之"类似性"，类推适用私法上的类推适用，而是进行了两次类推适用？此两次类推适用，正表明多数"大法官"建构类推适用之类推标准的尝试：类推适用虽为"等者等之"逻辑的结果，但两个相似事物间可比较以及比较后具有"类似"性之处颇多，其中自然有轻重之分。对于类推适用而言，宜应遵循由重到轻的原则加以运用，亦即先就具有重大关系之"类似"，进行类推适用，在具有重大关系之"类似"之类推适用尚难解决全部问题时，再就次一级重大关系之"类似"进行类推适用，依次直至所有问题均告解决。对照"释字第474号解释"，"大法官"认为公务人员保险金请求权消灭时效制度有"公务人员保险金请求权"和"消灭时效"两部分，其中前者对于公务人员显然较后者具有更为重大之关系。而"公务人员退休法"和"公务人员抚恤法"中有关退休金和抚恤金之规定，显然亦较之私法上之时效具有更为重大之关系。因此，在第一次类推适用时，多数"大法官"类推适用"公务人员退休法"和"公务人员抚恤法"上的类似规定，而非径直类推适用台湾地区"民法"之相关规定。

对此标准，苏俊雄在"不同意见书"中提出质疑。苏俊雄引据黄茂荣的观点，认为："公务人员保险法"上之保险给付请求权的消灭时效问题，既为"法律保留"事项，则此项定位无疑已经限制了系争问题的法源依据，经由"依法行政"及"依法审判"原则，法律保留的要求也将进而分别约束行政机关与司法机关之"补充法律"的权力，尤其构成司法机关在为法律的补充时原则上不得超越的界限。以此认识为基础，苏俊雄认为："通常为补充法律漏洞，司法实务上有采取'类推适用'的方法；但是基于宪法保护人民基本权利的法理，所以在属于法律保留的规范领域中，仅在'有利（in bonam partern）'于、或至少无'不利'于人民的情形下，始容许司法机关为类推适用。"进而，苏俊雄质疑多数"大法官"对"公务人员退休法"和"公务人员抚恤法"的类推适用，是否符合"有利"或者至少无"不利"的标准。当然，苏俊雄还对多数"大法官"将公务人员保险金类比为公务人员退休金和抚恤金的做法提出批评，认为该类比与保险金的"事物本质"相违背。唯该问题已属另一层次之问题，本文暂不讨论。

【延伸思考】

"释字第474号解释"提出法律保留原则与法学方法论关系这一严肃课题，若从极端意义上理解，足以动摇法律保留原则之基础。海德格尔曾言："艺术家与作品相比才是某种无关紧要的东西。"[1] 按诠释学所揭示的法律解释过程，任何对法律之解释和适用，无不受到解释者"前见"作用，因而解释者所理解之规范意义，仅为解释者受其"前见"作用而形成之意义。在此意义下，解释之过程毋宁为一创作之过程，法律之解释毋宁为法律之再造。法学方法论借由法律解释之再造功能，使得法律保留原则在实质上空洞化！然而，此一推演仅存于哲学层次，系属法律哲学或解释哲学所关心之内容，对于大部分法律问题而言，此一极端思考仅具有参

---

[1] ［德］海德格尔：《林中路》，孙周兴译，上海译文出版社2004年版，第26页。

考意义。① 除苏俊雄对多数意见提出质疑外,"释字第474号解释"尚有其他相关问题值得思考:

第一,"漏洞填补"之方法不止于类推适用,尚包括"举轻明重、举重明轻"、目的性限缩和目的性扩张,后三者之适用,是否仍不违反法律保留原则?所谓"举轻明重、举重明轻",系指立法者对于较不具有意义的情形,明确地加以规定时,则可推知对于较重要的情形,更是为立法者所意欲者,或如果较多(较重)的被允许时,则可推知较少(较不重要的)愈是被允许。② 所谓目的性限缩,系"不同案件不同处理"之平等原则另一面向的逻辑结果。③ 同类推适用相反,目的性限缩是将原来适用面过广的规范予以限缩,排除虽在规范语句规范之内,但并不符合制定规范目的之要求的事务,以使规范语句所体现的意义能与制定规范的目的更加相符。所谓目的性扩张,系指某一规范的立法意旨过于狭窄,以致不能贯彻该规范的意旨,因此,显有超越该规定的文义的必要,以将其适用范围扩张及于该规范的规范语句之文义之外。对于后三者之适用,是否违反法律保留原则?若违反,原因何在?若不违反,是否可以发展出一套类似于类推适用的判断标准?这些问题都值得进一步讨论。

第二,苏俊雄对多数意见之质疑,尚非否定多数"大法官"提出之标准,而毋宁是对何为"重大关系"之质疑,因此,以什么标准来判断"重大关系",是多数意见未回答之问题。苏俊雄将"事物本质"作为判断"重大关系"之标准,但苏氏的"事物本质"观点,亦是从不同角度判断"重大关系"而已,尚不具足够之说服力。或者,在因"事物本质"

---

① 祝捷:《通过释宪的权力控制——一种诠释学的诠释》,载肖金明主编:《人权保障与权力制约》,山东人民出版社2007年版;祝捷:《从主体性到主体间性——宪法解释方法论之再反思》,《广东社会科学》2010年第5期。

② 陈清秀:《依法行政与法律的适用》,载翁岳生编:《行政法》,中国法制出版社2000年版,第213页。

③ 黄茂荣:《法学方法与现代民法》,台湾大学法学丛书编辑委员会2006年版,第735页。

出现争议时,是否有其他标准予以补强?如苏俊雄发现,若依其所认为之"事物本质",公务人员保险金因其"社会保险"性质,与劳工保险更具有"类似"性,但多数"大法官"并未类推适用"劳工保险法"第30条之规定,将公务人员保险金请求权消灭时效规定为"2年",而是类推"公务人员退休金法"和"公务人员抚恤金法",将其规定为"5年"。苏俊雄认为,这一区分系出于"有利"原则的考量。苏俊雄所谓"有利"是否可以成为"事物本质"的补充?而此一"有利"是否又使得公务人员与劳工之间产生不平等,因而违反类推适用方法在逻辑上成因——平等原则?[①] 这些问题,都值得深入思考。

第三,法学方法论系指透过一定法学方法发现规范透过规范语句所体现的意义,即便不从极端意义考虑法律解释之再造功能,而仅考察法律解释的方法,亦即以文义、历史、体系、目的为核心的方法论体系,除历史解释中一分支(主观历史解释,又称原意解释,即根据立法者原意解释法律)尚使解释结果与立法者原意保持一致外,其他解释方法均有违背立法者原意之可能。法律保留原则的意义除保障基本权利外,尚包括对立法机关、行政机关和司法机关之分权,透过法律解释的方法,使立法机关所立之法的意义出现违背立法者原因的情况,是否仍符合法律保留原则?又,复数的法律解释方法,使得解释者在多种方法间有了更大的游移空间,是否可能使解释者对法律的解释恣意化,从而使法律保留原则透过法学方法论空洞化?这些问题,都涉及对法律解释方法本质的批判,亦须经对法律解释方法之重构方可完成。[②]

当然,"释字第474号解释"还有其他一些问题:如声请人并未就"公务人员退休法"和"公务人员抚恤法"部分提出声请,亦未要求"大

---

① 参见本书案例12。
② 祝捷:《宪法解释方法论之批判与重构》,载《公法评论》(第5卷),北京大学出版社2008年版。

法官"对上述两"法"在时效中断及不完成之"漏洞"进行填补。"大法官"在"解释文"和"解释理由书"中指明上述两"法"的相关部分，亦类推适用台湾地区"民法"上相关条款，是否符合台湾地区"大法官解释制度"的司法性？又，公务人员保险金请求权消灭时效制度显系一公法制度，而"民法"上之时效制度显系私法制度，两者价值观之重大差别是否影响"类似"性的判断，值得进一步思考。①

---

① 葛克昌：《私法规定在行政法上的适用——释字第四七四号解释评释》，载台湾行政法学会主编：《行政法争议问题研究》（上），五南图书出版股份有限公司2000年版。

第二部分 比例原则

案例4 陈志祥质疑死刑案

解释号:"释字第476号解释"

知识点:比例原则

【案情要览】

本案声请人陈志祥系台湾地区台北地方法院法官。1998年,声请人在审理烟毒案件时,认为其所适用之台湾地区"肃清烟毒条例"(已废止)第5条第1项、第7条第1项,"毒品危害防制条例"第4条第1项、第5条第1项,分别有抵触台湾地区现行"宪法"第7条、第15条、第22条及第23条之疑义,遂裁定停止诉讼程序,并声请"大法官解释"。

经查,上述条款对于贩卖或运输毒品处死刑或无期徒刑,较之台湾地区"刑法"第271条第1项规定之普通杀人罪(处死刑、无期徒刑或10年以上有期徒刑)重;处意图贩卖而持有毒品无期徒刑或10年以上有期徒刑,较台湾地区"刑法"第271条第3项规定之普通杀人罪之预备犯(处2年以下有期徒刑)重。

【基本知识】

本案涉及比例原则。吴庚谓"比例原则乃对基本权利予以干预时,应遵守的首要原则"。① 对比例原则概念之分析，常以三阶理论为起点。所谓"三阶理论"，系指将比例原则拆分为三项子原则，任何经比例原则检验之事项，须按三项子原则之顺序逐一进行检验，若该事项经三项子原则检验而通过，则认该事项符合比例原则，若该事项经任何一子原则检验未通过，即或通过另两项子原则之检验，亦不认为符合比例原则。三阶理论为比例原则之最经典理论模型，且已形成妥当性原则、必要性原则和衡量性原则为三子原则的通说，仅在各子原则名称上略有不同。如陈新民之三子原则系指妥当性原则、必要性原则和狭义的比例原则（又称均衡原则），② 吴庚之三子原则系指适当性原则、必要性原则和衡量性原则，③ 等等。本书按吴庚提法，但在介绍概念时，仍综合陈新民及其他学者观点。

所谓适当性原则，系指行为应适合于目的之达成，亦即一个法律（或公权力措施）的手段可达到目的；所谓必要性原则，系指行为不超越实现目的之必要程度，亦即达成目的须采影响最轻微之手段，因此，必要性原则又可称为"尽可能最小侵害原则"；所谓衡量性原则，系指手段应按目的加以衡判，亦即任何干涉措施所造成之损害应轻于达成目的所获致之利益，始具合法性。④ 此三项子原则分工明确：适当性原则和必要性原则是偏向客观立场，来决定手段的取舍问题，但是均衡原则反而以主观的角度，以偏向人民的立场来决定该目的应不应追求，继而手段要不要采取之问题。⑤ 有学者对三阶理论提出质疑，认为上述三项子原则多有重叠、累赘之处，其疑义大多针对适当性原则。由于适当性原则强调手段应能达到目的，属于对未来情势之预期，具有或然性，在实践中较难把握。况

---

① 吴庚：《宪法的解释与适用》，三民书局2004年版，第162页。
② 陈新民：《德国公法学基础理论》（下册），山东人民出版社2001年版，第368页。
③ 吴庚：《宪法的解释与适用》，三民书局2004年版，第162页。
④ 吴庚：《宪法的解释与适用》，三民书局2004年版，第162页；陈新民：《德国公法学基础理论》（下册），山东人民出版社2001年版，第369页至第370页。
⑤ 陈新民：《德国公法学基础理论》（下册），山东人民出版社2001年版，第371页。

且，从逻辑上而言，在"依法行政的大前提下，任何行政行为必须达成法定行政任务，方获得合法性"，①因此，有学者认为适当性原则应是必要性原则的题中应有之义。据此，这部分学者主张，比例原则仅包括必要性原则和衡量性原则两项子原则，即"二阶理论"。当然，绝大多数学者认为适当性原则有其存在必要，②三阶理论为学界通说，毋宁可谓之为经典之三阶理论。

台湾地区现行"宪法"并无"比例原则"一词，比例原则系由"大法官"透过解释移植德国公法学以及美国宪法学理论创造。一般认为，台湾地区现行"宪法"第23条为比例原则之法源。据台湾地区现行"宪法"第23条之规定，"……各条列举之自由权利，除为防止妨碍他人自由、避免紧急危难、维持社会秩序、或增进公共利益所必要者外，不得以法律限制之"。其中"所必要"三字，即为比例原则在台湾地区之直接法源。"大法官"于"释字第428号解释"中正式使用"比例原则"一词，③从而使比例原则在台湾地区获得了合法地位。尽管"释字第428号解释"之后，又有若干解释运用到"比例原则"一词，但是，对于"比例原则"，"大法官"毋宁是当作一个"概念"来使用，并未阐明其具体内容。直到"释字第471号解释"，"大法官"才将"比例原则"具体化为"其处罚程度与所欲达到目的之间，并须具合理适当之关系"。④许宗力认为，台湾地区现行"宪法"并无"比例原则"一词，而"大法官"亦仅在解释中用及"比例原则"，而未对比例原则之含义作具体说明；由

---

① 陈新民：《行政法总论》，三民书局1997年版，第61页。
② 蔡震荣：《论比例原则与基本人权之保障》，载蔡震荣：《行政法理论与基本人权之保障》，五南图书出版股份有限公司1999年版，第107页。
③ "释字第428号解释"之"解释理由书"。许宗力曾谓"释字第436号解释"为"大法官"第一次使用"比例原则"的解释，但事实上，"释字第436号解释"只是在"解释文"中第一次使用"比例原则"的解释。参见许宗力：《比例原则之操作试论》，载许宗力：《法与国家权力》（二），元照出版有限公司2007年版，第121页。
④ "释字第471号解释"之"解释理由书"。

于比例原则在德国公法学上的特定含义，台湾地区学者多"想当然尔地以德国所理解的比例原则来诠释"比例原则，亦即按照三阶理论之通说来构建台湾地区之比例原则。①

至于本案，声请人认为，"肃清烟毒条例"和"毒品危害防制条例"之"超重刑之立法，是否违背罪刑相当原则，而非止于立法者行政自由"。声请人所谓的"罪刑相当原则"，按声请人谓，属"比例原则在刑事立法上及司法上，可以导出"者，因此，本案的争点是如何适用上述两规定，是否符合比例原则。

【解释要点】

"大法官"针对本案作成"释字第476号解释"，对比例原则的含义进行阐明，建构了比例原则的三项子原则，并据此宣告系争之"肃清烟毒条例"和"毒品危害防制条例"与比例原则并无违背。

据"大法官"的"解释文"：人民身体之自由与生存权应予保障，固为台湾地区现行"宪法"第8条、第15条所明定；惟刑罚权之实现，对于特定事项而以特别刑法规定特别之罪刑所为之规范，倘与台湾地区现行"宪法"第23条所要求之目的正当性、手段必要性、限制妥当性符合，即无乖于比例原则。在"解释理由书"中，"大法官"对上述三项进行了阐明：所谓目的正当性，系指"倘该目的就历史渊源、文化背景、社会现况予以观察，尚无违于国民之期待，且与国民法的感情亦相契合，自难谓其非属正当"；所谓手段必要性，系指"为此所采取之手段，即对于人民基本权利为必要之限制，乃补偏救弊所需，亦理所当为者"；所谓限制妥当性，系指"目的与手段间之均衡"。建构起比例原则的三项子原则后，"大法官"运用该三项子原则对声请人之声请事项进行检验。"大法

---

① 许宗力：《比例原则与法规违宪审查》，载许宗力：《法与国家权力》（二），元照出版有限公司2007年版，第78页。

官"认为,"上述两法之立法目的",乃特别为肃清烟毒、防制毒品危害,借以维护人民身心健康,进而维持社会秩序,俾免社会安全之陷于危殆。因是拔其贻害之本,首予杜绝流入之途,即着重烟毒来源之截堵,以求祸害之根绝;而制造、运输、贩卖行为乃烟毒祸害之源,其源不断,则流毒所及,非仅多数人之生命、身体受其侵害,并社会之法益亦不能免,为害之巨,当非个人一己之生命、身体法益所可比拟。对于此等行为之以特别"立法"严厉规范,当已符合比例原则。据此,"大法官"认定:"特别法"严禁毒害之目的而为之处罚,乃维护安全、社会秩序及增进公共利益所必要,无违台湾地区现行"宪法"第23条之规定,与第15条亦无抵触。

【理论评析】

本案被台湾实务界人士张志伟称为"大法官本身对于比例原则的完整图像",[1] 但仅从"解释文"和"解释理由书"来看,"大法官"更多的是偏向对目的正当性的检验。然而,无论如何,"大法官"透过"释字第476号解释"建构了台湾地区的比例原则之三阶理论,并为后续"大法官解释"所采用。

按"释字第476号解释"之"解释文"和"解释理由书","大法官"建构之"三阶理论"并不同于德国公法学上之经典三阶理论,盖因为经典之三阶理论,在适当性原则处,仅检验手段与目的之关联,重点在于判断手段是否合于目的,而非对目的本身之检验。"大法官"建构之"三阶理论"将对目的本身是否正当,作为比例原则一项单独检验的内容,有其创新之处。

就理论渊源而言,目的正当性之判断并非为台湾地区"大法官"所

---

[1] 张志伟:《比例原则与立法形成余地》,《中正大学法学集刊》2008年第24期。

首创，亦不为台湾地区法学理论所未见。德国公法学家 Maurer 认为，比例原则之审查要求两阶段的审查，第一阶段是审查系争手段所欲追求目的的合法性，亦即首要之务即在于确立该立法目的何在，其后才能进行比例原则之审查；而第二阶段则系由比例原则下之三个派生原则予以检视其手段于目的之合比例关系。① 显然，后三者相当于经典三阶理论之三项子原则。因此，许宗力又谓比例原则之检验应分四阶段：目的合宪性、手段适合性、手段必要性和手段合比例性。② 李念祖亦将"释字第 476 号解释"建构之三阶理论中的第二项子原则手段必要性原则拆解成"手段合于目的""较小限制手段"两道检验。③ 由此，在审查目的正当性的情况下，台湾地区"大法官"虽仍使比例原则具"三阶性"，但实际上，经由目的正当性、手段必要性和限制妥当性三项子原则构建的比例原则已经呈"四阶化"之态势，亦即目的正当性原则、手段适当性原则（借用适当性原则）、手段必要性原则以及限制妥当性原则。本书暂以此四项子原则为据，分而述之。

第一，目的正当性原则。对目的正当之检验，有积极面向与消极面向之分。④ 就消极面向而言，行为者应被禁止追求明显违法，或明显不当之目的，如允许奴隶制、破坏男女平等、倡导种族歧视，等等。就积极面向而言，行为者行为之目的，应符合法秩序所预设并允许的基本权利限制目的，如公共利益、紧急状况、社会秩序，等等。然而，就消极面而言，行为者一般不会作成追求明显违法，或明显不当之目的的行为，就积极面而言，行为者亦会将其行为之目的以法秩序预设之正当之目的加以包装。由

---

① 张志伟：《比例原则与立法形成余地》，《中正大学法学集刊》2008 年第 24 期。
② 许宗力：《比例原则之操作试论》，载许宗力：《法与国家权力》（二），元照出版有限公司 2007 年版，第 123 页至第 133 页。
③ 李念祖：《人权保障的内容》（上），三民书局 2006 年版，第 20 页至第 79 页。
④ 许宗力：《比例原则之操作试论》，载许宗力：《法与国家权力》（二），元照出版有限公司 2007 年版，第 123 页。

此，适用目的正当性原则检验的关键转变为以何标准检验该行为之目的是否正当。

第二，手段适当性原则。对手段适当性，可借用陈新民对妥当性原则之定义，谓其为"一个法律的手段可达到目的"，[1] 亦即采取之手段，是否得达到已被判断为正当之目的。对于手段适当性原则，亦有消极面和积极面之分。就消极面而言，凡所采手段对目的之达成根本毫无效果，或非仅毫无效果，甚至有害，也就是增加目的达成的困难，则绝对是不适当的。[2] 然而，实践中出现上述情况之事例极少，多数手段或多或少能达到目的，或对目的有所助益。因此，适用手段适当性原则检验的关键转变为以何标准检验该行为对于达成目的之助益。

第三，手段必要性原则。对手段必要性，亦可借用陈新民对必要性原则之定义，谓其为"在所有能够达成立法目的之方式中，必须选择予人民之权利最少侵害的方法"。[3] 由于公权力行为之作成，系须消耗人民之赋税以及其他公共资源，因此，对人民赋税之增加以及其他公共资源之耗费，亦应被考虑进可能被侵害之权利中，而不应仅限于单个个体直接的基本权利。立即于此考量，对手段成本耗费亦属手段必要性检验之内容。许宗力提出三步骤检验法：首先，其他手段的相同有效性判断，亦即考察是否有其他手段可达到同一目的；其次，在被检验手段与被判断为具有相同有效性的其他手段中，是否该被检验手段限制基本权利为最少，其中又需经三步检验：其一，以上各手段所限制者，系基本权利之核心，或是外围？其二，以上各手段对基本权利限制之强度如何？其三，以上各种手段涉及相对人数量的多寡；最后，被检验手段是较少或相同的公益成本耗费的判断，亦即考察该被检验手段与被判断为具有相同有效性或限制基本权

---

[1] 陈新民：《德国公法学基础理论》（下册），山东人民出版社2001年版，第369页。
[2] 许宗力：《比例原则之操作试论》，载许宗力：《法与国家权力》（二），元照出版有限公司2007年版，第24页。
[3] 陈新民：《德国公法学基础理论》（下册），山东人民出版社2001年版，第369页。

利相同之手段，何者耗费公益成本最少。① 以上判断，仍涉及标准问题，因此，适用手段必要性原则检验的关键，亦转变为以何标准检验手段之必要。

第四，限制妥当性原则。对限制妥当性原则，同样借用陈新民对均衡原则之定义，谓其为"一个措施虽然是达成目的所必要的，但是，不可以予人民过度之负担"。② 经手段适当性原则和手段必要性原则之检验，多数不合比例原则之行为将被筛掉，但仍不免有手段适当且必要之原则，此时，应由限制妥当性原则作最后把关。更毋宁说，限制妥当性原则已经超过手段追求目的之功能，而是以更高之层次追求对基本权利之保障。亦即：如果该手段为达成目的之唯一手段，虽该目的被判断为正当，但该手段严重限制基本权利，仍宜认定该手段不符比例原则，其间所生衡量，实为"手段之目的"与"法目的"之衡量。③ 德国公法学形成比较易懂且具可操作性之"越如何，则越如何"的比较性衡量公式，亦即"对基本权利的侵犯越严重，所获致利益就需越大"，④ 显然，该"越如何，则越如何"公式仍显空洞。这里的问题仍然是，究竟以何标准判断"该手段严重限制基本权利"。

从以上分析可见，所谓四项子原则，系在不同阶段对同一行为作反复之检验。德国学者希尔希贝格将目的与手段的关系以经验和价值两要素加以划分。按希尔希贝格之观点，所谓经验要素，系指服从因果律之要素，所谓价值要素，系以"被人认为有价值"为判定标准。⑤ 按希氏观点，手

---

① 许宗力：《比例原则之操作试论》，载许宗力：《法与国家权力》（二），元照出版有限公司2007年版，第129页至第133页。
② 陈新民：《德国公法学基础理论》（下册），山东人民出版社2001年版，第370页。
③ 蔡震荣：《论比例原则与基本人权之保障》，载蔡震荣：《行政法理论与基本人权之保障》，五南图书出版有限公司1999年版，第134页。
④ 许宗力：《比例原则之操作试论》，载许宗力：《法与国家权力》（二），元照出版有限公司2007年版，第136页。
⑤ 陈新民：《德国公法学基础理论》（下册），山东人民出版社2001年版，第371页。

段适当性原则、手段必要性原则属经验要素的范畴，限制妥当性原则属价值要素的范畴。虽希氏以经典之三阶理论为背景，并未涉及目的正当性原则，但若考量目的正当性原则之特征，该子原则应属价值要素的范畴。亦有学者从事实判断、价值判断来区分比例原则，其含义与希氏观点大体相当，本文不再赘述。① 以上有关经验要素（抑或是事实判断）与价值要素（抑或是价值判断）之分类，既是对比例原则四项子原则特征之摹写，亦是对该四项子原则功能之设计：目的正当性原则和限制妥当性原则肇因于价值要素之作用，所负功能主要为否定功能，亦即对检验对象（目的、手段）进行价值性衡量，而不是经验（或事实）之比较；手段适当性原则和手段必要性原则肇因于经验要素之作用，所负功能主要为选择功能，亦即对检验对象以及与检验对象具有相同有效性之手段进行比较，并选择其中最为必要以及对基本权利侵害最小者。考察四项子原则之顺序，可以发现：两项受价值要素作用之子原则正好处于四项子原则之一头一尾，如同比例原则之两扇大门；而两项受经验要素作用之原则处于中间，犹如比例原则之流水线。

由比例原则之四项子原则分析可知，比例原则检验目的、手段以及目的和手段之间之比例的关键在于确立"标准"。这一标准，在德国，被称为"审查密度"，在美国，被称为"审查基准"。无论名称为何，两者都是指对于对审查对象所形成的宽严不同的判断尺度。② 德国公法学经由判例创造出三种审查密度：明显性审查、可支持性审查和严密的内容审查。明显性审查为最为宽松之审查密度，除非待审查对象有显见的违宪情节，否则应尊重作出行为之行为主体的判断；可支持性审查较明显性审查严，其非仅止于要求行为不得公然、明显错误而已，而且进一步要求行为主体

---

① 蔡震荣：《论比例原则与基本人权之保障》，载蔡震荣：《行政法理论与基本人权之保障》，五南图书出版有限公司1999年版，第110页；本书作者亦曾有类似认识，参见祝捷：《论比例原则在行政机构设置领域之适用》，载《华中法律评论》，华中科技大学出版社2007年版，第306页至第307页。
② 吴庚：《宪法的解释与适用》，三民书局2004年版，第408页。

对行为进行充分说明，并能言之成理；严密的内容审查又较可支持性审查严，在此标准下，应对行为主体的判断作具体而详尽的深入分析，倘无法确信行为主体的判断是正确的，举证的不利就应由立法者负担。[①] 上述三种审查密度，在德国已成通例。与德国相比，美国则形成了"双重基准"。所谓"双重基准"，系指所有涉及经济性要素的立法，在宪法上推定其合宪，除非原告能提出反证；相对而言，对于涉及其他权利法案所保障的"文化性自由"，法院应以"怀疑的眼光"予以审视，保持严格监督、控管的态度。[②] 其后，美国最高法院又通过案例，针对若干个别基本权利类型，发展出较为具体、细致的审查基准，亦即以基本权利类型为取向的派生审查基准。台湾留美的学者大多主张"以基本权利类型为取向的派生审查基准"，建议在各自不同基本权利领域诠释台湾地区现行"宪法"第23条所称"必要"的内涵，依各个不同的基本权利发展不同的审查密度。[③] 其实，审查密度本身亦为平等原则之"等者等之，不等者不等之"的逻辑结果，无论是德国式的三种审查密度，还是美国式的"以基本权利类型为取向的派生审查基准"，都是以对不同基本权利、抑或相同基本权利所遭遇之不同情景为对象设置，并无"同一标准"的意味。因此，两者实为一统一的标准体系，该标准体系所赖者，唯在基本权利之"事物本质"。台湾留美学者之认识未免存有偏颇之处。

值得指出的是，上述之"审查密度"或"审查基准"并非平均用力于比例原则之四项子原则。对于目的正当性原则，通说认为应尊重行为主体对自身行为之判断自由，尤其是对于立法者之立法，更应充分顾及到对

[①] 吴庚：《宪法的解释与适用》，三民书局2004年版，第412页；许宗力：《比例原则与法规违宪审查》，载许宗力：《法与国家权力》（二），元照出版有限公司2007年版，第79页。
[②] 李建良：《论基本权利的位阶次序与司法审查标准》，载刘孔中、陈新民主编：《宪法解释之理论与实务》（第三辑下），"中央研究院"中山人文社会科学研究所2002年版。
[③] 许宗力：《比例原则与法规违宪审查》，载许宗力：《法与国家权力》（二），元照出版有限公司2007年版，第80页。

立法者形成自由之尊重。因此，对目的正当性原则一般采非常宽松之标准，亦即无明显违宪或其对基本权利之限制明显侵害基本权利。许宗力曾以德国联邦宪法法院在"药房案"中形成的"一般公益""重要公益"以及"极端重要公益"标准为据，建构目的正当性审查的标准体系。[①]但，该三种标准，毋宁是要求手段与公益之重要程度成比例，显属后三项子原则检验之内容。对于手段适当性原则，通说仍以比较宽松之标准，亦即将该原则作为一种目的导向的要求，即使只有部分能达成目的，也算是符合手段适当性原则的要求。[②] 手段必要性原则为最为复杂之情形，其三步骤检验以及第二步骤中的三步检验都在不同程度上涉及标准体系之建立。然而，所涉标准体系也大体相同，虽已经德国、美国之实践，已经形成蔚为壮观之标准体系，但其要旨无非仍是"宽松""中度""严格"等，只不过根据基本权利不同，抑或是相同之基本权利遭遇之情形不同而有所不同而已。对于限制妥当性原则，亦形成从宽到严的标准体系。[③] 由此可见，标准体系在比例原则之四项子原则中并非平均用力：真正运用标准体系审查之步骤仅为手段必要性原则和限制妥当性原则，而对于目的正当性原则和手段适当性原则，虽亦有相应之标准体系，但毋宁更多适用比较宽松的标准。可以说，比例原则之实质性检验存在于手段必要性原则和限制妥当性原则，无怪乎有学者要以"二阶理论"代替"三阶理论"！

至于本案，"大法官"在"释字第476号解释"中，实际上构建了一个意图将比例原则诸说进行统一的"大比例原则"，名义上该"比例原则"仍为"三阶理论"，但毋宁已经是"四阶理论"。与经典之三阶理论

[①] 许宗力：《比例原则之操作试论》，载许宗力：《法与国家权力》（二），元照出版有限公司2007年版，第124页。
[②] 陈新民：《德国公法学基础理论》（下册），山东人民出版社2001年版，第369页。
[③] 许宗力：《比例原则之操作试论》，载许宗力：《法与国家权力》（二），元照出版有限公司2007年版，第136页。

相比，所引入者无非是目的正当性。"大法官"此举之意图，唯在透过目的正当性之引入，主张系争之"肃清烟毒条例"和"毒品危害防制条例"的"立法目的"为正当。从"释字第476号解释"之效果考察，"大法官"的上述意图无疑是达到了。"大法官"对于上述两"法"符合比例原则的推演共分三步：

第一步："大法官"建构包括目的正当性原则在内的比例原则，使其得用目的正当性原则检验"肃清烟毒条例"和"毒品危害防制条例"是否符合比例原则。从"释字第476号解释"之"解释理由书"可见，"大法官"在判断上述两"法"是否符合比例原则时，已经拟以"立法"目的之正当性作为论证方向。但按经典之三阶理论，对目的正当性之检验，并非比例原则之内容。因此，"大法官"借阐明比例原则含义之机会，在比例原则中引入目的正当性，并在"解释理由书"中专门阐述目的正当性之含义。关于目的正当性之含义与功能，前文已有详述，不再赘述。

第二步："大法官"阐述烟毒（毒品）之流弊，以及对烟毒（毒品）施以严格刑罚之目的，并综合历史事实和现实状况论证该目的之正当性。"大法官"认为："烟毒之遗害……计自清末以迄民国，垂百余年，一经吸染，萎痹终身，其因此失业亡家者，触目皆是，由此肆无忌惮，滋生其他犯罪者，俯首即得；而制造、运输、贩卖无非在于使人吸食，其吸食者愈众，则获利愈丰，因是呼朋引类，源源接济，以诱人上瘾为能事。萃……有用之国民，日沉湎于鸩毒之乡而不悔，其戕害国计民生，已堪发指；更且流毒所及，国民精神日衰，身体日弱，欲以鸠形鹄面之徒，为执锐披坚之旅，殊不可得，是其非一身一家之害，直社会之巨蠹，自不得不严其于法；而欲涮除毒害，杜渐防萌，当应特别以治本截流为急务，盖伐木不自其本，必复生；塞水不自其源，必复流，本源一经断绝，其余则不戢自消也。"由此，"大法官"从社会整体利益面向，而并非从保障个体之基本权利面向论证严惩烟毒（毒品）犯罪之重要性，判断上述两"法"

之目的为正当。

第三步:"大法官"判断"肃清烟毒条例"和"毒品危害防制条例"严惩烟毒(毒品)之目的为正当后,又对该两"法"采取之严惩手段之适当性、必要性以及限制基本权利之妥当性分别进行检验。对于手段适当性部分,"大法官"谓:"是对于此等特定之行为严予非难,并特别立法加重其刑责,自系本于现实之考虑……"从而以比较宽松之标准,认定采"特别立法加重其刑责"的手段,可以达到目的。对于手段必要性部分,"大法官"首先指明与死刑、无期徒刑具有相同有效性的是"长期自由刑",但"抑且制造、运输、贩卖烟毒之行为,除具备前述高度不法内涵外,更具有暴利之特质,利之所在,不免群趋侥幸,倘仅藉由长期自由刑之措置,而欲达成肃清防制之目的,非但成效难期,要亦有悖于公平与正义"。从而在死刑、无期徒刑以及与其具有相同有效性之"长期自由刑"中,否定"长期自由刑",亦即从反面论证死刑、无期徒刑手段之必要。对于限制妥当性部分,"大法官"虽无明示,但仍指出"兹制造、运输、贩卖乃烟毒之祸源,若任令因循瞻顾,则吸食者日众,渐染日深,流毒所及,非仅多数人之身体法益受其侵害,并社会之法益亦不能免,此殷鉴非远",并且将烟毒(毒品)之害,与声请人与其类比之普通杀人罪及其预备犯相比,认为"仅以两不相侔之侵害个人法益之杀人罪相比拟,殊属不伦"。查"大法官"上述说词,其中暗含之意显为:普通杀人罪及其预备犯虽为严重之刑事犯罪,但仅仅侵犯个人之法益,制造、运输、贩卖烟毒之行为已经触及社会整体利益,两下权衡,显然后者较为重要。至此,"大法官"完成对上述两"法"相关条款的比例原则检验。

"释字第476号解释"对台湾地区比例原则之形成与适用影响甚远,由此构成之四项子原则,或谓"四道检验",已经成为台湾学界论述比例原则之通说。

【延伸思考】

"释字第476号解释"虽构建台湾地区"比例原则"之通说，但并非毫无问题。诚如部分德国公法学家所言，考察手段是否得以达成目的之手段适当性原则似显多余，或者可以为手段必要性原则所涵盖，在手段适当性原则上又加上目的正当性原则，是否更加多余。虽"大法官"之意图在于使比例原则之体系更为完善，但此一善意是否有治丝益棼之感？从实践面考察，该质疑并非毫无道理。除此以外，"释字第476号解释"以及其所构建之比例原则，仍有以下疑问：

第一，陈新民谓，对基本权利之限制有三项原则：公益原则、法律保留原则和比例原则，且三者并非为顺序可相互替换之零散原则，而系具有一定内在结构之原则体系。一般而言，对基本权利之限制，应符合公益原则，但即便符合公益原则，也只能依据法律予以限制，而且对于符合公益原则，且符合法律保留原则之手段，亦须经比例原则之检验。亦即比例原则系公益原则与法律保留之下游原则。按公益原则之要旨，对基本权利之限制必须符合公益。[1] 公益原则中"公益"之概念，是否与"正当之目的"同意？亦即已经经由公益原则检验之目的，是否须再经比例原则之目的正当性原则检验？抑或比例原则中目的正当性之"正当之目的"并非公益可涵盖，仍包括公益之外之"正当目的"？如果有公益之外之"正当目的"，比例原则是否又与公益原则有所抵牾？这些问题都值得疑问。

第二，承接以上争议，有论者谓法律保留原则为保障基本权利之形式原则，而比例原则为保障基本权利之实质原则，然而，考察本书对法律保留原则之讨论，尤其是法律保留原则之阶层化，法律保留原则对基本权利之保障，仍在于特定标准体系之建立，此与比例原则是否有所重叠？或

---

[1] 陈新民：《德国公法学基础理论》（下册），山东人民出版社2001年版，第348页。

者：是否法律保留原则与比例原则仍有形式与实质之分工？更加值得思考的是：对基本权利之保障是否被"整体化"为对特定标准体系的构建？以上问题，无不触及比例原则之深层次内涵，值得吾人深思。

第三，"释字第476号解释"所检验之对象实为台湾地区"立法"机关之"立法"行为，显然是在宪法学意义上使用"比例原则"一词，而大陆学界论及比例原则常谓之为"行政法基本原则"，宪法上之比例原则与行政法上之比例原则有何区别？又德国公法学对基本权利对立法行为之作用有"最佳化命令"与"框架秩序"两说。"最佳化命令"，系指基本权利之价值和目的对于法律与事实的可能性范围内，应尽可能高的被实现。① 最佳化命令对立法者科以较高义务，相应的，也要求审查立法行为者以较高之审查密度审查立法者之立法行为。"框架秩序"，系指基本权利仅为立法者之立法行为设定一框架，在此框架内，立法者有适当的裁量或形成空间。② 框架秩序对立法者科以较低义务，相应的，审查立法行为者也科以较低之审查密度审查立法者之立法行为。按与最佳化命令与框架秩序配套之"立法余地"之概念的描述，在最佳化命令下，立法者之立法余地显然小于框架秩序下立法者之立法余地。③ 根据德国公法学之通说，比例原则为限制立法者立法余地之主要方式，由此，如何处理比例原则与立法余地之间的关系？在最佳化命令与框架秩序下，比例原则将呈现出何种不同的状态？这些问题，都值得更进一步探讨。

第四，比例原则之四项子原则系按一定顺序排列之原则体系，但该顺序是否一定为一成不变？是否可以对其中顺序进行调整？大陆学者蒋红珍

---

① 王鹏翔：《基本权作为最佳化命令与框架秩序——从原则理论初探立法余地问题》，《东吴法律学报》2007年第18卷第3期。
② 王鹏翔：《基本权作为最佳化命令与框架秩序——从原则理论初探立法余地问题》，《东吴法律学报》2007年第18卷第3期。
③ 王鹏翔：《基本权作为最佳化命令与框架秩序——从原则理论初探立法余地问题》，《东吴法律学报》2007年第18卷第3期。

曾按手段适当性原则、均衡性原则（亦即限制妥当性原则）、手段必要性原则为序考察《娱乐场所管理条例》第5条，并谓"如果我们把这三个阶段（亦即手段适当性、手段必要性和限制妥当性三个子原则——引者注）的审查作为一个流程的话，中间是最小侵害原则了，也就是说一经过这个流程所出来的产品已经是唯一的了，因为它已经是最小侵害了，那么最后的这个均衡性原则（即限制妥当性原则）就相当于被架空了，这使得这样一个本来就很主观的批判标准流于形式"。[①] 蒋红珍的理由是否可以成立？或者说蒋红珍对手段必要性原则和限制妥当性的理解，是否和本书及通说理解一致？再者，若在本书及通说理解下，比例原则之四项子原则是否存在顺序调整的可能？上述问题，涉及比例原则之四项子原则与经验要素和价值要素的关联性，值得思考。

对"释字第476号解释"之质疑尚不止于上述几项，如"大法官"以社会整体利益否定个体利益，是否恰当？比例原则系对基本权利之限制，而本案声请人声请事项涉及"死刑"，系对基本权利之"剥夺"，是否可以成为比例原则适用之对象？另本案又涉及刑法上之法益理论以及刑罚之功能等争辩，本书不再一一涉及。

[①] 参见蒋红珍在第一届全国公法学博士生论坛上的论文及发言记录。蒋红珍：《比例原则的一个理论性推演》，载肖金明主编：《人权保障与权力制约》，山东大学出版社2007年版，第290页以下；蒋红珍的发言记录以及相关质疑参见同书第502页至第503页。

第三部分　信赖保护原则

案例5　吕明凡诉"铨叙部"案

解释号："释字第 525 号解释"

知识点：信赖保护原则

【案情要览】

本案声请人吕明凡系 1989 年入伍服四年制志愿役预备军官，知悉退伍后取得公务人员任用资格，可适用台湾地区"后备军人转任公职考试比叙条例"相关规定，并将此纳入个人志愿服四年制预备军官之原因，并深信日后依"法"退伍可取得公务人员任用资格。后声请人于 1997 年应"退除役军人转任公务人员考试"及格，1998 年 7 月 13 日开始任职公务人员。1999 年 9 月 23 日，台湾地区"考试院铨叙部"审定声请人俸给。因"铨叙部"已于 1995 年 6 月停止四年制志愿役预备军官适用上述"后备军人转任公职考试比叙条例"之规定，使声请人无法比叙，与 1984 年之前四年制预备军退役者再并计军中年资时受不同待遇。声请人经复审、再复审以及行政诉讼，均遭不利之判决，遂声请"大法官解释"。

【基本知识】

本案涉及平等原则、特殊人群（军人）之权利保障等，惟本书涉及者，乃信赖保护原则。本案虽非台湾地区"大法官"第一次涉及信赖保护原则，但"大法官"在该案中对信赖保护原则进行较详细之阐明，不失为台湾地区有关信赖保护原则之经典案例。

信赖保护原则，又作信赖利益保护原则，其原初功能系对授益行政行为撤销之限制，系指人民因信赖行政行为已取得特定身份或某种权益，即不应再予剥夺，两者如何取得均衡不致偏废，乃授益行政行为应考虑之事项。[①] 另一位台湾学者蔡志方更加清楚地将信赖保护原则与授益行政行为挂钩，且将此一适用限定为"违法性之授益行政行为"。蔡志方谓：系指凡是受益行为的相对人因善意信赖处分的有效性，而为一定行为，如果确有正当的信赖基础，而且其信赖值得保护，则应保护其因信赖所形成的利益。该保护包括两种形式：若该利益大于撤销原受益行为所追求的公益时，则不得撤销，反过来，公益较大时，也必须先作必要的补偿。[②] 虽上述两学者在行政法论域内讨论信赖保护原则，但将信赖保护原则视为公法之一般性原则，亦即肯定信赖保护原则不仅系行政法上之原则，亦是具有根本法性质之原则，已成台湾学界通说。因此，上述二学者对信赖保护原则之定义可扩展为：人民因善意信赖公权力行为之有效性，而取得特定身份或某种权益，在撤销或变更该公权力行为时，应保护人民因善意信赖而形成之利益。此处，有两点与上述二学者之定义有别，值得说明：第一，该公权力行为是否只得因撤销，方保护相对人之信赖利益？本书认为，对公权力之变更，虽对公权力机关系为对已有行为之变更，但对相对人而言，无异于对被变更行为之撤销，因此，信赖保护原则之范围应从撤销之限制向撤销、变更之限制扩展；第二，该公权力行为是否必须因"违法"而被撤销。本书认为，公权力机关撤销或变更某一公权力行为，并非全然

---

① 吴庚：《行政法之理论与实用》，中国人民大学出版社2008年版，第256页。
② 蔡志方：《行政法三十六讲》，台湾成功大学法律学研究所法学丛书编辑委员会1997年版，第252页至第253页。但该定义系以"违法的受益行政处分"为对象，本书结合其他论著，将"违法的"去掉，并以涵盖范围较宽之"受益行为"替代。

因其违法，可能系不当、可能系不再适应时事之需要，亦可能该公权力行为之任务已经达到，因此，仅以"违法"作为保护相对人信赖利益之要件，显有不当之处。

追溯信赖保护原则之源流，最早可于1900年代德国各邦行政法院判决中可见，不过当时之信赖保护原则毋宁是诚信原则适用之例。真正奠定信赖保护原则之地位的，是1973年10月德国法学者大会，其后，信赖保护原则为德国国家层次的立法所确认。[1] 一般认为，信赖保护原则系对诚信原则、法安定性原则、法不溯既往原则乃至社会原则的综合及发展。[2] 在台湾地区，学者多谓信赖保护原则为公法上之基本原则，但由于台湾地区现行"宪法"并未对该原则作出具体规定，因此，对信赖保护原则之法源为何仍存在争议。台湾学者洪家殷对信赖保护原则法源之挖掘，系从德国法上之法安定原则和基本权利保障原则套用。洪家殷谓：法治原则已被接受为法秩序上之基本原则，故法安定性原则属形式意义之法治原则，即公权力应维持法秩序之安定，以便使人民投诸信赖并形成自己之生活，而基本权利之保障，亦属重要原则，由于公权力机关若违背了人民之信赖时，将对人民之基本权利造成侵害，云云。[3] 但另一台湾学者吴志光将信赖保护原则同诚信原则、比例原则、明确性原则、平等原则和禁止不当联结等原则一道，列为行政法之一般原则，并将该"行政法之一般原则"作为行政法之不成为法源。[4] 总之，台湾学者并非从规范依据中寻找信赖保护原则之法源，而更多地从法理中寻找该原则之依据。

在本案中，声请人因信赖"后备军人转任公职考试比叙条例"有关

---

[1] 吴坤城：《公法上信赖保护原则初探》，载城仲模编：《行政法之一般法律原则》（二），三民书局1997年版，第238页。
[2] 吴坤城：《公法上信赖保护原则初探》，载城仲模编：《行政法之一般法律原则》（二），三民书局1997年版，第235页。
[3] 洪家殷：《信赖保护及诚信原则》，载台湾行政法学会主编：《行政法争议问题研究》（上），五南图书出版股份有限公司2001年版，第122页。
[4] 吴志光：《行政法》，新学林出版股份有限公司2006年版，第21页至第31页。

第三部分 信赖保护原则

规定,以善意自认为可于退役后转任公务人员,并能以军中年资作为俸给之依据,但"铨叙部"事后不再将声请人之"四年制志愿役预备军官"列入"后备军人转任公职考试比叙条例"之适用范围,导致声请人权利受到损害。按信赖保护原则之原理,显应适用信赖保护原则,得主张其权利。但台湾地区"行政法院"认为,"铨叙部"并未对声请人作成行政处分或订立行政契约,因而无信赖保护原则可资适用。因此,本案之争点为:在无行政处分或订立行政契约时,声请人是否仍应受信赖保护原则之保护,亦即声请人是否仅凭内心之信任,适用信赖保护原则?

【解释要点】

"大法官"针对本案作成"释字第525号解释",对信赖保护原则进行了阐述,并发展出判断是否适用信赖保护原则的一般构成要件。"释字第525号解释"有刘铁铮提出之"不同意见书"一份。

据"解释文"及"解释理由书":法治原则为公法基本原则之一,法治原则首重人民权利之维护、法秩序之安定及诚实信用原则之遵守。人民对公权力行使结果所生之合理信赖,法律自应予以适当保障,此乃信赖保护之法理基础,亦为台湾地区"行政程序法"相关规定之所由设。行政法规(包括法规命令、解释性或裁量性行政规则)①之废止或变更,于人民权利之影响,并不亚于前述"行政程序法"所规范行政处分之撤销或废止,故制定或发布法规之机关固得依法定程序予以修改或废止,惟应兼顾规范对象值得保护之信赖利益,而给予适当保障,方符保障人民权利之意旨。

行政法规公布施行后,制定或发布法规之机关依法定程序予以修改或废止时,应兼顾规范对象信赖利益之保护。除法规预先定有施行期间或因

---

① 此处"行政法规"与大陆"行政法规"所指不同,读者应作区别。

57

情事变迁而停止适用，不生信赖保护问题外，其因公益之必要废止法规或修改内容致人民客观上具体表现其因信赖而生之实体法上利益受损害，应采取合理之补救措施，或订定过渡期间之条款，俾减轻损害，方符保障人民权利之意旨。至经废止或变更之法规有重大明显违反上位规范情形，或法规（如解释性、裁量性之行政规则）系因主张权益受害者以不正当方法或提供不正确数据而发布者，其信赖即不值得保护；又纯属愿望、期待而未有表现其已生信赖之事实者，则欠缺信赖要件，不在保护范围。

"大法官"认为，虽然"铨叙部"停止适用四年制志愿役预备军官适用之"后备军人转任公职考试比叙条例"，且并未设过渡期间，但任何行政法规皆不能预期其永久实施，受规范对象须已在因法规施行而产生信赖基础之存续期间，构成信赖要件之事实，有客观上具体表现之行为，始受信赖保护。"铨叙部"于 1987 年 6 月发出的函件，虽然将四年制志愿役预备军官列入"后备军人转任公职考试比叙条例"之函件得作为信赖之基础，但并非谓四年制志愿役预备军官，不问上述规定是否废止，终生享有考试、比叙之优待。本案声请人于比叙优待适用期间，未参与转任公职考试或取得申请比叙资格，与前述信赖保护原则之要件不符，故其主张不适用信赖保护原则。

【理论评析】

"释字第 525 号解释"前，台湾地区虽并非无适用信赖保护原则之先例，[①] 但比较系统阐述信赖保护原则，并形成足以判断是否适用信赖保护原则之构成要件者，"释字第 525 号解释"尚属首次。

一般认为，信赖保护原则系源于私法之诚信原则，而又不限于诚信原则，而与法安定性、法不溯既往等原则有关，其意旨在于保障因信任公权

---

① 如"释字第 362 号解释"。

力行为而产生之利益。但由于"信赖"一词本系内心之确认,尚属一主观范畴,如何对相对人对信赖保护之主张进行判断,显不宜以主张人之主观确信为凭。因此,对适用信赖保护原则之构成要件之分析,得为信赖保护原则理论探讨之重点。

台湾学者多引据德国公法学相关理论,已形成数种判断是否适用信赖保护原则之构成要件之学说,其中具有代表性者计有三种。第一种:四要件说。林合民认为,适用信赖保护原则须具备以下三个要件:第一,信赖基础,第二,信赖表现,第三,信赖值得保护,第四,公益。林合民谓:前三者系信赖保护原则之"积极要件",亦即当且仅当三项要件符合时,方可适用信赖保护原则,最后一者"公益"为"消极要件",亦即若公权力行为之撤销或变更系因公益,则对相对人不适用信赖利益保护。[①] 当然,亦有学者将"公益"列为"信赖是否值得保护"的考量事项。[②] 第二种:三要件说。吴坤城认为,林合民之四要件说前三项均系可采之学说,但公益并非一定为适用信赖保护原则之构成要件。[③] 第三种:两要件说。洪家殷谓:"信赖保护之成立主要系由两个要件所组成,此两个要件必须同时具备:其一,受益人信赖行政处分之存续;其二,其信赖值得保护","有时前者之信赖要件,被称为主观要件,后者之值得保护要件,被称为客观要件"。[④] 显而易见,上述各种学说,除在"公益"得否作为构成要件部分存在争议外,其余不同仅由概括之视角所致,而非根本之差异。因此,在讨论适用信赖保护原则之构成要件前,有必要对公益得否为

[①] 林合民:《公法之信赖保护原则》,台湾大学法研所硕士论文,1985年,第67页至第70页。
[②] 林锡尧:《行政法要义》,法务杂志通讯社1991年版,第48页至第49页。转引自吴坤城:《公法上信赖保护原则初探》,载城仲模编:《行政法之一般法律原则》(二),三民书局1997年版,第242页。
[③] 吴坤城:《公法上信赖保护原则初探》,载城仲模编:《行政法之一般法律原则》(二),三民书局1997年版,第240页至第242页。
[④] 洪家殷:《信赖保护及诚信原则》,载台湾行政法学会主编:《行政法争议问题研究》(上),五南图书出版股份有限公司2001年版,第123页。

构成要件之一（哪怕是"消极要件"）作一探讨。

对公益是否为适用信赖原则之构成要件的争议，实为"公益"与"私益"间之博弈。肯定公益为构成要件之一者，以私益不得对抗公益为前提，而否定私益为构成要件之一者，以不得以公益为名侵犯私益为前提。两者所依赖之前提并非无理论根基，亦即在重大公益前，个人之私益的确不得过度对抗公益，但亦不能因此以公益为名，肆意侵犯公益。在非信赖保护原则论域内，并非不存在相同问题。如私有财产权保障中，为公益目的限制私有财产权并非不可，唯须给予私有财产权人适当之补偿。该原理亦可适用之信赖保护原则，亦即因公益限制人民对公权力形成之"私"的信赖利益并非不可，但仍须给予适当补偿。肯定"公益"为构成要件之一的学者，毋宁是认为对信赖利益之保护，仅有维持信赖利益一种方式，而未认识到对信赖利益之保护，亦可采取补偿方式。由此，公益实为判断以何种方式保护信赖利益之标准，并非判断信赖利益本身是否得保护之标准。另，洪家殷之主观说与客观说分类过于狭隘。受益人信赖行政处分之存续，并非无客观之因素，如行政处分行为之作出等，而其信赖值得保护，并非无主观之因素，如为何确认该信赖值得保护等，由此，本书主张三要件说，但在名称及内容上与吴坤城所论有所不同，以下分论之。

第一项要素：信赖基础。信赖基础，系指相对人信赖公权力行为之本身。相对人对公权力之信赖，必须以一定形式表现于外，否则为相对人自我之愿望，而不具有法律评判的意义。至于信赖基础所包括的范围，台湾学者一般按列举法与排除法进行概括。吴坤城按列举法概括，信赖基础包括之公行为有：行政处分之职权撤销、行政处分之废止、法令、计划担保、行政法上承诺、公法上之权利失效等。[①] 洪家殷按排除法概括，信赖基础排除不保护之公行为：以欺诈、胁迫或贿赂，使行政机关作成行政处

---

① 吴坤城：《公法上信赖保护原则初探》，载城仲模编：《行政法之一般法律原则》（二），三民书局1997年版，第251页至第265页。

分者；对重要事项提供不正确资料或为不完全陈述，致使行政机关依该资料或陈述而作成行政处分者；明知行政处分违法或因重大过失而不知者。① 因列举法难免对应适用信赖保护原则之公权力行为挂一漏万，因此，用排除法概括似更为准确。但洪家殷之概括系依据台湾地区"行政程序法"第 119 条概括，未免规范意义有余而理论意味不足。本书认为，足以作为信赖基础之公权力行为，必须为值得信赖之公行——注意：此处"值得信赖"，与吴坤城、洪家殷所谓之"信赖值得保护"不同——亦即公行为之作出本身并无缺陷。但该缺陷并非是纯因公权力主体本身所造成，而系因相对人所致。亦即若相对人因自身行为导致公权力主体作成有瑕疵之公权力行为，不得作为相对人之信用基础。相对人导致公权力主体作成有瑕疵之公权力行为的行为，可按洪家殷所列举者来理解，但不限于洪家殷的上述列举。至于因公权力主体自身过错而造成公行为之瑕疵，显应适用信赖保护原则。按此理解，信赖基础既可以是针对特定相对人作出的具体行政行为、司法裁判行为，② 也可以是针对不特定相对人作出的立法性质的公行为（包括立法机关之立法行为和行政机关之抽象行政行为）。

　　第二项要素：信赖事实。信赖事实，又作信赖行为，系指相对人因信赖公权力行为而为的作为或不作为。信赖事实因公权力行为之性质有所不同。对于针对特定相对人之公权力行为，若相对人仅对该公权力行为作成信赖之意思表示，而无实质性作为或不作为，并非构成信赖事实。③ 此观点已系学界通说。值得探讨者，系如何认定相对人对于针对不特定相对人之公权力行为的信赖事实。由于相对人对现存法秩序之信赖，通常需法律

---

　　① 洪家殷：《信赖保护及诚信原则》，载台湾行政法学会主编：《行政法争议问题研究》（上），五南图书出版股份有限公司 2001 年版，第 124 页至第 125 页。
　　② "释字第 362 号解释"系针对司法裁判是否适用信赖保护原则之解释。
　　③ 吴坤城：《公法上信赖保护原则初探》，载城仲模编：《行政法之一般法律原则》（二），三民书局 1997 年版，第 240 页。

状态发生变动时方能表征出来,因此无法要求相对人有具体之行为,因此,此时之信赖表现应认为是虚构或推定的。① 此一结论,过于轻描淡写,且显易使信赖保护原则与法不溯既往原则相混淆。查"信赖"一词的含义,系指相对人事实上已经相信该公权力行为之存续。② 但公权力行为不可能永久存续,相对人若以相信该公权力行为之存续主张保护信赖利益,显对公权力主体施加不可承受之负担。因此,对该情况下之信赖事实的判断,宜有限度。该限度显然不能施以相对人,否则违背信赖保护原则之本旨,因此,认定相对人对于针对不特定相对人之公权力行为的信赖事实,转化为该公权力行为是否注意到相对人因信赖该公权力行为而产生的利益。如公权力主体在撤销、废止、变更上述公权力行为时,是否设有过渡期间、是否规定有变通办法、是否规定有补救办法等。若有,则应认定该公权力行为已适用信赖保护原则,相对人不得再适用信赖保护原则,若无,则应推定或拟制相对人有信赖事实。另须注意的,是信赖事实必须与信赖基础有因果关系,亦即信赖事实确依相对人信赖一定公权力行为而作成,亦即两者应有时间之先后,信赖事实应后于信赖基础。

第三项要素:信赖利益。信赖利益,系指相对人因信赖公权力行为而产生之利益。该利益的体现形式主要有二:法律状态的存续、可财产化之利益。前者系指相对人因信赖公权力行为,而获得的法律地位、资格、权利等,后者系指相对人因信赖公权力行为,而取得的可以金钱度量之利益。信赖利益本质上为相对人之私益,但该私益并非不得受合法性检验。按信赖基础之形成原理,相对人主张之信赖利益,不得系因自身过错导致公权力行为瑕疵所取得。另,该信赖利益必须与信赖事实有因果联系,否则系相对人之主观愿望,而不得适用信赖保护原则。

---

① 吴坤城:《公法上信赖保护原则初探》,载城仲模编:《行政法之一般法律原则》(二),三民书局1997年版,第240页。
② 洪家殷:《信赖保护及诚信原则》,载台湾行政法学会主编:《行政法争议问题研究》(上),五南图书出版股份有限公司2001年版,第123页。

第三部分 信赖保护原则

信赖基础、信赖事实和信赖利益系一完整之整体，当三者完全满足时，方可适用信赖保护原则。按信赖利益之表现形式，对信赖保护原则的实现方式亦可包括存续保护和财产保护两者。存续保护，系指当公权力行为撤销、废止、变更所涉之公益，小于信赖利益（私益），或虽公益大于该私益，但该私益之存续并不影响公益之实现时，应维持相对人因被撤销、废止、变更之公权力行为产生之法律状态。财产保护，系指当公权力行为撤销、废止、变更所涉之公益，大于信赖利益（私益），且该私益之存续可能影响公益之实现时，虽对相对人因信赖该公权力行为而产生之法律状态应被终止，但公权力机关应给予相对人适当补偿。

至于本案，多数"大法官"在"释字第525号解释"中，按上述理论模型，建构了台湾地区适用信赖保护原则的体系，并宣告声请人之主张并不受信赖保护原则之保护。"大法官"的推演共分三步。

第一步："大法官"阐述信赖保护原则之法理依据和规范依据，并将信赖保护原则之适用范围由具体之行政处分，扩展至包括法规在内的抽象之行政行为。多数"大法官"认为，信赖保护原则的法理依据系法治原则所衍生之"人民权利之维护、法秩序之安定及诚实信用原则之遵守"，并声明"人民对公权力行使结果所生之合理信赖，法律自应予以适当保护，此乃信赖保护之法理基础"。"大法官"还声明：信赖保护原则在台湾地区已经"行政程序法"第119条、第120条和第126条所设，但该三条目的仅为规范行政处分之撤销或废止，而行政法规（包括法规命令、解释性或裁量性行政规则）之废止或变更，于人民权利之影响，并不亚于前述行为，"故行政法规除预先定有施行期间或经有权机关认定系因情事变迁而停止适用，不生信赖保护问题外，制定或发布法规之机关固得依法定程序予以修改或废止，惟应兼顾规范对象值得保护之信赖利益，而给予适当保障，方符宪法保障人民权利之意旨"。按"解释文"，此处的"适当措施"包括"合理之补救措施""或订定过渡期间之条款"等，但是，并非所有法规都构成信赖基础。多数"大法官"在"解释理由书"第二自然段又声言，"至有下列情形之一时，则无信赖保护原则之适用：一、经废止或变更之法规有重大明显违反上位规范情形者；二、相关法规（如各种解释性、裁量性之函释）系因主张权益受害者以不正当方法或提供不正确数据而发布，其信赖显有瑕疵不值得保护者……"而且，多数"大法官"还认为，"至若并非基于公益考虑，仅为行政上一时权宜之计，或出于对部分规范对象不合理之差别对待，或其他非属正当之动机而恣意废止或限制法规适用者，受规范对象之信赖利益应受宪法之保障，乃属当然"。从而将并非出于公益目的而作成之行政行为一并纳入信赖保护原则的信赖基础。按此，多数"大法官"基本上建立了信赖保护原则之信赖基础。

第二步："大法官"确认信赖事实之判断标准。多数"大法官"认为，"纯属法规适用对象主观之愿望或期待而未有表现已生信赖之事实者，盖任何法规皆非永久不能改变，法规未来可能修改或废止，受规范之对象并非毫无预见，故必须有客观上具体表现信赖之行为，始足当之"，亦即对于针对不特定相对人之公权力行为，相对人不得以主观之愿望为保护信赖利益之主张，而应有一定之信赖事实，且该信赖事实并非推定，而必须为客观之真实发生和存在。此一认定，与本书所言判断信赖事实之标准略有出入。

第三步："大法官"对声请人之声请进行审查，认定声请人之声请不适用信赖保护原则。首先，多数"大法官"认为"铨叙部"于1987年6月颁布之函件，将"后备军人转任公职考试比叙条例"扩张适用至四年制志愿役预备军官，1995年6月又废止该函件之行为，并未设有过渡期间，"固有可议之处，要属符合公益之措施"。但是，由于"铨叙部"于1987年6月作成之函件，显系招募兵员之权宜措施，"与法律之规定既不一致，自不能预期其永久实施"。其次，多数"大法官"认为，既然"铨叙部"1987年6月作成之函件不能被预期为永久实施,自然"除已有客观上具体表现信赖之行为者外,尚不能因……废止即主张其有信赖利益之损失"。最后,多数"大法官"认为,声请人在该法规废止前并未应特种考试后备军人转任公务人员考试,而迟至1997年方取得上述考试及格,"难谓法规废止时已有客观上信赖事实之具体表现,即无主张信赖保护之余地"。

刘铁铮不同意多数意见中对信赖事实的判断标准,因而发表"不同意见书"一份。刘铁铮认为,"铨叙部"于1987年6月作成之函件,乃"权责机关依法发布之函令,具有公信力",构成信赖之基础;"声请人应召入伍,因信赖该函令,从而志愿转服四年制预备军官役,并依法退伍",即为"信赖事实之具体表现,与信赖基础具有因果之关系";而比照"后备军人转任公职考试比叙条例"比叙相当俸级,构成信赖利益。本案"信赖基础、信赖事实以及信赖利益三者层次井然,阶段分明,本不应产生任何混淆"。刘铁铮发现,"铨叙部"1987年6月作成之函件,并未设有期限之限制,而且在无预警下废止该函件,既未设除外之规定,也未订有过渡条款,对于1995年6月前尚未取得比叙优惠信赖利益之预备军官毫无保障,破坏了人民对公权力机关之信任。刘铁铮继而认为,多数意见认为声请人未在比叙优待适用期间参与转任公职考试或取得比叙资格,属于未有客观上具体表现信赖之行为,似有混淆信赖事实与信赖利益之嫌,而且,"服毕四年预备军官役者,由于公务员考试、任用法规多有年龄之限制,绝无'终身享有考试、比叙优待'之期待,但对比叙优惠适用期间,何时停止适用,倒是根本不能预见","对同一信赖基础,原应产生之同一信赖事实,今因'大法官'之解释,竟有不同之认定标准,致生不同之结果,又难免顾此而失彼,违反实质之平等"。从而否定了多数"大法官"的意见。

【延伸思考】

"释字第525号解释"一经作成,便成为台湾地区适用信赖保护原则之典型案例。经"释字第525号解释"形成之标准,亦为台湾地区"大法官"在后续案件中使用。"大法官"在"释字第538号解释"中,运用"大法官"在"释字第525号解释"中形成之标准,认定"释字第538号解释"所涉之"营造业管理规则"第7条至第9条"换领登记证书,并设有过渡期间",已兼顾信赖利益之保护。① 但本案仍有诸多值得思考之处。

第一,本案之关键实在于信赖事实之认定,多数"大法官"与本书观点有所出入。多数"大法官"之意见,是否可能导致信赖保护原则之空洞化?另按多数"大法官"意见,"铨叙部"1987年6月之函件已经违反"后备军人转任公职考试比叙条例"之规定,系一权宜之计,声请人应知其不可能永久存续,是否又因公权力机关之过错,对相对人施加难以承受之负担(相对人如何知晓公权力机关作成函件系"权宜之计",又如何知晓公权力机关会否或何时废止该函件)?由此可见,多数"大法官"对信赖事实所形成之标准过高。刘铁铮则坚持本书观点,两者区别之关键何在?又孰优孰劣?2005年,"大法官"又作成"释字第605号解释",其"解释理由书"谓"人民依旧法规可议取得之利益并非一律可以主张信赖保护,仍须视该预期可以取得之利益,依旧法规所必须具备之重要要件是否已经具备,尚未具备之要件是否客观上可以合理期待其实现,或经过当事人继续施以主观之努力,该要件有实现之可能等因素决定",对信赖事实表现之认定似有所放宽。② 上述问题直指信赖保护原则之本

---

① 参见"释字第538号解释""解释文"和"解释理由书"。另参见李建良:《经济管制的平等思维》,《政大法学评论》2008年第102期。

② 吴志光:《行政法》,新学林出版股份有限公司2006年版,第27页。

旨，值得探讨。

第二，本书将信赖保护原则之适用范围限定为授益性公权力行为，而未包括负担性公权力行为，此观存续保障与财产保障两项信赖利益之实现方式可知。但，亦有学者认为信赖保护原则可适用于负担性公权力行为。如若某公权力行为对相对人施以较轻之负担，但后公权力机关改变该公权力行为，对该相对人施以较重之负担，是否可适用信赖保护原则，使对相对人较轻之负担存续？[1] 负担性公权力行为与授益性公权力行为毕竟不同，负担性公权力行为的相对人是否具有信赖利益？上述问题，并非没有争议，值得进一步探讨。

第三，"释字第589号解释"谓："如何保障其信赖利益，究系采取减轻或避免其损害，或避免影响其依法所取得法律上地位等方法，则须衡酌法秩序变动所追求之政策目的、财政负担能力等公益因素及信赖利益之轻重、信赖利益所依据之基础法规所表现之意义与价值为合理之规定。"[2] 根据"释字第589号解释"的上述表示：对公益与私益之衡量，应受比例原则之检验。但该衡量，究竟是判断是否适用信赖保护原则，抑或是判断信赖保护原则之实现方式，值得疑问。另，对于信赖保护原则，若适用存续保障，似更加偏向于法不溯既往原则之适用，而对于财产保障，似又更加偏向比例原则之适用，该含义是否意味着信赖保护原则被法不溯既往原则和比例原则架空，而只适用于对违法性公权力行为之救济？该问题，并非没有讨论之空间。

"释字第525号解释"值得探讨之处不止于此。如声请人之声请不仅涉及信赖保护原则，且涉及平等原则和特殊人群之保障，但"大法官"为何仅对信赖保护原则作成解释，而不涉及其他部分，标准何在？有学者谓："仅人民始得对公权力机关主张信赖保护原则，至于公权力机关对人

---

[1] 胡建淼主编：《论公法原则》，浙江大学出版社2005年版，第732页至第733页。
[2] 参见"释字第589号解释""解释文"。

民，或公权力机关相互间，虽不得主张信赖保护原则，但仍有诚实信用原则之适用。"[1] 据该学者言论，公权力机关之间亦存在适用类似于信赖保护原则之可能性，该言论当作何理解？当然，后者并非保障基本权利问题所涉，亦不为本书所涵盖。

---

[1] 吴志光：《行政法》，新学林出版股份有限公司2006年版，第27页。

第四部分　正当程序原则

案例6　张宜昌等质疑"检肃流氓条例"案

解释号："释字第384号解释"

知识点：正当程序原则

【案情要览】

本案声请人为张宜昌等8人，其中3人为台湾地区地方法院法官。上述8人或因"检肃流氓条例"而受感训处分，或因审理此等案件，对"检肃流氓条例"之规定产生疑义，先后声请"大法官解释"。现以张宜昌之声请书为例说明。声请人某日与邻居闲谈时，大肆抨击不肖警员身为执法人员知法犯法，包庇赌博，制造社会乱源，并扬言要挺身而出检举以肃清毒瘤，并请在座人士作证。旋有警员指认声请人向赌场收取保护费，后台北地方法院未经审判即裁定声请人交付感训处分。声请人不服，提出抗告，并由声请人之妻对警员受贿一事作证。台湾地区高等法院于1994年作成裁定，将本案发回原审法院。声请人同时提出当日在场邻居之陈情书一份。原审法院再审认为："陈情书多为被证明人自愿请求邻人签名，或受请求者碍于情面签具，此由本案秘密证人竟亦在陈情人之列，益可得证，是尚不能仅以上开陈情书或家中设有佛堂即认被移送人未有其他流氓行为或确已改过向善；另被移送人指称有关单位包庇赌场诬指其为流氓，所提出之逐句对照录音纪录为被移送人之妻与邻人闲聊之语，不能证明与被移送人流氓行为相关，尚不足证明警察诬陷被移送人。综上所述，被移送人所为辩解，显系卸责之词，不足采信，其流氓行为足堪认定。"声请人不服，再次提出抗告。台湾地区高等法院维持再审法院裁定，驳回抗告。声请人不服，遂声请"大法官解释"。

【基本知识】

本案为台湾地区"大法官"首次在"解释文"中引据正当程序原则。正当程序原则，一般认为系英美法系上之概念，而台湾地区因在传统上承继大陆法系，德国法在台湾地区法律学界和实务界居于统治地位。但随着台湾地区留美学者日益增多，正当程序原则亦成为台湾地区保障基本权利时的一项重要原则。

一般认为，正当程序原则的理论根源在英美法系之自然正义原则，首见于英国1215年的《大宪章》第39条。据该条规定："任何自由人，如未经其同级贵族之依法裁判，或经国法裁判，皆不得被逮捕，监禁，没收财产，剥夺法律保护权，流放，或加以任何其他损害。"后在1354年颁布之《自由律》中，又规定"任何人不论其财产和身份如何，不得未经正当法律程序，加以逮捕、禁锢、剥夺继承权，或处以死刑"。1789年美国制定《权利法案》时，在第5修正案规定："未经正当法律程序，不得剥夺任何人的生命、自由或财产"，又于1868年通过第14条修正案，规定"无论何州未经正当法律程序不得剥夺任何人的生命、自由或财产"，并通过判例在美国构建起正当程序原则。该两条修正案被认为是美国宪法《权利法案》的中心，在美国最高法院被引用次数远超过其他条文。[①]

[①] 林国璋：《浅释行政法学上之"正当法律程序"原则》，载城仲模编：《行政法之一般法律原则》（二），三民书局1997年版，第55页。

正当程序原则在台湾地区现行"宪法"上并无明确之法源。对正当程序原则在台湾地区现行"宪法"上的依据，台湾学者多认为第8条有关人身自由之规定、第9条人民不受军事审判之规定、第16条有关诉讼权之规定等，系正当程序原则在台湾地区的法源。但上述规定仍过于抽象，加上"台湾法"浓郁的德国法背景，源自英美法系的正当程序原则在本案前并未受到过多重视。

在本案中，多数声请人的意见主要集中于"检肃流氓条例"第6条、第7条授权警察机关得迳行强制人民到案，而无须通过必要之司法程序。第12条设置秘密证人制度，剥夺人民与证人对质诘问之权利，有违"公开审理"原则。第16条剥夺人民诉讼权、第21条规定使受刑之宣告及执行者，无论有无特别预防之必要，有再受感训处分而丧失身体自由之虞，与"一事不再审"原则相抵触等。在声请书中，多数声请人均提及台湾地区现行"宪法"第8条，因此，本案的争点是如何理解台湾地区现行"宪法"第8条上有关限制人身自由的"法定程序"一词。

【解释要点】

"大法官"针对本案作成"释字第384号解释"，明确界定"法定程序"之内涵，并在"解释文"中出现"实质正当"一词，揭示"宪法上正当程序"的概念，[①] 并据此宣告"检肃流氓条例"相关条文因违反"法定程序"之"实质正当"要件而无效。"释字第384号解释"有孙森焱、林永谋各提出"协同意见书"一份。

多数"大法官"在"解释文"和"解释理由书"中认为：据台湾地区现行"宪法"第8条之规定，凡限制人民身体自由之处置，在一定限度内为"宪法"保留之范围，不问是否属于刑事被告身份，均受上述规

---

① 汤德宗：《论宪法上的正当程序保障》，《宪政时代》2000年第25卷第4期。

定之保障，除现行犯之逮捕由"法律"另定外，其他事项所定之程序，亦须以"法律"定之，且"立法"机关于制定"法律"时，其内容更须合于实质正当，并应符合台湾地区现行"宪法"第 23 条所定之条件。在"解释理由书"中，多数"大法官"更加明白地声言：前述实质正当之法律程序，兼指实体法及程序法规定之内容，从而明确地确立了"实质性正当程序原则"。据"解释理由书"之意旨，多数"大法官"认为，"实质性正当程序原则"的内容包括"犯罪嫌疑人除现行犯外，其逮捕应践行必要之司法程序、被告自白须出于自由意志、犯罪事实应依证据认定、同一行为不得重复处罚、当事人有与证人对质或诘问证人之权利、审判与检察之分离、审判过程以公开为原则及对裁判不服提供审级救济等为其要者"，并同时声明"除依法宣告戒严或……处于紧急危难之状态，容许其有必要之例外情形外，各种法律之规定，倘与上述各项原则悖离，即应认为有违宪法上实质正当之法律程序"。至此，多数"大法官"建构起台湾地区的"实质性正当程序原则"。嗣后，多数"大法官"对声请人声请解释之"流氓检肃条例"相关规定进行逐一分析，并依次宣告上述规定因违反"实质正当"要件而失效。

【理论评析】

在本案前，吴庚曾在"释字第 271 号解释"的"不同意见书"中引据正当程序原则。台湾学界咸认为"释字第 384 号解释"不过是将吴庚之"不同意见"转变为"多数意见"。[①] 但"释字第 384 号解释"的"解释文"并未出现"正当程序"一词，直到嗣后的"释字第 396 号解释"方在"解释文"中正式出现"正当程序原则"。

由于"释字第 384 号解释"多数意见与吴庚在"释字第 271 号解释"

---

① 汤德宗：《论宪法上的正当程序保障》，《宪政时代》2000 年第 25 卷第 4 期。

之"不同意见书"中的观点具有延续性,不妨先考察后者对于正当程序原则之认识。"释字第271号解释"的多数意见认定彼案系争之规定与台湾地区现行"宪法"第8条规定之"法定程序"不符,但吴庚认为,多数意见所称之"不符"含义并不清晰,并提出"法定程序""不仅指宪法施行时已存在指保障刑事被告之各种制度,尤应体认……保障人身自由之精神",具体可从实体法和程序法两个方面来理解:实体法包括罪刑法定原则、对被告不利之刑罚法律不得溯及既往;在程序法上则为审判与检察分离、同一行为不受二次以上之审问处罚、审级救济之结果原则上不得予被告不利益之变更、不得强迫被告自认其罪等。① 显见,从内容到论证结构,"释字第384号解释"对法定程序的阐释,都与吴庚在"释字第271号解释"发布之"不同意见书"类似。

复考察上述解释,多数"大法官"无疑在"解释理由书"中提出判断某一程序是否正当之标准。对于此一问题之讨论,为本书关注之重点。本书将以比较法之成果为素材,对多数"大法官"形成之标准进行考察。

在美国,正当程序原则的涵盖范围广泛,旨在保障人民之生命、自由与财产,免于遭受公权力机关(包括立法、行政、司法机关)恣意而不合理之侵害。② 依照最高法院之判例,正当程序原则被分为程序性正当程序原则与实质性正当程序原则。程序性正当程序原则系正当程序原则之传统意涵,系指对个人的权利为决定或裁决前,应进行公正且无私的听证而给当事人陈述意见之机会。③ 关于程序性正当程序原则的适用,美国最高法院发展出"二元或两阶分析法":第一步,判断个人之权利是否为"生命、自由或财产",盖因据第5及第14修正案,正当程序原则仅保护上述三种个人权利;第二步,若上述判断为是,则判断用以剥夺或限制该权利

---

① "释字第271号解释"吴庚之"不同意见书"。
② 汤德宗:《论宪法上的正当程序保障》,《宪政时代》2000年第25卷第4期。
③ 林国璋:《浅释行政法学上之"正当法律程序"原则》,载城仲模编:《行政法之一般法律原则》(二),三民书局1997年版,第55页。

之程序是否正当。① 总体而言，适用程序性正当程序原则时，最高法院所审查的对象主要是程序是否正当。实质性正当程序原则系对正当程序原则原初含义之扩展，系审查立法、行政、司法等公权力行为是否有"不被个人权利与分配正义所确立之原则所拘束"的恣意的、亦即是不当的权利行使的情事，亦即要求公权力行为必须为达成合法目的之合理手段，且须为对基本权利限制最少者，公权力行为必须明确，不得使人民在基本权利被限制时手足无措，等等。② 可见，适用实质性正当程序原则所审查之对象，已经并非是公权力行为之程序是否正当，而在于公权力行为之内容是否正当。正当程序原则已由"正当程序"向"正当内容"扩展。③ 尽管美国最高法院推演出实质性正当程序原则之初衷在于为公权力机关干涉经济提供依据，但晚近之发展已使得实质性正当程序原则成为保障基本权利之手段。④

在日本，1946年宪法第31条规定"不经法定程序，不得剥夺任何人的生命或自由，或课以其他刑罚"。⑤ 该条一般被认为系日本"正当程序原则"之法源。但日本宪法学界对于"法定原则"一词之理解，并非不存在争议。据台湾学者陈运财总结，计有五种学说。第一说：程序法定说，系指依据宪法第31条关于"法定程序"之用语，并未明文进一步要求"实体"，同时在条文上也无类似于美国宪法第5、第14修正案的"正当"一词，因此，对"法定程序"一词之理解应为"仅要求以法律之规

---

① 汤德宗：《论宪法上的正当程序保障》，《宪政时代》2000年第25卷第4期。
② 汤德宗：《论宪法上的正当程序保障》，《宪政时代》2000年第25卷第4期；林国漳：《浅释行政法学上之"正当法律程序"原则》，载城仲模编：《行政法之一般法律原则》（二），三民书局1997年版，第64页。
③ 陈运财：《宪法正当程序之保障与刑事诉讼》，载刘孔中、李建良：《宪法解释之理论与实务》，"中央研究院"中山人文社会科学研究所1998年版，第287页。
④ 汤德宗：《论宪法上的正当程序保障》，《宪政时代》2000年第25卷第4期。
⑤ 关于本条中"法定程序"一词，大陆通译为"法律规定的手续"，台湾学者则多译为"法定程序"，在此说明。

定来规范限制人权之程序即可"。第二说：正当程序法定说，系指宪法第31条之"法定程序"不仅指程序必须由法律明定，而且程序之内容亦必须正当。第三说：程序及实体法定说，系指不仅程序上应由法律明定，而且实体部分亦必须依法律予以规定。第四说：正当程序及实体法定说，系指程序必须为正当，但实体部分应属其他规范规定之内容，无须将其解释成第31条的内容。第五说：正当程序及正当实体说，该说系对美国正当程序原则的完全继受，系指不仅程序和实体必须以法律明定，而且要求两者之内容必须为正当。其中第五种学说目前在日本处于通说地位。[①]

据比较法所得之知识，虽台湾学者常将台湾地区现行"宪法"第8条"法定程序"之规定与美国宪法之正当程序原则相类比，但从规范语句角度而言，似更加贴近于日本宪法第31条所用之语句。同样，日本学界关于日本宪法第31条中"法定程序"一词之理解，也可转作对台湾地区现行"宪法"第8条之"法定程序"的理解。在以上五种学说中，吴庚在"释字第271号解释"之"不同意见书"中已经将其按第五种学说，即正当程序和正当实体说加以阐明，且经"释字第384号解释"之多数意见肯认。由此可见，在"释字第384号解释"中，对"法定程序"之理解亦采"正当程序和正当实体说"。此为台湾地区"正当程序原则"之真相。按多数意见，台湾地区现行"宪法"第8条所规定之"法定程序"包含"法定"和"实质正当"两层含义以及"程序"和"实体"两个面向，以下分述之。

第一，法定程序之程序须为法定。依多数意见，台湾地区现行"宪法"第8条对人身自由采取极严格之保障，乃至于并非一般"法律"保留可以概括，而以至"宪法"保留之位阶。但"宪法"尚难以对程序细节一一加以规定，因而多数"大法官"又谓："除现行犯之逮捕，由法律

[①] 陈运财：《宪法正当程序之保障与刑事诉讼》，载刘孔中、李建良：《宪法解释之理论与实务》，"中央研究院"中山人文社会科学研究所1998年版，第307页至第309页。

另定外，其他事项所定之程序，亦须以法律定之……"且多数"大法官"认为对人身自由之限制尚须符合台湾地区现行"宪法"第23条，据前述案例可知，第23条系台湾地区法律保留原则之法源，亦即多数"大法官"已经肯认，限制人身自由之程序，必须为法定。

第二，法定程序之程序须具"实质正当"。多数"大法官"在"解释理由书"中虽借用"实质正当"一词，但其并非在美国宪法之"实质性正当程序原则"意义上使用"实质正当"，因多数"大法官"在列举构成"实质正当"之要件时，并未将"实质正当"之审查对象限于"正当之内容"，而扩及程序面。因此，多数"大法官"论及"实质正当"时，其意在以此"实质正当"涵盖美国宪法意义上之"程序性正当程序原则"和"实质性正当程序原则"。至于两者之内容，多数"大法官"并未作理论上之阐释，而是采列举之形式，列举若干法制度。至此，多数"大法官"建构起台湾地区的正当程序原则。其后，"大法官"对系争之"检肃流氓条例"有关规定进行审查。

但亦有孙森焱、林永谋两位"大法官"对多数"大法官"构建之正当程序原则不以为然，该两位"大法官"虽同意多数意见之最后决定，但并不赞同引入"正当程序原则"，因而各发表"协同意见书"一份。"大法官"孙森焱认为，台湾地区与美国在刑事诉讼制度上差异较大，对"实质正当之法定程序"的解释非以美国宪法之规定如何为据，应以台湾地区实定法之制度如何为依归。在"协同意见书"末尾，孙森焱认为：外国法制如何，究仅供思维方法之参考而已，不宜直接为"异种移植"，致松动台湾地区现行法律体系之基本架构，发生法律的矛盾现象，制造新问题。据此认识，孙森焱认为应依据第23条形成之法律保留原则、比例原则等对"法定程序"加以判断。林永谋亦谓：第8条所规定之"法定程序"，非如美国宪法第5条、第14条两条修正案之Due process of law（正当法律程序），因是解释上殊不能当然而毫无批判地将此一规定，视之与美国联邦宪法之"正当法律程序"系属同义之词；且亦不得未探讨台湾地区之相关规定以及诉讼制度是否相同，即将美国联邦最高法院在扩张适用第 14 修正案诸多判例移植，进而据此原则以要求实体法规定之内容亦须正当。林永谋认为，美国联邦宪法之正当法律程序之此一条款，其形成自有历史、文化之背景，而其具体之内涵，并非源于概念之演绎，乃来自彼联邦最高法院借前述第 14 修正案的规定，扩张对各州刑事诉讼之适用，而在累积之判例中所归纳者，其所宣示之基本权利，原即规定于保障个人权益不受联邦侵犯之前开人权法案诸条文内，因是除程序法之外，其实体法之内容亦要求"正当"；且美国联邦宪法并未有如台湾地区现行"宪法"第 23 条之规定，故不得不就"正当法律程序条款"视之为"帝王条款"；然台湾地区既有第 23 条的明文规定，则实体法限制人民基本权利之正当与否，基于法治原则，自可依据"比例原则"之法理，予以确当之判断，实无须牵强附会，概以美国之司法实务为尚，云云。

【延伸思考】

台湾地区"大法官"经"释字第 384 号解释"构建起正当程序原则，并为后续解释所采用。该"正当程序原则"后使用领域甚至不止于人身自由保障领域，而扩张至其他领域，当然，该"扩张"是否有违正当程序原则之本旨，尚待后文说明。"释字第 384 号解释"以及由此构建之正当程序原则问题颇多，详述如下：

第一，诚如孙森淼、林永谋提出之"协同意见书"，产生于英美法体系之正当程序原则，是否可以"异种移植"至具有浓郁德国法背景之台湾？此一问题毋宁是两个法系如何对接的问题。孙森淼、林永谋分别从制度、文化传统和规范文本等角度说明"正当程序原则"并未可无顾忌移植至台湾。另从台湾地区"大法官"解释实践来看，"大法官"在"释字第 462 号解释"中谓"程序……须……符合比例原则"，在"释字第 491

号解释"中将对"法定程序"之阐释从"实质正当"改换为"明确性原则"等。似说明"大法官"自身亦认识到此种"异种移植"之弊端。另,两大法系虽有不同,但已呈现出趋同现象。如台湾学者法治斌曾撰文《比例原则》,其中主要描述对象竟是"实质性正当程序原则",[①] 此一现象是否谓德国法上之"比例原则"与英美法上之"实质性正当程序原则"实系同一事物?又,台湾地区"大法官"为何在"释字第491号解释"中用"明确性原则"替代"实质正当",两者之间又为何关系?上述问题,涉及两大法系的交锋与融合,值得探讨。

第二,据美国宪法第5、第14条修正案,正当程序原则似仅适用于生命、自由和财产,美国最高法院在 Bailey v. Richardson 一案中反复说明。查台湾地区"大法官"引作正当程序原则之依据的台湾地区现行"宪法"第8条,仅为限制人身自由,其领域显小于美国宪法上的正当程序原则。但实践中,台湾地区"大法官"对正当程序原则之运用可谓乱象频出。据汤德宗统计,台湾地区"大法官"运用正当程序原则之范围涵盖限制人身自由、司法程序、限制财产权、限制工作权/服公职权,甚至包括"修宪"之正当程序。[②] 由此,"大法官"的上述解释是否构成对"正当程序原则"之滥用,抑或"大法官"在除有关生命、自由及财产案件外,对"正当程序"之理解,并非是"正当程序原则"中之"正当程序"?另,"大法官"在"释字第384号解释"中,系针对刑事诉讼中当事人权利设计"正当程序原则",所列举之法制度亦多为刑事诉讼中之实体或程序制度,因此,在行政程序中是否应适用以及如何适用"正当程序原则"?此一问题已经林永谋在"协同意见书"中提出。以上问题,皆值得吾人进一步思考。

第三,正当程序原则,包括"法律上之正当程序"和"宪法上之正

---

① 法治斌:《比例原则》,载法治斌:《人权保障与司法审查》,月旦出版社有限公司1994年版。
② 汤德宗:《论宪法上的正当程序保障》,《宪政时代》2000年第25卷第4期。

当程序"。两者之间区别何在？是否仅为在法律位阶上之区别，而无例如"正当"之审查密度、具体法制度是否应建立阶层化之法律保留等其他区别？另，汤德宗发现，在"释字第418号解释"和"释字第491号解释"中，均出现"法律上之正当程序"与"宪法上之正当程序"互动现象，[1]前一解释为"宪法上之正当程序"为"法律上之正当程序"设置门槛，限制后者对前者之可能逾越，[2] 而后一解释则运用"宪法上之正当程序"使"法律上之正当程序"更为精确和细密。[3] 上述两者互动之范例，对于厘清正当程序原则有何启示？这一问题，值得继续讨论。

除上述问题外，"大法官"在"释字第384号解释"中尚有其他问题，如："大法官"建构正当程序原则时并未引据台湾地区现行"宪法"第16条（诉讼权），但在论证时，则当然将此条作为判断法定程序是否"实质正当"之基准，在论证方法上是否有所欠缺？"大法官"要求台湾地区立法部门对"检肃流氓条例"作通盘检讨，但该要求并非应声请人之声请，似有违台湾地区"大法官"解释之司法性格，亦有侵夺"立法"部门之"立法权"的嫌疑。当然，后一问题已不再正当程序原则讨论范围之列。

---

[1] 汤德宗：《论宪法上的正当程序保障》，《宪政时代》2000年第25卷第4期。
[2] "释字第418号解释"之"解释理由书"。
[3] "释字第491号解释"之"解释理由书"。

第五部分　基本权利的功能

案例7　彰化第四信用合作社诉"财政部"案（1999年）

解释号："释字第488号解释"

知识点：基本权利的程序保障功能

【案情要览】

本案声请人虽为台湾地区"监察院"，但起因确系彰化第四信用合作社（以下简称"四信"）与台湾地区"财政部"之纠纷。1989年至1992年间，"四信"分别以人头户冒贷及不法挪用之方式，挪用巨额资金，涉及背信、诈欺及伪造有价证券等犯罪行为，旋于1995年7月形成"四信"被挤兑的状况。经台湾地区"财政部"勒令，"四信"于同年8月停业进行清理。后经台湾地区"财政部"函准，"四信"由台湾省合作金库概括承受。台湾地区"财政部"之依据为台湾地区"信用合作社法"第27条第1项第8款、"银行法"第62条第1项以及依据"银行法"第62条第3项授权订定之"金融机构监管接管办法"第11条第1项第3款（以下简称"银行三法"）。据上述规定，当银行（含信用社）等金融机构出现可能损及社会及存款人权益之虞的特定状况时，监管机构可采取特定措施来处置，其中"信用合作社法"第27条第1项第8款、"银行法"

第 62 条第 1 项均有"其他必要之处置"字样,而"银行法"第 62 条第 3 项又授权制定"金融机构监管接管办法",将此"其他必要之处置"具体化为"监管人得协助受监管金融机构办理概括让与全部或部分业务及资产负债"。"四信"认为前述规定违反法律保留原则、授权明确性原则、比例原则,侵害合作社全体社员、理事、监事、任职职员之生存权、工作权和财产权,并提出诉愿、再诉愿及行政诉讼。台湾地区"行政法院"继续引用上述条文,作成对"四信"不利之判决。后该案至台湾地区"监察院","监察院"遂就上述"法律"向"大法官"声请解释。

【基本知识】

有关基本权利之规定,系基本权利理念的"实证化",[1] 凡具名为"宪法"者概莫能外。但台湾地区现行"宪法"有关基本权利之规范多以相当抽象、简短及笼统之用语加以规范,且多为"概括条款",不但富抽象性,而且具"不完整性"。[2] 基本权利之规范因具上述之"抽象""开放"特征,凡基本权利规范之适用,均须挖掘出规范背后之具体含义。抑且,具名为"宪法"之规范,虽具规范形式,但无异于政治哲学之规范表述,因此,[3] 对基本权利规范具体含义之发现,毋宁是从诸种观念差异中,寻求对基本权利之共识。对基本权利规范之具体含义的发现,核心在于挖掘基本权利规范发挥作用之方式,亦即基本权利之功能。学者经由规范、判例及背后之一定理论,形成基本权利之功能理论,以探求基本权利规范之实现方式。

---

[1] 李建良:《基本权利理论体系之构成及其思考层次》,《人文及社会科学集刊》1997 年第 9 卷第 1 期。
[2] 李建良:《基本权利理论体系之构成及其思考层次》,《人文及社会科学集刊》1997 年第 9 卷第 1 期。
[3] 李建良:《基本权利理论体系之构成及其思考层次》,《人文及社会科学集刊》1997 年第 9 卷第 1 期。

对基本权利功能之理论，最为经典者，莫过于由德国公法学家耶令内克提出之"身份理论"。按耶令内克提出之"身份理论"，人民对于公权力之身份包括四个阶段，依次为：被动身份、消极身份、积极身份、主动身份。该"被动""主动""消极""积极"等，均系从公权力和公民之间关系所发阐述。德国公法学者以此理论为基础，将基本权利之功能分为防御功能和给付功能。前者系基本权利之最初功能，系指人民对抗公权力之功能，以要求公权力不作为为主要诉求，希望借此确保基本权利不为公权力所恣意侵害。具有防御功能之基本权利，又被称为"防御权"。后者系基本权利之发展功能，系指人民得依据基本权利规范之规定，向公权力主体主张特定的经济和社会给付。具有给付功能之基本权利，又被称为"给付权"或"受益权"。[1] 此两种分类为基本分类。但，上述分类仅关注于基本权利规范之实体性内容，即注重基本权利之实现，而不关注基本权利实现之方式。且使基本权利之作用范围仅涉及公权力主体与人民之关系。因此，防御功能及给付功能之分类尚不足以概括基本权利功能之全貌。李建良将两者合并概括为"主观权利之功能面向"。[2] 经德国联邦宪法法院判例之发展，在德国公法学上，基本权利不仅具有"主观权利"性格，尚具有"客观秩序"性格。亦即基本权利之功能不再仅是一种"权利"，而系"价值体系"。该"价值体系"并非仅作用于公权力主体与人民，而扩及所有法律领域，且其功能不再仅限于防御功能和给付功能。李建良认为，客观秩序之功能面向包含"基本权利之对第三人之效力"和"基本权利之保护义务"。[3] 当然，李建良上述观点并非通说，至

---

[1] 许宗力：《基本权的功能与司法审查》，载许宗力：《宪法与法治国行政》，元照出版有限公司2007年版，第184页至第187页。
[2] 李建良：《基本权利理论体系之构成及其思考层次》，《人文及社会科学集刊》1997年第9卷第1期。
[3] 李建良：《基本权利理论体系之构成及其思考层次》，《人文及社会科学集刊》1997年第9卷第1期。

于其他学者学说将在以下"理论评析"部分再作详述。

另，按大多数台湾学者之分类，台湾地区现行"宪法"上规定之基本权利，可以分为平等权、自由权、政治参与权、社会权和程序基本权等。[1] 由此，平等权、自由权、政治参与权及社会权为具有实体内容之实体性权利，而程序基本权为实现上述权利之程序性权利，专指请愿、诉愿及诉讼权。[2] 当然，实体性权利中亦有部分含有程序性内容，如政治参与权，亦包括人民政治参与之程序，但此并不影响实体权利之实体性质。总之，按台湾学者之观点，实体性权利与程序性权利泾渭分明。当然上述两种分类并非没有重叠之处，如李建良将吴庚谓"程序之基本权"归入"程序性之给付或服务"。[3]

至于本案中，"四信"谓"财政部"之行为侵犯其生存权、工作权和财产权，均系实体性权利，且认定其系侵犯行为之依据在于"财政部"限制"四信"上述实体性权利之"法律"或命令违反法律保留原则、授权明确性原则和比例原则。但"大法官"却发展出基本权利之程序保障功能。因此，本案之争点并非在于"四信"之主张是否正当，而在于生存权、工作权和财产权等实体性权利，是否包含有程序保障的功能。

【解释要点】

"大法官"针对本案作成"释字第 488 号解释"，对实体性基本权利是否具有程序保障功能进行了阐述，并宣告系争之"银行三法"违反保障财产权之意旨。"释字第 488 号解释"有施文森提出之"部分不同意见书"、黄越钦提出之"不同意见书"和戴东雄提出之"不同意见书"各一份。

---

[1] 吴庚：《宪法的解释与适用》，三民书局 2004 年版，第 108 页至第 109 页。
[2] 吴庚：《宪法的解释与适用》，三民书局 2004 年版，第 286 页。
[3] 李建良：《基本权利理论体系之构成及其思考层次》，《人文及社会科学集刊》1997 年第 9 卷第 1 期。

根据"解释文"及"解释理由书",多数"大法官"认为:人民财产权应予保障。对人民财产权之限制,必须合于台湾地区现行"宪法"第 23 条所定必要程度,并以"法律"定之,其由"立法"机关明确授权行政机关以命令订定者,须据以发布之命令符合立法意旨且未逾越授权范围。声请人声请解释之"信用合作社法"第 27 条第 1 项第 8 款、"银行法"第 62 条第 1 项以及依据"银行法"第 62 条第 3 项授权订定之"金融机构监管接管办法"第 11 条第 1 项第 3 款均系保障存款人权益,并兼顾金融秩序之安定而设,但基于保障人民权利之考量,法律规定之实体内容固不得违背保障人民基本权利之意旨,其为实施实体内容之程序及提供适时之司法救济途径亦应有合理规定,方符维护基本权利之意旨,法律授权行政机关订定之命令,为适当执行法律之规定,尤其对采取影响人民权利之行政措施时,其应遵行之程序作必要之规范。

多数"大法官"认为:系争之"银行三法"对银行、信用合作社之股东(社员)、经营者及其他利害关系人,既皆有重大影响,该等"法规"仅就主管机关作成行政处分加以规定,未能对作成处分前,设置有关人员陈述意见或征询地方自治团体之意见设置程序性规定,亦不问被指派机关或人员之意愿且无须斟酌受接受之金融机构股东或社员大会决议之可行性,且不考虑该金融机构是否适时提供相当资金、担保或其他解决其资产不足清偿债务之有效方法。上述做法,均与保障财产权之意旨不符。据此,多数"大法官"认为,前述"三法"有关内容应由主管机关依解释意旨尽速检讨修正,且主管机关宜通盘检讨台湾地区现行金融管理机制,使危机消弭于未然。

【理论评析】

许宗力评价"释字第 488 号解释"之最大贡献是"确认基本权也有程序保障功能"。在前述防御功能与给付功能外,基本权利又何以具有程

第五部分　基本权利的功能

序保障功能，唯此问题，为本案争点所在，亦为理论评析之重点。

基本权利之形成，为社会契约论之结果。按社会契约论之理论言说，人民形成契约，产生公权力机关，但因公权力机关具有侵犯人民权利之可能，故人民又形成基本权利，以对抗政府。此一基本权利之形成脉络，毋宁为总结公权力对人民恣意侵害之教训而成。虽"社会原则"[1]之发展，使基本权利不仅具有防御功能，而且更具有给付功能，但此两者仍为"权利性质"，则必有"权利主体"以为附丽，因而该两种功能又被统合为"主观权利之功能面向"。[2] 前文对此已有详述。但自德国吕赫案后，基本权利之功能从主观面向逐渐向客观面向发展。按德国联邦宪法法院对吕赫案之判决："（德国）基本法不打算作价值中立的秩序……在基本法权章中，它同时建立了一种价值秩序，借此，大大增强了基本权的效力。此价值秩序的中心是：在社会团体中自由发展的人格及其尊严，应视其为适用所有法律领域的宪法基本决定；立法、司法及行政均由之获取准则与激励。"[3] 德国公法学将以吕赫案为中心形成之理论，称为"客观价值秩序"理论，基本权利除作为主观权利性外，又具有了客观法规范性。基本权利之程序保障功能即从此客观法规范性中导源而出。客观价值秩序理论之精髓在于：使原本仅拘束公权力与私人之关系，以及以"主张—救济"或"主张—授益"为核心之基本权利，在效力上有所扩张。亦即在范围上由仅拘束公权力与私人之关系，向第三人扩张（第三人效力），在作用方式上，从以事后救济为主，向对公权力行为之全过程控制扩张。前者是否成立，亦即基本权利是否具有第三者效力，德国学界尚存争议，台

---

[1] 本书所谓"社会原则"，即德国公法学上的"社会国原则"，因技术原因，改为"社会原则"，参见本书案例25。
[2] 李建良：《基本权利理论体系之构成及其思考层次》，《人文及社会科学集刊》1997年第9卷第1期。
[3] 陈爱娥：《基本权作为客观法规范——以"组织与程序保障功能"为例，检讨其衍生的问题》，载李建良、简资修：《宪法解释之理论与实务》（第二辑），"中央研究院"中山人文社会科学研究所2000年版。

湾地区"法律"之理论与实务也并无统一意见,但对于后者,则已成通说。由此,公权力机关在为一定行为时,不仅须注意基本权利传统之"防御""给付"功能,更须以一定程序来确保其行为的有序。

基本权利之程序保障功能的内容,按不同标准可作不同解说,以下按程序保障功能的具体内容和发挥功能之方式进行分析。

第一,按程序保障功能的具体内容,程序保障功能可以细分为组织保障功能和狭义的程序保障功能。实际上,组织保障功能和狭义的程序保障功能确难区分,其原因在于多数公权力主体的组织法并非仅有机构、权限、编制等规定,尚包括该公权力主体行使职权的程序。德国学者哈贝乐认为:"组织性与程序性的给付性法律,其特征正在于:加强引进具有咨询权,或(不同程度之)影响或参与决定权的多元化会议组织。"① 按此,组织保障功能和狭义的程序保障功能似有混同之处。但两者毕竟有别,陈爱娥认为,"组织"一词的重点在于"相关法规范是否致力于创设或提供一定的机关,即使同时规定相关机关的决定程序,亦不影响其为组织法的性质"。② 而狭义的程序保障功能的重点应该是在"对行政决定作成前之行政程序的影响",亦即将本已借由司法保障之基本权利,推前到一般程序上。③ 当然,上述观点系帮助理解组织保障功能与狭义的程序保障功能之区别,一般而言,狭义的程序保障功能应仍包括提供基本权利救济之司法程序。由此,组织保障功能,乃基本权利程序保障功能之静态形式,而狭义的程序保障功能,乃基本权利程序保障功能之动态形式。

---

① 陈爱娥:《基本权作为客观法规范——以"组织与程序保障功能"为例,检讨其衍生的问题》,载李建良、简资修:《宪法解释之理论与实务》(第二辑),"中央研究院"中山人文社会科学研究所2000年版。

② 陈爱娥:《基本权作为客观法规范——以"组织与程序保障功能"为例,检讨其衍生的问题》,载李建良、简资修:《宪法解释之理论与实务》(第二辑),"中央研究院"中山人文社会科学研究所2000年版。

③ 陈爱娥:《基本权作为客观法规范——以"组织与程序保障功能"为例,检讨其衍生的问题》,载李建良、简资修:《宪法解释之理论与实务》(第二辑),"中央研究院"中山人文社会科学研究所2000年版。

第二，按基本权利发挥功能之形式，程序保障功能包括积极和消极两个方面。上述程序保障功能多从积极方面阐述基本权利发挥功能之形式，亦即程序保障功能之积极方面。积极方面之程序保障功能，目的在于积极营造一个适合基本权利实践的环境，以帮助人民基本权利的落实。[1] 除此以外，基本权利的程序保障功能尚包括消极方面，该方面系指对限制基本权利之公行为时，必须透过正当程序。由此，消极方面的基本权利之程序保障功能，相当于前述之正当程序原则。[2] 许宗力认为，积极方面的程序保障功能，并非任何基本权利可能拥有，而仅若干具组织、程序依赖的基本权利才可能拥有，但消极面向的程序保障功能则无此限制。[3] 许宗力观点不无值得商榷之处，如基本权利已非公权力不干预即可实现之时代，不仅具给付功能之基本权利如此，而且原系公权力不干预之防御权，亦是如此。此谓基本权利都需依赖公权力之组织、程序依赖，才可实现，则许宗力上述观点是否仍有意义，值得疑问。

按吴庚等学者的论述，基本权利尚包括单纯之程序性权利，而此程序性权利与实体性权利之程序保障功能有何区别？查吴庚等学者所谓之程序性权利，系指台湾地区现行"宪法"第16条之请愿、诉愿、诉讼权，均系对侵害基本权利之事后救济权。按本书之观点，程序保障功能仅为实体性权利所具备，与程序性权利无涉，但该程序性权利，系实体性权利之程序保障功能在司法程序保障上的直接法源。

至于本案，多数"大法官"推导出实体性权利之程序保障功能，并作成相应解释。多数"大法官"之推导共三步。

---

[1] 许宗力：《基本权的功能与司法审查》，载许宗力：《宪法与法治国行政》，元照出版有限公司2007年版，第200页。
[2] 许宗力：《基本权的功能与司法审查》，载许宗力：《宪法与法治国行政》，元照出版有限公司2007年版，第201页。
[3] 许宗力：《基本权的功能与司法审查》，载许宗力：《宪法与法治国行政》，元照出版有限公司2007年版，第200页。

第一步：多数"大法官"肯定前述解释对法律保留原则、授权明确性原则以及比例原则之阐述，并指出声请人声请解释之"法律"，与上述三项原则并无违背。多数"大法官"认为，"信用合作社法第二十七条第一项及银行法第六十二条第一项系为保障存款人权益，并兼顾金融秩序之安定而设，金融机构监管接管办法第十一条第一项第三款及第十四条第四款虽亦有银行法第六十二条第三项授权之依据……"按"解释文"和"解释理由书"，"大法官"似不愿从实体方面对声请人之声请作出解释。

第二步：多数"大法官"推导出实体性权利的程序保障功能，建构起判断限制基本权利之程序标准。值得注意的是，若"大法官"依比例原则检验"信用合作社法"第27条第1项第8款、"银行法"第62条第1项以及依据"银行法"第62条第3项授权订定之"金融机构监管接管办法"第11条第1项第3款，并非不可保障基本权利，此观"大法官"其他解释可知。但"大法官"已经预设不从实体方面检验上述"三法"之立场，因而必须将比例原则扩展至程序要件，方可达到目的。但若坚持从比例原则导出程序要件，有使比例原则发生功能超载的危险。① 故"大法官"声言："基于保障人民权利之考虑，法律规定之实体内容固不得违背宪法，其为实施实体内容之程序及提供适时之司法救济途径，亦应有合理规定，方符宪法维护人民权利之意旨；法律授权行政机关订定之命令，为适当执行法律之规定，尤须对采取影响人民权利之行政措施时，其应遵行之程序做必要之规范。"至此，多数"大法官"推导出实体性权利之程序保障功能。

第三步："大法官"运用上述程序保障功能，对上述"三法"进行审查。"大法官"认为，银行、信用合作社之股东（社员）、经营者及其他利害关系人，既皆有重大影响，该等"法规"仅就主管机关作成行政处

---

① 许宗力：《基本权程序保障功能的最新发展——"大法官"释字第四八八号解释评析》，载许宗力：《法与国家权力（二）》，元照出版有限公司2007年，第250页。

分加以规定，未能对作成处分前，设置有关人员陈述意见或征询地方自治团体之意见设置程序性规定，有违实体性权利之程序保障功能。

施文森、黄钦越、戴东雄所提出之三份"不同意见书"，实际上都未对"大法官"从实体性权利中推导出程序保障功能作出评价，而系分别从比例原则、授权明确性原则对"信用合作社法"第27条、"银行法"第62条和"金融机构监管接管办法"第11条，进行检验。因所涉内容与本案所涉之知识点无关，本书暂不作评论。

【延伸思考】

按许宗力之评价："释字第488号解释"之最大贡献是"确认基本权也有程序保障功能。"但"释字第488号解释"并非毫无争议。以施文森、黄钦越、戴东雄提出之三份"不同意见书"，该案并非不能通过授权明确性原则、比例原则检验，但多数"大法官"为何要提出实体性权利之程序保障功能，且未用已在"释字第384号解释"以及后续解释中提出之"正当程序原则"？是否是多数"大法官"借由该案，提出实体性权利之程序保障功能，本身即为该案的疑问之一。除此以外，"释字第488号解释"尚有如下问题值得思考。

第一，多数"大法官"在"解释文"和"解释理由书"中谓："实施实体内容之程序及提供适时之司法救济途径，亦应有合理规定，方符宪法维护人民权利之意旨"，其中虽明确推导出实体性权利之程序保障功能，但并未明确提出程序保障到何种程度，仅谓为"合理"。在"解释理由书"中，多数"大法官"以"听取股东、社员、经营者或利害关系人陈述之意见"为判断上述"三法"之程序非为"合理"之标准。惟此标准是否足够，亦即若设置听取陈述意见之程序，程序即为正当。该标准是否又类似于"大法官"在"释字第384号解释"中发展出之"程序性正当程序原则"？再查"大法官"于"释字第384号解释""释字第462号解释"提出之程序标准，多数"大法官"在"释字第 488 号解释"中提出之程序标准尚显宽松，是否意味着对程序标准之判断，又应以"事物本质"为依据？而该"事物本质"标准，显系实体标准，是否意味着多数"大法官"从实体性权利中导出之程序保障功能被架空？抑或是绕入一个循环？上述问题，值得深思。

第二，程序保障功能既对公权力课予义务，在反面，是否意味着赋予人民相应的主观请求权？多数"大法官"在"解释文"和"解释理由书"中并未说明，许宗力对此却持肯定态度。许宗力认为，基于基本权利的权利属性，人民自然可以对公权力机关行使请求权。[①] 但陈爱娥对此持有不同意见。陈爱娥认为，从基本权利之权利属性推导出人民具有相应之请求权之观点，仍系源于基本权利的防御权，而客观法规范之要意在于将针对公权力之防御权抽象化，其中既包括对保障方式之抽象，亦包括对主体之抽象。[②] 由此，一概按主观权利赋予人民之请求权，尚存在疑问。按陈爱娥之建议，可对此问题作类型化的解决，[③] 亦即按实体性权利本身之性质，进行分类处理，对某些基本权利赋予人民之请求权，而对某些基本权利依其性质不赋予人民之请求权。本书暂赞同陈爱娥之观点，但陈爱娥之所谓"类型化"，究竟按何标准赋予或不赋予人民之请求权？值得进一步讨论。

第三，"大法官"在"释字第 488 号解释"中有"征询地方自治团体相关机关（涉及各该地方自治团体经营之金融机构）之意见"之规定，此一规定是否意味着基本权利之适用范围亦可扩展至地方自治团体。地方

---

① 许宗力：《基本权的功能与司法审查》，载许宗力：《宪法与法治国行政》，元照出版有限公司 2007 年版，第 200 页。
② 王鹏翔：《基本权作为最佳化命令与框架秩序——从原则理论初探立法余地问题》，《东吴法律学报》2007 年第 18 卷第 3 期。
③ 陈爱娥：《基本权作为客观法规范——以"组织与程序保障功能"为例，检讨其衍生的问题》，载李建良、简资修：《宪法解释之理论与实务》（第二辑），"中央研究院"中山人文社会科学研究所 2000 年版。

自治团体虽针对相对人而言，亦为公权力主体，但对公权力机关而言，系相对人。此一相对人身份是否构成地方自治团体适用基本权利之程序保障功能的原因？而据台湾地区现行"宪法"，地方自治团体享有自治权，该自治权在性质上是否为基本权利？地方自治团体的自治权，是否受基本权利之保障？颇值得疑问？若此，是否下级公权力主体，可依基本权利之规定，对抗上级公权力主体？上述问题，已经涉及权利与权力之关系，值得疑问。

当然，有关"释字第488号解释"的疑问，尚不止于此。"大法官"在"解释文"末尾，要求主管机关通盘检讨"银行法""信用合作社法"以及"金融机构监管接管办法"，似对主管机关课予积极之"立法"义务，而在"解释理由书"末尾，则更加"狗尾续貂"[1]似的补上"为避免金融机构一再发生经营不善或资产不足清偿债务之事件，主管机关允宜通盘检讨现行金融管理机制，俾使危机消弭于未然。对信用合作社之管理，并应注意宪法第一百四十五条奖励扶助合作事业之意旨，并此指明"。这已经不仅再是对主管机关课予积极之"立法"义务，显然是已经直接指导主管机关之"立法"，该行为已经远远逾越台湾地区"大法官解释"之司法性质，但已非本文之范围，暂不讨论。

案例8　刘治平诉"铨叙部"案（1999年）

解释号："释字第483号解释"
知识点：基本权利的制度性保障功能

【案情要览】

本案声请人刘治平系台湾地区彰化市溪湖镇公所荐任八职等人事室主

---

[1] 许宗力：《基本权程序保障功能的最新发展——大法官释字第四八八号解释评析》，载许宗力：《法与国家权力（二）》，元照出版有限公司2007年，第258页。

任，1993年因故被降等为彰化市户政事务所六职等人事管理员。后声请人以荐任八职等参加1993年年终考绩考列甲等，台湾当局"考试院""铨叙部"依据台湾地区"公务人员俸给法"第13条第2项"在同官等内高资低用，仍叙原俸级人员，考叙时不再晋叙"，以及"公务人员考绩法施行细则"第10条第1项"公务人员调任同官等较低职等职务，仍以原职等任用，其俸级不予晋叙者，年终考绩列甲等给予二个月俸给总额之一次奖金……"给予声请人"二个月俸给总额之一次奖金"，而未予晋级。声请人不服，向"铨叙部"提出复审，并经诉愿、再诉愿以及行政诉讼。台湾地区"行政法院"引据台湾地区有关"法律"，对声请人作成不利之判决。声请人认为，"铨叙部"所依据之"法律"实际上将声请人薪资冻结在低职等，使其不能与其他同职等人员依法晋级，严重违反平等原则，侵犯其作为公务人员之权利，遂声请"大法官解释"。

【基本知识】

本案涉及基本权利的制度性保障功能。制度性保障系德国公法学巨擘施米特提出的重要公法学概念。施米特认为，除了基本权利【包括真正的（绝对的）基本权利和相对的基本权利】外，透过宪法律，可以为某些特定的制度提供一种特殊保护，而其目标是防止用普通立法手续来实施一项废止行为。虽然这些特定的制度也经常被谈论为基本权利，但这类保障的结构无论在逻辑上还是在法律上都完全不同于基本权利的结构。[1] 这类保障即制度性保障，制度性保障依其本质要受到限制，它仅仅存在于国家之内，并非建基于原则上不受限制的自由领域的观念上，而是涉及一种受到法律承认的制度。[2] 施米特以魏玛宪法为蓝本，对魏玛宪法中的制度

---

[1] ［德］卡尔·施米特：《宪法学说》，刘锋译，世纪出版集团、上海人民出版社2005年，第182页。

[2] ［德］卡尔·施米特：《宪法学说》，刘锋译，世纪出版集团、上海人民出版社2005年，第182页。

性保障进行了实例分析，尤其是指出"魏玛宪法的公务员法规定才是制度性保障的真正实例"，"这些规定提供了维持一支职业公务员队伍的保障机制"。①

施米特提出"制度性保障"的概念后，德国公法学者对其进行了发挥和演绎。按施米特的原意，基本权利和制度性保障需要被区分开来的，但德国公法学当前的理论通说却将制度性保障转变为基本权利的一项功能，常与客观价值秩序相联系，用于诠释基本权利的客观功能。"制度性保障"也随之被称为"基本权利之制度性保障"。② 按"基本权利之制度性保障"来理解"制度性保障"，其主要意义在于要求国家必须建立某些"（法）制度"，并确保其存在，借以保障基本权利之实现，尤其该制度赖于存在之基本规范，国家（立法者）不得任意加以更动，以免使基本权利之保障，失所附丽，故所谓制度性保障者，其目的在确保某些基本权利之存在与实现。③ 在德国，通说认为财产权制度、婚姻制度及家庭制度为典型之"制度性保障"，德国联邦宪法法院亦尝试在其他基本权利中构建制度性保障。④

在台湾，台湾地区现行"宪法"并无明文规定何基本权利受制度性保障。吴庚在"释字第368号解释"之"协同意见书"中首次提出"制度的保障"一词。在该"协同意见书"中，吴庚认为：台湾地区现行"宪法"所保障的各种基本权利，公权力均负使之实现之任务，为达成此项任务，公权力自应就各权利之性质，依照社会生活之事实及国家整体发

---

① ［德］卡尔·施米特：《宪法学说》，刘锋译，世纪出版集团、上海人民出版社2005年，第183页。
② 李建良：《论学术自由与大学自治之宪法保障——司法院大法官释字第三八〇号解释及其相关问题之研究》，《人文及社会科学集刊》1996年第8卷第1期。
③ 李建良：《基本权利理论体系之构成及其思考层次》，《人文及社会科学集刊》1997年第9卷第1期。
④ 李建良：《基本权利理论体系之构成及其思考层次》，《人文及社会科学集刊》1997年第9卷第1期。

展之状况,给予适当之制度的保障。[①]后"大法官"在"释字第380号解释"中正式确立制度性保障,该号解释亦成为台湾地区"制度性保障"的法源。该号解释所涉及的基本权利为"学术自由",并由此牵引出"宪法"对"大学自治"的制度性保障。但按施米特之观点,公务员制度才是纯粹意义上的制度性保障,因此,本书选取刘治平诉"铨叙部"案,以作更加典型之评析。

至于本案,声请人提及"铨叙部"所引规范侵犯其作为公务人员之权利,此一权利被台湾地区现行"宪法"第18条规定为"服公职权",但声请人所引据之理由仍为平等原则、法律保留以及比例原则等经典法原则,并未涉及制度性保障部分。因此,本案的争点是声请人所主张的公务人员之权利是否受制度性保障,亦即是否可以从"服公职权"中推导出制度保障功能。

【解释要点】

"大法官"针对本案作成"释字第483号解释",确认服公职权具有制度性保障功能。并依此制度性保障,宣告系争之"公务人员俸给法"第13条第2项及实施细则第7条之规定与服公职权之意旨未尽相符,主管机关应对上述"法律"从速检讨修正。

"大法官"在"解释文"和"解释理由书"中认为:人民有服公职之权,此为台湾地区现行"宪法"第18条所明定。据台湾地区"公务员惩戒法"第1条、"公务人员保障法"第16条和"公务人员俸给法"第16条之规定,公务人员依法铨叙取得之官等俸级,非经公务员惩戒机关依法定程序之审议决定,不得降级或减俸。上述规定,构成服公职权利所受制度性保障。"大法官"认为,据"公务人员任用法"第18条第1项

[①] "释字第368号解释"吴庚之"协同意见书"。

第3款之规定，有任免权之长官固然可以将高职等之公务人员调任为较低官等或职等之职务，但一经调任，据"公务人员俸给法"第13条第2项"同法"实施细则第7条第1项，在考绩时不再晋叙，致使高资低用人员无论在调任后如何勤力奉公，成绩卓著，又不论其原叙职等是否已达年功俸最高级，亦无晋叙之机会，则该调任虽无降级或减俸之名，但实际上则产生类似于降级或减俸之惩戒效果，与保障人民服公职权之意旨未尽相符。

【理论评析】

"大法官"在"释字第483号解释"中对制度性保障的阐述相当简略。但"释字第483号解释"毕竟从一项比较经典的制度性保障制度（公务员制度）中，建构起台湾地区的制度性保障，具有相当之参考价值。

前文已述，无论德国公法学，抑或是台湾地区法学，对"制度性保障"之理解，已与施米特提出"制度性保障"之初衷大相径庭。但，惟回溯到施米特提出"制度性保障"之本旨，并探析施氏为何单将公务员制度作为比较纯粹之制度性保障，方可理解后世学者推演之基本权利的制度性保障功能究竟为何。

施米特提出制度性保障的出发点是对"自由"范畴的认识。施米特认为，近代国民法治宪法首先是一种自由宪法，宪法的意义与目的首先不在于公权力的权力与荣光，而在于自由，即保护公民免于公权力的滥用。[①] 但是，施米特并非排斥公权力对自由的确认作用，他以法国《人权宣言》为例，说明《人权宣言》预设了国民概念，延续了一个已然存在的民族国家，个人自由并非被认为是先于公权力的东西，而仅仅表现为现

---

① ［德］卡尔·施米特：《宪法学说》，刘锋译，世纪出版集团、上海人民出版社2005年，第138页。

存政治统一体内部的一个缓和因素，而权力只要与这些权利相符，就会受到更多的尊重。① 相比之下，施米特本人更加倾向于第一种自由观，反复强调个人自由对公权力的先在性。基于对两种自由观的比较，施米特将基本权利区分为真正的基本权利与"其他由宪法律提供保障和保护的权利"。施米特认为，真正的基本权利本质上是享有自由的个人的权利，而且是与公权力相对峙的权利，因此，真正的基本权利只能是个人的自由人权，具体包括良心自由、人身自由、住宅不受侵犯、通信秘密和私有财产权。② 真正的基本权利并非依照法律予以保障，其内容也并非来自法律，并非依照法律或在法律的限制内获得其内容，而是由以产生出来的自由领域。③ 然而，施米特并不认为基本权利是绝对的（虽然施米特将真正的基本权利称为绝对的基本权利，但这里的"绝对"是用于指涉真正的基本权利对公权力的先在性，而非谓公权力不得限制真正的基本权利），④ 他认为，公权力在原则上可度量的范围内，于法定程序之中，可以基本权加以限制。⑤ 而对于"其他由宪法律提供保障和保护的权利"，施米特认为，这些权利一开始就只是相对的——即在法律限制内或依照法律——受到保障。⑥

从真正的基本权利可受法律之限制以及"其他由宪法律提供保障和保护的权利"只能受法律保障，可以发现，施米特并不是一个浪漫的自

---

① ［德］卡尔·施米特：《宪法学说》，刘锋译，世纪出版集团、上海人民出版社2005年，第171页。

② ［德］卡尔·施米特：《宪法学说》，刘锋译，世纪出版集团、上海人民出版社2005年，第175页至第176页。

③ ［德］卡尔·施米特：《宪法学说》，刘锋译，世纪出版集团、上海人民出版社2005年，第175页，第177页。

④ ［德］卡尔·施米特：《宪法学说》，刘锋译，世纪出版集团、上海人民出版社2005年，第175页，第177页。

⑤ 李建良：《"制度性保障"理论探源——寻索卡尔·史密特学说的大义与微言》，载《公法学与政治理论——吴庚大法官荣退论文集》，元照出版有限公司2004年版，第253页。

⑥ ［德］卡尔·施米特：《宪法学说》，刘锋译，世纪出版集团、上海人民出版社2005年，第177页。

由主义者，他并不希冀自由可以自然实现，而是将自由转化为权利，同时在宪法中规定权利对权力的先在性以保障个人自由的实现。在施米特的眼中，权利并非是一个具有独立意义的存在，而是自由在法律上的投影。换句话说，自由的实现必须依赖于制度。

然而，施米特认为，制度并不能决定自由，因为自由之最终决定者，只属于享有自由之人。① 相反，制度给自由的实现带来了一个"两难困境"：基本权利需经法律予以实证化后，始能运作，对基本权利的保障也只能凭立法机关通过之法律方可。由此可见，基本权利的规范对象不及于立法者，而是行政机关和司法机关。从此逻辑来看，自由不仅不是先在于制度，相反是制度的产物。制度与自由的两难困境彻底否定了基本权利的先在性，如果对该困境加以放任，自由有可能蜕变为"善意的声明""政治上的箴言"和"虔诚的愿望"，② 基本权利也随之"流于空转"或"内涵尽失"，受保护的程度反倒不如"其他由宪法律提供保障和保护的权利"。为了改变这一状况，施米特提出了制度性保障理论。施米特所提之"制度性保障"理论的主要内容有三：第一，施米特认为，为了消除由于"两难困境"所带来基本权利"全无与尽失"，人们在特定历史和政治经验的基础上，将某些特殊保障写入宪法，这些保障提供了一种特殊的保护机制来防止立法权的滥用，即立法者不得打破现行法秩序。③ 这一层含义大致相当于后世宪法学理论中的宪法保留。④ 第二，以宪法保留为先决条件，制度性保障以特定之制度存在为前提，此种制度通常为现时之物。因此，制度性保障也成为对现状或现存法律状态的保障，其始终蕴含有现状

---

① 陈春生：《司法院大法官解释中关于制度性保障概念意涵之探讨》，载李建良、简资修主编：《宪法解释之理论与实务》，"中央研究院"中山人文社会科学研究所2000年版，第298页。

② 李建良：《"制度性保障"理论探源——寻索卡尔·史密特学说的大义与微言》，载《公法学与政治理论——吴庚大法官荣退论文集》，元照出版有限公司2004年版，第231页。

③ ［德］卡尔·施米特：《宪法学说》，刘锋译，世纪出版集团、上海人民出版社2005年，第190页至191页。

④ 吴庚：《宪法的解释与适用》，三民书局2004年版，第59页。

保障因素。第三，制度性保障系从现状保障出发，同时结合其他保障规范，形成一组"具相互关联或相互补充的保障"①。

至于公务员制度，施米特认为，魏玛宪法的公务员法规定才是制度保障的真正实例，这些规定提供了维持一支职业公务员队伍的保障机制。如其中第130条规定："公务员为全国之公仆，非一党一派之佣役。"通过该条，即便议会那种具有分账和扈从性质的活动造成了公权力解体的后果，公务员也不受任何影响。而第129条保障了公务员的财产请求权、官职请求权，第131条甚至规定了公务员对符合法律和行政规范的活动的请求权。②但是，这些有关公务员的制度性保障，并非是服务于公务员的私人利益，而是有利于建立一支职业公务员队伍。因此，若法律废止公务员制度，则构成对魏玛宪法的违反。③由此可见，施米特之所以将公务员制度称为制度性保障之真正实例的原因，乃在于公务员权利之保障并非等同于基本权利之保障，④但为保持公务员不致沦为议会制度之牺牲品，魏玛宪法对公务员制度施以特别保障，亦即公务员制度并非因其为一项基本权利而获保障，而在于魏玛宪法将其创设为一项制度，并因其为一项制度，而被施以保障。

在施米特的制度性保障理论中，有一个值得注意的问题：将某特定制度施以制度性保障的原因何在？施米特在确定什么是自由时，并没有依循某种理论，而全凭经验。施米特在如此简单的逻辑预设下，采取了比逻辑预设更为简单的论述方法：他并没有分析魏玛宪法形成基本权利清单的过

---

① 李建良：《"制度性保障"理论探源——寻索卡尔·史密特学说的大义与微言》，载《公法学与政治理论——吴庚大法官荣退论文集》，元照出版有限公司2004年版，第240页。

② [德]卡尔·施米特：《宪法学说》，刘锋译，世纪出版集团、上海人民出版社2005年，第183页至184页。

③ [德]卡尔·施米特：《宪法学说》，刘锋译，世纪出版集团、上海人民出版社2005年，第184页。

④ 李建良：《"制度性保障"理论探源——寻索卡尔·史密特学说的大义与微言》，载《公法学与政治理论——吴庚大法官荣退论文集》，元照出版有限公司2004年版，第257页至第258页。

程，而是将魏玛宪法第二章所列举的权利清单直接作为研究对象。于是，施米特跳过了最为重要的一环，即自由如何成为权利，而直接开始对权利的分析。沿着施米特的逻辑，我们很难弄清为何这些自由要列入宪法，如果是因为它"重要"，那么"重要"的标准是什么呢？这些问题都是施米特没有解答的。但是，施米特本人并非没有相关论述。施米特认为，制度性保障，总是与某种现存物有关系。由此可见，施米特将制度与"现状"挂上了钩，亦即现状的要求，是将某项制度列为制度性保障的重要标准，而制度性保障无异于"现状的担保"。德国公法学家将施米特的现状观加以发挥，认为制度的概念为"基本权理念，透过规范复合体，于社会存在领域中现实化的状态"，直接将制度与现状画上了等号。[①] 德国另一位公法学家 Klein 上承施米特的制度性保障理论，认为"制度性保障在法制度之外存在着受保障之社会实状"，包括四种类型：其一，（独立）的社会现状保障；其二，社会现状保障结合（法）制度保障；其三，社会现状保障结合基本权利；其四，社会现状保护结合（法）制度与基本权利。[②]

针对施米特的制度性保障理论，德国联邦宪法法院的实践作出了较多修正，后世的德国公法学家也提出了批评。如德国公法学家 Steiger 认为，自由权在制度性保障的保障下，逐步向着制度化的方向发展，并因此失去了原有的恣意性，而具有了更多的公益性。Haberle 也认为，自由不能等同于个人之恣意，基本权不仅对于个人有意义，对于社会共同体亦有意义，因此，基本权具有社会功能，立法者不仅负有依制度性保障不干预自由的义务，而且还负有促成自由积极实现的义务。[③] 吕特案之后，制度性

---

① 陈春生：《司法院大法官解释中关于制度性保障概念意涵之探讨》，载李建良、简资修主编：《宪法解释之理论与实务》，"中央研究院"中山人文社会科学研究所2000年版，第293页，第294页。
② 陈春生：《司法院大法官解释中关于制度性保障概念意涵之探讨》，载李建良、简资修主编：《宪法解释之理论与实务》，"中央研究院"中山人文社会科学研究所2000年版，第299页以下。
③ 陈春生：《司法院大法官解释中关于制度性保障概念意涵之探讨》，载李建良、简资修主编：《宪法解释之理论与实务》，"中央研究院"中山人文社会科学研究所2000年版，第291页，第299页。

保障逐渐为客观价值秩序理论所取代，而成为客观价值秩序理论的一个子项，借由客观价值秩序的扩张性，制度性保障亦由对现状的肯定，扩张到所有基本权利领域，成为基本权利所具备的一项功能。

查台湾地区法学界对制度性保障的理解，吴庚的论述可能具有相当之代表性。吴庚认为，制度性保障是从个人基本权中产生的保障功能，举凡从宪法实施时已存在的各种保障基本权的制度，以及衡量社会生活的现实及发展状况，所应建立的保障制度都包含在内。[①] 对于上述定义的理解，吴庚举出四点说明：其一，制度性保障指涉的范围虽然广泛，但也不是每一种基本权利都必须由公权力建立制度给予保障；其二，制度性保障和个人权利是一体的两面，有权机关可以从制度面审查侵害基本权利的行为是否成立，而不是单纯以某法条是否抵触上位规范为思考重点；其三，制度性保障不以现状保障为满足，而是与时俱进，随时间推移；其四，制度性保障或许与保障义务有重叠之处，但后者专指公权力机关对基本权利，以各种设施防止公权力本身或第三人对权利主体的侵害，而前者则着重于对基本权利积极的各种制度保障。[②] 许宗力结合吴庚在"释字第368号解释""协同意见书"中的观点，进一步阐释吴庚对制度性保障的认识。许宗力认为，吴庚所言的制度性保障实意味着每一个基本权利，无论是消极的自由权，还是积极的受益权，都具有制度性保障功能，而该功能课予公权力机关提供"适当"之制度的保障义务，而这里的"适当"，应从"各个权利之性质""社会生活之现实及国家整体发展状况"等方面考量。[③] 由此可见，在吴庚看来，制度性保障是一相当广泛之概念，涵盖基本权利的给付功能、公权力保护功能以及程序保障功能。至于本案，"大法官"在"释字第483号解释"中推演出服公职权的制度性保障功能。"大法

[①] 吴庚：《宪法的解释与适用》，三民书局2004年版，第123页。
[②] 吴庚：《宪法的解释与适用》，三民书局2004年版，第123页至第124页。
[③] 许宗力：《基本权的功能与司法审查》，载许宗力：《宪法与法治国行政》，元照出版有限公司2007年版，第201页至第202页。

官"的推演共分三步:①

第一步:"大法官"依据台湾地区现行"宪法"第 18 条以及其他规范依据,形成服公职权的制度性保障功能。"大法官"认为,台湾地区现行"宪法"第 18 条业已规定服公职权,而该服公职权即具有制度性保障功能,并经"公务员惩戒法"第 1 条、"公务人员保障法"第 16 条和"公务人员俸给法"第 16 条之规定确认。而上述"三法"的相关规定,都在于说明非依法定程序,不得对公务员降等或减俸。至此,"大法官"完成了对服公职权之制度性保障功能的建构,并且形成了其特定内涵。

第二步:"大法官"查明,"公务人员任用法"第 18 条第 1 项第 3 款规定:"在同官等内调任低职等职务者,仍以原职等任用",在表面上符合上述制度性保障的要求,但据"公务人员俸给法"第 13 条第 2 项之规定,"在同官等内高资低用,仍叙原俸级人员,考绩时不再晋叙",在事实上产生使高职低用人员降级或减俸的惩戒效果。

第三步:"大法官"综合"公务人员任用法"第 18 条第 1 项第 3 款以及"公务人员俸给法"第 13 条第 2 项,认定上述"两法"使得公务人员未经法定程序被降等或减俸,违反台湾地区现行"宪法"对服公职权的制度性保障。

对公务人员权利之解释占到台湾地区"大法官解释"的相当部分,而本案系属"大法官"第一次以"制度性保障"论证公务人员之权利保障,在台湾地区公务人员之权利保障方面产生较大影响。

【延伸思考】

就"释字第 483 号解释"而言,本无过多争议,唯在"大法官"在

---

① 许宗力:《基本权的功能与司法审查》,载许宗力:《宪法与法治国行政》,元照出版有限公司 2007 年版,第 201 页。李建良:《"制度性保障"理论探源——寻索卡尔·史密特学说的大义与微言》,载《公法学与政治理论——吴庚大法官荣退论文集》,元照出版有限公司 2004 年版,第 236 页。

"解释文"中仅要求主管机关尽速修"法",此种警告性解释似对声请人难以发生实质性影响。① 但本案涉及之制度性保障,并非没有争议。

第一,"大法官"在作"释字第483号解释"时,至若不用制度性保障一概念,尚可依据透过"释字第384号解释"建构之正当程序原则,判定"公务人员俸给法"第13条第2项对声请人之实际降等或减薪,不符合正当程序原则,而为何要推演出备受争议且语焉不详的制度性保障?"大法官"舍易求难的目的为何?难道只是为了配合"释字第380号解释",形成公务员制度的制度性保障?另,类似于制度性保障的理论尚有许多,是否"大法官"在每一案件中,都可依据自己意思选择理论?上述问题,涉及解释方法对"大法官"之拘束,值得深思。

第二,"大法官"在本案之后的"释字第488号解释"又推演出基本权利的程序保障功能(详见案例7),在德国,程序保障功能中的"组织保障功能"经常也用"制度性保障"的概念来表达。② 而按制度之本意,也确有"组织"和"程序"的含义。另查在台湾地区"大法官"解释实践中,"制度性保障"亦常用于"狭义的程序性保障"中,如本案,前述"释字第384号解释"中亦有"凡限制人民身体自由之处置……其内容更须合于实质正当……此乃人身自由之制度性保障"云云。更有甚者,许宗力在评价吴庚有关制度性保障的观点时,曾认为吴庚所言的制度性保障实际上包含了基本权利的给付功能、公权力保护功能以及程序保障功能。因此,到底应如何区分制度性保障功能、程序保障功能以及程序保障功能中包含的两项子功能,还有给付功能、公权力保护功能等等,值得进一步讨论。或可认为此乃"大法官"依各自理论兴趣随意为之?

虽"释字第483号解释"为台湾地区有关服公职权的重要解释,但

---

① 李念祖编著:《宪法原理与基本人权概论》,三民书局2002年,第394页。
② 陈爱娥:《基本权作为客观法规范——以"组织与程序保障功能"为例,检讨其衍生的问题》,载李建良、简资修:《宪法解释之理论与实务》(第二辑),"中央研究院"中山人文社会科学研究所2000年版。

第五部分　基本权利的功能

本书却对其只能施以较低评价，因"大法官"实可运用其他更为明确、通俗和成熟的理论对之加以解决，而无须借助内涵有待澄清，甚至在其母国（德国）已基本上为其他理论所取代的制度性保障制度。当然，本书的观点也只能是在台湾地区"大法官"尚未对制度性保障进行清晰阐明的基础上，若"大法官"能在后续解释中澄清制度性保障功能的含义，未必不是基本权利保障的又一重要理论工具。

第六部分　特别权力关系

案例9　简良机诉成功大学案

解释号："释字第462号解释"

知识点：学校特别权力关系

【案情要览】

本案声请人简良机系台湾地区公立成功大学交通管理学系兼任副教授。声请人于1992年参加成功大学教师升等评审，初审、复审均达优等标准，送请校外专家审查之代表作，亦得通过，且评语颇佳。成功大学教师评审委员会（以下简称"教评会"）最后以不记名且不具理由之投票方式，对声请人作成未通过升等之决议。其中细节为：成功大学教评会17名委员中虽有11人对声请人投同意票，但依成功大学教师升等办法规定，教师升等须经成功大学教评会出席委员三分之二以上（含三分之二）同意始获通过。声请人认为，17名委员之三分之二为"11.3"人，应按"四舍五入"为11人。但成功大学以"11.3"进位为12，从而使声请人以一票之差未能通过。声请人提出申诉，但未获得有利之决定，故提出诉愿、再诉愿以及行政诉讼，均被以"属以学校对校内教师升等所为人事行政范围之处置"为由，以程序理由裁定驳回。声请人遂声请"大法官解释"。

第六部分　特别权力关系

【基本知识】

本案涉及特别权力关系。特别权力关系，系针对"一般权力关系"而言。后者是指公权力与一般人民之间的关系，亦即对一般人民基本权利之限制，应符合法律保留原则、比例原则等诸原则。但除"一般人民"外，尚有一部分属于公权力内部关系的群体，该群体因其特殊状况，而不受一般权力关系之保障，因此，常被谓为"特别权力关系"。按传统的特别权力关系理论，公务员关系、军人关系、学生与学校、人犯与监狱等均为最为经典之特别权力关系。[1] 德国公法学家拉班德首次提出"特别权力关系"这一名词，用以描述公务员担任公职所具有之忠实与服从关系。[2] 拉班德的特别权力关系理论被称为"主体封闭说"。拉班德认为，法律关系仅存在于主体和主体之间，也就是人民与人民之间，或者公权力与人民之间，而公权力是一个封闭不可分割的主体，因此，公权力对其公务员的指示、命令以及内部的一切规范，是主体运作而产生，并不发生外在的法律效果，非属于法律之规范。[3] 拉班德以权力和志愿作为特别权力关系的特征。拉班德认为，公务员虽系公权力机关雇佣之人员，但此种雇佣非属私法上之契约关系，而应受公权力作用，因此，公务员违反职务上的义务，亦非属违背契约。至于志愿，拉班德认为，公务员因其志愿产生特别权力关系，其义务性之内容加重甚多。[4] 德国行政法学的奠基人奥托·迈耶非常赞同拉班德的理论，并将拉班德仅为公务员设计的主体封闭说扩展至其他类似领域，形成比较完整的特别权力关系理论。迈耶认为，特别权力关系系指"经由行政权之单方措施，公权力即可合法的要求负担特别义务"，"为有利于行政上特定目的之达成，使加入特别关系之个人，处

---

[1]　吴庚：《行政法之理论与实用》，中国人民大学出版社2005年版，第143页。
[2]　吴庚：《行政法之理论与实用》，中国人民大学出版社2005年版，第143页。
[3]　蔡震荣：《行政法理论与基本人权之保障》，五南图书出版股份有限公司1999年，第7页。
[4]　吴庚：《行政法之理论与实用》，中国人民大学出版社2005年版，第143页。

于更加附属之地位"。① 迈耶对特别权力关系的理论可以整理为：特别权力关系之相对人比一般权力关系之相对人更加具有附属性；相对人对于基本权利之限制，无请求法律救济之权利；特别权力关系之公权力主体不受法律保留羁束，得自由及有效地为各种指令。②

根据拉班德和迈耶的论述，传统之特别权力关系的内容包括相对人有服从特别权力之义务，且该特别权力对相对人基本权利之限制，不仅不受法律保留原则、比例原则等经典公法原则之限制，而且可以阻却相对人除其内部救济之外的法律救济，包括诉讼权。

特别权力关系实系德国中世纪领主与家臣关系的延续，③在二战后，德国公法学界依据德国联邦宪法法院的判决，对特别权力关系有了新的修正。由于德国基本法第19条第4项规定任何人遭受公权力侵害其个人权力时，有诉讼权，而特别权力关系之经典理论恰恰限制该诉讼权的行使，德国公法学者围绕此问题展开诸多论争，并由对特别权力关系形成突破，其中乌勒的观点较具代表性。乌勒认为，特别权力关系应区分基础关系和管理关系，前者系指身份上的关系，如身份之设定、变更或终止，以及财产上的薪俸、退休、抚恤等，而后者系指公权力机关为达到行政上的目的，指示公务员作为组织一部分而完成机关内部的勤务。乌勒认为，对于基础关系可以提起诉讼，而对于管理关系，若未侵害公务员本身的权利，则不得对其提起诉讼。④乌勒的观点其实是对特别权力关系的重大突破，法律保留原则、比例原则等德国公法学上经典原则均得适用于特别权力关系的基础关系领域。1972年，德国联邦宪法法院作成刑罚执行判决，以监狱之特别权力关系为突破口，再次突破特别权力关系。在刑罚执行判决

---

① 吴庚：《行政法之理论与实用》，中国人民大学出版社2005年版，第144页。
② 吴庚：《行政法之理论与实用》，中国人民大学出版社2005年版，第144页。
③ 吴庚：《行政法之理论与实用》，中国人民大学出版社2005年版，第143页。
④ 蔡震荣：《行政法理论与基本人权之保障》，五南图书出版股份有限公司1999年，第14页至第15页。

中，乌勒所谓基础关系和管理关系的区别被完全废弃，法律保留原则得以适用特别权力关系所有领域，公权力机关之制定内部规范的权力亦因此不得限制相对人的基本权利，若相对人的基本权利受到限制，可以依法提起法律救济。[1] 由于特别权力关系的"权力"性质逐渐消退，因此，特别权力关系又被一些学者称为"特别法律关系"。[2]

台湾地区法学对德国公法学亦步亦趋，在德国采传统之特别权力关系理论时，亦采相同态度，尤其以限制人民诉讼权为最。在台湾，对特别权力关系之讨论，又因此与诉讼权有关。"大法官"于"释字第187号解释"首次突破特别权力关系，肯定公务员之诉权，又在"释字第298号解释"形成影响至远之"重大影响说"，亦即若因特别权力关系对相对人的基本权利形成重大影响，该相对人有权请求包括诉讼在内的法律救济。[3] 后"大法官"又依据该"重大影响说"作成数个解释。但，仅将特别权力关系对基本权利之影响限定在诉讼权领域，自有限缩特别权力关系对基本权利消极影响之可能。但上述案例均以公务员特别权力关系作成。日本学者阿部照哉等认为，各种特别权力关系均有其个性，应对之分别进行讨论。本案为学校特别权力关系，与公务员特别权力关系亦应有所区别。如公务员之特别权力关系主要在于公务员之服从义务，而学校特别行政关系则更加注重学术之专业性。在本案中，"大法官"虽依重大影响说肯定声请人之诉讼权，但其意并非在此，似更在于建构一套从更深层次拘束特别权力关系之制度。因为，即便肯定声请人之诉讼权利，对于具有高度专业性之教师升等而言，法院仍无法判断教评会作成之决定是否侵害声请人之基本权利。因此，本案的争点是：除肯定诉讼权外，如何认定特别权力关系对声请人基本权利的侵害。

---

[1] 蔡震荣：《行政法理论与基本人权之保障》，五南图书出版股份有限公司1999年，第16页。
[2] 吴庚：《行政法之理论与实用》，中国人民大学出版社2005年版，第155页。
[3] "释字第298号解释""解释理由书"。

【解释要点】

"大法官"针对本案作成"释字第462号解释",除继续肯定相对人的诉讼权利外,尚形成判断特别权力关系侵害相对人的基本权利的标准,而且要求台湾地区各学校对教师资格认定及升等之规定进行检讨修改。

"大法官"在"解释文"和"解释理由书"中认为:各大学校、院、系(所)教评会关于教师升等评审之权限,系属法律在特定范围内授予公权力之行使,其对教师升等通过与否之决定,与台湾地区"行政院""教育部"学术审议委员会对教师升等资格所为之最后审定,于教师之资格等身份上之权益有重大影响,均应为行政处分。受评审之教师对评审结果不服的,可以提请包括诉讼在内的法律救济。据此,"大法官"突破特别权力关系对大学教师诉讼权的限制。继而,"大法官"认为,大学教师升等资格之审查,关系大学教师素质与大学教学、研究水平,并涉及人民工作权与职业资格之取得,除应有"法律"规定之依据外,主管机关所订定之实施程序,尚须保证能对升等申请人专业学术能力及成就作成客观可信、公平正确之评量,始符合台湾地区现行"宪法"第23条之比例原则。不仅如此,教师升等资格评审程序为维持学术研究与教学之质量所设,其决定之作成应基于客观专业知识与学术成就之考虑,故各大学校、院、系(所)教评会应本于专业评量之原则,选任各该专业领域具有充分专业能力之学者专家先行审查,将其结果报请教评会评议。教评会除能提出具有专业学术依据之具体理由,动摇该专业审查之可信度与正确性,否则即应尊重其判断。受理此类事件之法律救济机关(包括法院)应审查教评会是否遵守相关之程序,或其判断、评量有无"违法"或显然不当之情事。

最后,"大法官"要求台湾地区各有关学校对其各自教师资格及升等评审程序作通盘检讨修正。

【理论评析】

台湾学者董保城认为,"释字第462号解释"系对台湾地区教师升等制度的突破。① 有关特别权力关系部分,许宗力和董保城都认为,"大法官"在该号解释中,运用"重大影响说",对学校特别行政关系予以突破。但值得注意的是,"大法官"在"释字第462号解释"中,并未仅仅将"重大影响说"用于肯定人民之诉讼权,而且更在肯定该基本权利之外,提出判断学校特别权力关系的标准。

首先需要说明的是,"重大影响说"究竟为何,能得足以作为突破特别权力关系之依据。据形成该"重大影响说"之"释字第298号解释","重大影响说"系来自"足以改变公务员身分或对于公务员有重大影响之惩戒处分"一句。② 根据该句,"重大影响"系指与包括改变公务员身份,以及与改变公务员身份具有同等影响之惩戒处分。至于学校特别行政关系,"大法官"在"释字第382号解释"的"解释文"和"解释理由书"中提出:"各级学校依有关学籍规则或惩处规定,对学生所为退学或类此之处分行为,足以改变其学生身分并损及其受教育之机会,自属对人民宪法上受教育之权利有重大影响",③ 而在"解释理由书"中,"大法官"更将"重大影响"具体化为:"如学生所受处分系为维持学校秩序、实现教育目的所必要,且未侵害其受教育之权利者(例如记过、申诫等处分),除循学校内部申诉途径谋求救济外,尚无许其提起行政争讼之余地",而只有"如学生所受者为退学或类此之处分,则其受教育之权利既已受侵害,自应许其于用尽校内申诉途径后,依法提起诉愿及行政诉

---

① 董保城:《判断余地与正当法律程序——从释字第四六二号探究起》,载董保城:《法治与权利救济》,元照出版有限公司2006年,第156页。
② "释字第298号解释""解释文"和"解释理由书"。
③ "释字第382号解释""解释文"。

讼"。① 按董保城之观点,"释字第382号解释"将"释字第298号解释"中"重大影响说"中"退缩"为"必须改变身份"。② 当然,上述解释仅仅是对学校特别行政关系之分析,在公务员特别行政关系中,台湾地区"大法官"早已作成多个解释,使所谓"重大影响"已经遍及公务员之公法财产请求权、公务员之惩戒、公务员之任用审查、公务员身份之存续等。③ 与此相较,学校行政关系尚仍被"释字第382号解释"限制在身份关系之改变中。

但,学校特别权力关系之所以存在的原因,并非完全与公务员特别权力关系、监狱特别权力关系之"权力""志愿"等有关,尚有"专业"之考虑。以教师升等而言,教师升等所依凭之代表作以及所代表之学术水平,非经具有相当能力之专家难以判定,而各专家凭其学科理论及经验法则等所作成专业评量,④ 而此种专业性评量,非经相当之专业性评量,难以作法律评价。因此,教师升等程序中,教评会因具有专业性,而享有对该教师是否升等进行判断之余地。由此,在如何审查教评会对教师升等之决定,亦即如何突破特别权力关系之专业性,非肯定人民诉讼权之难易程度可比。由于教评会享有对教师是否升等的判断余地,因而,对具有该专业性之特别权力关系的突破,可以从对判断余地之限制着手。判断余地,系台湾学者转译德国公法学之概念,大陆学者常以自由裁量权论之。故,对判断余地之限制,可按比例原则之思路为之。但由于该判断余地并非一般行政行为之判断余地,可从生活之一般经验加以判断,而涉及高度之专业性,非专家不能加以评判。因此,从实体方面对该判断余地进行限制之

---

① "释字第382号解释""解释理由书"。
② 董保城:《判断余地与正当法律程序——从释字第四六二号探究起》,载董保城:《法治与权利救济》,元照出版有限公司2006年,第157页。
③ 吴志光:《行政法》,新学林出版股份有限公司2006年版,第68页。
④ 董保城:《判断余地与正当法律程序——从释字第四六二号探究起》,载董保城:《法治与权利救济》,元照出版有限公司2006年,第155页。

思路固有参考之处，但实施起来并非易事。除实体方面外，对该判断余地之限制，尚可从程序方面进行，亦即虽不对该判断余地的实体方面进行检验，但该判断余地不得随意为之，而必须遵循必要的程序。

就台湾地区教师升等制度而言，对教评会之判断余地施以必要的程序限制，并非是对专业性之限制，而毋宁是对专业性之保障。因台湾地区采所谓"三级三审"制的教评体制，即一位教师要获得升等，必须通过校、院、系（所）三级教评会。[①] 但由于专业性所限，只有系（所）级教评会与受评人之专业最为接近，院级教评会次之，而校级教评会则往往聚集全校各专业之专家参加，大部分专业与受评人相去甚远，已无所谓"专业性"可言。因此，从程序上对教评会之判断余地加以限制，反而是保障了教师升等的专业性。至于程序为何，则仍应考量到对教师升等之专业性，以保障该专业性之必要为原则。

上述程序性保障的思路，正是"大法官"于"释字第462号解释"中采用之思路。"大法官"基于该思路，作成有利于声请人之解释。"大法官"的解释共分三步推演。

第一步："大法官"肯定教评会处理教师升等问题属于特别权力关系，但教师升等已经对教师利益产生重大影响，故不得以特别权力关系为名，限制人民之诉讼权。"大法官"依据台湾地区"大学法"第18条、第20条和"专科学校法"第8条、第24条，认定"大学、独立学院、专科学校教师分教授、副教授、助理教授及讲师，有关教师之升等，由各该学校设校、院、系（所）教师评审委员会评审"，"系属法律授权范围内为公权力之行使"。但"大法官"运用"重大影响说"，认定教师升等"对教师之资格等身份上之权益有重大影响，均为各该大学、院、校所为之行政处分"。因此，"大法官"认为："受评审之教师于依教师法或诉愿

[①] 董保城：《判断余地与正当法律程序——从释字第四六二号探究起》，载董保城：《法治与权利救济》，元照出版有限公司2006年，第155页。

法等用尽行政救济途径后，仍有不服者，自得依法提起行政诉讼，以符宪法保障人民诉讼权之意旨。"至此，"大法官"完成了多数有关特别权力关系中肯定相对人诉讼权的任务，但在本案中，"大法官"不仅肯定相对人之诉讼权，亦有更深一步的突破。

第二步："大法官"依据比例原则，提出对教评会判断余地之程序限制。"大法官"认为，"大学教师升等资格之审查，关系大学教师素质与大学教学、研究水平，并涉及人民工作权与职业资格之取得"，因此，对限制教师升等之行为，应符合比例原则之限制。但"大法官"所谓的"比例原则"，并非是实体意义上的比例原则。"大法官"要求，"主管机关所订定之实施程序，尚须保证对升等申请人专业学术能力及成就作成客观可信、公平正确之评量"，从而将比例原则之功能从实体方面扩展至程序方面，亦即将用程序性的比例原则，为教评会之判断余地施以限制。

第三步："大法官"又根据"专业性"之要求，提出专业评量原则，以作为教师升等程序之指导。"大法官"首先抬出"学术自由"，将"专业性"放置于学术自由中加以论述，从而论证专业性之必要性。随后，"大法官"提出并具体阐述了专业评量原则。根据"大法官"的论述，专业评量原则包括三项具体内容。第一，专业审查。各教评会应选任该专业领域具有充分专业能力之学者专家先行审查，并将该审查结果报请教评会决议，此过程被谓为"专业审查"。专业审查构成教师升等程序之核心步骤，亦是最为关键的专业评审阶段。第二，各级教评会之分工。教评会依其组成人员分别发挥不同之功能。仍较多由与受评人具有相同专业背景人员组成的教评会，对于上述专业审查之结果，除能提出具有专业学术依据之具体理由，动摇该专业审查之可信度与正确性，否则应尊重其判断。而由非相关专业人员所组成之委员会，除就名额、年资、教学成果等因素予以斟酌外，不应对受评人专业学术能力以多数作成决定。第三，受评人之权利。受评人在教评会教师升等程序中并非没有权利，教评会在评审过程中，应予受评人以书面或口头辩明之机会。最后，"大法官"还不忘维护教师升等之专业性，要求提供法律救济的机关，在审查教评会有关教师升等之决定时，应审查该教评会之决定是否遵守相关程序，或者其判断、评量是否以错误之事实为基础，是否有违一般事理之考虑等违法或显然不当之情事，从而将对专业本身之考量完全排除在外。

至此，"大法官"基本建立起受程序限制之教师升等制度，并要求台湾地区全部学校依据解释意旨对教师资格及升等评审程序之规定进行通盘检讨修正。

【延伸思考】

"释字第462号解释"对于学校特别权力关系毋宁为一项具有里程碑式的解释，尤其对教师升等制度以及其他可能因专业性阻却法律救济之制度，提供保障相对人基本权利之契机和标准。当然，依本书作者观察，多数"大法官"系大学教师出身，对教师升等制度有着切身体会，大约在作成"释字第462号解释"时，也融入自己对台湾地区教师升等制度的评价和思考。"释字第462号解释"并非没有值得讨论之处。

第一，"大法官"以"专业性"作为构建专业评量原则的基础，但该专业性究竟应作何判断，并非没有讨论之余地。现代科学已经呈现出极度精细化之特征，不仅于学科之间，即或是在同一学科内，各子学科亦有相异之处。以法学专业为例，不仅法律与经济学、哲学、政治学等不同学科有异，而且在法学专业内亦有子学科之分别，如法学内有宪法、民法、刑法等，甚至对于宪法学科内亦有研究人权问题与政权组织的方向之别，因此，到底何谓"专业性"，实难判断。其实，对专业性之认定，并无确定依据，纯系一审查密度问题。在"释字第462号解释"中，"大法官"将专业审查放置于系（所）一级教评会评审前，隐约有将所谓"专业性"定义在子学科层次。此一定性是否准确，颇值得讨论。

第二，"大法官"在对判断余地作限制时，采用"比例原则"的论证，亦即将比例原则之功能从实体面扩展到程序面，该扩展是否会产生比例原则功能超载的结果？[①] 前文已述，"大法官"于"释字第462号解释"之后的"释字第488号解释"提出基本权利的程序保障功能，若对照本案，是否可以用从基本权利中推导出之程序保障功能，对教评会之判断余地施以限制？抑或，程序面之比例原则和基本权利之程序保障功能有何区别？如若"大法官"已在"释字第462号解释"中确定程序面之比例原则，为何又要在"释字第488号解释"中又推导出基本权利之程序保障功能？是"大法官"对基本权利程序保障功能的正本清源，还是随意为之？值得研究。

第三，"大法官"在本案中，将对特别权力关系之讨论，从单纯地肯定特别权力关系之相对人，向干涉特别权力关系之特权主体的行为转变，尤其是对专业性之突破，已经动摇特别权力关系之根本。根据本案，虽然"大法官"仍承认教师升等事宜，仍属特别权力关系，但连特权主体具有专业性（而非公务员特别权力关系的权力性和志愿性）都被突破，难谓"大法官"内心中仍存有特别权力关系的位置。除此以外，"大法官"在"解释理由书"中专门提出："至私立学校教师之任用资格及其审查程序，依教育人员任用条例第四十一条，亦准用前开条例之规定。"将私立学校中学校与教师的关系，也纳入"释字第462号解释"的适用范围，已经完全将特别权力关系所必须具备的权力性排除在外。因此，该号解释是否意味着"大法官"已经从限制特别权力关系之效力，向着废除特别权力关系的思考方向着力？特别权力关系是否具有被废除之原因？值得进一步思考。

无论如何，"释字第462号解释"作为学校特别权力关系的一个重要

---

① 许宗力：《大法官释字第四六二号解释评析》，载许宗力：《法与国家权力》（二），元照出版有限公司2007年版，第233页。

解释,将因"释字第382号解释"形成的"必须改变身份"之"重大影响说"标准实际上予以限缩,在台湾地区学校与校内教师、学生关系的处理上,尤其是对于台湾地区各学校教师升等制度,有着重大的影响。至于特别权力关系存废部分的讨论,已非本案所能承受。

至于特别权力关系在台湾地区的命运,台湾地区"大法官"于2008年12月26日作成"释字第653号解释"足资说明。在"释字第653号解释"中,多数意见以"重大影响说"突破监狱特别权力关系,再次肯定未定案但被羁押人员的诉讼权利,成为台湾地区有关特别权力关系的又一经典案例。① 李震山、许宗力两位"大法官"针对多数意见提出"部分协同意见书"和"协同意见书"各一份,对特别权力关系及台湾地区运用特别权力关系的实践进行了全面梳理和检讨,贬斥特别权力关系理论的现时代价值。② 许宗力更是明确地在"协同意见书"中提出:"至此,如果……对于释字第298、323、338等号解释之是否已扬弃特别权力关系,还存有疑虑的话,则本号解释应已更清楚表达出向特别权力关系说再见的讯息,且挣脱特别权力关系束缚的,不限于受羁押被告,还扩及所有其他具特定身份而被传统特别权力关系锁定的穿制服、穿学生服、穿军服,乃至穿囚服的国民","究竟特别权力关系只剩启发性价值,抑或在法释义学上依旧扮演一定角色,仍有待逐项地进一步检验与讨论,但无论采哪一说,都不否认在传统特别权力关系的适用领域,仍有基本权利、法律保留与诉讼救济等法治要素的适用,至少就此而言,我们是的确可以向特别权力关系说再见了"。③ 当然,"释字第653号解释"并未以明文突破特别权力关系,而是以"重大影响说"突破之。显然,对于特别权力关系到底存废与否,台湾地区的"大法官"实无足够的理论勇气。

---

① "释字第653号解释""解释文"和"解释理由书"。
② "释字第653号解释"李震山之"部分协同意见书"、许宗力之"协同意见书"。
③ "释字第653号解释"许宗力之"协同意见书"。

分　论

第一部分 人格尊严

案例10 李秋兰诉陈明云案

解释号:"释字第372号解释"

知识点:人格尊严

【案情要览】

本案声请人李秋兰与陈明云系夫妻,于1979年结婚,后至1989年中旬起,陈明云借声请人有婚外情连续殴打声请人。声请人依台湾地区"民法"第1052条第1项第3款受不堪同居之虐待为理由请求判决离婚,经台湾板桥地方法院审理以后,认为虐待属实,判决声请人和陈明云离婚。陈明云就此判决提出上诉。台湾地区"高等法院"依据"最高法院""二十三年上字第四五五四号判例"所称"按夫妻之一方受他方不堪同居之虐待者,固得请求离婚,唯因一方之行为不检,而他方一时愤激,致有过当行为,不得即谓不堪同居之虐待",并认定声请人有婚外情事实成立,据此,台湾地区"高等法院"认为声请人既有婚外情,相对人一时愤激,纵有过当行为尚不得谓有不堪同居之虐待,从而作成不利于声请人之判决。声请人不服"高等法院"上述判决,上诉至台湾地区"最高法院","最高法院"认为该上诉不合法,从程序上驳回声请人之上诉。声请人遂声请"大法官解释"。

【基本知识】

声请人虽谓"高等法院"所依据之"二十三年上字第四五五四号判例"违反台湾地区现行"宪法"第7条规定之男女平等原则,但"大法官"在解释中所着力者,系人格尊严。

人格尊严,或谓人性尊严,系一经传统的伦理道德、宗教或哲学用语转化而成之法律用语,并被公认为宪法价值之一部分,或宪法秩序之基础。[1] 德国基本法第1条规定:"人之尊严不可侵犯,尊重及保护此项尊严为所有国家机关之义务",后经德国宪法法院之判例以及德国公法学之理论累积,逐渐成为宪法价值秩序中之根本原则,[2] 并一再地被推崇为"最高宪法之价值",[3] 一般认为,德国基本法中的"人性尊严",系对德国纳粹暴政进行反省的结果,但对于"人性尊严"究竟为何,德国公法学者盖以"最重要""最根本""最高"等谓之,并无确切定义。德国学者Dürig对人性尊严的定义,系为数不多的比较详尽者:"人性尊严无论在何时何地都应在法律上被加以实现,它的存立基础在于:人之所以为人乃基于其心智,这种心智使其能有能力自非人的本质脱离,并基于自己的决定去意识自我、决定自我、形成自我。"[4] 该定义方式被归入正面积极的定义方式。而另一种反面消极的定义方式,认为人性尊严乃一极不确定的法律概念,因而为了使其在法律上便于实现,乃从其受侵害过程的角度来观察。德国联邦宪法法院为此提出"客体公式"(又译为"物体公

---

[1] 李震山:《人性尊严之宪法意义》,载李震山:《人性尊严与人权保障》,元照出版有限公司2001年,第3页。
[2] 李震山:《人性尊严之宪法意义》,载李震山:《人性尊严与人权保障》,元照出版有限公司2001年,第3页。
[3] 蔡维音:《社会国之法理基础》,正典文化2001年版,第25页。
[4] 转引自蔡维音:《社会国之法理基础》,正典文化2001年版,第27页。

式"），亦即"当一个具体的个人，被贬抑为物体，仅是手段或可代替之数值时，人性尊严已受侵害"。因为一个人若被矮化为物体、手段或者数值，自然不必在意其精神意识，遑论其自治、自决？[①] 上述积极和消极两个面向的定义，固然都从一方面揭示"人性尊严"之含义，另一方面又各有不足。实际上，早有学者指出，上述德国公法学上之德国公法学概念，均系从托马斯·阿奎那之"hominis dignitas"（可直译为"人性尊严"，但系从"人之理性"中导引出来之概念）、康德的道德自律论和基督教之神学理论中产生。[②] 德国学者霍夫曼从"社会承认"的角度对人性尊严作出新的解读。按照霍夫曼的理解，与其将人性尊严作为一个实质的、先在的概念去界定，不如透过社会关系、社会沟通去掌握何为"人性尊严"，换言之，"人性尊严"所保障的对象并非某特定的实质或是个人的特质，而毋宁是人与人相互间的连带关系。[③] 在如此理解下，霍夫曼认为，"人性尊严"不仅是一个道德上的宪法规定，而是一个建构性的国家规范，其意指"共同体成员间相互承认、尊重对方自我决定的权利"，这一"相互承认"，是为了确保和平共存必须相互承认的最基本的承诺。而且，通过"社会承认"来理解"人性尊严"，也将"人性尊严"作为前述"宪法秩序之基础"予以正当化。

至于人性尊严在宪法基本权利体系中的地位，并非没有争议。大陆学者常以1982年宪法为依据，认为"人性尊严"概念可以类比为"人格尊严"，从而将"人性尊严"等同于人格权。台湾地区并非没有相同观点，如李惠宗将人格权与人格尊严或人性尊严等同看待。[④] 但通说认为，人性尊严系属基本权利清单中最为上位之基本权利，所有其他基本权利均系由

[①] 黄桂兴：《浅论行政法上的人性尊严理论》，载城仲模：《行政法之一般法律原则》（一），三民书局1994年版，第11页。
[②] 陈慈阳：《宪法学》，元照出版有限公司2004年版，第472页至第474页。
[③] 蔡维音：《社会国之法理基础》，正典文化2001年版，第28页。
[④] 李惠宗：《宪法要义》，元照出版有限公司2006年版，第328页。

人性尊严派生，人格权系为人性尊严之下位概念。[1] 正是因为此一原因，台湾学者撰写宪法学教材时，常将人性尊严放在基本权利总论部分，而非分论。对人性尊严进行体系化最具代表性者，是台湾学者蔡维音的努力。蔡维音认为，将"人性尊严"建构为台湾地区现行"宪法"最为根本之法价值之后，可以从中推导出规范体系中最为基础的价值决定，包括自主的人格发展、安全、基础生存所需、平等、福祉的最大化等五种。上述五种"基本价值"都被认为是宪法中的保护目的的上位概念，其他层次的宪法保护意旨、目标等都是这些价值的衍生物，都必须可归类到至少一个特定的基本价值之下。[2]

台湾地区现行"宪法"第二章所列基本权利清单中，并无"人性尊严"一词。有学者认为，从"宪法"第22条所规定的"未列举基本权利"中，但按上述人性尊严与人格权的区分，将"人性尊严"由"宪法"第22条导出，毋宁是对人性尊严本身的误解。因此，台湾地区学者多将"大法官"针对本案作成之"释字第372号解释"作为台湾地区"人性尊严"的法源。本案中，声请人的声请书并无一处提及"人性尊严"，而仅以台湾地区现行"宪法"第7条规定之男女平等、第22条规定之"未列举基本权利"中，要求"大法官"维护其基本权利。因此，本文的争点是，"大法官"如何在本案中适用人性尊严。

【解释要点】

"大法官"针对本案作成"释字第372号解释"，在台湾地区提出"人格尊严"一词，但并未作成对声请人有利之解释。"释字第372号解释"有林永谋提出之"协同意见书"、苏俊雄提出之"协同（含部分不

---

[1] 吴庚：《宪法的解释与适用》，三民书局2004年版，第306页。
[2] 蔡维音：《社会国之法理基础》，正典文化2001年版，第33页。

同）意见书"，戴东雄、施文森提出之"部分不同意见书"各一份。

根据"解释文"和"解释理由书"：多数"大法官"在"解释文"和"解释理由书"的开头就明确指出："维护人格尊严与确保人身安全"，为"宪法""保障人民自由权利之基本理念"。"民法"第1052条第1项第3款规定夫妻一方受他方不堪同居之虐待者，得向法院请求离婚，旨在维持夫妻任何一方之人格尊严与人身安全。若一方受他方不堪同居之虐待，夫妻继续共同生活之目的，已无可期待。

但，多数"大法官"在"解释文"和"解释理由书"中，认为"最高法院""二十三年上字第四五五四号判例"所谓"夫妻之一方受他方不堪同居之虐待，固得请求离婚，唯因一方之行为不检而他方一时愤激，致有过当之行为，不得即谓不堪同居之虐待"，系说明"因一方之行为不检而他方一时愤激，致有过当之行为"，非当然构成"不堪同居之虐待"之要件。所指"过当之行为"经勘酌当事人之教育程度、社会地位及其他情事，尚未危及婚姻关系之维系者，即不得以此认为受他方不堪同居之虐待而诉请离婚。"大法官"继而指出，上述判例并非承认他方有惩戒行为不检之一方之权利，若一方受他方虐待已逾越夫妻通常所能忍受之程度而有侵害人格尊严与人身安全之情形，仍不得谓非受不堪同居之虐待。据此，"大法官"认为，"最高法院""二十三年上字第四五五四号判例"对于过当之行为逾越维系婚姻关系之存续所能忍受之范围部分，并未排除"民法"第1052条第1项第3款规定之适用，与台湾地区现行"宪法"之规定尚无抵触。

【理论评析】

"释字第372号解释"被认为是台湾地区"人性尊严"的法源，并在后续多个解释中被引用。对于"人性尊严"，台湾学者多从本质、功能、是否可以限制等几个方面加以讨论。

台湾学者多将人性尊严的本质与内涵相混淆。如李震山认为，人性尊严的本质包括人本身即是目的、自治与自决系人性尊严之核心内涵、人性尊严之权利主体是每个人、人性尊严作为上位原则；[①] 黄桂兴认为，人性尊严概念之本质与内涵包括人的最后目的性、生命权的确保是维护人性尊严的第一要务、人性尊严之平等性。[②] 本书认为，人性尊严的本质是对人性尊严之内涵和外延的高度概括，而内涵则是指人性尊严的内容。从前述正面之定义，人性尊严是人作为主体进行自我实现之权利，按反面之定义，人性尊严又指人排除被作为客体之权利，亦即防止侵害人"自我实现"，根据霍夫曼的"社会承认说"，人性尊严又是指社会全体成员应对他人之"自我实现"予以尊重。据此，人性尊严的本质是"自我实现"。该观点在台湾地区亦有学者主张。台湾学者许育典在其撰写的宪法学教材中，没有使用"人性尊严"一词，而是直接以"自我实现"代替之。

　　"自我实现"作为一个概念，其哲学上的源头在黑格尔的"自我""自我意识"与"自我形成"的思想。[③] 从哲学、伦理学、心理学上而言，"自我实现"系指：人本身若能依其所希望的自我本性与真实性（由其内心对自己的了解发出的讯息）去发展，而非单纯只为符合外在世界的一般要求而配合，人将会逐渐发现原始的生命性向，而自发本能地去喜悦追求自己的人格开展。[④] 简而言之，"自我实现"的目标是型塑一个完全根据自我内心世界发展的人，而非是根据外在世界的标准而形成的人。因此，从哲学、伦理学、心理学意义上而言，"自我实现"，实际上是完全克服"物化"的人。按照许育典的观点，"自我实现"包括两个要素，

[①] 李震山：《人性尊严之宪法意义》，载李震山：《人性尊严与人权保障》，元照出版有限公司2001年，第10页至第18页。
[②] 黄桂兴：《浅论行政法上的人性尊严理论》，载城仲模：《行政法之一般法律原则》（一），三民书局1994年版，第13页至第14页。
[③] 许育典：《宪法》，元照出版有限公司2006年版，第96页。
[④] 许育典：《宪法》，元照出版有限公司2006年版，第97页。

第一部分　人格尊严

一个是"自我开展"，另一个是"自由"的"自我开展"，也就是对是否与如何自我开展的"自我决定"。此两项要素被许育典认为是"自我实现"的两项本质要素。① 至于"自我实现"与基本权利体系的关系，许育典认为，台湾地区现行"宪法"第 22 条"凡人民之其他自由及权利，不妨害社会秩序公共利益者，均受宪法之保障"一句，为台湾地区基本权利体系的概念条款，宣示了台湾地区现行"宪法"基本权利清单的"示例性"。由此，许育典形成了台湾地区基本权利体系的形成脉络：第 22 条规定之"一般基本权利"为"自我实现"的具体化，而其余明确罗列的基本权利条款又为第 22 条"一般基本权利"的具体化。② 由此，许育典认为，台湾地区现行"宪法"系以"自我实现"为核心，形成了一个基本权利规范体系，这个体系呈现着一个具体化的等级结果。而那些被明确罗列的基本权利，都是因经由经验判断，必须予以特别保护的基本权利。③

许育典的上述论述，乃是从霍夫曼所谓"实质的""先在的"观念去界定自我实现。许育典将多元社会作为"自我实现"的社会基础。④ 但是，社会的多元不等于社会的零散化，按照霍夫曼的"社会承认说"，即便是高度多元的社会，人依然是一个"社会的人"，必须通过他人的承认，以获得存在的依据和价值。因此，在现代社会，许育典建筑于完全抽象的"个体人"论的"自我实现"理论是不存在的。人在一个以"承认"为特征的社会中，唯有经由人与人彼此间关系互动，才能得到人性尊严与价值实现与满足。⑤ 因此，固然可以从仅仅强调人之个体性的哲学、伦理学、心理学上理解"自我实现"，也应从强调人之社会性的社会

---

① 许育典：《宪法》，元照出版有限公司 2006 年版，第 97 页。
② 许育典：《宪法》，元照出版有限公司 2006 年版，第 101 页。
③ 许育典：《宪法》，元照出版有限公司 2006 年版，第 101 页。
④ 许育典：《宪法》，元照出版有限公司 2006 年版，第 97 页。
⑤ 陈慈阳：《宪法学》，元照出版有限公司 2004 年版，第 475 页。

学、法学上对"自我实现"作更为深刻地理解。许育典并非没有对具有社会性的"自我实现"作出论述，但他将此种社会性的"自我实现"视为对"人格的自由开展"的限制，包括他人的权利、"合宪"的秩序和道德法则三项。许育典认为，这些对自我实现所作的限制，也是为了社会上最大多数人的自我实现。[1] 本书认为，前述三项自非构成对"自我实现"之限制，而其本身毋宁为"自我实现"之消极构成要件，亦即凡侵害他人的权利、违反"合宪"的秩序以及抵触道德法则的"自我实现"，不属于"自我实现"之范围。

"自我实现"显系一具有理论意味的概念，要成为法律上的概念，尚需经过法规范的处理。人性尊严系"自我实现"在规范意义上的体现，亦即人性尊严为规范化的"自我实现"。由此，并不难理解台湾地区现行"宪法"第22条。按台湾地区现行"宪法"第22条虽被许育典认为系属"一般基本权利"，但由本条仅能推导出"其他自由及权利"，而无法从"其他"推及"一般"。因此，多数台湾学者并不认为该条系人性尊严之法源，而谓之为"未列举基本权利"之法源。另外，台湾地区现行"宪法"第22条对"自我实现"的理解，又不是基于对人之个体性的理解，而是基于对人之社会性的理解，因其谓"其他自由及权利"，只有在"不妨害社会秩序公共利益"的情况下，才受"宪法"保障。由此，又回到"基本知识"部分的讨论，人性尊严要么从明白写在规范文本上的语句推知，要么仅能将其视为所有基本权利抽象出一般共性，统合而成的整体。因此，对于人性尊严的规范化方式，难以从宪法解释学中曲折推知。

关于人性尊严的功能，由"自我实现"的"自我开展"和"自我决定"两项本质要素中，似乎只能将人性尊严的功能确定为消极的防御功能。但，无论从人性尊严自身的价值性以及德国联邦宪法法院的判决，人

---

[1] 许育典：《文化宪法与文化国》，元照出版有限公司2006年版，第9页至第10页。

性尊严亦具有型塑客观秩序的功能。人性尊严的客观秩序型塑功能主要体现在两个方面。第一，人性尊严构成整个法秩序之"价值判断之原则性规范"，拘束立法机关、行政机关和司法机关。第二，人性尊严的效力不限于公权力与私人之间，而且及于私人与私人之间。由此产生的一个问题是，对人性尊严的保障，是否存在界限，亦即是对人性尊严施以绝对保障，不允许对人性尊严加以限制，还是应在符合特定条件时，允许对人性尊严施以限制？李震山对此问题提出两重二元化的理论加以解答。李震山的第一重二元化，系指"剥夺"和"限制"的二元化。李震山认为，人性尊严作为基本权利与其他类型化之基本权利一样，并非不可限制，但是不能剥夺，其限制除应依法律外，最主要的，不能限制其重要（核心）内容，否则将有违立法比例原则。[1] 第二重二元化，系指"行为"与"内心"的二元化。李震山认为，对于有意识、能思考者的自决自治权，不论在私人领域或公共共同意见形成中，给予绝对尊重。[2] 按照李震山的第二重二元化，即便对于"行为"层面的"人性尊严"予以限制，也不得对"内心"层面的"人性尊严"予以任何限制。李震山的两重二元化理论基本上具有一定操作性，唯需讨论者，在于李震山将人性尊严作为基本权利之一种，而非被具体化之基本权利的上位概念。正是李震山对人性尊严的此一定位，才会出现"人性尊严之核心"的说法。按照本书观点，人性尊严本已为各被具体化之基本权利的核心，若对各被具体化之基本权利的限制，以其核心（包括人性尊严）为界限，[3] 那么，又如何在人性尊严中辟出一片"核心"呢？因此，李震山的第一重二元化难以成立。本书认为，与其讨论是否可以对人性尊严加以限制的问题，不如将讨论的重

---

[1] 李震山：《人性尊严之宪法意义》，载李震山：《人性尊严与人权保障》，元照出版有限公司2001年，第22页。

[2] 李震山：《人性尊严之宪法意义》，载李震山：《人性尊严与人权保障》，元照出版有限公司2001年，第22页。

[3] 陈慈阳：《宪法学》，元照出版有限公司2004年版，第456页。

点放置于判断侵犯人性尊严的标准上。一旦某行为符合侵犯人性尊严之标准,自然产生对人性尊严加以保障的问题,而不必去执拗于到底是否应对人性尊严加以限制等问题。实际上,德国联邦宪法法院正是按此思路,提出了"物体公式",Dürig 也认为,人性尊严的意义在于不允许基本权利之享有主体成为公权力行为支配的客体,从另一侧面言之,即一当基本权利主体成为公权力行为支配之客体时,人性尊严即遭侵害。综合以上观点:侵犯人性尊严的标准可以界定为否定人作为主体的价值,而将人作为行为的客体。由于人性尊严的客观秩序性格,这里的行为不仅指公权力行为,亦包括私行为在内。

至于本案,多数"大法官"在"解释文"和"解释理由书"提出"人格尊严"一词,并直截了当地指出:"人格尊严之维护与人身安全之确保……为……保障人民自由权利之基本理念。"其后,多数"大法官"分三步推演,对本案作成了解释。

第一步:多数"大法官"提出防止家庭暴力之原因。多数"大法官"认为,由于在婚姻中"配偶应互相协力保持其共同生活之圆满",因此,"防止家庭暴力之发生,不仅为维系婚姻所必要,亦为社会大众所期待"。多数"大法官"立基于上述原因,肯定"民法"第1052条第1项第3款规定的意旨,在于维系夫妻任何一方之人格尊严与人身自由,重申"若一方受他方不堪同居之虐待,夫妻继续共同生活之目的,已无可期待,自应许其诉请离婚"。多数"大法官"并对"不堪同居之虐待"进行说明。按多数"大法官"意见,对"不堪同居之虐待"的界定,"应就具体事件,衡量夫妻之一方受他方虐待所受侵害之严重性,斟酌当事人之教育程度、社会地位及其他情事,是否已危及婚姻关系之维系以为断"。

第二步:多数"大法官"提出在婚姻关系中,家庭暴力至何种程度为侵害"人格尊严"的标准。多数"大法官"认为,"若受他方虐待已逾越夫妻通常所能忍受之程度而有侵害人格尊严与人身安全者,即不得谓非受不堪同居之虐待"。结合上述观点以及对"不堪同居之虐待"的界定,多数"大法官"对何种程度的家庭暴力为侵害"人格尊严"的认定,在于考察他方之虐待是否已经逾越夫妻通常所能忍受之程度,而该"逾越"与否的判断,则应"衡量夫妻之一方受他方虐待所受侵害之严重性,斟酌当事人之教育程度、社会地位及其他情事,是否已危及婚姻关系之维系以为断"等。

第三步:多数"大法官"依据第二步所形成的标准,对"最高法院二十三年上字第四五五四号判例"是否侵犯"人格尊严"进行解释。多数"大法官"认为,"最高法院二十三年上字第四五五四号判例"的目的,在于说明"因一方之行为不检而他方一时忿激,致有过当之行为",非当然构成"不堪同居之虐待"之要件。因上述判例有"不得即谓",系提请法官对此情况应谨慎处理,而非立即将其判断成"不堪同居之虐待",同理,亦不能立即作成排除"不堪同居之虐待"的判断。[①] 因此,多数"大法官"否定声请人之意见,认为"此判例并非承认他方有惩戒行为不检一方之权利",并引据上述第二步形成之标准,提出"若一方受他方虐待已逾夫妻通常所能忍受之程度而有侵害人格尊严与人身安全之情形,仍不得谓非受不堪同居之虐待"。

至此,多数"大法官"完成了论证,认为"最高法院二十三年上字第四五五四号判例"对于过当之行为逾越婚姻关系之存续所能忍受之范围部分,并未排除"民法"第1052条第1项第3款规定之适用。

林永谋赞同多数意见,但认为多数意见未对"民法"规定之本身作出详细阐述,因而提出"协同意见书"。因与本案无关,本书不予过多评价。苏俊雄在"协同(含部分不同)意见书"中,虽同意多数"大法官"运用"人格尊严"解释本案,但不同意多数"大法官"提出判断

---

① 王晓丹:《法律叙事的女性主义法学分析》,《政大法学评论》2008年第106期。

"人格尊严"是否受到侵害的标准。苏俊雄认为,多数"大法官"提出的标准,"就一般人格权及婚姻之合理保障而言,固值赞同;惟一时忿激之过当行为,若已达侵害'人性尊严'之程度,而有否定自由之人格或威胁健康与生命之情形,即为宪法秩序所不容许,法院应适用'人性尊严绝对性保障原则',直接认定其为'不堪同居之虐待'"。苏俊雄的理由有三:第一,人性尊严不可侵犯,乃是"先于公权力"之自然法的固有法理,而普遍为现代宪法所确认;第二,人性尊严之权利概念及其不可侵犯性,有要求公权力保护与尊重之地位,为维系个人生命及自由发展人格不可或缺之权利,因此是一种法律须"绝对保护之基本人权";第三,本案所涉之判例未反映公权力绝对保护之原则,因而与人性尊严之意旨不符。由此可见,苏俊雄的意见与多数"大法官"的意见实质上相同,都依循确定侵害人性尊严标准的思路,只不过苏俊雄具体地区分了"一般人格权及人身安全之保障"与"人性尊严",而多数意见则提出了一个具有可操作性的标准。因此,苏俊雄并未否定多数意见,而仅是要求多数"大法官"于"解释理由书"中作更加详细之说明。比较激烈的反对意见来自戴东雄、施文森联合提出的"部分不同意见书"。在该"部分不同意见书"中,戴东雄、施文森认为,多数意见尚不足以阐扬维护人性尊严与确保人身安全为台湾地区现行"宪法"保障人民自由权利之基本理念,并主张基于保护人性尊严及人身安全的考虑,废止"最高法院二十三年上字第四五五四号判例",而改为"一有该判例所称之过当行为时,应即谓不堪同居之虐待"。显而易见,戴东雄、施文森对"人性尊严"的讨论,已经从确定侵犯人性尊严的标准,转到是否可以限制人性尊严上。

【延伸思考】

"释字第 372 号解释"虽被多数台湾学者认为是台湾地区"人性尊严"之法源,但多数"大法官"并未提出比较系统化之"人性尊严"的概念，而毋宁是借助解释，将"人性尊严"作为一个抽象的、脸谱化的概念提出，甚至连"人性尊严"一词都是闪烁出现，而代之以"人格尊严"，且将"人格尊严"与"人身自由"并列为"保障人民自由权利之基本理念"，实在令人怀疑"释字第372号解释"作为台湾地区"人性尊严"法源是否可靠。除此以外，"释字第372号解释"并非无其他值得讨论之处。

第一，人性尊严在台湾地区的法源问题。虽然多数台湾学者将"释字第372号解释"作为"人性尊严"在台湾地区的法源，但"大法官"在作成"释字第372号解释"时并未径直提出"人性尊严"的概念，而是引用台湾地区"宪法增修条文"第9条第5项："……应维护妇女之人格尊严，保障妇女之人身安全……"一句，甚至引用《世界人权宣言》以作支撑。正是因为对台湾地区"宪法增修条文"第9条第5项的引用，使得多数"大法官"未能直接提出"人性尊严"一词，而以"人格尊严"代替之。苏俊雄在其"协同（部分不同）意见书"中，也引用《世界人权宣言》前言第一句作为支撑维护人性尊严的依据。多数"大法官"及苏俊雄的做法，与许育典从台湾地区现行"宪法"第22条中导引出"人性尊严"有着较大差别。两种推导"人性尊严"的方法有何不同？哪种更具说服力？尤其是台湾学者俨然将《世界人权宣言》所载内容当作普遍性共识，该观点是否站得住脚？这些问题都值得进一步探讨。

第二，多数"大法官"毕竟未完整地提出"人性尊严"一词，而是以"人格尊严"代替之，还加上"人身自由"一句，因此，"人性尊严"与"人格尊严""人身自由"等概念到底关系为何？苏俊雄又提出"人性尊严"与"一般之人格权"有所不同，该"一般之人格权"又指为何？应作如何区分？是否意味着达到标准之侵害为侵害"人性尊严"，未达到侵害人性尊严之侵害为侵害"一般之人格权"？依此逻辑，苏俊雄所谓"绝对保护之基本权利"又意指为何？上述几个概念的辨析，值得再作深入思考。

第三，虽然霍夫曼的"社会承认"说使"人"从抽象的人、个体的人转化为具体的人、社会的人，但人是有性别的，这里的人具体指"男人"，还是"女人"，抑或是包括"男人""女人"在内的"人"，是一个非常有趣的问题。台湾学者王晓丹通过对大量案例的总结，认为"释字第372号解释"并没有较好地保障女性的基本权利，因而是一个体现男性特征的解释。[①] 按照一般理解，"人性尊严"中的"人"，显然既包括男人，也包括女人。但是，在实践中，这一抽象的指涉，往往被实践的偏见所取代。如何使"人性尊严"及于所有性别？保证法律在维护"人性尊严"上"中性"？值得讨论。当然，这一问题的论域更多落在平等原则领域，"人性尊严"更多的是要借助平等原则的讨论结果，充实其理论架构。

尽管有上述值得继续思考之处，但"释字第372号解释"在台湾地区的地位是不容忽视的。台湾地区理论界和实务界都借助"释字第372号解释"提供的规范资源，构建起了台湾地区"人性尊严"的理论体系和实践体系。

[①] 王晓丹：《法律叙事的女性主义法学分析》，《政大法学评论》2008年第106期。

第二部分　平等权

案例11　梁秋蓉诉孙德宝案

解释号："释字第365号解释"

知识点：男女平等

【案情要览】

本案声请人梁秋蓉与孙德宝系夫妻，1991年2月，声请人被孙德宝驱赶离家，同年3月，又将两人所生之次子交与声请人抚养，又通过提起履行同居义务之诉的办法，试图与声请人离婚，但未遂。1993年5月21日，孙德宝向台湾地区台北地方法院提交交付子女之诉，其依据为台湾地区"民法"第1089条规定之"父母对子女权利之行使意见不一致时，由父行使之"。台北地方法院依据此条作成对声请人不利之判决，声请人上诉至台湾"高等法院"及"最高法院"，均因该条而告败诉，遂以"民法"1089条违反台湾地区现行"宪法"第7条有关男女平等原则为由，申请"大法官解释"。本案为"大法官"所为之并案处理。另一声请人张配君系因同样理由声请"大法官解释"，而且经谢启大等147名"立法委员"提案，台湾地区"立法院"亦以同样理由要求"大法官"对"民法"第1089条是否"违宪"进行解释。

【基本知识】

平等，是人类永恒的价值追求，也是宪法所保障的基本权利。亚里士多德曾经提出"等者等之，不等者不等之"的著名公式，为后人厘清平等的含义作了最好的注释。法国大革命所提出的自由、平等、博爱成为人类所共同认可的基本价值。对于平等的概念，台湾学者有着两种分类，一为形式意义上的平等和实质意义上的平等的分类，二为法律适用上的平等和法律制定上的平等的分类。

对于第一种分类，形式意义的平等，源自平等最为传统的概念，即"法律面前、人人平等"，[①] 其意指公权力机关必须依法对相对人予以平等对待，不得因相对人个体差异而产生不同对待。形式意义的平等，没有注意到人与人之间的差别，而强求法律对待具有差异之个体时采取同一态度，因而虽出自平等的动机，但会因此导致不平等的结果。因此，台湾学者更加重视实质意义上的平等概念。实质意义上的平等，系指具有正当性、为法律所允许的差别对待。[②] 该概念为台湾地区"大法官解释"所肯定。"释字第485号解释"对实质意义上之平等的阐释，已经成为台湾地区有关平等概念的经典之作。根据"释字第485号解释"，"宪法第7条平等原则并非指绝对、机械之形式上平等，而系保障人民在法律上地位之实质平等，立法机关基于宪法之价值体系及立法目的，自得斟酌规范事物性质之差异而为合理之区别对待"。[③] 按照该解释之意旨，所谓"实质意义上的平等"，并非要求法律对一切人采取相同之对待，而是允许法律依不同情况在对待不同人群的方式上有所区别，唯该区别应为合理。

对于第二种分类，法律适用上的平等，系指在适用法律上必须要为同

[①] 陈新民：《德国公法学基础理论》（下册），山东人民出版社2001年版，第671页。
[②] 吴庚：《宪法的解释与适用》，三民书局2004年版，第182页。
[③] "释字第485号解释""解释文"。

等对待,而法律制定上的平等,系指立法者在制定法律时,应遵守平等原则的要求,也就是禁止在没有任何正当合理理由下,对任何人为歧视之立法。① 法律适用上的平等主要拘束行政与司法,拘束方式为执行法律之机关——行政及司法机关,不能因该法律所规范对象的不同,而对不同对象采取不同的标准。② 法律制定上的平等主要拘束立法机关,拘束方式为要求立法者必须依照"相同的事件、相同的规范,不同的事件、不同的规范"原则,对人民在相同事件时为平等对待,在不同事件时,为合理之差别对待。

比较上述两种分类可知,形式意义上的平等虽有其偏颇之处,但并非没有可取的地方。若将形式意义上的平等,仅与法律适用的平等进行关联,亦即一旦规范形成,则执行法律之机关应对相对人予以平等对待,不得因相对人个体差异而产生不同对待,则该形式意义上的平等自然可以成立。另,实质意义上的平等与法律制定上的平等,无论在拘束对象、具体含义上都具有高度重叠之处,因而实质意义上的平等虽在政治哲学上仍有其他含义,但在宪法学领域,应主要适用于法律制定上的平等。由此,"形式意义上的平等——法律适用的平等""实质意义上的平等——法律制定的平等"两对对应关系,可以成立。

台湾学者对于平等,还有另一最爱讨论之问题,即平等到底是权利、还是原则。对于此久为人知的问题,③ 学者观点主要有三种。第一,认为平等乃是一种权利,即平等权。作为一项权利,平等权具有主观权利的功能,包括作为防御权抵御公权力的不平等对待,作为受益权要求公权力给予平等对待。④ 第二,认为平等乃是一种原则,即平等原则。该观点来自于耶令内克的"反射效力"说。根据该说,"平等单从其形式而言,非能

---

① 陈慈阳:《宪法学》,元照出版有限公司2004年版,第487页。
② 陈新民:《德国公法学基础理论》(下册),山东人民出版社2001年版,第671页。
③ 李建良:《经济管制的平等思维》,《政大法学评论》2008年第102期。
④ 许育典:《宪法》,元照出版有限公司2006年版,第174页至第178页。

成为个人请求权的内容","平等为客观之法,其对于个人权利领域的效力,仅是一种反射效力"。① 根据该说,平等主要拘束公权力,由公权力机关于立法、执法、司法活动中遵守,相对人不得单纯以"保障平等权"为由要求公权力机关停止侵害或给予给付,而应以"保障平等的××权"为请求格式。当然,越来越多的学者主张第三种"融合说",亦即平等既是一项权利,又是一项原则。根据该"融合说",学者大多主张平等既具有主观权利的功能,又具有客观规范的功能。目前,融合说为台湾地区学界通说。本书同意台湾学者的通说,将平等以"平等权"谓之。

台湾地区平等权的直接法源是台湾地区现行"宪法"第7条,根据该条规定:"……人民,无分男女、宗教、种族、阶级、党派,在法律上一律平等。"根据台湾学者的论述,台湾地区现行"宪法"上的平等,主要在于取消人的不平等,而尽可能求取每个人在立足点上的平等。② "大法官解释"为平等权在台湾地区的另一重要法源。平等权案件为"大法官解释"的重点案件,"大法官"在解释中,发展出了一套有关平等权含义、范围、判断方式、审查密度的理论。

至于本案,台湾地区"民法"第1089条公然以"夫权"对抗男女平等,显有违反台湾地区现行"宪法"第7条之疑义,但该对男女施以不平等对待是否为合理,为本案争点所在。

【解释要点】

"大法官"针对本案作成"释字第365号解释",认定"民法"第1089条违反男女平等,并要求台湾地区"立法院"自解释公布之日起两年内予以检讨修正。"大法官"在"释字第365号解释"中发展出了判断因性别差异给予不同对待是否合理的标准,成为台湾地区有关男女平等保

---

① 李建良:《经济管制的平等思维》,《政大法学评论》2008年第102期。
② 法治斌、董保城:《宪法新论》,元照出版有限公司2005年版,第243页。

护的一个指标性解释。

根据"解释文"和"解释理由书":"大法官"认为,根据台湾地区现行"宪法"第 7 条和"宪法增修条文"第 9 条之规定,"……人民,无分男女、宗教、种族、阶级、党派,在法律上一律平等","应维护妇女之人格尊严,保障妇女之人身安全,消除性别歧视,促进两性地位之实质平等",而"由一男一女成立之婚姻关系,以及因婚姻而产生父母子女共同生活之家庭,亦有上述宪法规定之适用"。但上述所谓平等,并非形式意义之平等。"大法官"认为:男女之间"因性别而为之差别规定仅于特殊例外之情形,方为宪法之所许,而此种特殊例外之情形,必须基于男女生理上之差异或因此差异所生之社会生活功能角色上之不同,始足相当"。由此,"大法官"提出,"民法"第 1089 条之规定系制定于 1930 年,有其传统文化习俗及当时社会环境之原因,后因时际变迁,男女就业情况改变,妇女从事各种行业之机会,与男性几无轩轾。据此,"大法官"认为,"民法"第 1089 条的适用条件已不复存在。具体而言:由父行使之规定,其适用之结果,若父母双方能互相忍让,固无碍于父母之平等行使亲权,否则,形成争议时,未能兼顾母之立场,而授予父最后决定权,自与男女平等原则相违,亦与当前妇女于家庭生活中实际享有之地位并不相称。

最后,"大法官"认定"民法"第 1089 条违反平等原则,"立法"机关应尽速检讨修正。"大法官"最后还提出了对检讨修正方向的意见:"就此问题,应基于两性平等原则及兼顾未成年子女之最佳利益,规定其解决途径,诸如父母协调不成时,将最后决定权委诸最近尊亲属或亲属会议或由家事法庭裁判,而遇有急迫情况时,亦宜考虑与正常情形不同之安排。"

【理论评析】

"释字第 365 号解释"既为台湾地区有关男女平等保护之指标性案例,自应有其得为指标之处。查"释字第 365 号解释"之"解释理由书",提出判断因性别差异给予不同对待是否合理的标准是"释字第365号解释"的最大贡献之处。在"理论评析"部分,将对该标准及其所涉问题进行探讨。

男性和女性为构成人之两性,本应为平等关系。但,由于人类历史发展的机缘以及男女在生理结构、个性发展上的差异,男女之间存在严重的不平等。对于消除男女间存在之不平等,一般并无异议,但对于如何消除男女间的不平等,则存在两种不同的观点:第一种观点认为男女平等就是消除男女之间因性别产生的界限,实现男女完全平等;第二种观点认为第一种观点没有看到男女之间实际存在的差异,而概以"完全平等"论之,反而会因男女之间存在的差异导致男女之间实际上的不平等,因此,不仅要消除对男女之间不合理的差别对待,而且还要对女性施以优惠性差别对待。除部门自由主义女性主义者持前述否定优惠性差别对待外,肯定优惠性差别待遇已经至少成为法律界的共识。根据台湾学者雷文玫的整理,肯定优惠性差别待遇的原因以及对于优惠性差别待遇的可能具体策略,主要有四种学说:[①]

第一种学说:特权说。该说认为,男女在社会处境上的差异,均是源自男女之生理差异,平等要求"相同",而女性与男性既有不同,则社会应该为女性的特殊需求提供特殊保障。按照特权说,法律不仅应对男女之间施以不同对待,而且应在不同群体的女性间施以不同对待。如家庭主妇需要的是年老丧偶后的生活保障,职业妇女更加需要平等工作的权利以及在工作场所被平等对待的权利,有副业的家庭主妇则介于两者之间。第二种学说:适应说。该说认为,社会固然应基于女性生育特质所需,提供适当的保障,但对于其生涯规划与技能等社会制约发展出来的差异,则不须提供额外保障。第三种学说:使能说。该说不但拒绝将优惠性差别待遇仅

[①] 以下整理,参见雷文玫:《性别平等的违宪审查》,载李建良、简资修:《宪法解释之理论与实务》(第二辑),"中央研究院"中山人文社会科学研究所2000年版。

限于生理上、或与之相关之差异,而且反对强调女性特质之理论。根据使能说的代表性人物 MacKinnon 的观点,只要是造成性别间不平等的结果,不管它的根源是基于男女之生理差异还是基于社会差异,法律均必须消弭这种不平等。第四种学说:容纳说。该说实际上是前述三说的综合。主张该说的学者认为,无论男女间之差异是源自生理或社会制约,也不管这种差异是"因为社会认知而存在",还是"真实存在",任何差异都不应该使得男性或女性在现实上处于不平等的处境。

考察上述四种理论,虽在说理部分有着各自的特点,但就结果部分而言,所采取之方法乃是将男女之间差异的原因,按因生理原因产生之差异(简称"生理差异")与因社会原因产生之差异(简称"社会差异")分为两类。特权说和容纳说认为应理性看待男女之间的差异,同时允许一部分差异的存在,亦即在两个领域都采取实质平等的态度。适应说则将男女之间的差异仅限于生理差异领域,对于社会差异部分则认为不应由法律提供额外保障,亦即在生理差异领域采取实质平等的态度,在社会差异部分采取形式平等的态度。使能说则仅强调男女间有"差异"的结果,而忽略造成"差异"的原因,因而使能说也是主张实质平等。

至于本案,"大法官"在"释字第 365 号解释"中提出对男女施以差异对待的标准,提出了台湾地区判断因性别差异给予不同对待是否合理的标准。"大法官"对此标准的提出以及本案的解释,共分三步推演。

第一步:"大法官"引据台湾地区现行"宪法"第 7 条和"宪法增修条文"第 9 条第 5 项,肯定男女平等在台湾地区应受保障。尤其是围绕本案案情,认定在婚姻关系中,应适用上述平等条款。"大法官"通过上述论述,将本案纳入平等权的适用范围,亦即将平等权作为本案的审查基准。[①]

[①] 台湾地区所言之"审查基准",不同于美国宪法上的"双重基准",并非是依据案件性质而形成的宽严不同的尺度,而是指被审查对象的上位法规范。而美国"双重基准"的概念,大约相当于"审查密度"。参见吴庚:《宪法的解释与适用》,三民书局 2004 年版,第 399 页至第 403 页。

第二步:"大法官"对男女平等中平等权的意涵进行了说明,并提出判断因性别差异给予不同对待是否合理的标准。"大法官"认为,经第一步所形成之平等权,"因性别而为之差别规定仅于特殊例外之情形",方为台湾地区现行"宪法"所许。据此,"大法官"将男女平等界定为实质平等,肯定因男女之性别差异给予区别对待。问题的关键是这种差异的标准为何。"大法官"紧接着提出:"而此种特殊例外之情形,必须基于男女生理上之差异或因此差异所生之社会生活功能角色上之不同,始足相当。"至此,"大法官"提出了判断因性别差异给予不同对待是否合理的标准。对此标准,可按以下两层含义进行理解。第一,"大法官"基本上肯定特权说和容纳说,但吸取了部分适应说的观点,认为对男女作不同对待的原因主要在于生理差异以及由生理差异产生之社会生活功能角色上之不同。对于此标准,"大法官"一方面肯定特权说和容纳说,将生理差异和社会差异同作为对男女施以不同对待的原因,但又吸取适应说的观点,将上述社会差异仅限于因生理差异而产生之社会差异,而不包括其他非因生理差异产生之社会差异。第二,"大法官"特别提出"始足相当"一句,据此,即便考量生理差异以及由生理差异而产生之社会差异,对男女施以不同对待仍须经过比例原则的检验。

第三步:"大法官"用上述标准分析"民法"第1089条,认定该条因违反平等原则而无效。"大法官"认为:制定"民法"第1089条时,妇女在教育、就业上与男子有较大区别,因而规定"夫权"制度,但随着时间发展,妇女在教育、就业上与男子已无区别,"民法"第1089条之适用条件已不存在。因此,"民法"第1089条非属"因生理差异以及由生理差异而产生之社会差异"所导致的差别对待。"大法官"还对"民法"第1089条的具体情形进行了说明。"大法官"认为,按"民法"第1089条,由父行使之规定,其适用之结果,若父母双方能互相忍让,固无碍于父母之平等行使亲权,否则,形成争议时,未能兼顾母之立场,而授予父最后决定权,自与男女平等原则相违,亦与当前妇女于家庭生活中实际享有之地位并不相称。

至此,"大法官"完成了论证,要求"立法"机关根据解释意旨对"民法"第1089条作检讨修正。

【延伸思考】

"释字第365号解释"为台湾地区第一个针对男女平等作出的解释,该解释亦成为台湾地区保障男女平等的经典案例。"大法官"在本号解释中所形成之"男女生理上之差异或因此差异所生之社会生活功能角色上之不同",成为台湾地区保障男女平等的重要标准。此后台湾地区多号有关男女平等之解释,均以该标准为基础作成。但"释字第365号解释"并非没有值得继续思考之处。

第一,考察"解释理由书"的表述,"大法官"似乎对"平等"的概念存在错乱。据"解释理由书","大法官"一方面引据台湾地区现行"宪法"第7条以及"宪法增修条文"第9条第5项,肯定男女平等系属"法律"保障之范围,尤其是引据"宪法增修条文"第9条第5项"实质平等"一句,似乎有将男女平等之平等界定为"实质平等"的意涵。但,"大法官"继而又提出:"因性别而为之差别规定仅于特殊例外之情形,方为宪法之所许",考察此句表达,"大法官"又有"男女所具性别生理之差异,原则上不得作为法律上差别对待之基础"[①] 的意涵在其中。因此,"大法官"所建构的男女平等,实际上是"以形式平等为原则、以实质平等为例外",事实上,"大法官"也是基于该男女平等,认定"民法"第1089条违反平等原则。由此可见,"大法官"在引据规范与自身的分析部分存在冲突,男女平等到底是形式平等,还是实质平等,"大法官"

---

① 李念祖:《人权保障的内容》(下),三民书局2006年版,第392页。

并未在"释字第365号解释"作出进一步说明,值得进一步思考。

第二,"大法官"所形成之标准实为以生理差异为核心的标准,所谓社会差异,实为因生理差异所产生之社会差异。但按女性主义之观点,男女性别差异皆因生理差异而起,包括社会差异在内。[①] 因此,所谓"因生理差异所产生之社会差异",实际上只存在该社会差异与生理差异之联系程度为何。从"大法官"在"释字第365号解释"的态度可知,"大法官"显然认为该"社会差异"应与生理差异有着直接的联系。但是,"大法官"并未在解释中给出判断生理差异与社会差异联系程度的标准。另外,"大法官"并未直接使用"社会差异"一词,而是用"社会生活功能角色上之不同",两者是否同意?抑或后者实质上限缩了前者的范围?这些问题都涉及"大法官"形成之标准是否具有操作性的问题,值得深思。

第三,"释字第365号解释"不仅针对男女平等提出判断因性别差异给予不同对待是否合理的标准,而且还通过"始足相当"一句,提出比例原则之审查。在审查平等权的案件中,是否有比例原则的适用余地?比例原则的四项子原则(按本书观点,详见案例4)如何依次在对平等权的审查中依次展开?并非没有讨论的余地。当然,本书将在后续案件中做进一步的探讨。

除此以外,"释字第365号解释"尚有其他值得探讨之处。如"立法院"在声请"大法官解释"时,并非针对已经制定的"法律",而是针对在"立法"过程中的争议,该声请是否抵触"禁止咨询原则"?"大法官"在本案中,除认定"民法"第1089条违反平等原则外,还对台湾地区"立法院"修"法"提出意见,要求"立法院"按照该意见所揭示的方向修"法",是否又与"大法官解释"的司法性质相抵触?等等。当然,上述问题已与平等权无关,本文不再赘述。

[①] 雷文玫:《性别平等的违宪审查》,载李建良、简资修:《宪法解释之理论与实务》(第二辑),"中央研究院"中山人文社会科学研究所2000年版。

第二部分　平等权

案例 12　王×泉诉高雄市第三信用合作社案

解释号:"释字第 596 号解释"
知识点:身份平等与平等权的审查方法

【案情要览】

本案声请人王×泉 1969 年起在高雄市第三信用合作社(以下简称"三信")工作,2000 年 3 月 30 日因身体不适自愿退休。根据三信人事部门核算,应支付声请人退休金新台币 5437300 元。依照台湾地区"劳动基准法"之规定,劳工退休金应于劳动退休日起一个月内给付声请人,但三信因声请人对其借款债务新台币 16700000 元尚未清偿,因而依"民法"第 334 条之规定,主张与声请人之退休金抵消。经抵消后,声请人已无退休金可以领取。申请人后诉至高雄地方法院,遭不利之判决后诉至台湾高等法院。台湾高等法院在判决书中谓:台湾地区"公务人员退休法"第 14 条规定,"请领退休金之权利,不得扣押、让与或供担保",第 9 条规定,"请领退休金之权利,自退休之次月起,经过五年不行使而消灭",又台湾地区"劳工保险条例"第 29 条规定,"被保险人或其受益人领取各种给付之权利,不得扣押、让与或供担保",足见何种金钱债权不得为扣押或强制执行,"法律"皆有明文规定。因此,申请人不能以"公务人员退休法"第 14 条有"请领退休金之权利,不得扣押、让与或供担保"之规定,即得比附援引,谓劳工请领退休金之权利,亦不得扣押、让与或供担保。另根据台湾地区"劳动基准法"第 56 条第 1 项之规定,"雇主按月提拨之退休准备金,专户储存,不得作为让与、扣押、抵销或供担保",第 58 条规定"劳工请领退休金之权利,自退休之次月起,因五年间不行使而消灭",并未规定"劳工请领退休金之权利,不得扣押、让与或继承",则依法律明示其一即排除其他,法律未规定者,视为有意

143

省略之法理，劳工退休金之请领权，依"劳动基准法"第56条、第58条之规定自得作为强制执行之标的，从而亦得为抵销之标的。申请人对此判决不服，又上诉至台湾地区"最高法院"，仍被裁定驳回，申请"大法官解释"。申请人认为："按公务人员退休金乃维持公务人员退休后基本生活之最重要凭借，则劳工退休金又何尝不是劳工退休后基本生活之凭借。如系认为公务员退休金债权与退休公务人员人格息息相关，一旦请领退休金之权利，得为扣押、让与或供担保之标的，退休金给付之目的即失其意义，惟劳工退休金与劳工人格又何尝可分离？"据此，申请人认为："劳动基准法对劳工退休金请求权，不得让与、扣押或供担保漏未规定，乃属立法疏漏，应依宪法平等原则予以填补。"

【基本知识】

本案所涉基本权利众多：其一，工作权；其二，平等权；其三，财产权；其四，获取社会保障的权利。但据申请人于申请书中之意见，以及"大法官"解释之着力点，仍在于平等权。据台湾地区现行"宪法"第7条之规定，"……人民，无分男女、宗教、种族、阶级、党派，在法律上一律平等"，具有不同身份的人在法律上亦一律平等，此观点已成为通说。但，台湾地区"大法官"经由"释字第485号解释"，对台湾地区现行"宪法"第7条规定之平等权作了偏向实质面的阐述。"释字第485号解释"认为："宪法第七条平等原则并非指绝对、机械之形式上平等，而系保障人民在法律上地位之实质平等，立法机关基于宪法之价值体系及立法目的，自得斟酌规范事物性质之差异而为合理之区别对待。"[1]"释字第485号解释"揭示平等权之内涵，已在案例11中详述，唯该解释还于揭示实质平等内涵之外，还提出判定"法律"是否抵触平等权之方法。据

---

[1] "释字第485号解释"之"解释文"。

"释字第 485 号解释",对平等权之限制,仅得在有"合理"理由时方可为之。由此,平等权问题经由对限制平等权是否合理之判断,转化为一比例原则之适用问题。

在本案中,申请人为不具公务人员身份之劳工,因"法律"对公务人员和劳工规定不一,而在基本权利上受到损害。故本案之争点为:"法律"在退休金的规定上,对公务人员和劳工采区别对待,是否具有"合理"之理由。

【解释要点】

"大法官"针对本案作成"释字第 596 号解释",认定"劳动基准法"第 56 条、第 58 条"系立法者衡量上开性质之差异及其他相关因素所为之不同规定,属立法自由形成之范畴,与宪法第七条平等原则并无抵触"。余雪明提出"协同意见书"一份,廖义男和许宗力、许玉秀各提出"不同意见书"一份。

根据"解释文"和"解释理由书":多数意见认为,台湾地区现行"宪法"第 7 条规定之平等权实为实质之平等,而非形式之平等,因此,"立法机关基于宪法之价值体系及立法目的,自得斟酌规范事物性质之差异而为合理之差别对待"。另据台湾地区现行"宪法"第 153 条第 1 项之规定,为改良劳工之生活,增进其生产技能,"立法"机关应制定保护劳工之"法律",实施保护劳工之政策,惟保护劳工之内容与方式应如何设计,立法者有一定之自由形成空间。"大法官"认为,劳工请领退休金的权利属私法上之债权,应适用台湾地区现行"宪法"第 15 条有关财产权之规定,唯在符合比例原则情况下,方可受到限制。至于公务人员请领退休金之权利,系属保障人民有依"法令"从事于公务暨由此衍生之身份保障、俸给与退休金等权利,而公务人员与公权力机关之间系公法上之职务关系,应适用台湾地区现行"宪法"第 18 条之服公职权。对两者作区别对待,为"立法者权衡公务人员及劳工退休后老年生活之保护必要,以及……资源之合理分配,所为之设计,俾贯彻保护劳工之基本国策以及保障人民之生存权之宪法意旨"。

【理论评析】

多数"大法官"在"释字第596号解释"中建构了一整套平等权的"思维方法",①足资以后平等权案件使用。"释字第485号解释"虽然发展出平等权的实质内涵,但并未提供一套具有可操作性标准的判断方法。根据"释字第485号解释"的意旨,台湾地区现行"宪法"并未主张完全的平等,也没有禁止区别对待,而是要求在为不平等之区别对待时,不得逾越"合理"的标准,亦即平等权保障的重点在于禁止"无正当理由"的差别对待。②

另,根据"等者等之,不等者不等之"的公式,平等权实包括对不同之事物若持相同之对待,亦属侵害平等权。但在通常状况下,有关平等权的讨论,仍集中于"等者等之"部分,"释字第485号解释"及本案均系此公式的作用,因此,本书之理论评析,亦按"等者等之"的公式为之,至于"不等者不等之"部分,可做理论上的类推,因而不再详述。按平等权适用之情形,必然是两个(或多个,下同)事物受到区别之对待,按此适用情况,平等权是否受到保障需经过三步考量:

第一步:判断两个事物之间是否具有可比性。世间万物各有其特征,无一物系完全相同者。按此逻辑,平等权并无附丽之事实基础。由此,所谓"等者"或"相同的事物",仅是相对意义上而言的,并非谓绝对的"等同"。因此,平等权保障中所谓"等者",系应按照"法律"的规范

---

① "平等权的思维方式"一词,源自李建良《经济管制的平等思维》一文。参见李建良:《经济管制的平等思维》,《政大法学评论》2008年第102期。

② 李建良:《经济管制的平等思维》,《政大法学评论》2008年第102期。

意旨与规范事实，经由相互比较而后予以界定。① 而在做该比较之前，应确定两物之间确有可比性。对于"可比性"的理解，可从两个层次上来把握：第一，"可以被纳入比对、掂量，进行同异之辩者，必须属于同一规范体系"，"差别待遇若出于不同的规范系统，基本上不生……平等审查的问题"；② 第二，对事物进行比较时，必须先设立"比较点"或"关联点"，透过"比较点"或"关联点"的比较，梳理出事物之间的共同点。③ 对可比性的判断，使得平等权有其适用的事实基础。

第二步：确认对两个事物"区别对待"的"区别"何在。确认两个事物之间确有可比性之后，平等权方有适用之事实基础。平等权保障的重点在禁止"无正当理由"的差别对待，因此，平等权是否受保障的第二步应是确认对两个事物"区别对待"的"区别"何在。确认"区别"何在时，应注意两点：第一，该"区别"应具有法律判断之意义，而非无法律判断必要之"区别"；第二，该"区别"应与第一步中所设定的"比较点"具有一定程度的关联性。确认两个事物"区别对待"的"区别"何在，是判断是否应依平等权给予保障的关键步骤。

第三步：判断该"区别"是否"合理"，或谓是否具有"正当化"事由。经由以上两步骤，对两个事物的比较形成"虽有符合'比较点'特征之相同，但被施以'区别'对待"的公式，按平等权保障的重点在禁止"区别对待"，最后一个步骤应是判断该"区别"是否"合理"。至此对平等权保障的判断，转化为一个比例原则的适用问题。但，对平等权之保障，与对自由权限制的比例原则适用毕竟有别，除须经目的正当性、手段适合性、手段必要性和限制妥当性的检验外，所谓"合理"还须注意以下两点：第一，对"区别"合理之判断，不仅应如同运用比例原则

---

① 李建良：《经济管制的平等思维》，《政大法学评论》2008年第102期。
② 李建良：《经济管制的平等思维》，《政大法学评论》2008年第102期。
③ 李建良：《经济管制的平等思维》，《政大法学评论》2008年第102期。

检验自由权一般，仅注意对"区别"本身是否合理进行判断，而且应注意该区别与"比较点"之间的联结是否正当，在一定情况下，甚至须考察"比较点"的设定是否正当；第二，对该"区别"之比例原则检验，并非是要求最合理且最合目的的规范，立法者在做区别对待时，享有广泛的形成余地，只要不是形成"恣意"，即应判断为符合比例原则。当然，第二点又涉及"合理"的审查密度问题，本书将在案例13中详述。

经由以上三步，基本上可以判断平等权是否应受保障。在本案中，多数"大法官"的着力点主要在第一步，亦即判断劳动之退休金与公务人员之退休金是否有可比性上。多数"大法官"的推演共分三步。

第一步：多数"大法官"论证，台湾地区现行"宪法"第15条所规定之财产权的适用范围包括私人之间的债权请求权。多数"大法官"认为，"人民于私法上之债权，系宪法第十五条财产权保障之范围"，而"劳工请领退休金之权利，属于私法上之债权，亦为宪法财产权保障之范围"。与此类似的，劳工之雇主或债权人对劳工的债权亦属私法上之债权，同样受财产权之保障。据此，多数"大法官"认为，"劳工之雇主或债权人亦得对劳工请领退休金之权利主张抵销，或依法向法院声请扣押，以实现其债权"，而且认为，如果"劳动基准法"规定有禁止将劳工请领退休金之权利主张抵消、扣押等的话，对于雇主及债权人而言，"则属妨害其私法上债权之实现，限制其受宪法所保障之财产权"。因此，多数"大法官"认为："是否规定劳工请领退休金之权利不得为让与、抵销、扣押或供担保之标的，既然涉及劳工、雇主及其他债权人等财产权行使之限制，自应由立法者依客观之社会经济情势，权衡劳工退休生活之保护与劳工、雇主及其他债权人之财产权行使限制而为规范。"

第二步：多数"大法官"认定，公务人员之退休金请领权属台湾地区现行"宪法"第18条服公职权之衍生权利。多数"大法官"引据"释字第575号解释"，肯定"宪法"第18条之服公职权旨在"保障人民有依法令从事于公务暨由此衍生之身份保障、俸给与退休金等权利",而公权力机关为公法人,其意思及行为系经由充当公权力机关之公务人员为之,公务人员与公权力机关之间系公法上之职务关系,公权力机关对公务人员有给予俸给、退休金等保障其生活之义务,公务人员对公权力机关亦负有忠诚、执行职务等义务。据此,多数"大法官"实际上将公务人员之退休金请领权定性为公权利,而非等同于一般之私权。

第三步:多数"大法官"声言,劳工之退休金请领权与公务人员之退休金请领权性质不同,因而不存在"可比性"。多数"大法官"认为,劳雇关系系人民相互间本诸契约自由而成立,其性质为私法上权利义务关系,公权力机关之所以介入该私权关系,全在于台湾地区现行"宪法"第153条保护劳动之基本"国策"。因此,公务人员与劳工之工作性质、权利义务关系不同,公权力机关在对劳工与公务人员退休生活所为之保护,方法上自亦未尽相同,立法者因而具有对两者退休制度之形成自由,可以根据两者性质之不同,而为不同之选择与设计,不能认为该"不同"违反平等权。

在上述推演中,多数"大法官"实际上设立了"退休金请领权"这一比较点,然后找出两者之不同:对于劳工而言,该"退休金请领权"为私权,受财产权保障,而对于公务人员而言,该"退休金请领权"为公权利,受服公职权保障,两者处于不同的规范体系,不具有可比性,因而难谓违反平等权。据此,多数"大法官"作成对声请人不利之解释。

对于多数意见,四位"大法官"提出"协同或不同意见书"。余雪明同意多数意见之观点,但对多数意见之理由有不同意见。余雪明认为:对公务人员退休金与对劳工退休金之规定,由于两者所处地位并不相同,因而其考虑之因素亦不同,其结果自然难求一致。在对公务人员退休金的设计上,公权力机关是站在雇主对雇员之关系,设计原则在于吸引人才、酬劳人才与留住人才以为所用,其原始设计为恩给制,而对企业主提供劳动退休金而言，则是站在规范者之地位，须考虑劳雇及第三人利害关系之平衡，以免过度干预劳动市场，而只能要求一个最低合理的标准，以达到合理保护劳工之目的。据此，余雪明认为，两者根本缺乏比较之基础，自无适用平等原则之余地。廖义男不同意多数意见，他认为：退休金制度之设计，乃在保障退休人员退休后之生活，使其于不能或不再从事工作以获取薪资收入时，仍有一定之金钱收入，得资为生活之凭借，以确保其生存。故退休金对于退休人员而言，无论其退休前为公务人员或劳工，其作用皆系用以维持退休人员之退休生活而为其生活所必需，其重要性对于退休之公务人员或退休之劳工皆属相同，就此而言，两者并无事物性质之差异。据此，廖义男认为，本案并非没有平等权之适用余地。许宗力和许玉秀在其共同发布的"不同意见书"中提出"平等审查之前提"，亦即"可相提并论性"。许宗力和许玉秀认为：在对本案做审查之前，须先确定设计差别待遇之劳工退休金请求权人与公务员退休金请求权人是否本质上可以相提并论。许宗力和许玉秀认为，两者虽受"立法"之不同处理，但在"对其雇主享有退休金请求权"这一点，可谓两者所共同具有而为他人所无之共同特征，据此认定两者之间有可比性。随后，许宗力和许玉秀运用"体系正义"的观点，认为将公务人员之退休金和劳工之退休金做区别对待，有违"体系正义"。按照许宗力和许玉秀的观点，所谓"体系正义"，系源于"法秩序理应是一个没有内在矛盾的法价值体系，当立法者对某特定事务或生活事实做出某种原则性的基本价值决定后，在后续之立法，即有遵守该基本价值决定之义务，否则将破坏整个法价值秩序体系的一贯性与完整性，也就是体系正义之违反"。但是，许宗力和许玉秀又认为，违反"体系正义"并非绝对违反平等权，还应考察悖理体系正义有无正当理由为断。许宗力和许玉秀认为，本案应作比较严格之平等审查，且退休劳工之保障必要性并不亚于退休公务员。

可以说，以上多数"大法官"以及三组四位"大法官"都意识到了

"可比性"是本案适用平等权条款进行审查的前提，但因三人选取的比较点不同，因而结论截然相反，详见下表所示：

表2 "释字第596号解释"中各方观点的比较

判断主体	比较点	结论
多数"大法官"	退休金请领权	公务员之退休金请领权为公权利，劳工之退休金请领权为私权，两者不具可比性
余雪明	公权力机关在退休金制度设计中的作用	公权力机关在公务员退休金制度中为雇主一方，可按自己意思行事，但在劳工退休金制度中为规范者，必须顾及包括劳工、雇主和第三人在内的利益平衡，两者不具可比性
廖义男	退休金	公务人员之退休金与劳工之退休金作用、重要性和本质相同，具有可比性
许宗力、许玉秀	退休金请求权之人	公务人员和劳工均对其雇主享有退休金请求权，具有可比性

（本表为作者自制）

【延伸思考】

正如本案声请人在声请书中所言："劳工相较于公务人员，其经济地位及各方面所受之保障均远较公务人员弱势，若公务人员之退休金请求权不可扣押、让与或供担保，劳工退休金请求权反而可扣押、让与或供担保，岂非轻重失衡，反乎比例原则，且与立法者为保障劳工权益、加强劳雇关系、促进社会与经济发展而制定劳动基准法之目的相违。""释字第596号解释"对于劳工权利保障的不当作为，引发台湾地区各界，尤其是劳工界的普遍质疑。从学理角度而言，本案所引发的思考亦不止于"释字第596号解释"。

第一，可比性产生的目的是为平等权之适用，提供得以附丽之事实基础，但在实践操作中，对于"比较点"的选择，实质上决定了"可比性"与否，从而决定了平等权的适用与否。考察本案，多数"大法官"和三组四位共计四组"大法官"因选择"比较点"的不同，得出截然不同的结论。因此，在"比较点"的选取上，是否具有一定的标准，抑或是对于"比较点"的选择，是否亦有审查之余地？有趣的是：四组"大法官"均提及"事物本质"或类似词语，但对本案所涉的退休金事物本质认识不一。因此，如何认识"事物本质"在选取"比较点"中的作用，值得深思。

第二，上述判断平等权是否应予保障的三步骤，实际上是将平等权类比为自由权，通过移植对限制自由权措施的审查方式，用比例原则来保障平等权。但，平等权与自由权在性质、作用方式等方面有着诸多不同，上述移植是否合理，值得疑问。台湾地区学者对此问题认识不一。吴庚认为，比例原则与平等、正义等理念本质是相通的，实际上肯定了运用比例原则保障平等权的必要。① 林子仪也在"释字第571号解释"的"协同意见书"中提出："（判断）法律所为之差别待遇系属合理，因而为宪法所容许之差别待遇……亦即该系争立法之目的是否合宪，以及以差别待遇作为手段与目的之达成是否具备一定程度之关联性。"② 但是，德国公法学家Michael Sachs主张，比例原则在平等权上的运用，系就被差别对待的事物的比较，其并不直接涉及"目的—手段关系"，而仅有间接联结。所谓"间接联结"是指被差别对待的事物的差异，对于法律拟追求之目的达成具有意义，其足以正当化法律的差别处理，在事物的差异性足以正当化法律的差别对待时，即无"干预"可言。本书比较赞同Michael Sachs的上述观点，亦即对平等权的保障，乃是对自由权保障的一种前置审查步骤，只有在平等权无虞的情况下，亦即"干预"不因差异性而获正当化时，对"干预"的审查方可开始。台湾地区学者杨仁寿也认为"平等，'无从'亦'无须'涵盖第二十三条之比例原则"。③ 当然，其中所涉问题众多，值得深入思考。

---

① 吴庚：《宪法的解释与适用》，三民书局2004年版，第189页。
② "释字第571号解释"林子仪之"协同意见书"。
③ "释字第571号解释"杨仁寿之"不同意见书"。

在"释字第596号解释"中,"大法官"除依平等权对有关"法律"进行解释外,还涉及基本"国策"作为"法律"法源的问题。三组四位"大法官"亦在作成"协同或不同意见书"中,引用台湾地区现行"宪法"第153条作为支撑其论点的规范依据。如何看待基本"国策"的性质与作用,如何认识基本"国策"对基本权利的保障功能,已超出本案所涉之理论范畴,本书将在后续案例中详述。

案例13 郑×中诉"中央警察大学"案

解释号:"释字第626号解释"

知识点:平等权的审查密度

【案情要览】

本案声请人郑×中于2002年参加"中央警察大学"(以下简称"警大")法律学研究所硕士班入学考试合格,后在复试阶段由警大医务室检验判定为两眼绿色色盲,警大依据其招生简章规定,认定声请人体检不合格,不予录取。声请人遂提出诉愿、再诉愿,并诉至台湾地区"最高行政法院",均遭不利之判决,遂声请"大法官解释"。声请人在声请书中提出:据台湾地区"教育基本法"第4条规定,"人民无分性别、年龄、能力、地域、族群、宗教信仰、政治理念、社经地位及其他条件,接受教育之机会一律平等",因此,除能证明声请人无胜任能力者外,不得单独以生理障碍或缺陷理由,拒绝声请人接受教育、应考、进用或予其他不公平之待遇。声请人还认为,台湾地区现行"宪法"所规定之平等权,系指"相同事件应相同处理,非有合理的正当理由,不得差别待遇",而声请人报考的法律学研究所培养之硕士的发展目标为"法学家""实务家"和"警察之法律顾问",研究生生理条件有色盲或色弱之生理缺陷,与发展目标之间无具体关联,亦无损社会秩序和公共利益。据此,声请人认为，警大之招生简章以及台湾地区"高等行政法院"审理本案时所依据之规范性文件侵害其人性尊严且剥夺声请人受研究所教育权、学习自由权及自我实现权。

【基本知识】

依声请人之声请书，本案所涉法律原则众多，主要有：其一，人性尊严；其二，法律保留原则；其三，比例原则；其四，平等原则；其五，禁止不当联结原则等。"大法官"在作成解释时，主要偏向于阐述以何种审查密度，审查"中央警察大学"以生理障碍或缺陷拒绝声请人入学之行为，是否有违台湾地区现行"宪法"第7条所规定的平等权。

如案例12所述，台湾地区现行"宪法"第7条为平等权提供基本法源，但并未提供平等权之具体内涵。"释字第485号解释"将台湾地区现行"宪法"第7条之平等权界定为实质面的平等，"释字第596号解释"提供一整套平等权的"思维方法"，[①] 但上述两个解释仍遗留一关键问题，即在将平等权转化为"恣意侵害之禁止"的背景下，何以判断对平等权之侵害为"恣意"？此一问题，几成"大法官"解释平等权案件之主要着力点，"大法官"在有关平等权的案件中，或多或少对此问题有所因应。如"释字第179号解释"提出之"合目的性"原则，系指将"差别待遇是否符合立法目的之要求，或者说作为手段的差别待遇与所追求目标间是否有合理关联"，作为违反平等与否之判断标准。[②]"合目的性"原则在其后的"大法官"有关平等权案件的解释中，一度成为主宰"大法官"审查方向的主要基调之一。[③] 尽管有"大法官"以"不同意见书"或"协

---

① 李建良：《经济管制的平等思维》，《政大法学评论》2008年第102期。
② 许宗力：《从大法官解释看平等原则与违宪审查》，载李建良、简资修：《宪法解释之理论与实务》（第二辑），"中央研究院"中山人文社会科学研究所2000年版。
③ 许宗力：《从大法官解释看平等原则与违宪审查》，载李建良、简资修：《宪法解释之理论与实务》（第二辑），"中央研究院"中山人文社会科学研究所2000年版。

同意见书"提出颠覆至少是修补"合目的性"原则之观点,但在"解释文"和"解释理由书"中,"合目的性"原则的主导地位并未被撼动。

然则,"合目的性"并非不存在方法论上之缺陷,即所谓"合理关联"意指为何?如以"合理关联"作为判断"合目的性"之方法,进而作为判断平等权是否受到侵害之判断方法,不仅无法解释"平等""合目的性"等本已高度抽象之概念,反有治丝益棼之感。因此,从方法论上寻求突破,乃是解决判断平等权是否受到侵害的着力点所在。对此,台湾地区学者通过对大量平等权案例的分析与积累,借用德国法上"审查密度"及美国法上"审查基准"之概念,用理论之归纳力和解释力,从而改变判断"恣意"之理论样貌。

审查密度,为德国公法学所用之表述,是指专司违宪审查的机关,在审查侵犯基本权利之行为是否合宪时,所采取的宽严不同的尺度,在美国法语境下又可称为"审查基准""审查标准"。但在德国法的语境中,"审查基准"尚有其他含义,是指审查规范性文件时所参照的上位法或法原则。[1] 因此,为避免概念之混淆,本书使用"审查密度"一词,但在涉及美国法之论述时,亦使用"审查基准"的表述,合先叙明。无论是德国还是美国,审查密度都并非是成文宪法所规定之内容,而是由学者以大量案件为基础所做的经验总结,德国和美国的违宪审查机构有时也会在判决中指出其所用的审查密度(基准)。[2] 根据德国和美国适用审查密度的经验,采取较为严格的审查密度时,受审查标的一般较难通过审查而被判定为"违宪",而采取较为宽松的审查密度时,受审查标的又一般较为容易地通过审查。在更为精细和有审查技术意义的方面,审查密度之选择对于宪法案件的举证责任或说明责任亦有关键之影响。由是观之,审查密度之选择,在相当程度上决定受审查标的之合宪或违宪与否,因此,对审查密

---

[1] 吴庚:《宪法的解释与适用》,三民书局2004年版,第399页。
[2] 吴庚:《宪法的解释与适用》,三民书局2004年版,第408页。

度之体系化，可以起到预测宪法案件结果之效果。对此，许宗力在"释字第578号解释"之"协同意见书"中亦有明文：为避免司法者就相关立法事实存在与否形成心证时，会流于恣意，也同时为提升司法审查的可预测性与可接受度，逐步发展出宽严不同的审查基准，自亦有其必要。①在同一"协同意见书"中，许宗力亦首次提出台湾地区比较完整的审查密度体系，即"三种宽严不同审查基准（密度）"：其一为最宽松审查密度，只要立法者对事实的判断与预测，不具公然、明显的错误，或不构成明显恣意，即予尊重；其二为中度审查密度，则进一步审查立法者的事实判断是否合乎事理、说得过去，因而可以支持；其三为最严格审查密度，司法者对立法者判断就须作具体详尽的深入分析，倘无法确信立法者的判断是正确的，就只能宣告系争手段不符适合原则之要求。②

职是之故，审查密度的提出，使得判断区别对待是否为"恣意"，从判断"区别对待"本身是否为"恣意"，转换成以何审查密度判断"区别对待"为"恣意"，亦即经由审查密度之运用，将区别对待由一本体论问题，转化为认识论问题。至此，对于判断平等权是否受侵害之理论阐述，大可着力于缕清"大法官"对平等权案件之审查密度，以从厘清"恣意""合目的性""合理关联"等"高深莫测"的词汇之含义，向着建构"乱中有序"的审查密度体系转变。③尽管台湾地区"大法官"孜孜以求构建平等权案件之审查密度，但无论在学理上抑或是事实上，都未能形成能获致共识之方案。台湾地区对于侵犯平等权之行为的审查，仍然无具预测力之审查密度。

在本案中，声请人引据许宗力、林子仪、许玉秀三位"大法官"在

---

① "释字第578号解释"许宗力之"协同意见书"。
② "释字第578号解释"许宗力之"协同意见书"，在本"协同意见书"中，许宗力混用了"审查基准""审查标准"等概念，本书统一为"审查密度"。
③ 廖元豪：《高深莫测，抑或乱中有序？——论现任大法官在基本权利案件中的"审查基准"》，《中研院法学期刊》2008年第2期。

"释字第584号解释"中所提出之"协同意见书"或"不同意见书",认为"中央警察大学""招生简章之设限规定,系对于声请人就读警察大学法律学研究所硕士班入学机会之终身剥夺且严重戕害人性尊严,对基本权之干预强度极为强烈",因而"应采'强烈审查内容'(严格审查标准),作为审查密度"。因此,本案之争点在于:"大法官"运用何种审查密度审查"中央警官大学"招生简章之设限规定。

【解释要点】

"大法官"针对本案作成"释字第626号解释",认定"中央警察大学"招生简章所设限制与其目的间尚非无实质关联,因而与台湾地区现行"宪法"第7条并无抵触。本件解释并无"大法官"提出"协同意见书"或"不同意见书"。

根据"解释文"和"解释理由书","大法官"认为,台湾地区现行"宪法"第7条规定,人民在法律上一律平等,第159条复规定,"国民受教育之机会,一律平等",旨在确保人民享有接受各阶段教育之公平机会。鉴于色盲非属人力所得控制之生理缺陷,且"中央警察大学"招生简章所为之差别对待涉及平等接受教育之机会,而教育对于个人日后工作之选择、生涯之规划及人格之健全发展影响深远,甚至与社会地位及资源之分配息息相关,该招生简章自应受较为严格之审查。故,"该招生简章之规定是否违反平等权之保障,应视其所欲达成之目的是否属重要公共利益,且所采取分类标准及差别待遇之手段与目的之达成是否具有实质关联而定"。"大法官"认为,"因警察工作之范围广泛、内容繁杂,职务常须轮调,随时可能发生判断颜色之需要,色盲者因此确有不适合担任警察之正当理由",因此,"该招生简章规定排除色盲者之入学资格,集中有限教育资源于培育适合担任警察之学生,自难谓与其所欲达成之目的间欠缺实质关联"。据此,"大法官"认定"中央警察大学"招生简章对色盲人士之设限规定并未违反台湾地区现行"宪法"第 7 条和第 159 条之规定。

【理论评析】

在台湾地区有关基本权利的"大法官解释"中,平等权案件数量可能居于前三位,[1] 而大多数解释对于平等权之审查密度或多或少有所涉及。"释字第 626 号解释"针对平等权的审查标准问题,有着明显异于过去解释的论述,[2] 因而对于观察台湾地区有关平等权的审查密度,有着指标性意义。

审查密度,或美国法上的审查基准,在比较法上亦为台湾地区两大法源美国法和德国法所重视。在美国,以卡罗琳案为界,审查基准的发展可以分为"单一基准"时期和"多元基准"时期。1938 年卡罗琳案前,美国最高法院对于所有案件采取相当单一之基准,而未根据案件类型适用不同的审查基准。1905 年洛克纳诉纽约州案之前,美国最高法院对国会立法一般持尊重之态度,因而采取相当宽松之审查基准。如 1827 年"屠宰场"案中,最高法院宣称国会立法必须违宪到"不存在任何合理怀疑"的程序,法院才能宣告其违宪。1905 年的洛克纳诉纽约州案改变此一宽松审查基准,而采取严格审查基准,要求国会立法必须满足"公平、合理和适当"的正面要求,且不具有"不合理、不必要和恣意"的负面因素,在手段和目的之间还需符合"真正且实质的关联"。1937 年后,为因应罗斯福新政之立法需求,最高法院降低自洛克纳案后采取之严格审查基准,而改采相当宽松之审查基准。如 1937 年的"帕里西"案提出"目的符合社区利益""手段与目的之间具有合理关联"的宽松审查基准,为新政的顺利实施提供了司法上的条件。但自洛克纳案以降,审查基准之提高

---

[1] 黄昭元:《大法官有关平等权解释审查标准之分析检讨:从释字第六二六号解释谈起》,载"第六届'宪法解释之理论与实务'学术研讨会"论文集,2008 年 1 月。

[2] 黄昭元:《大法官有关平等权解释审查标准之分析检讨:从释字第六二六号解释谈起》,载"第六届'宪法解释之理论与实务'学术研讨会"论文集,2008 年 1 月。

与降低，均以经济管制案件为依归，而较少涉及基本权利案件，此一现象是否意味着最高法院经由经济管制案件所形成之审查基准，亦可适用于基本权利案件，最高法院并未给出明确解答。事实上，在1931年的奈尔诉明尼苏达州案中，最高法院已经采取异于经济管制案件的严格审查基准审查基本权利案件，只不过并未在法理上形成具有足够说服力和支持性的论述。① 在1938年的"卡罗琳"案中，斯通大法官借助主笔多数意见的机会，在多数意见书中增加了一个脚注（Footnote 4），即著名的"脚注四"，提出了双重审查基准的法理论述。根据"脚注四"的观点，最高法院对于案件的审查，应当根据案件类型采取不同的审查基准：在经济管制案件方面，可以采取宽松审查基准，但在有关政治程序和针对平等权的案件上，则应当采取严格审查基准。"脚注四"首次改变了单一审查基准的模式，而开启了审查基准多元化的时代。

值得注意的是，在美国，审查基准并非是由法律所明确规定，而是在大量案件累积和学者理论概括基础上形成的。因此，审查基准的体系化，是美国宪法学者投入巨大关注的问题之一。由于学者所采取的体系化方法不同，因而体系化的成果也有所区别，但总体而言，大多是按照三重审查基准的模式加以总结，只不过在细部问题上有所调整。所谓三重审查基准的模式，是按照"目的""手段与目的的关联"两个维度，将审查基准分为合理审查基准、中度审查基准和严格审查基准三个层次，并作为适用于不同类型的案件。三重审查基准的具体内容，参见下表所示：②

当然，以上三重审查基准，在体系化上尚属比较简单之审查基准体

---

① 黄昭元：《宪法权利限制的司法审查标准：美国类型化多元标准模式的比较分析》，《台大法学论丛》第33卷第3期。

② 根据黄昭元：《宪法权利限制的司法审查标准：美国类型化多元标准模式的比较分析》，《台大法学论丛》第33卷第3期；陈怡如：《司法院大法官平等原则违宪审查标准之探究》，《静宜人文社会学报》2006年第1卷第1期；汤德宗：《违宪审查基准体系建构初探——阶层式比例原则构想》，载廖福特主编：《宪法解释之理论与实务》第6辑，"中央研究院法律学研究所筹备处"2009年版等绘制。

系。美国学者科尔瑟在以上两个维度的基础上，加上"限制较少之替代手段检验"和"举证责任"两个精微判准，形成了"三阶六层"的审查基准"统一架构"。①

表3　美国的三重审查基准

审查基准	目的	手段与目的之关联
合理审查基准	合法（正当）的利益	合理的关联性
中度审查基准	实质或重要的利益	实质（紧密）的关联
严格审查基准	非常重要（急迫）的利益	必要（侵害最小）的、直接的关联

（本表为作者自制）

美国总结审查基准的另一特色，是根据不同的案件类型，总结与案件类型相适切的审查密度。具体到平等权案件而言，一般性平等案件，如基于财产地位、犯罪前科、国籍、身心障碍、性倾向或社会经济管制立法而产生平等权案件，一般适用合理审查基准；基于性别、婚生子女与非婚生子女关系、教育、担任公职而产生的平等权案件，则一般适用中度审查基准；而涉及种族、肤色、原住民、选举权、宗教自由、结社自由、迁徙自由等具有基础性权利而产生的平等权案件，一般适用严格审查基准。②

德国不类美国，并非通过个案累积的途径形成审查密度，再经由学者总结予以体系化，而是由联邦宪法法院的法官在判决中予以直接体系化。在1979年的"员工参与决策"案中，联邦宪法法院提出明显性审查、可支持性审查和严密的内容审查三层次的审查密度。区别三层次审查密度的依据为何，联邦宪法法院在"员工参与决策"案的判决书中，仅有相当简短之说明：立法不外是对未来的预估，宪法法院对立法者预估的审查，取决于系争事物的性质、有无充分可能形成一项判决、所涉及法益的重要

---

① 汤德宗：《违宪审查基准体系建构初探——阶层式比例原则构想》，载廖福特主编：《宪法解释之理论与实务》第6辑，"中央研究院法律学研究所筹备处"2009年版。
② 黄昭元：《宪法权利限制的司法审查标准：美国类型化多元标准模式的比较分析》，《台大法学论丛》第33卷第3期。

性等因素。① 然而，联邦宪法法院以上相当模糊的表述，并无法为三层次的审查密度提供足够的理论支撑力。况且，"员工参与决策"案的直接体系化，并非意味着审查密度在德国公法学体系中无所附丽，而能为一具有独立意义的理论存在。因此，从德国公法学自身的理论体系中寻找审查密度的产生机理，可以作为厘清三层次审查密度区分标准的可行途径。

从权力和权利两个面向考察，三层次审查密度的区分可以从"功能最适"和"比例原则"两项关乎权力分立和基本权利保障的原则中获取理论支持。功能最适是德国用以区分立法、行政和司法三权的一项理论性原则，尤其是在界定联邦宪法法院对议会立法的干预程度上，有着较强的理论功能。根据功能最适原则，立法与司法不同的权力属性和运作方式，决定了立法与司法有着明显的分工，而此等分工对应着政府不同的功能，因此，作为立法机关的议会和作为司法机关的联邦宪法法院应当根据各自的分工，承担最适合自身的功能，而不僭越其他权力分支的功能。② 审查密度实际上决定了联邦宪法法院对于议会立法的干预程度，按照功能最适的观点，联邦宪法法院应当以系争法律从功能的角度更加适宜有何机关实施为标准，来划分审查密度的层次。据此，明显性审查系指除非政治部门（包括议会、政府，本案例范围内同）的决定有明显抵触宪法的情事，否则即不得认定其违宪；可支持性审查系指尚可对政治部门的决策内容再更进一步地进行实质审查，分析其是否有合理并可支持的判断，只要能证明政治部门的决定具合乎事理、可以支持的理由，即应肯定其合宪性；严密的内容审查系指就政治部门的决定内容从事具体详尽的深入分析，只有在其实质正确的确信下，始可认定其合宪性。③ 具体到案件类型，明显性审

---

① 吴庚：《宪法的解释与适用》，三民书局2004年版，第413页。
② 黄舒芃：《"功能最适"原则下司法违宪审查权与立法权的区分——德国功能法论述取向之问题与解套》，《政大法学评论》2006年第91期。
③ 陈怡如：《司法院大法官平等原则违宪审查标准之探究》，《静宜人文社会学报》2006年第1卷第1期。

查一般适用于外交等具有高度政治性之领域以及经济政策领域,以保证政治部门保留足够之决断空间;但如果上述事项可能涉及人员,则改采可支持性审查,如经济政策领域的税法;严密的内容审查则一般适用于严重侵犯基本权利的案件。

然而,仅从逻辑上即可判定,功能最适并不足以作为划分三层次审查密度的唯一依据,如基本权利涉及众多,若按功能最适,是否意味着所有议会有关基本权利的立法,均适用严密的内容审查?此类问题的解决,显然需要从权利的面向加以因应。比例原则是德国法上保障基本权利的"帝王原则"。按经典之三阶理论,比例原则乃是从手段与目的之关联和目的之衡量判断公权力行为之合宪性。在四阶理论之下,[①] 比例原则更是强调对目的正当性之考量。审查密度亦可在比例原则的理论框架内,按照手段与目的之关联以及目的之衡量加以区分。在实践中,联邦宪法法院又将其具体化为立法者是否触及"私人形成其生活秩序不可或缺的范围",与人身紧密且涉及人格自由发展的基本权利,如涉及生命、职业选择自由的案件适用严密的内容审查,而与人身联结并不紧密的结社权、财产权等案件则适用可支持性审查。

由是观之,德国联邦宪法法院事实上是将功能最适和比例原则所得出之一般性结论适用于界定审查密度的层次。三层次的审查密度,都可以从"立法者作为政治部门应有之形成空间"和"基本权利应受保护之程度"两个维度加以界定。具体到平等权案件,德国先后形成之"新旧公式",在本质上是不同审查密度的体现。1980年代之前,联邦宪法法院将"平等"等同于"恣意禁止",即所谓"旧公式"。"旧公式"要求公权力可以为差别之对待,但必须具有事务本质上的理由。在"旧公式"下,只要公权力为差别待遇时,能够找到任何事务本质上的理由,即可通过联邦

---

① 参见本书案例4。

宪法法院的审查。显而易见，"旧公式"在本质上是可支持性审查在平等权案件上的体现。1980年代，联邦宪法法院对平等权之审查偏向严格，不仅审查公权力造成之差别对待是否具有事务本质上之理由，而且要求进一步审查比较对象的事务本质差异在类型以及影响力上，是否足以合理化公权力的差别对待。与"旧公式"相比，"新公式"更加接近于严密的内容审查。

相对于美国和德国比较清晰的审查密度体系，台湾地区由于在相当程度上同时师法两国，而造成有关平等权案件的审查密度在相当程度上较为凌乱。如在"释字第584号解释"中，德国法背景浓厚的"大法官"许宗力提出"中度审查密度"，认为就立法事实之认定，在斟酌一切相关情况、事实与知识之基础上，审查立法者的事实判断是否合理、说得过去，因而可以支持；① 具美国法背景的"大法官"林子仪则将"中度审查密度"视为较为严格的审查密度，认为在中度审查密度下，相关政府机关的选择不再享有合宪推定，其因此须对于上述目的之重要性、手段之实质有效性与其侵害程度系可接受等，负举证责任。② 同采用"中度审查密度"，但许宗力视中度审查密度接近于美国的合理审查密度，③ 而林子仪则认为中度审查密度已属于较为严格的审查密度，展现了"大法官"在建构平等权案件审查密度上的踟躇与混沌。

以上问题的出现，一方面在于台湾地区留德留美两个"大法官"群体存在着理论上的区隔，另一方面，也在于"大法官"常常在比例原则的框架内，类比自由权的保障方法，套用"目的""手段与目的之关联"等话语构建平等权的审查密度，未能凸显平等权保障自身的特点。对此，

---

① "释字第584号解释"许宗力之"协同意见书"。
② "释字第584号解释"林子仪之"不同意见书"。
③ 在"释字第584号解释"的"协同意见书"中，许宗力提出，"经济基本权领域，在美国一般采宽松审查，德国中度审查"，明确地将德国的"中度审查"与美国的"合理审查"对应起来。参见"释字第584号解释"许宗力之"协同意见书"。

"释字第626号解释"在"解释理由书"中对于平等权之审查密度的选择及适用作了相当清楚的论述。①

第一步,"大法官"提出"分类标准"和"受侵犯的权利"两个维度,并将这两个维度作为确定平等权之审查密度的因素。"大法官"并未在"解释理由书"中明确说明提出上述两个维度的理由,结合台湾地区"大法官"对平等权的理解,上述两个维度的提出并非突兀:首先,平等权在相当程度上被转化为"恣意禁止",因而合理分类在事实上构成平等权的核心内涵,考量"分类标准"乃是审查平等权案件的题中应有之义;其次,平等权本身并无实质内容,而必须依附其余基本权利,因而"受侵犯的权利",亦即"何种权利的平等享有受到侵犯",也构成确定平等权案件之审查密度的重要考量。在"解释理由书"中,"大法官"首先指出,招生简章以"色盲"为差别对待之分类标准,且"色盲"非属人力所得控制之生理缺陷;其次,"大法官"又对受教育对于人民之影响作了概括性阐述:"教育对于个人日后工作之选择、生涯之规划及人格之健全发展影响深远,甚至与社会地位及……资源之分配息息相关",从而指明了本案受侵犯之权利及该权利之重要性。

第二步,"大法官"声明,结合"色盲"非属人力所得控制之生理缺陷和"受教育权"乃对于人民具有极端性之基本权利,对于基于色盲而侵犯平等受教育权之招生简章,应当受到"较为严格的审查",从而提出了本案的审查密度。至于"较为严格的审查"的含义及在实证法上如何适用,"大法官"作出了具体的说明:"系争招生简章之规定是否违反平等权之保障,应视其所欲达成之目的是否属重要公共利益,且所采取分类标准及差别待遇之手段与目的之达成是否具有实质关联而定。"由此可见,对于"目的"的审查,"大法官"认为,"较为严格的审查"应当审

---

① 黄昭元:《大法官有关平等权解释审查标准之分析检讨:从释字第六二六号解释谈起》,载"第六届'宪法解释之理论与实务'学术研讨会"论文集,2008年1月。

查所欲达成之目的是否属于重要公共利益，而对于"手段与目的之关联"的审查，"大法官"则重在"是否具有实质关联"。比较美德两国的审查密度，"大法官"所言的"较为严格的审查"，与美国的中度审查密度基准相当，较之德国法则强于可支持性审查、弱于严密的内容审查。

第三步，"大法官"对目的是否为正当、手段与目的之间是否具有实质关联进行了比较细致的阐述。在阐述目的是否为正当方面，"大法官"首先对警察大学之目标与任务进行了阐述，认为其兼负培养警察专门人才与研究高深警察学术之双重任务。若学生入学接受警察教育，却未能胜任警察、治安等实务工作，将与警大设校宗旨不符。因此，"大法官"认为，为求警大设校宗旨之达成及教育资源之有效运用，乃以无色盲为入学条件之一，预先排除不适合担任警察之人，"有助于警政素质之提升，并使社会治安、人权保障、警察形象及执法威信得以维持或改善，进而促进法治……之发展，自属重要公共利益"。在阐述手段与目的之间是否具有实质关联方面，"大法官"认为，因警察工作之范围广泛、内容繁杂、职务常须轮调，随时可能发生判断颜色之需要，色盲者因此确有不适合担任警察之正当理由，因此，招生简章排除色盲者之入学资格，集中有限教育资源于培养适合担任警察之学生，表明手段与其所欲达成之目的之间存在着实质关联。

至此，"大法官"完成了对于本案的论证，宣告"中央警察大学"招生简章以色盲作为设限理由并不"违宪"。本案"解释理由书"之论证，至少有以下两点特征：第一，"解释理由书"形成了"选择—适用"的理路，先运用"分类标准"和"受侵犯的权利"两大维度确定审查密度，再结合事务本质对审查密度加以适用；第二，"解释理由书"对于"目的""手段与目的之关联"并未放置于比例原则的思考框架下，而是使其紧紧围绕平等权之核心——"分类标准"铺开，展现出平等权案件与自由权案件的不同。

【延伸思考】

尽管"释字第626号解释"清晰地呈现了台湾地区"大法官"对于平等权审查密度的构建思路,对于台湾地区尚显凌乱的平等权审查密度作了一初步的整理,但本案并非无值得思考之处。

第一,本案的论证思路,仍然是以"目的""手段与目的之关联"为主轴,因而更加贴近于美国法的论证思路,那么,从德国法上如何对本案作出因应?此一问题并非仅是学理之探讨,而与本案"大学自治"之背景有着密切关联。在本案"解释理由书"中,"大法官"已经指明,系争招生简章乃警大为订定入学资格条件所拟定之自治规章,在不违背自治权范围内,并不生违反法律保留原则之问题,相当于已经排除公权力机关对于大学自治之干涉可能。按此逻辑,"大法官"似不应再对系争招生简章做进一步审查,以符合大学自治之要求。但,"大法官"笔锋一转,提出"仍受宪法所规定基本权之拘束",从而又向系争招生简章伸出审查的触角。比较德国法上"权力"与"权利"两个面向,在"权力"之面向被排除后,"大法官"再次祭出"权利"面向的考量,似难以确定"大法官"究竟如何理解德国法上构建平等权之审查密度的方法。是以,"大法官"此处之逻辑推演,若从德国法的角度理解,并非毫无问题。

第二,从审查密度之用语来看,"大法官"在"解释文"和"解释理由书"中指明为"较为严格的审查",此一用语无论在美国法的审查基准体系,还是德国法的审查密度体系,均无明确对应。察"释字第584号解释"林子仪之"不同意见书","较为严格的审查标准"被对应为美国法意义上的"中度审查密度"。[①] 但,美国法意义上的"中度审查密度"除了在"目的""手段与目的之关联"有着评判意义外,还与举证责任分

---

① "释字第584号解释"林子仪之"不同意见书"。

配相关。甚至，举证责任的分配规则不同，构成美国法和德国法中度审查密度之区别的关键所在。①"释字第626号解释"并未涉及此一问题，显得不甚周延。因此，"释字第626号解释"虽师法美国法，但与科尔瑟精致的"统一架构"相比，仍显粗糙。

第三，本案在阐述"目的是否为正当""手段与目的之间是否具有实质关联"的问题上，虽然细致，但仍然使用了"事务本质"的论证方法，而"事务本质"的论证方法却存在飘忽不定之处，因而早已为多数学者所质疑和否定。本案亦是如此，如在"目的"的阐述上，如果说警校"兼负培养警察专门人才与研究高深警察学术之双重任务""警校设校宗旨之达成及教育资源之有效运用""有助于警政素质之提升"等提法尚有本源，而"使社会治安、人权保障、警察形象及执法威信""法治……之发展"此类用语则过于飘忽，似可套用在几乎所有公共利益重要性之阐述上，反而偏离"事务本质"的主旨。因此，如何对颇具主观意涵的"事务本质"施加相对客观之规制，仍是平等权审查密度在适用层次所必须应对之关键问题。

---

① 汤德宗：《违宪审查基准体系建构初探——阶层式比例原则构想》，载廖福特主编：《宪法解释之理论与实务》第6辑，"中央研究院法律学研究所筹备处"2009年版。

第三部分　言论自由

案例 14　黄鸿仁、林莹秋诉蔡兆阳案

解释号："释字第 509 号解释"

知识点：言论自由的内涵与诽谤言论

【案情要览】

本案声请人黄鸿仁、林莹秋系台湾地区《商业周刊》杂志之总编辑及记者，本案另一方主体蔡兆阳时任台湾地区"交通部长"。1996 年 11 月 4 日，林莹秋在其撰写的《信义大楼内大官们的"房"事揭秘》一文中，含有"蔡兆阳装修不当""根据信义大楼住户表示，目前住在信义大楼十三楼，新上任的交通部长蔡兆阳，大手笔花了新台币二百八十七万元的公帑，重新装潢，装修官舍，成为该栋大楼住户广为流传的'头条新闻'"云云。同期周刊另有署名为"秦汉砚"的《蔡兆阳抢走王志刚的公关爱将》一文，内指蔡兆阳"气量狭小""赶尽杀绝""刻薄寡恩"。蔡兆阳认为上述报道并不符合事实，遂以台湾地区"刑法"第 330 条第 2 项加重诽谤罪名提起自诉。经台北地方法院判决，两声请人被认定为有罪，后两声请人上诉至台湾地区高等法院，后者仍以声请人"共同散布文字，指责足以毁损他人名誉之事"，"并非善意""不能证明其为真实"，

因而作成有罪判决，分别判处声请人五个月和四个月的有期徒刑。因本案并不属于可以提起三审之案件，两声请人遂声请"大法官解释"。

声请人认为，新闻自由为民主"宪政"与自由社会基石，新闻自由与民主政治互成正比，故新闻自由乃现代民主自由社会不可或缺之必要机制，台湾地区现行"宪法"第11条所规定之"言论自由"，已经包含新闻自由在内，但台湾地区高等法院之有罪判决以"刑法"第330条及第331条有关诽谤罪之规定，判处声请人应就所报道之新闻负诽谤罪责，"易使职司公权力行使之政治人物借诸刑罚来追诉新闻媒体言论之法律责任，进而令媒体因畏于刑责而自我限制言论，达到其控制媒体言论目的，大幅减低新闻自由所能发挥之监督功能，如此将使资讯流通停滞，人民无从得知充分讯息，发表意见，凝聚民意，政府公权力之行使更不受监督，使民主政治机制中之公权力与民意间失去衡平，形成公权力一言化独断专擅之现象"。据此，声请人认为，台湾地区高等法院之有罪判决及其据以判决之"刑法"依据，与台湾地区现行"宪法"第11条、第23条相抵触，显属"违宪"。

【基本知识】

对言论自由之概念，有着狭义、中义与广义之分。狭义之言论自由，对于言论仅作"个体以口头或者书面形式对外表达观点或意见"解，是指人民有权发表对于一切人、事、物的评价与看法。[①] 中义之言论自由，扩展至取得资讯之自由、出版自由、新闻自由、艺术自由等，其承载言论之载体显大于狭义之言论自由。广义之言论自由，则扩展至与思想自由、意思自治相关之所有范畴，其含义在中义之言论自由的基础上，尚包括诸如结社自由、集会自由、游行自由、示威自由，以至于学术自由、大学自

---

① 许育典：《宪法》，元照出版有限公司2006年版，第203页。

治等。从廓清概念角度而言，在学理上，言论自由不妨做狭义理解，而将中义、广义之言论自由以表达自由或表现自由概括之。但，学理之言论自由概念，并不影响在实务中对言论自由做尽量广义之理解。

言论自由之所以为人民最为重要之基本权利之一，乃在于人民在反抗君主专制与极权时代，该等自由均受到钳制。[1] 人民无从表达对于君主、教会及其他统治机关之不同意见，更遑论对统治机关提出批评意见。因此，在建立民主制度之初，言论自由就成为民主自由之基石，也为民主宪法秩序所必要之支柱。[2] 职是之故，言论自由的重要性，最主要是体现在其与民主政治的关系。[3] 现代民主法治社会，如无人民自由发表意见，尤其是对公权力机关之批评意见，则民主法治的真谛荡然无存。言论自由，及其所衍生之中义、广义之表达自由，核心内涵即在于保障人民于公权力机关之外，仍能保持自由思考与发表言论之品性与机会，对公权力机关形成事实上之外在压力，避免公权力机关的恣意。

台湾地区现行"宪法"第11条规定，人民有言论、讲学、著作及出版之自由。此四类自由系在狭义之言论自由含义基础上，稍作扩展而成。有台湾学者认为，言论自由事实上也包含讲学、著作及出版，但既然将四种并列，则言论自由只能将其余三种除外，采取狭义的理解。[4] 在实务方面，台湾地区"司法院大法官解释"对言论自由多有阐述。"释字第364号解释"较早对言论自由之重要性予以阐发，该号解释之"解释理由书"谓："言论自由为民主宪政之基础。"[5] "释字第407号解释"针对出版自由，提出"出版自由为民主宪政之基础，出版品系人民表达思想与言论之重要媒介，可借以反映公意，强化民主，启迪新知，促进文化、道德、

---

[1] 陈慈阳：《宪法学》，元照出版有限公司2005年版，第517页。
[2] 陈慈阳：《宪法学》，元照出版有限公司2005年版，第517页。
[3] 许育典：《宪法》，元照出版有限公司2006年版，第203页。
[4] 吴庚：《宪法的解释与适用》，三民书局2004年版，第209页。
[5] "释字第364号解释"之"解释理由书"。

经济等各方面之发展"。① "释字第414号解释"进一步阐明了"大法官"对于言论自由内涵之认识。该号解释之"解释理由书"谓:"言论自由,在于保障意见之自由流通,使人民有取得充分资讯及自我实现之机会。"② "释字第445号解释"则对言论自由之政治基础作一阐述:"本于主权在民之理念,人民享有自由讨论、充分表达意见之权力,方能探究事实,发现真理,并经由民主程序形成公意,制定政策或法律,因此,表现自由为实施民主政治最重要的基本权利,……所以保障人民之此项权利,乃以尊重个人独立存在之尊严及自由活动之自主权为目的。"③

但,即或在民主法治社会,作为个体之人民虽享有言论自由,其发表意见之途径、机会及影响甚小,尚不足以对公权力机关形成事实压力。新闻媒体针对不特定多数人,以有线或无线方式传达经个人或多数人心理意志之思想。④ 在民主法治社会,新闻媒体通过其社会影响力与辐射力,产生聚合、提炼、表达民众意见之功能,因而构成促进与协助人民言论自由实现之重要机制。新闻自由应属言论自由之自然延伸,为言论自由所保障。但,新闻媒体多属商业机构,新闻媒体从业人员多以新闻报道为职业,因而常常为争夺公众关注及媒体之销量而为不实、夸大甚至扭曲之报道,因而导致所谓"诽谤言论",侵害报道所涉及之公权力机关及其工作人员之名誉权、荣誉权、隐私权等人格权,成为公权力机关抨击、指责及抵御之切口。而诽谤入罪,又为世界各国各地区刑事法律之通例,更给予公权力机关指责新闻报道之法律依据。本案中,蔡兆阳即以两声请人所报道所涉事件不实,构成对蔡氏之诽谤,而提起自诉,而两声请人则以台湾地区"刑法"有关诽谤罪之规定,妨碍其行使台湾地区现行"宪法"所

---

① "释字第407号解释"之"解释理由书"。
② "释字第414号解释"之"解释理由书"。
③ "释字第445号解释"之"解释理由书"。
④ 陈慈阳:《宪法学》,元照出版有限公司2005年版,第530页。

规定之言论自由。因此，本案之争点在于新闻媒体针对公权力机关之言论，即或系属诽谤言论，是否仍属于言论自由之保障范围。

【解释要点】

"大法官"针对本案作成"释字第509号解释"，认定台湾地区"刑法"第310条第1项和第2项符合台湾地区现行"宪法"规定之意旨，第3项与台湾地区现行"宪法"保障言论自由之旨趣亦无抵触，第311条不生抵触"宪法"之问题。苏俊雄、吴庚各提出"协同意见书"一份。

根据"解释文"和"解释理由书"：多数意见认为，台湾地区现行"宪法"第11条规定之人民言论自由应予保障，鉴于言论自由有实现自我、沟通意见、追求真理、满足人民知的权利，形成公意，促进各种合理的政治及社会活动之功能，乃维持民主多元社会正常发展不可或缺之机制，应给予最大限度之保障。但，为兼顾对个人名誉、隐私及公共利益之保障，"法律"尚不得对言论自由依其传播方式为合理之限制。以台湾地区现状而言，尚不能认为不实施诽谤除罪化，即属"违宪"。"刑法"第330条第1项和第2项之规定，与台湾地区现行"宪法"第23条所规定之比例原则尚无违背，第3项虽要求"对于所诽谤之事，能证明其为真实者，不罚"，系以指责或传述足以毁损他人名誉事项之行为人，其言论内容与事实相符者为不罚之条件，并非谓行为人必须自行证明其言论内容缺失真实，始能免于刑责。惟行为人虽不能证明言论内容为真实，但依其所提供证据资料，认为行为人有相当理由确信其为真实者，即不能以诽谤罪之刑责相绳，亦不得以此项规定而免除检察官或自诉人于诉讼程序中，依法应负行为人故意毁损他人名誉之举证责任，或法院发现其为真实之义务。

【理论评析】

本案号称台湾地区的"纽约时报诉沙利文"案，"大法官"在本号解释中，对言论自由之内涵作了深刻的阐述，为后续诸多"大法官解释"所引用。由于本案所针对之言论，系批评公权力机关及其工作人员之政治性言论，因而备受台湾地区各界所关注。而本号解释形成之规则，亦成为台湾地区处理媒体对公权力机关及其工作人员之批评言论的一般规则。

言论自由，尤其是人民发表针对公权力机关之政治性言论的自由，系属言论自由之核心领域。经学者之概括，此类言论自由之功能主要有三种学说：第一，追求真理说，该说认为保障言论自由的目的，在于言论自由有助于发现真理，社会大众可以在理性的前提下，从各种不同言论的考察中，发现事物的真理；第二，健全民主程序说，该说认为保障言论自由之价值，在于有助于大众健全民主政治程序的运作，亦即保障言论自由，可以提供社会大众依照民主程序参与政治决定时所需的资讯，以使人民基于正确的资讯，依照其理性作出正确的政治决定；第三，表现自我说，该说主张言论自由在保障个人"发展自我""实现自我""完成自我"，亦即保障个人自主及自由的自我表现。[1] 根据台湾学者林子仪之观点，上述功能三说，前两说并非以言论自由为目的，而是完成其他目的之手段，而第三说是因为言论自由对于发表言论者具有价值，在于其是发表言论者独立自主而自我决断的自我表现，能使发表言论者享受作为一个自由人自由表达的满足与成就，而非基于其对于大众具有某种辅助功能。[2] 职是之故，对于自我表现之保障，在台湾地区有关言论自由保障功能之理论谱系中，具有相当之影响力。

在"释字第509号解释"之"解释文"中，"大法官"认为，对言论自由给予最大限度之维护，能够使"实现自我、沟通意见、追求真理及监督各种政治或社会活动之功能得以发挥"。在"解释理由书"中，"大

---

[1] 许育典：《宪法》，元照出版有限公司2006年版，第203页至第204页。
[2] 林子仪：《言论自由之理论基础》，载林子仪：《言论自由与新闻自由》，月旦出版社有限公司1993年版，第57页至第58页。

法官"对"解释文"之说词又有适度之展开,"解释理由书"开头即谓:"鉴于言论自由有实现自我、沟通意见、追求真理、满足人民知的权利,形成公意,促进各种合理的政治及社会活动之功能……"总结以上两段文字,"大法官"对言论自由功能之认识,可以概括为六项,即:实现自我、沟通意见、追求真理、获得资讯、形成公意和监督政治及社会活动。事实上,上述六项功能并非相互完全独立,如沟通意见和获得资讯两项功能,在追求真理说中,构成追求真理之两项前提性步骤,因而可以归入追求真理;而形成公意和监督政治及社会活动,亦属健全民主程序功能之两个分项,因而可以概括为健全民主程序功能。由此可见,"大法官"虽用语相对复杂,但在实质上仍然对三种主要学说都持认同态度,展现出"大法官"力求全面和多元的解释风格。

至于本案之争点,即对公权力机关或公众人物之言论即便构成诽谤,是否受言论自由之保障。美国最高法院在1964年之"纽约时报诉沙利文"案中,形成经典之"实质性恶意"原则。"实质性恶意"原则,系指受诽谤言论攻击之公众人物,必须证明被告"故意捏造虚伪事实,并或非因重大的过失或轻率而致其所陈述与事实不符",[①] 即利用诽谤言论攻击公众人物需具有"实质性恶意"时,方不受言论自由之保障,又由于该证明责任被最高法院分配给受诽谤言论攻击之公众人物,因而在事实上免除了以诽谤言论攻击公众人物之新闻媒体或普通民众的法律责任。公众人物由于"实质性恶意"原则,而暴露在公共批判的视界中,并必须忍受公众之批判,而不论其言论所指事件是否为真实。最高法院之所以形成"实质性恶意"原则,盖因为对公权力机关之批评,为言论自由产生之目的,如若普通民众对公权力机关之批评,尚需查明事实,否则承担不利之法律责任,势必造成"寒蝉效应",导致普通民众因畏惧承担法律责任,

---

① 法治斌:《保障言论自由的迟来正义——评司法院大法官释字第五零九号解释》,《月旦法学》第65期。

而不愿或不能行使言论自由，导致言论自由之重要作用无从实现。为此，最高法院将主要证明责任分配给受诽谤言论攻击之公众人物，以最大限度保障普通民众之言论自由。在德国，联邦宪法法院基于基本法之规定，对言论自由，尤其是政治性言论的自由施以重点保障。联邦宪法法院形成判断某一言论是否为政治性言论之标准。在"明信片漫画"案中，联邦宪法法院提出"公共舆论"的标准，即以某言论是否具有影响公共舆论的目的，来判断其是否为政治性言论。[1] 至于政治性言论对公民构成诽谤之处理，联邦宪法法院在被称为德国版的"纽约时报诉沙利文"案的"竞选诽谤"案中，形成了比较完整之规则。在本案中，联邦宪法法院将政治性言论分为"事实言论"和"见解言论"，并对两者加以不同程度的保护。对于"见解言论"，不论发表言论者是否能为其"见解"提供可信的理由，每个人都有自由叙述其"见解"的权利。但是，对于"见解言论"的保护，并不适用于事实陈述，"事实言论"仍应当具备客观真实性。[2]

但，德国联邦宪法法院在此问题上对言论自由的保护力度，显然不及美国最高法院。具体到言论自由与名誉权的冲突问题上，美国最高法院是朝着有利于言论自由的方向发展，甚至已到没有界限的地步。[3] 如在Hustler Magazine v. Falwell案中，前审法院认为，Falwell虽为公众人物，但杂志所用言论过于"粗暴"，因而不再受言论自由之保障，但最高法院认为，"粗暴"不是判断言论许可与否的界限，只要涉及公众人物或事务，即便是粗俗的、令人厌恶的言论也应予容忍。[4] 德国联邦宪法法院视名誉权为人性尊严之一部分，在作法益衡量时，名誉、人格较言论自由具有较

---

[1] 张千帆：《西方宪政体系》（下册），中国政法大学出版社2001年版，第430页。
[2] 张千帆：《西方宪政体系》（下册），中国政法大学出版社2001年版，第427页至第428页。
[3] 林子仪：《新闻自由与诽谤——一个严肃的宪法课题》，《全国律师》1997年5月号。
[4] 许宗力：《论言论自由的几个问题》，载许宗力：《法与国家权力》（二），元照出版有限公司2007年版。

高的价值。① 据此，德国联邦宪法法院认为，如果特定的言论不具有任何实质内容的批评，而是纯粹在对人格的污蔑，无论其对象是否为公众人物，就会构成侮辱。② 如"文学评论"案中，联邦宪法法院认为，对文学作品之评论，仅有批评性语言，而没有提出任何可以支持其作此批评之实质论点，即认为构成侮辱。③

尽管"大法官"有着明显的德国法风格，但本案对于言论自由之保障，更加接近于美国法。"大法官"在对系争"法律"形成"合宪"判断的同时，也对系争"法律"之涵义，按照偏向保障言论自由的方面作了解释。"大法官"之推演共分为三步。

第一步，"大法官"在阐述言论自由之功能的基础上，对言论自由之界限作了阐明。"大法官"在"解释理由书"中谓：为保障个人名誉、隐私等法益及维护公共利益，对言论自由尚非不得依其传播方式为适当限制。对言论自由界限之阐明，为"大法官"下部论证诽谤罪之合理性，奠定"宪法"基础。

第二步，"大法官"提出，诽谤罪之除罪化在台湾地区尚无基础，从而结合其对言论自由界限之阐述，宣告"刑法"第310条第1项和第2项为"合宪"。"大法官"认为，对言论自由限制之手段究竟应采用民事赔偿抑或兼采刑事处罚，应就人民之守法精神、对他人权利尊重之态度、现行民事赔偿制度之功能、媒体工作者对本身职业规范遵守之程度及其违背时所受同业纪律制裁之效果等各项因素，综合考量。"大法官"认为，以台湾地区之现状而言，基于上述各项因素，尚不能认为不实施诽谤除罪化，即属违反言论自由之本旨，况且，一旦妨害他人名义均得以金钱赔偿

---

① 吴庚：《宪法的解释与适用》，三民书局2004年版，第224页。
② 许宗力：《论言论自由的几个问题》，载许宗力：《法与国家权力》（二），元照出版有限公司2007年版。
③ 许宗力：《论言论自由的几个问题》，载许宗力：《法与国家权力》（二），元照出版有限公司2007年版。

而了却责任，岂非享有财富者即得任意诽谤他人名誉，自非保障人民言论自由之本意。据此，"大法官"认定，"刑法"第310条第1项和第2项，系分别对以言词或文字、图画而诽谤他人者，科以不同之刑罚，为防止妨碍他人自由权益所必要，与台湾地区现行"宪法"第23条之比例原则尚无抵触。

第三步，"大法官"在肯定系争法律与言论自由无违的基础上，通过对"刑法"第310条第3项涵义之解释，形成台湾地区判断诽谤言论与名誉权关系之一般性规则。台湾地区"刑法"第310条第3项之全文为："对于所诽谤之事，能证明其为真实者，不罚。""大法官"认为，此一规定，系以指责或传述足以毁损他人名誉事项之行为人，其言论内容与事实相符者为不罚之条件，并非谓行为人必须自行证明其言论内容确属真实，始能免于刑责，惟行为人虽不能证明言论内容为真实，但依其所提证据资料，认为行为人有相当理由确信其为真实者，即不能以诽谤罪之刑责相绳，亦不得以此项规定而免除检察官或自诉人于诉讼程序中，依法应负行为人故意毁损他人名誉之举证责任，或法院发现其为真实之义务。"大法官"之上述解释具有三重涵义：其一，"刑法"第310条第3项并非将证明言论为真实之义务分配给原告；其二，"刑法"第310条第3项所谓"能证明其为真实者"，除确属真实外，尚包括"行为人虽不能证明言论为真实，但依其所提供证据资料，认为行为人有相当理由确信其为真实者"，即"合理确信"得作为抗辩之理由；[①] 其三，行为人故意毁损他人名义之举证责任，由检察官或自诉人承担，法院亦有发现其为真实之义务，亦即主要举证责任并非由行为人所承担。对比美国最高法院之"实质性恶意"原则，"大法官"对"刑法"第310条第3项涵义之解释，在价值取向和证明责任之分配上，几同出一辙，唯在以"合理确信"抗辩

[①] 吴永乾：《美国诽谤法所称"真实恶意"法则之研究》，《中正大学法学集刊》2004年第15期。

时，行为人仍需提出支撑其合理确信之证据。

另，针对声请人提出台湾地区"刑法"第311条之"合宪性"问题，"大法官"在"解释理由书"中附带提及：此一规定系"法律"就诽谤罪特设之阻却违法事由，目的即在维护善意发表意见之伊欧，不生抵触言论自由之问题。至此，"大法官"完成本案之论证。

苏俊雄和吴庚两位"大法官"虽然同意多数意见之决定，但对多数意见之理由有不同之意见，因而各提出"协同意见书"一份。苏俊雄认为，多数意见对言论自由和人格名誉权之间的"基本权利"冲突，并未作出明确之论理说明。苏俊雄认为，言论为真实之举证责任不应加诸行为人，法院对于系争言论是否为真实仍有发现之责任；并且对于所谓"能证明为真实"其证明强度不必至于客观的真实，只要行为人并非故意捏造虚伪事实，或并非因重大的过失或轻率而致其所陈述与事实不符，皆应将之排除于"刑法"第310条之处罚范围外。由此可见，苏俊雄之观点，与美国最高法院在"纽约时报诉沙利文"案中之观点完全一致，即认为对"刑法"第310条第3项所要求之"真实性"的理解，并不必然以事实之真实为依归。吴庚则认为，言论按陈述事实与发表意见不同，前者有能证明真实与否之问题，后者则为主观之价值判断，无所谓真实与否，对于可受公评之事项，尤其对公权力机关之措施，纵然以不留余地或尖酸刻薄之语言文字予以批评，亦应认为仍受言论自由之保障，盖因为维护言论自由即所以促进政治民主及社会之健全发展，与个人名誉可能遭受之损失两相衡量，显然有较高之价值。但，事实陈述与意见发表在概念上本属流动，有时难期其泾渭分明，若意见系以某项事实为基础或发言过程中夹论夹叙，将事实叙述与评论混为一谈时，始应考虑事实之真伪问题。由此可见，吴庚更加接近于德国法上将"见解言论"和"事实言论"两分并施以不同对待和审查密度的观点。

【延伸思考】

"释字第509号解释"虽构成台湾地区保障言论自由之经典案例,尤其是其对言论自由功能之阐述,为后续多个"大法官解释"所引用,但本号解释并非无值得思考之处。

第一,本号解释通过对多个功能性话语之阐述,说明言论自由具"实现自我""追求真理""健全民主程序"之功能,但此三项功能在理论谱系上并非并列,第一者视言论自由为目的,而后两者视言论自由为手段。两类功能并非可以无隔阂并存,正如苏俊雄在本号解释之"协同意见书"中所言:若过分强调言论自由监督政治、社会活动的工具性能,恐将让人误以为已对言论内容之价值做有评价,甚至限缩了对于言论自由的理解范围。因此,"大法官"试图以妥协、包容之态度,力求对言论自由功能之全面与多元的阐释,是否未能虑及言论自由功能三说之间的矛盾,尚值得进一步思考。

第二,在德国法上,对言论自由之保障并非如美国法上接近于绝对之保障,而是建立在利益衡平的基础上。根据德国联邦宪法法院之判决,言论自由案件之本质,在于对言论自由与限制言论自由之法律所欲保护之其他法益做利益衡量,其目的就是对两相冲突之法益作一适当调和,以避免对基本权造成过度侵害。[1] 但在本案中,仅有苏俊雄在"协同意见书"中,借由对"基本权冲突"之论述,触及"利益衡平",无论是"解释文"或"解释理由书",均未能从利益衡平之角度对诽谤言论是否应受言论自由保障作一阐明,此诚为遗憾。

第三,本号解释之"解释文"开宗明义宣布,言论自由应当获得"最大限度之维护",而在"释字第364号解释"之"解释理由书"中,

---

[1] 许宗力:《论言论自由的几个问题》,载许宗力:《法与国家权力》(二),元照出版有限公司2007年版。

"大法官"又谓:"言论自由为民主宪政之基础。"① "大法官"上述表态,是否可以读出言论自由在基本权利体系中具有最高之位阶?如是,则如何衡平言论自由与名誉权之关系?如不是,"大法官"之表述又意欲为何?在"大法官解释"可为台湾地区重要法源的情况下,"大法官"之表态是否过于轻率,需要更进一步的界定与细化,值得思考。

此外,吴庚在"协同意见书"中评价,本号解释系一转换台湾地区"刑法"第310条第3项涵义之手段,实现对言论自由更大程度之维护同时,又不至于宣告相关条文"违宪",在解释方法上属于典型之符合"宪法"的法律解释。同时,多数意见又谓:"至各该事由是否相当乃认事用法问题,为审理相关案件法院之职责,不属本件解释范围。"以上两项表述对比,体现出"大法官"之解释风格,与台湾地区社会对"大法官"之期待有无落差,值得观察和思考。但此问题并非言论自由所能承载。

案例15　台湾国际烟草公司诉台北市卫生局案

解释号:"释字第577号解释"

知识点:言论自由的范围、商业言论和不表意自由

【案情要览】

本案声请人为三款外国香烟之进口商,因未在其进口香烟上标示尼古丁及焦油含量,而被台湾地区"烟害防制法"指定之主管机关"卫生署"查获。台湾地区"烟害防制法"第8条第1项规定,"烟品所含之尼古丁及焦油含量,应以中文标示于烟容器上",并在第21条规定有违反该规定之罚则。据此,台湾地区"卫生署"给予声请人罚锾30万元新台币之行政处罚。声请人不服,提起诉愿、再诉愿、行政诉讼,均受不利之决定

---

① "释字第364号解释"之"解释理由书"。

或判决，遂声请"大法官解释"。

声请人认为，"烟害防制法"第 8 条违反台湾地区现行"宪法"第 23 条之比例原则以及明确性原则之方式，而强迫声请人发表商业言论，并侵害声请人言论自由。声请人提出，台湾地区"释字第 414 号解释"已经认定商业性言论仍受台湾地区现行"宪法"第 11 条言论自由之保护，言论自由除保障积极之意见表达外，亦及于不表达之自由，不因言论之高尚或受欢迎与否，因而声请人是否或如何于商品上为尼古丁及焦油含量之标示行为，既系强迫声请人发表一定之商业言论，自与言论自由之保障意旨有间，而应受比例原则之严格限制，不能由立法者恣意为之。据此，声请人认为，台湾地区"最高行政法院"判决所适用之"烟害防制法"第 8 条第 1 项、第 21 条"违宪"。

【基本知识】

言论自由之核心词"言论"，其意为何，对于言论自由之保障具有关键意义。有学者谓言论自由之言论，仅指针对公权力机关提出批评性意见之言论，即将言论自由提炼为"意见表达自由"。[①] 言论自由之所以在民主法治社会有着如此重要之地位，与从"意见表达"角度理解"言论"，不无重要关联。但，言论自由之言论，是否仅及于"意见表达"之言论？是否包括其他类型之言论？在多元化之民主法治社会不无重要意义。

在多元化之民主法治社会，人民自有自我价值和道德取向的选择权，因而任何类型之言论，都有其社会基础以为附丽，并在多元化之民主法治社会具有服务特定人群之功能。况且，社会一般之价值评判标准时常处于变动状态，某种言论在现时代看似并无价值，或仅具有低价值，未尝不为后世人民所普遍接受。因此，言论自由中"言论"含义之理解，不宜以

---

① 陈新民：《"中华民国宪法"释论》，作者自刊，2001 年版，第 225 页。

"意见表达"为限,而应作一扩展。综观美国、德国以及我国台湾地区之实践,对言论范围之讨论常集中于商业言论、色情言论、象征言论、不表意自由等领域,但保障程度有异。对此,台湾地区"司法院大法官"亦有明确之态度,"释字第414号解释"提出:"政治、学术、宗教及商业言论等","依其性质而有不同之保护范畴及限制之准则"。[①]

商业言论,乃针对政治言论而言,系指仅具商业之价值、而不涉政治之言论,包括对商品状况之主客观描述、对商业行为之推介以及开展商业所必须之言论等,尤其指商业广告和各类商品标识。对于商业言论,因其不具有对抗公权力机关之作用,因而一度被排除在言论自由保障范围之外。在美国,商业言论长期受到所谓"双轨理论"之影响,未能受到言论自由之严格保障,直至1976年弗吉尼亚州药物管理委员会诉弗吉尼亚州公民消费委员会一案,才将商业言论纳入言论自由之保障范围,但仍仅采取中度审查基准,而非如政治性言论采取严格审查基准。[②] 此一态度在1996年才有所改变。台湾地区"司法院大法官"对于商业言论之态度,与美国最高法院基本相同。"释字第414号解释"认为,商业言论"非关公意形成、真理发现或信仰表达","尚不能与其他言论自由之保障等量齐观","基于公共利益之维护,自应受较严格之规范"。[③]

与商业言论相比,色情言论更属"低价值"言论。但,依德沃金之观点,虽然大多数色情言论对政治的或智识的讨论都没有任何贡献,但是,仍有必要为色情言论辩护,公权力机关基于"平等尊重其他人的个人偏好",应将色情言论合理地限制在私人空间,而避免公开宣扬。[④] 然而,色情言论又是与社会一般观念结合最为紧密者,此时此地认为具有色情意涵之言论,彼时彼地或许根本不足为论。美国最高法院在米勒诉加利

---

① "释字第414号解释"之"解释理由书"。
② 祝捷主编:《外国宪法》,武汉大学出版社2010年版,第49页。
③ "释字第414号解释"之"解释理由书"。
④ [美]德沃金:《自由的法》,刘丽君译,上海人民出版社2001年版,第325页。

福尼亚州案中，提出以社区标准判断言论是否为色情之方法。台湾地区将色情言论称之为"猥亵言论"，并在"释字第407号解释"中，对猥亵言论与言论自由之关系进行了说明。根据该号解释之"解释文"，猥亵出版品之出版自由如有妨害善良风俗、破坏社会安宁、公共秩序等情形者，自得依法律予以限制，① 但，对猥亵出版品之认定，应就出版品整体之特性及其目的而为观察，并依当时之社会一般观念定之，又因猥亵出版品"有关风化之观念，常随社会发展、风俗变异而有所不同，公权力机关所为释示，自不能一成不变，应基于尊重人民言论出版自由之本旨，兼顾善良风俗及青少年良心健康之维护，随之检讨改进"。② "释字第617号解释"更加明确地提出，"性言论之表现与性信息之流通，不问是否出于营利之目的，亦应受言论及出版自由之保障。惟宪法对言论及出版自由之保障并非绝对，应依其性质而有不同之保护范畴及限制之准则，得以法律明确规定对之予以适当之限制"。③

象征言论并非从言论之内容所为之区分，而是按言论之方式作形成之类型。人民以某种姿态或动作表达意见，如：静坐、焚烧国旗（或其他旗帜）、裸奔、自焚、穿着特定服装等，其内容多属政治类，因而在美国最高法院之实践中，常按政治性言论对待，而施以严格保护。台湾地区"司法院大法官"至今并未对象征言论作成系统之解释。但，在"释字第435号解释"中，"大法官"明确认定："蓄意之肢体动作等，显然不符意见表达之适当情节致侵害他人法益者"，不属于言论自由保障范围，④ 因而将以暴力方式侵害他人法益之肢体动作，排除出言论自由保障之范围。

---

① "释字第407号解释"之"解释理由书"。
② "释字第407号解释"之"解释文"。
③ "释字第617号解释"之"解释文"。
④ "释字第435号解释"之"解释文"。

言论自由不仅保护积极发表言论的自由,亦保护消极不发表言论的自由。① 在言论自由之关照下,人民有不发表意见的权利,如产生强迫人民发表意见,即或是对己有利之言论,亦属侵害言论自由。但,不表意自由并非得引为免除必要报告义务之依据。"大法官"于"释字第284号解释"提出,"道路交通管理处罚"有关肇事司机向警察报告义务之设定,并不"违宪"。② 另,对不表意自由也不应作泛化理解。"大法官"对于不表意自由的态度相当之审慎,对于在司法领域出现之声请人以不表意自由对抗司法程序之行为,除"刑事诉讼法"及一般法理明示之"沉默权"外,一般不予支持。如"释字第249号解释"认定证人不得以不表意自由免除其作证义务;"释字第656号解释"就司法判决要求加害人登报道歉是否侵害加害人之名誉权作成解释,认定此类判决"如属以判决命加害人公开道歉,而未涉及加害人自我羞辱等损及人性尊严之情事者",则与言论自由并无抵触。③

本案涉及商业言论与不表意自由,为台湾地区处理特殊言论的经典案例。本案的争点在于:其一,商标标示为何性质之言论,是否属于商业言论的范畴;其二,商业言论在何种情况下可为限制,而不违背言论自由保障之本旨;其三,声请人是否得以不表意自由对抗"烟害防制法"之相关规定。

【解释要点】

"大法官"针对本案作成"释字第577号解释",认定台湾地区"烟害防制法"第8条第1项及第21条之罚则,对于烟品业者就特定商品资讯不为表述之自由有所限制,系为提供消费者必要商品资讯与维护"国

---

① 许育典:《宪法》,元照出版有限公司2006年版,第207页。
② "释字第284号解释"之"解释文"。
③ "释字第656号解释"之"解释文"。

民"健康等重大公共利益,并未逾越必要之程度,与台湾地区现行"宪法"第 11 条保障人民言论自由及第 23 条比例原则之规定均无违背。许玉秀、余雪明各提出"协同意见书"一份。

根据"解释文"和"解释理由书",多数意见认为:言论自由保障人民有积极表意之自由,及消极不表意之自由,其保障内容包括主观意见之表达及客观事实之陈述。在本案中,商品标示为提供商品客观资讯之方式,如系为促进合法交易活动,其内容又非虚伪不实或不致产生误导作用者,其所具有信息提供、意见形成进而自我实现之功能,与其他事务领域之言论并无二致,应受言论自由保障。但,多数意见提出,惟为保障消费者获得真实而完整之信息、避免商品标示内容造成误导作用或为增进其他重大公益目的,公权力机关自得立法采取与目的达成有实质关联之手段,明定业者应提供与商品有关联性之重要商品资讯,对此类言论采取合理而适当之限制。

【理论评析】

言论自由何以包括商业言论或其他特殊言论在内,纯以标示客观资讯之商标何以构成"言论",并受言论自由之保障?为本案三大争点之核心问题。对此问题,美国最高法院经由案例形成之"思想自由市场理论"颇有解释力。

思想自由市场理论最早源自自由主义先贤弥尔顿和密尔。弥尔顿在其名著《论出版自由》中用诗歌般的语言提出:"让真理与虚伪交手吧,谁又看见过真理在交手时吃过败仗呢?她的驳斥就是最好的和最可靠的压制。"[①] 密尔在《论自由》中提出,人们必须学会如何使自己的思想少犯错误,而且纠正自己错误的最好方法就是自由讨论,允许别人批评自己;

---

① [英]约翰·弥尔顿:《论出版自由》,吴之椿译,商务印书馆 1958 年版,第 45 页。

任何人，即使是最聪明最有资格相信自己判断的人，也应当将自己的意见放在公众面前审核，迫使一个意见不能发表的特殊罪恶乃是它对整个人类的掠夺。① 在阿拉巴马诉合众国一案（抵制征兵第四案）中，霍尔姆斯针对多数意见提出不同意见书，提出"他们所期望的至善，最好通过思想的自由交流获得；对真理的最佳检验，在于思想在市场竞争中获得接受的力量，并且这项真理是其愿望得以实现的唯一基础"。② 霍尔姆斯所提出的"思想市场"，与弥尔顿和密尔的观点颇有暗合之处。在 1927 年的惠特尼诉加利福尼亚州一案中，布兰代斯在协同意见中，再次对思想自由市场理论作了阐述："自由思考、畅所欲言，乃是发现传播政治真理所必不可少的手段。"③

综合美国最高法院的判例，所谓"思想自由市场理论"，是指人能够基于理性而独立判别真伪是非，并且能够凭借理性在各种事实和意见之间进行判断和选择，因此，真理就可以在各种思想的竞争中得以发现，公权力机关应当保障各种思想在一个自由的"思想市场"中充分竞争。由此可见，思想自由市场理论，实际上是市场经济观念在精神领域的折射。思想自由市场理论的一个直接子理论是"言论自由市场理论"。根据言论自由市场理论，各种表达思想的言论在"思想自由市场理论"之下，都应当得到尊重和保障，言论因而是自由的，各种言论都有资格出现在一个充分竞争的言论市场上。言论自由市场理论背后根深蒂固的信念是，只有没有限制的言论市场才能发掘真实，促进公益。④

但，在美国最高法院的判例中，这里所称的"言论"，在相当长的一段时间内，是排斥商业言论的。米尔克约翰认为，美国宪法第一修正案的

---

① ［英］约翰·密尔：《论自由》，程崇华译，商务印书馆 1982 年版，第 17 页。
② 张千帆：《西方宪政体系》（上册），中国政法大学出版社 2001 年版，第 361 页。
③ 张千帆：《西方宪政体系》（上册），中国政法大学出版社 2001 年版，第 367 页。
④ 许宗力：《论言论自由的几个问题》，载许宗力：《法与国家权力》（二），元照出版有限公司 2007 年版。

兴趣在于政治自由，在于使民主得到贯彻执行，因此，必须向政府的平民批评者提供信息，使他们能够履行自己的政治责任，否则就不可能控制其统治者，而涉及私人生活（例如商务通信）的讲话则不必受到绝对保护，只给予正当程序条款规定的一般保护。[①] 美国最高法院也曾在1942年的一起案例中，将"纯商业广告"排斥出言论自由保障的范围。直至1976年的弗吉尼亚州药物管理委员会诉弗吉尼亚州公民消费委员会一案，才将商业言论纳入言论自由之保障范围。

若从言论自由功能之角度理解商业言论为何应当被纳入言论自由保障之范围，可以发现，仅将政治性言论列为言论自由之保障范围，显然是健全民主程序说的产物。从表现自我说的观点看来，言论自由之核心在于人民可以无拘束之表现自我，而不需他人（尤其是公权力机关）代之为价值判断，甚至是以价值预设决定其言论。正如本案之声请人在"释宪声请书"中所认为："人各有好尚，兰茝荪蕙之芳，众人所好，而海畔有逐臭之夫。"就此而言，商业言论既然为言论之一种，其是否具有价值，抑或是价值高低，亦应当且有资格在"言论自由市场"中与其他言论并存。而从追求真理说的角度来看，各种言论在言论自由市场中竞争与论辩，更是获取真理的必要途径，上述弥尔顿的观点即是最佳的论述。吴庚在"释字第509号解释"之"协同意见书"中也明确提出："在民主多元社会各种价值判断皆应容许，不应有何者正确或何者错误而运用公权力加以鼓励或禁制之现象，仅能经由言论之自由市场机制，使真理愈辩愈明而达去芜存菁之效果。"[②]

然而，商业言论毕竟不同于政治性言论。按"双轨理论"之观点，商业言论并非属于高价值之言论，因而不可能与政治性言论等量齐观。即

[①] [美] 杰罗姆·巴伦、托马斯·狄恩斯：《美国宪法概论》，中国社会科学出版社1995年版，第187页。

[②] "释字第509号解释"吴庚之"协同意见书"。

便在确立商业言论之地位的弗吉尼亚州药物管理委员会诉弗吉尼亚州公民消费委员会一案中,支持商业言论应受言论自由保护的布莱克门也认为,商业言论原则上有权获得美国宪法第一修正案某种程度的保护,但并不得提供全面保护,因为在性质上它是经济的而非政治的。因此,美国最高法院对商业言论一般采取中度审查基准。在具体的审查方法上,最高法院在1980年的瓦斯公司诉纽约公共事务局案中,提出了审查商业性言论案件的四步分析法,即:第一,商业言论要受第一条修正案的保护至少必须涉及合法活动,并且不能误导公众;第二,所主张的政府利益是否重大;第三,如果以上两个回答都是肯定的,则确定调整是否直接促进了政府主张的利益;第四,确定政府这一调整是否大于促进这一利益之必要。四步分析法虽在个案中多有修正,如在整个1980年代至1990年代中期,在美国最高法院具有统治地位。1996年的"禁止酒类广告案"在相当程度上修改了四步分析法,美国最高法院认为,给商业言论提供比非商业言论更少的保护是缺乏理性基础的。多数"大法官"甚至否认在商业言论和非商业言论之间可以做出截然的划分,认为应当给予商业言论更加严格的保护。[1] 相对而言,台湾地区"司法院大法官"之态度相对保守许多。在"释字第414号解释"中,"大法官"明确提出:商业言论"非关公意形成、真理发现或信仰表达","尚不能与其他言论自由之保障等量齐观","基于公共利益之维护,自应受较严格之规范"。[2] "释字第577号解释"事实上为"释字第414号解释"之延续。

至于本案另两项具体争点,即不表意自由和客观资讯是否属于言论之问题,相对于商业言论保障之问题在理论上较为简单。第一,对于不表意自由。言论自由既为人民之权利,人民自有以积极方式行使或消极方式行

---

[1] 赵娟、田雷:《论美国商业言论的宪法地位——以宪法第一修正案为中心》,《法学评论》2005年第6期。

[2] "释字第414号解释"之"解释理由书"。

使之选择权能,不表意即为人民行使言论自由之消极方式,自当由人民基于以意思自治而行使,而毋须公权力机关越俎代庖。因此,言论自由之本旨,既在于禁止限制人民发表言论,也在于禁止强迫人民发表言论。第二,对于客观资讯是否属于言论的问题,则涉及言论自由之另一面,即获取资讯之权能。台湾地区学者普遍认为,获得资讯是言论自由的自然延伸和题中应有之义。此一观点亦为台湾地区"司法院大法官"经由解释所肯定,如"释字第509号解释"在"解释理由书"中提出,言论自由尚具有"满足人民知的权利"的功能。[1] 陈慈阳认为,言论自由建立在资讯取得的基础上,此不仅仅是自己观察所得,还须使他人能够获得该资讯,特别是在政治及今日高科技专业领域中,仅是单凭自身经验仍不足够来为自我意见的表达。[2] 因此,客观资讯之"言论"属性,既为其本身之事物本质所决定,又为实现言论自由之功能所必须。

在本案中,"大法官"延续"释字第414号解释"所形成之精神,基于以上思路,作成"释字第577号解释",对系争之台湾地区"烟害防制法"第8条第1项及第21条之罚则作成"合宪性"解释。"大法官"之推演共分为三个步骤。

第一步,"大法官"肯定言论自由包含不表意之自由,以及主观意见之表达与客观事实之陈述,并提出"商品标示"之属性及获得言论自由保障之条件。"大法官"首先以"表意方式"和"表意内容"为依据,提出言论自由在方式上意指"积极表意自由"及"消极不表意自由",在保障内容上包括"主观意见之表达"及"客观事实之陈述",从而自然地将在商标中不为特定言论之行为纳入言论自由的视域,为解决本案之争点奠定法理基础。其次,"大法官"针对本案之对象"商品标示",提出商标标示获得言论自由保障之条件。"大法官"认为,商品标示为提供商品

---

[1] "释字第509号解释"之"解释理由书"。
[2] 陈慈阳:《宪法学》,元照出版有限公司2005年版,第519页。

客观资讯之方式，为商业言论之一种，有助于消费大众之合理经济抉择，因此，商品标示如系为促进合法交易活动，其内容又非虚伪不实或不致产生误导作用者，其所具有资讯提供、意见形成进而自我实现之功能，与其他事务领域之言论并无二致，应属言论自由保障之范围。将"大法官"此段表述与美国最高法院审查商业性言论案件的四步分析法，可以发现，两者在对商业言论是否受言论自由保障之前提条件的看法上，基本相同。

第二步，"大法官"循例提出限制商业言论之条件。"大法官"认为，尽管商业言论在满足上述前提条件的情况下，应受言论自由之保障，但为保护消费者获得真实而完整之资讯、避免商品标示内容造成误导作用，或为增进其他重大公益目的，自得立法采取与目的达成有实质关联之手段，明定业者应提供商品有关联性之重要商品资讯。

第三步，"大法官"运用在第二步形成之条件，对系争之台湾地区"烟害防制法"第8条第1项及第21条之罚则进行"合宪性"判断。"大法官"首先肯定，"烟害防制法"第8条第1项要求"烟品所含之尼古丁及焦油含量，应以中文标示于烟品容器上"，及第21条规定之相应罚则，乃课予烟品业者于其商品标示中提供重要客观事实资讯之义务，系属对烟品业者不标示特定商品资讯之不表意自由的限制。"大法官"此番表态，既是对声请人有关"不表意自由"主张之回应，也是依托第一步形成之法理基础，明确提出不表意自由仍属可限制对象。其次，"大法官"对"烟害防制法"第8条第1项之重要意义作了阐明，"此项标示义务，有助于消费者对烟品正确了解"；"且告知烟品中特定成分含量之多寡，亦能使消费者意识并警觉吸烟行为可能造成之危害，促其审慎判断，作为是否购买之参考，明显有助于维护国民健康目的之达成"。"大法官"通过此段表述，以论证对烟品标示不表意自由之限制，符合"保护消费者获得真实而完整之资讯、避免商品标示内容造成误导作用"之限制条件。

最后,"大法官"对"烟害防制法"第 8 条第 1 项及第 21 条规定之罚则,是否与目的达成有实质关联作了分析。"大法官"认为,与各机关学校办理烟害防制教育相比,要求烟品标示标明尼古丁及焦油含量,虽不是较小侵害手段,但与目的之达成,则更具有效性;又,衡诸提供消费者必要商品信息与维护"国民"健康之重大公共利益,课予烟品业者标示义务,并非强制烟品业者提供个人资料或表达支持特定思想之主张,亦非要求其提供营业秘密,而仅系要求其提供能轻易获得之商品成分客观信息,尚非过当。同样,第 21 条所规定之罚则,鉴于烟品成瘾性对人体健康之危害程度,为督促烟品业者严格遵守此项标示义务,尚属督促烟品业者履行标示义务之有效与和缓手段。

此外,"大法官"对系争"法律"与财产权、平等权之关系作了分析。此一部分并不属于言论自由讨论之范围,因而不予详述。至此,"大法官"完成本案之论证。

本案有许玉秀、余雪明两位"大法官"提出"协同意见书"。许玉秀之协同意见,针对"烟害防制法"之溯及力,与言论自由无关,而余雪明之协同意见,则关乎审查商业言论之审查密度,值得分析。余雪明在其"协同意见书"中首先提出一问题:单纯商品成分标示之规定,是否涉及业者不表意自由限制,适用商业言论之中度审查密度,抑或仅属避免误导之单纯营业行为规范,而适用最低度之审查密度?余雪明之所以提出此一问题,所忧虑者并非本案所涉之烟品成分,因为烟品成分涉及"国民"健康之重大公益,而是"在诸多商业管理规定中客观真实资讯提供之要求",与烟品标示相比,此类商品标示显仅涉及一般性公共利益。余雪明之忧虑便在于,如若对仅涉限制一般性商品标示之法规亦采中度审查密度,相关规范甚至难以通过"合宪"检验,则影响重大,亦无必要。为此,余雪明在比较美德相关案例的基础上,提出将商品标示定位为商业言论,并非必然之选择,正确标示商品成分,应为推销商品之业者避免误导，基于商业上诚信原则以及透明性原则应有之义务，否则整个商品构成误导而相关广告将不受言论自由之保障，因此，对限制一般性商品标示之法规采"一般商业规范之低度审查标准加以审查即可"。①

【延伸思考】

本案上承"释字第 414 号解释"，为解决商业言论与言论自由保障之关系的经典案例。但本案值得思考之处颇多。试举数例，以作延伸思考。

第一，本案所持之审查密度颇值得考量。在"释字第 414 号解释"，"大法官"认为药物广告之商业言论，因与"国民"健康有重大关系，基于公共利益之维护，自应受较**严格**之规范。② 而在同样涉及"国民"健康之本案中，"大法官"又针对商标标示这一客观之商业言论，提出公权力机关可以对此类言论"采取**合理而适当**之限制"。（黑体字为作者所加）同样是针对涉及"国民"健康之系争法规，为何"大法官"采取两套不同之审查密度？这两套审查密度能否对应为美国最高法院所采取之严格审查基准和中度审查基准？"大法官"上述态度的变化，是否是随美国最高法院对待商业言论态度之变化而产生变化？不无疑问。

第二，"大法官"在论证保障商业言论之必要性时，提出"商品标示所具有资讯提供、意见形成进而实现自我之功能，与其他事务领域之言论并无二致"的观点，而对比"释字第 414 号解释"提出之商业言论"非关公意形成，真理发现或信仰表达之商业言论，尚不能与其他言论自由之保障等量齐观"，③ 显然两者区隔甚大。是否如余雪明所言，"大法官"已然不再论及"释字第 414 号解释"之观点，而是转向"个案弹性审查"，

---

① 赵娟、田雷：《论美国商业言论的宪法地位——以宪法第一修正案为中心》，《法学评论》2005年第6期。
② "释字第 414 号解释"之"解释理由书"，黑体字为作者所加。
③ "释字第 414 号解释"之"解释理由书"。

值得进一步观察。

第三，本号解释在相当程度上系模仿美国最高法院提出之四步分析法的作品，其实，如果对比本号解释之论证脉轮与四步分析法，可以发现，后者的操作性明显强于前者。本号解释除在对商业言论是否受言论自由保障之前提条件的看法上基本相同外，其余部分都有所区隔。如本号解释要求手段与达成目的间有实质关联，而四步分析法则要求"规范不过当"。在美国最高法院的判例中，"规范不过当"有着两种不同之理解：其一，认为"规范不过当"系指规范应为最小侵害之手段，一如德国法上比例原则之必要性原则；其二，在纽约州立大学诉福克斯一案中，美国最高法院又认为手段不必与目的完美结合，只需具有"合理性"即可。无论如何，"四步分析法"之"规范不过当"，仍是要求从量上把握"手段"与"目的"之关联，所争议者，仅在"量"在强弱。但，本号解释之"实质关联"却从相当模糊之"实质"定义两者之关系，究竟何为"实质"、如何判断"实质"，从"大法官"之解释中，无法知悉，反而可以察觉"大法官"亦是用"合理""必要""适当"等表征"量"之词汇定义和度量"实质"。因此，"实质"之含义，是否亦是量上的，而非质上的？为何"大法官"舍在规范和实务上均已经非常成熟之必要性原则，而提出"实质关联"之话语，值得讨论。

此外，本案在论证"国民"健康之重要性时，以台湾地区现行"宪法"基本"国策"专章之部分条文为例。"基本国策"可否作为论证言论所涉之公益具有重要性之论据？又，言论自由之本旨之一在于排除公权力机关代替人民为预先之价值判断，而以基本"国策"作为支撑限制言论自由之理由，是否有"以子之矛，攻子之盾"之感？而此种说词，又暴露出"大法官解释"的哪些风格，不无值得思考之处。

案例16　王×贵诉台北市地方法院案

解释号："释字第634号解释"
知识点：预审制与言论自由之限制方式

【案情要览】

本案声请人王×贵因自认为对财经理论及股市大盘走势有所研究，在《财讯快报》等报纸上刊登"操盘手特训班"之招生广告，开始招揽投资大众参加其所举办有关证券投资之讲习课程，并在课程中提供证券交易市场分析资料以作有价证券价值分析及投资判断建议。开班期间，共有30余人缴费参与声请人开设的特训班。根据台湾地区"证券交易法"第18条第1项之规定，经营证券投资信托事业、证券金融事业、证券投资顾问事业、证券集中保管事业或其他证券服务事业，应经主管部门之核准，并在第175条规定有罚则。次按台湾地区"证券投资顾问事业管理规则"第5条第1项第3、4款之规定，证券投资顾问事业得"举办有关证券投资之讲习"，而依台湾地区法院之判决，凡收取报酬而"举办有关证券投资之讲习"者，皆应为"证券交易法"第18条第1项所规定之"证券投资顾问事业"，因而尚需主管部门核准。据此，台湾地区台北地方法院对声请人作成有罪判决。声请人上诉后仍受不利之判决，遂声请"大法官解释"。

声请人认为，其本人仅是因对财经理论有兴趣，多年来观察财经环境变动及研究股市大盘走势，故开班授课，教授学生正确投资观念、指导投资风险的控制、图形判读的技巧，以帮助学生拟定投资策略流程，而并非常态性之经营事业，课堂中亦未从事个股之推荐及买卖价位之分析，乃仅从学理上为抽象之论述，对学生分析历史上股市变化的法则。声请人所为与一般学校或金融研训单位之授课行为无异，与一般证券投资顾问事业之经营形态、目的、方式、组织、讲习内容大相径庭。因此，声请人认为，其收取报酬开班授课之行为，并非属于"证券投资顾问"性质之行为。又台湾地区现行"宪法"规定有言论自由之保障条款，为兼顾对个人名誉、隐私及公共利益之保护，"法律"尚非不得对言论自由依其传播方式为合理之限制。但，有关言论自由之界限，不应过度夸大，而应遵循美国最高法院所形成之"明显而立即之危险原则"。据此，声请人认为，其讲授抽象之证券理论的行为并未达到"明显而立即之危险"的程度，系争法规及司法判决却将之认定为有罪，有违言论自由的保障性规范。

【基本知识】

言论自由如同其他基本权利一样，自应有其界限，唯需讨论之问题，在于限制言论自由之方法与界限。台湾地区现行"宪法"第23条所规定之法律保留原则与比例原则，为限制言论自由提供基本法源。但，在言论自由保障领域有何具体制度或可操作性之原则，乃讨论言论自由限制之重要问题。更何况，言论自由中，"言论"之涵义具有复数性，是否不同言论适用同一审查密度，抑或是按照言论种类之不同，适用不同之审查密度，亦为必须解决之关键性问题。

对于言论自由之保障，通常有"排斥预审制"原则。"排斥预审制"原则之前提，在于对于言论之钳制，存在"预审制"和"追惩制"两种模式：[1] 预审制，又作事前审查，系指在言论公开发表前，由有权之公权力机关对言论之内容进行审查，若不符合公权力机关之旨趣，则公权力机关有权禁止公开发表；追惩制，又作事后追惩，系指在言论公开发表后，公权力机关依据法律规定，对违反法律所禁止之言论进行追溯性惩罚。台湾地区学界一般认为，言论自由既攸关人性尊严这一民主法治核心价值的

---

[1] 林纪东：《"中华民国宪法"逐条释义》（一），三民书局1998年版，第171页。

实现，在多元社会的法秩序理解下，公权力机关原则上应尽量确保人民能在开放的规范环境中，发表言论，不得对其内容设置所谓"正统"的价值标准而加以监督。① 是以，预审制将扼杀言论、著作及出版的自由，其结果只有执政者喜悦的言论可以公开发表，对自由与多元社会健全发展造成莫大之戕害，因此，预审制已为西方各国所废止。② 如奥地利1867年宪法第13条第2项规定："出版不得为检查，亦不得采许可制度加以限制"，"国内印刷品之流通，不得适用行政上邮政禁止手段。"德国基本法第5条第1项、日本宪法第21条第2项亦有明文规定。德国联邦宪法法院曾经宣称："自由而不受公权力操控，并且没有事先检查的出版是一个自由国家的重要因素……也是现代民主政治不可或缺。"③ 美国宪法虽未在宪法中明文规定禁止预审制，但在实务中，预审制基本上予以禁止，即便是为公共秩序之需要，也仅得对言论进行事后惩罚。④

另，即或是事后之追惩，亦须足够理由。有学者以政治性言论为对象，提出限制言论自由之两大理由：其一，为兼顾个人名誉、隐私及公共利益之保护，法律尚非不得对言论自由依其传播方式为合理之限制，此一理由亦为"释字第509号解释"之观点；其二，言论表达或传播未达到"具体"破坏自由民主秩序前均应受到保障，亦即如果言论妨害自由民主秩序，则应当受到限制。⑤

至于不同种类言论的审查密度，美国最高法院在实践中形成"双轨理论"（two-track）加以因应。双轨理论，系指将言论分为具有高价值之言论与仅具低价值之言论，并分别给予不同程度的保障。⑥ 双轨理论之源

---

① 陈慈阳：《宪法学》，元照出版有限公司2005年版，第521页。
② 吴庚：《宪法的解释与适用》，三民书局2004年版，第213页。
③ 吴庚：《宪法的解释与适用》，三民书局2004年版，第213页。
④ 邱小平：《表达自由——美国宪法第一修正案研究》，北京大学出版社2005年版，第68页。
⑤ 陈慈阳：《宪法学》，元照出版有限公司2005年版，第526页至第527页。
⑥ 林子仪：《言论自由的限制与双轨理论》，载林子仪：《言论自由与新闻自由》，元照出版有限公司1993年版，第133页以下。

第三部分　言论自由

头仍可追溯至最高法院在1937年作成之卡罗琳的脚注4。在实务上，最高法院也的确是在言论自由案件中率先适用脚注4，宣示言论自由之重要性。[1] 根据最高法院的判决，政治性言论属于高价值言论，一般采用严格审查基准，即限制言论的法律必须是为了实现一项紧迫的政府利益，其选取的限制方式必须是所有可能的手段当中对于言论自由的影响最小的一种。商业言论、色情言论等非政治性（或曰非传统）言论，常常也被称为低价值言论，在实务中往往采取中度审查基准，保护程度相对较低，有些言论（如商业言论）甚至是在1970年代中期之后才被纳入言论自由的保障范围。[2] 双轨理论的提出，对于平衡实现言论自由之目的与防治言论自由之危害的张力，颇有裨益。双轨理论之核心，在于为不同种类之言论，建立起宽严不同之审查密度。对此，台湾地区"司法院大法官"在"释字第414号解释"中已有明文。该号解释提出："政治、学术、宗教及商业言论等"，"依其性质而有不同之保护范畴及限制之准则"。[3] 借由审查密度而对不同种类之言论进行考量，成为典型之言论自由限制方法，而对之加以实证化的工具，则是通过比例原则之审查步骤，将审查密度渗入对限制不同种类言论之手段的考察。

本案之争点在于：声请人开课讲授证券理论之行为，是否应受事前之核准，以及如何判断对此类经济性言论之限制是否符合言论自由之本旨。

【解释要点】

"大法官"针对本案作成"释字第634号解释"，认定"证券交易法"第18条第1项原规定应经主管部门核准之证券投资顾问事业，其业务范围依该规定之立法目的及言论自由之保障意旨，并不包括仅提供一般性证

---

[1] 黄昭元：《宪法权利限制的司法审查标准：美国类型化多元标准模式的比较分析》，《台大法学论丛》2004年第33卷第3期。
[2] 祝捷主编：《外国宪法》，武汉大学出版社2010年版，第48页至第49页。
[3] "释字第414号解释"之"解释理由书"。

券投资资讯，而非以直接或间接从事个别有价证券价值分析或推介建议为目的之证券投资讲习。"证券交易法"第 18 条第 1 项以及与本案有关之相关法规均与言论自由之意旨尚无抵触。

根据"解释文"和"解释理由书"，"大法官"认为，保障人民之言论自由，乃在保障意见之自由流通，使人民有取得充分信息及自我实现之机会，经济性言论所提供之讯息，内容非虚伪不实，或无误导作用，而有助于消费大众为经济上之合理抉择者，应受言论自由之保障。惟为重要公益目的所必要，仍得于符合台湾地区现行"宪法"第 23 条规定之限度内，以"法律"或"法律"明确授权之命令，采取与目的达成有实质关联之手段予以限制。至于"证券交易法"第 18 条第 1 项及其他法规对证券投资顾问事业之规定，如就经营或提供有价证券价值分析、投资判断建议之业务部分而言，系在建立证券投资顾问之专业性，保障投资人于投资个别有价证券时，获得忠实及专业之服务质量，并避免发生扰乱证券市场秩序之情事，因而与言论自由之保障无违。但如仅提供一般性之证券投资信息，而非以直接或间接从事个别有价证券价值分析或推介建议为目的之证券投资讲习，自不受上述规范之限制。

【理论评析】

据本案声请人之声请书及"释字第 634 号解释"之"解释文"，本案所涉及之基本权利有职业自由和言论自由，本书以言论自由为主要分析对象。

如前所述，言论自由自应有所限制，此一观点亦为台湾地区"司法院大法官"所肯定。"释字第 364 号解释"提出，"享有传播之自由者，应基于自律观念善尽其社会责任，不得有滥用自由情事"，"其有借传播媒体妨害善良风俗、破坏社会安宁、危害……利益或侵害他人权利等情形者"，自得依法予以限制。[①]"释字第 364 号解释"之上述话语，在"释字

---

① "释字第 364 号解释"之"解释理由书"。

第 407 号解释"中又将主语换作"出版品"后原样复现，① 表现出"大法官"在此问题上的一般态度。对于商业言论，"大法官"甚至已经如美国之双轨理论，提出不同之审查密度。"释字第 414 号解释"针对药品之商业广告，认为药物广告之商业言论，因与"国民"健康有重大关系，基于公共利益之维护，自应受较**严格**之规范；② 而在"释字第 577 号解释"中，又针对商标标示这一客观之商业言论，提出公权力机关可以对此类言论"采取**合理而适当**之限制"。③ "严格"与"合理而适当"是否对应美国最高法院形成之严格审查基准和合理审查基准，"大法官"并未作进一步阐明。

在对待预审制之态度上，台湾地区"司法院大法官"并未对预审制作出明确排斥。如"释字第 105 号解释"和"释字第 294 号解释"在一定程度上肯定采预审制之"出版法"相关规定与言论自由并无抵触。"释字第 445 号解释"更是明确提出，对事前行政管制之规定，判断是否符合比例原则，"仍应就相关联且必要之规定逐一审查，并非采用追惩制或报备制始得谓符合宪政原则，采用事前管制则系侵害集会自由之基本人权"。④ 但晚近之解释，又对预审制提出批评意见。如"释字第 644 号解释"认定"人民团体法"第 2 条规定不许可设立人民团体之要件，系授权主管部门在许可设立人民团体以前，先就言论之内容为实质之审查，因而违反台湾地区现行"宪法"有关言论自由保障之规定。⑤ 但，"释字第 644 号解释"所针对者，仍主要是政治性言论，至于商业言论的事前限制，"大法官"在实务中承认其为例外而并未判定其为"违宪"。⑥ "释字

---

① "释字第 407 号解释"之"解释理由书"。
② "释字第 414 号解释"之"解释理由书"，黑体字为作者所加。
③ "释字第 577 号解释"之"解释文"，黑体字为作者所加。
④ "释字第 445 号解释"之"解释理由书"。
⑤ "释字第 644 号解释"之"解释理由书"。
⑥ 许育典：《宪法》，元照出版有限公司 2006 年版，第 212 页。

第414号解释"认为,对于商业性的广告言论,基于维护"国民"健康,及增进公共利益的考量,对药品广告作事前审查亦无不可。①

在对言论自由予以限制的方法上,台湾地区"司法院大法官"一般以台湾地区现行"宪法"第23条所规定值法律保留原则和比例原则为依据,对限制言论自由之"法律"进行审查,一旦判定某项限制言论自由之"法律"不符合台湾地区现行"宪法"保障言论自由之本旨,则宣告该"法律"为"违宪"。但,法律保留原则和比例原则究属相当抽象之原则,在具体案件中如何适用,"大法官"在多个案例中,积累成一套完整之判断方法。如"释字第414号解释","大法官"之着力点尚在法律保留原则之授权明确性原则,而不涉比例原则;"释字第509号解释"提出限制言论自由之"法律",必须符合台湾地区现行"宪法"第23条之意旨,但对第23条意旨为何,以及如何适用,并未阐明;"释字第577号解释"方将比例原则细化为"与目的达成有实质关联之手段"云云。

具体到"释字第634号解释",前文已述,本案之争点有二:其一为预审制是否"合宪";其二为应当如何判断限制经济性言论之"法律"符合"宪法"之本旨。对此,"大法官"之着力点在两处:第一,按"释字第445号解释"形成之规则,对所涉之证券言论进行类型化;第二,沿用"释字第577号解释"形成之方法,对"证券交易法"及相关法规限制证券言论之规定进行审查。

第一,"释字第445号解释"形成之规则,系指"释字第445号解释"在"解释理由书"中谓:"对事前行政管制之规定,判断是否符合比例原则,仍应就相关联且必要之规定逐一审查,并非采用追惩制或报备制始得谓符合宪政原则,采用事前管制则系侵害集会自由之基本人权。""释字第445号解释"形成之规则,核心在对言论予以类型化,针对不同

---

① "释字第414号解释"之"解释理由书"。

之言论，判断是否应排斥预审制，而非一而概之。虽然"释字第644号解释"对预审制持明确之否定态度，但如前所述，此一否定之态度毋宁是针对政治性言论而言，对于本案所涉之证券言论，自应继续适用。

第二，"释字第577号解释"形成之方法，系指"释字第577号解释"将比例原则细化为"与目的达成有实质关联之手段"，并使之与"合理而适当"之审查密度相配合，以此构成判断限制言论自由是否恰当之典型方法。

延续以上两规则，并将之共同适用于本案，是"大法官"解决本案有关言论自由部分之基本思路。基于该思路，"大法官"对"证券交易法"及相关法规作成"合宪性"判断。"大法官"之推演共分为三个步骤。

第一步，"大法官"阐明，对证券言论在内的经济性言论应受言论自由之保障。对此，"大法官"首先重申，人民之言论自由，乃在保障意见之自由流通，使人民有取得充分资讯及自我实现之机会。此一说辞，并不同于"释字第364号解释""释字第445号解释""释字第644号解释"等关涉政治性言论之解释，对于言论自由功能之阐发，而是原样复现"释字第414号解释"对于言论自由功能之阐述，表明"大法官"对于政治性言论和商业言论之功能有着不同体认，而本号解释沿用"释字第414号解释"之阐述，亦表明"大法官"已经将本案定位为商业言论案件，此为对言论之第一步类型化。其次，"大法官"针对经济性言论，提出其所提供之讯息，内容非虚伪不实，或无误导作用，而有助于消费大众为经济上合理抉择者，应受言论自由之保障。最后，在总的基调奠定后，"大法官"笔锋一转，提出限制经济性言论的方法：惟为重要公益目的所必要，仍得于符合台湾地区现行"宪法"第23条规定之限度内，以"法律"或立法明确授权之命令，采取与目的达成有实质性关联之手段予以限制。据此，"大法官"认为，限制经济性言论，需符合三项条件：其一，在目的方面，需为重要公益目的所必要；其二，只得以"法律"或立法明确授权之命令为之，以符合法律保留原则及授权明确性原则；其三，采取之手段，必须与目的达成有实质性关联。由此可见，在本号解释中，"大法官"认为对商业言论之限制必须达到"实质性关联"的密度。

第二步，"大法官"在适用限制之条件前，对适用之言论作了第二步类型化，直指本案声请人提出之教授证券理论知识之行为。"大法官"将具有商业言论性质之证券言论，按"证券交易法"第18条第1项之规定，类型化为"证券投资顾问事业"和"提供一般性之证券投资资讯"。对于前者，"大法官"认为，其核心特征系在于专业性，对之设立预审制之目的亦因而在于保障投资人于投资个别有价证券时，获得忠实及专业之服务品质，并避免发生扰乱证券市场秩序之情事。对于后者，因并非以直接或间接从事个别有价证券价值分析或推介建议为目的之证券投资资讯，因而不属于"证券投资顾问事业"，自不受上述"法律"之限制，亦因此不存在预审制之问题。

第三步，"大法官"在"证券投资顾问事业"和"提供一般性之证券投资资讯"的分类基础上，对"证券交易法"及相关法规进行审查。在审查时，"大法官"既然已经排除"提供一般性之证券投资资讯"的预审制，因而其审查重点在于对"证券投资顾问事业"设立预审制之"合宪性"。在此问题上，"大法官"主要讨论前述三项条件之一和之三。首先，"大法官"提出，"证券交易法"第18条第1项之立法意旨，系鉴于证券投资本具有一定之风险性及专业性，而证券投资顾问事业关系证券市场秩序维持与投资人权益保护之公共利益至巨，以证明对"证券顾问事业"设立预审制，系为建立证券投资顾问之专业性，保障委任人获得忠实及专业服务之质量，避免发生扰乱证券市场秩序之情事，其所欲追求之目的核属实质重要之公共利益。其次，"大法官"认定，"证券交易法"第18条第1项及相关法规，就人民举办有关证券投资讲习业务设立预先之核准，

"衡诸台湾地区证券交易市场投资人结构特性,及证券投资顾问专业制度之情况,尚属实质有助于实现上述目的之手段,且其所纳入规范之证券投资讲习之范围,于上述解释意旨范围内,对建立证券投资顾问之专业性与保障投资人亦有实质之助益"。因此,"证券交易法"第18条及相关法规所为之限制手段与目的具有实质性关联,符合比例原则。

至此,"大法官"完成对本案之论证,肯定仅规定"证券投资顾问事业"之"证券交易法"及相关法规为"合宪"。

【延伸思考】

本案比较完整地体现了"大法官"在预审制和限制言论自由方式上的着力点及论证方法,尤其是对所涉之言论采取多次类型化之方法,在台湾地区有关言论自由的案件中,已属具有相当典型性之案例。尤其是本案对自"释字第414号解释"以降之商业言论案件作一总结,因而更具启示意义。但,本案并非无值得思考之处。

第一,前文已述,"大法官"在"释字第414号解释"和"释字第577号解释"已经几乎形成审查商业言论之审查密度,即对涉及人身健康之药品广告采严格审查密度,对涉及商标之商业言论采合理审查密度。如本案能延续以上两号解释之意旨,提出新的审查密度(如中度审查密度)或沿用以上两号解释所采取之审查密度,则可以在台湾地区构成比较完整之商业言论审查密度。但,"大法官"并未延续经"释字第414号解释"和"释字第577号解释"形成之审查密度,而是按照德国法之比例原则的模式,提出"实质性关联"的审查密度,且"大法官"在论证此"实质性关联"时,并无详细之论证,而是笼统言之,因而产生"实质性关联"到底应偏向于"严格审查密度",抑或偏向于"合理审查密度"之疑问。亦即,"大法官"在"解释理由书"中所言"实质性关联",在具体操作层面到底该如何判断?

第二，本案"大法官"在本号解释之"解释理由书"前半部分，提出限制经济性言论的三项条件，除"大法官"论证之"目的"和"手段与目的之关系"外，尚有"符合法律保留原则及授权明确性原则"之判断。本案主要系争规范虽属"法律"，但声请人毕竟声请审查"证券交易法"之下位法规之"合宪性"，其中必然涉及授权明确性原则之适用，但"大法官"竟未给予因应。"大法官"之论证是否因此缺漏而造成逻辑链不尽完整？况且，声请人在"释宪"声请书中已经提出"证券投资顾问事业管理规则"相关条文明显抵触法律保留原则和法律明确性原则之疑义，"大法官"在"解释文"及"解释理由书"中并不予回应，是否有违"大法官解释制度"之本旨，尚待澄清。

第三，"大法官"在本案中，主要适用比例原则审查限制商业言论之预审制，但对比例原则之操作，简化为"目的是否为重大公益""手段与目的是否具有实质性关联"两者上，从论证思路上，似乎将比例原则从以往所建构之四阶原则，简化为"两阶"原则，是否意味着"大法官"对比例原则之实证化再次出现变化，抑或是比例原则在实务中之考量仅需最为关键之"目的正当性"和"手段必要性"即可？并无法从本号解释中窥见。

除以上问题外，"释字第634号解释"尚存在其他值得探讨之问题，如声请人仅要求"大法官"对"证券交易法"及其相关法规作出是否"合宪"之判断，但"大法官"借由类型化之方法，提出"提供一般性之证券投资资讯"并不受预审制之限制，是否有违司法权之被动性特征？抑或是"大法官"试图在维护"证券交易法"及相关法规"合宪性"的同时，帮助声请人渡过司法难关？这一解释风格又能呈现出"大法官"何种品性？此类问题，已超出基本权利之范畴，本书难以详述。

第四部分　宗教信仰自由

案例17　吴宗贤等四人诉台湾地区"国防部"等案

解释号："释字第490号解释"
知识点：宗教信仰自由的内涵

【案情要览】

本案声请人共四人：吴宗贤、许谦、陈建化和李东荣，均系宗教团体"耶和华见证会"成员。此四人分别在1970年至1986年间根据台湾地区有关规定服兵役，但，此四人均以其为"耶和华见证人"信徒为名，声言"凡如声请人至'耶和华见证人'基督徒，基于崇尚世界和平之真诚信仰，在良心上始终拒绝参与任何与军事有关之活动，对于地上列国战争均严守中立之立场，并不干涉他人行动"，[①] 并据此不参加军事训练。此四人之主管军事部门以上述四人"抗命"为由，对其分别处以刑罚。后上述四声请人依台湾地区军事"法律"提起上诉，分别为台湾地区"国防部""陆军总司令部""最高法院"等单位驳回，遂声请"大法官解释"。

声请人认为，台湾地区"兵役法"第1条"男子依法皆有服兵役之义务"侵害台湾地区现行"宪法"第13条所保障之宗教信仰自由。宗教

[①] 许谦之"释宪声请书"。

信仰自由的含义应包括不得强制人民接受或放弃宗教信仰，更不得因人民信仰或不信仰宗教而予以处罚。按声请人信仰基督，依据《圣经》教训（包括"不再学习军事"）为人处世，故声请人对于圣经之绝对遵从信守，例如在良心上拒绝参与军事活动，包括拒绝接受军事训练，应属宗教信仰自由所保障。声请人认为，如据台湾地区"兵役法"第 1 条之规定，声请人因系男子，即有服兵役之义务，其基于宗教训练及信念，在良心上反对任何形式的战争之"真挚确信"，将因此无法确保。按台湾地区现行"宪法"第 13 条保障人民有信仰宗教之自由，不仅指人民有权利与内心信仰、崇拜其宗教上之神，亦应包括有权利于不侵害整体社会之和平与道德前提下，依其宗教教义而作为或不作为，因此，在良心上拒绝参与任何形式的战争及军事训练既属声请人之宗教信仰内容，应受宗教信仰自由保障。据此，声请人认定，台湾地区"兵役法"第 1 条不问男子有无任何诚挚的不参与任何形式之战争或军事训练的宗教信仰，而一律规定其有服兵役之义务，显与台湾地区现行"宪法"第 13 条保障人民宗教信仰自由之规定有违。[1]

【基本知识】

宗教信仰自由与财产权常被认为是宪政的两大支柱。美国宪法学家弗里德里希在其名著《超验正义——宪政的宗教之维》中曾言："在（宪法所规定的）这些权利中，每个人宗教信仰的权利过去和现在都是精神领域内至为关键的权利，它与物质领域内过去和现在所保有的私人财产权同样至关重要。"[2] 宗教信仰自由是西方社会在长期宗教专制的压迫与挣扎中成长起来的一项基本权利。在中世纪，公权力与宗教的结合，共同营造

---

[1] 本案摘取之声请人观点，以吴宗贤之"释宪声请书"为据，其余三位声请人之观点虽有小异，但在宗教信仰自由一节之论述上基本相同。

[2] ［美］卡尔·J. 弗里德里希：《超验正义——宪政的宗教之维》，周勇、王丽芝译，生活·读书·新知三联书店 1997 年版，第 15 页。

人类思想最为黑暗之时期，不仅宗教结合公权力禁锢人之思想，公权力亦结合宗教摧残人之身体。在宗教禁锢之时代，宗教成为公权力侵夺人民基本权利之工具。直至宗教改革时期，"透过权力来处理宗教问题，这是有害的"，这一观点才被清楚地意识到。① 宗教改革后，在宗教宽容的号召下，基督教的各教派形成平等关系，对宗教信仰自由之肯定亦现开端。1776年美国弗吉尼亚州的权利法案规定，基于人们对宗教的崇敬和理性，所有人平等地拥有自由行使其宗教的权利，第一次在成文法的层面确认了宗教信仰自由。美国宪法第一修正案承袭弗吉尼亚州权利法案之规定，以禁止国会制定确立国教或禁止信教自由的法律的形式，确认宗教信仰自由。欧洲各国建立民主制度后，大多在宪法中确认宗教信仰自由的原则。

时至今日，宗教在欧美国家虽仍具巨大之社会影响力，但此一影响力毋宁在欧美民众心理层面，宗教在世俗生活中的支配性影响力已经不复存在，中世纪之宗教专制亦成为历史陈迹，不复再现。在此背景下，为何欧美各国宪法仍视宗教信仰自由为宪政之支柱，又，在中华传统文化下，素无欧美社会之宗教文化，为何亦对宗教信仰自由给予极大重视？盖因为宗教信仰自由的真实意涵在于，不管公权力对宗教的偏爱或多数主流宗教信仰者对特定宗教之尊崇，都不容许公权力对其他少数人民宗教生活自由开展形成阻碍，以防止对宗教信仰之限制，变相成为压迫非主流之少数人民的借口。因此，宗教信仰自由在基本权利上仍可以通过人性尊严之内涵，即自我决定，推演得出：宗教信仰自由的意义，毋宁是对于人民的宗教自我实现，予以自由与多元的整合保障。② 对此，"释字第573号解释"亦有阐明："保障人民有信仰宗教之自由，系为维护人民精神领域之自我发展与自我实践，及社会多元文化之充实……"云云。③

---

① 许育典：《宗教自由与宗教法》，元照出版有限公司2005年版，第93页。
② 许育典：《宗教自由与宗教法》，元照出版有限公司2005年版，第105页。
③ "释字第573号解释"之"解释理由书"。

台湾地区现行"宪法"第13条规定："人民有信仰宗教之自由。"在"释字第460号解释"中，"大法官"对宗教信仰自由之含义作了初步之说明。在该号解释之"解释理由书"中，"大法官"提出：宗教信仰自由系指人民有信仰与不信仰任何宗教之自由，以及参与或不参与宗教活动之自由；公权力亦不得对特定之宗教加以奖助或禁止，或基于人民之特定信仰为理由予以优待或不利益。[①] 许育典认为，台湾地区现行"宪法"第13条之规定，尚包括两方面之含义：其一，要将外在世界对宗教或世界观的侵犯或影响减至最小，尤其是来自公权力本身的影响或侵犯，即宗教信仰自由的主观权利面向；其二，为了使公权力或社会的主流价值能够永续性地实践其维持社会和平的义务，即宗教信仰自由的客观法面向。本案所体现者，为宗教信仰自由之主观权利面向，而本书后一案例（案例18）所体现者，为宗教信仰自由之客观法面向。

本案之争点在于，声请人是否得以信仰特定宗教以及其所信任之宗教排斥服兵役为由，拒绝法定之服兵役义务，以及宗教信仰自由是否有其界限，而此一界限与宗教信仰自由之主观权利面向有何关系。

【解释要点】

"大法官"针对本案作成"释字第490号解释"，认定台湾地区"兵役法"第1条属落实台湾地区现行"宪法"第20条服兵役之义务而设，原属立法政策之考量，非为助长、促进或限制宗教而设，且无助长、促进或限制宗教之效果，且服兵役之义务并无违反人性尊严亦为动摇价值体系之基础，且为大多数社会之法律所明定，更为保护人民、防卫安全之必需，与宗教信仰自由之保障，亦无抵触。因此，系争之"兵役法"第1条及由该条引申之下位法规范与宗教信仰自由之保障不相抵触。王和雄、

---

① "释字第460号解释"之"解释理由书"。

刘铁铮各提出"不同意见书"（包括"部分不同意见书"）一份。

根据"解释文"和"解释理由书"，"大法官"认为，所谓宗教信仰之信仰，系指人民有信仰与不信仰任何宗教之自由，以及参与或不参与宗教活动之自由；公权力机关不得对特定之宗教加以奖励或禁制，或对人民特定信仰畀予优待或不利益，其保障范围包含内在信仰之自由、宗教行为之自由与宗教结社之自由。内在信仰之自由，涉及思想、言论、信念及精神之层次，应受绝对之保障；其由之而派生之宗教行为之自由与宗教结社之自由，则可能涉及他人之自由与权利，甚至可能影响公共秩序、善良风俗、社会道德与社会责任，因此，仅能受相对之保障。据此，"大法官"认为，除内在信仰之自由应受绝对保障，不得加以侵犯或剥夺外，宗教行为之自由与宗教结社之自由，在必要之最小限度内，仍应受相关之约束，非可以宗教信仰为由而否定法律之存在。因此，宗教之信仰者，既亦系人民，其所应负基本义务与责任，并不得仅因宗教信仰之关系而免除。

【理论评析】

"释字第490号解释"为体现宗教信仰自由之主观权利面向的指标性案例。主观权利面向之宗教信仰自由，主要在于人民得以宗教信仰自由对抗公权力之恣意侵害。在此意义上，主观权利面向之宗教信仰自由，具有防御权之功能。但，宗教信仰之内涵为何，如何对抗公权力之侵害，并不能从单纯之"宗教信仰自由"之规范文本中得出，而需配合严谨之规范释义。在此问题上，台湾地区学者常以类型化之方法，根据宗教信仰自由之特征，而将宗教信仰自由切割成若干类型，分别给予观察与评判。

陈慈阳认为，信仰自由虽源于宗教信仰自由，但在进入二十世纪后就不限于宗教信仰领域，而是基于个人精神上之良知、价值观及宗教观所形成的，因此，宗教信仰自由应当扩展至良知自由。狭义之宗教信仰自由与良知自由的界分，在于是否有特定对象团体为前提：如以特定对象团体为前提，例如天主教团体、佛教团体等，即为狭义之宗教信仰自由；而如自我内心道德之确信为信仰之依据，则属良心自由。狭义之宗教信仰自由和良心自由可合称为广义的信仰自由。① 陈慈阳所提之类型化，在理论上可延展宗教信仰自由之外延，而并未触及宗教信仰自由之内涵。

吴庚认为，宗教信仰自由包括三大类别。② 第一类，以信仰之行为是否为作为分，可以分为积极自由与消极自由。积极自由指积极信仰并参与某种宗教之各项活动的自由；消极自由指不信仰宗教之自由，或信仰某种宗教之后，放弃或改变信仰的自由。如前引"释字第460号解释"之"解释理由书"，消极自由与积极自由为"大法官"所肯定。第二类，以信仰之主体是否具有团体性分，可以分为个人信仰自由与集体信仰自由。个人信仰自由系因信仰宗教本是个人的心灵活动，当然任由个人享有其行为或不行为之自由；集体信仰自由，则指组织各类宗教团体之自由，而不论这些团体是附属于既有的宗教或自行创设新的宗教，且这些宗教团体享有自主组织权和财产权。第三类，以信仰是否表现于外分，可以分为内在信仰自由与信仰行为自由。内在信仰自由是存在于个人内心的自由，对宗教信与不信全凭个人自决，所以属于绝对自由；信仰行为自由，系指表现内心信仰于外的行为自由，如参加宗教仪式、传教、受宗教教义影响为或不为特定行为等。由于信仰行为属于外在的行为，因而不具绝对之自由。吴庚之分类可谓包罗万象，对宗教信仰自由可能涉及之对象均有讨论，但由于吴庚在作上述之类型化时，并未以主观权利为思考面向，因而某些类别并非为宗教信仰自由之主观权利面向所涵盖，如由集体信仰自由衍生之宗教团体自治等。

许育典认为，宗教信仰自由在主观权利面向上所保护之法益，包括内在信仰自由、表达信仰自由与从事宗教活动自由。第一，内在信仰自由，

---

① 陈慈阳：《宪法学》，元照出版有限公司2005年版，第579页。
② 本段内容，参见吴庚：《宪法的解释与适用》，三民书局2004年版，第231页至第233页。

系指宗教信仰者对于其信仰对象——亦即其所认为的神圣事物——的纯粹思想活动，包括个人对于不同宗教信仰的认知、选择、归属或放弃。由于外人无法借由观察而了解个人之内心，所以也被称为"内在领域"。内在信仰自由建构了宗教自由作为基本权利所有保护法益的核心基础，形成了宗教信仰自由的核心。① 第二，宗教表达自由，系指以"言谈或宣告"方式，而非仅以"思想"方式，对特定之宗教表现信仰的自由。宗教表达自由在字面上，可归类于言论自由之特例，但，宗教表达自由，实际上是人民根据其信仰而行为，真正实践其信仰于生活中，因此，宗教表达自由尚包括可以为外人所观察到的、与信仰有关的行为或状态，属于"外在信仰自由"。② 第三，从事宗教活动自由，系指通过组织形式去实践内在信仰的自由。从事宗教活动自由，并非是个体以孤立的"言谈或宣告"表达内心之信仰，而是透过宗教团体而实践其内心信仰。在此意义上，从事宗教活动自由又可与作为基本权利的结社自由发生联系。③ 三者分类之意义在于，公权力应当根据三种法益之特点，根据宗教信仰自由之本旨，施以不同对待：对内在信仰自由，宗教信仰自由之保障是一个所谓绝对的保障，是不受任何法律限制的自由；④ 对宗教表达自由与从事宗教活动自由，因其有行为表现于外，因而应受法律之限制，唯此限制需根据宗教信仰自由之本旨，根据基本权利限制之基本原则确定之。就此而言，许育典后两者类型，可以归入吴庚第三种分类之信仰行为自由中。

以上类型化之方法，亦为台湾地区"司法院大法官"所肯定。"释字第460号解释"虽提出积极信仰自由与消极信仰自由之分类，但毋宁为对宗教信仰自由之阐释，而并未将此一分类运用于案件处理。在本案中，"大法官"运用类型化之方法，比较完整地提出宗教信仰自由所包含之内

---

① 许育典：《宗教自由与宗教法》，元照出版有限公司2005年版，第116页。
② 许育典：《宗教自由与宗教法》，元照出版有限公司2005年版，第121页至第122页。
③ 许育典：《宗教自由与宗教法》，元照出版有限公司2005年版，第123页。
④ 许育典：《宗教自由与宗教法》，元照出版有限公司2005年版，第117页。

涵，并据此对系争之"兵役法"第 1 条作成"合宪性"判断。"大法官"之推演共分为三步。

第一步，"大法官"在"释字第 460 号解释"之基础上，重申宗教信仰自由之内涵，并运用类型化之方法，提出宗教信仰自由之类型及受限制密度。多数意见延续"释字第 460 号解释"对宗教信仰自由之阐述，并进一步提出：宗教信仰自由的保障范围包含内在信仰之自由、宗教行为之自由与宗教结社之自由。"大法官"认为，内在信仰自由，涉及思想、言论、信念及精神之层次，应受绝对保障；其由之而生之宗教行为之自由与宗教结社之自由，则可能涉及他人之自由与权利，甚至可能影响公共秩序、善良风俗、社会道德与社会责任，因此，仅能受相对之保障。"大法官"之类型化，与吴庚、许育典等学者之类型化大体相同，实务与学理之关联以及不同类型之宗教信仰自由受规范密度之情形，参见下表所示：

表 4　宗教信仰自由类型化之情况表

类型	对应陈慈阳观点	对应吴庚观点	对应许育典观点	受规范密度
内在信仰自由	兼具狭义之宗教信仰自由与良知自由之意涵	内在信仰自由	内在信仰自由	绝对保障
宗教行为之自由	狭义之宗教信仰自由	信仰行为自由	表达信仰自由	相对保障
宗教结社之自由			从事宗教活动自由	相对保障

（本表为作者自制）

从上表可见，"内在信仰自由、宗教行为之自由与宗教结社之自由"的分类，在复杂及精致程度上显然已经远远超越"释字第 460 号解释"对于积极信仰自由与消极信仰自由之分类，因而在实务中更加具有操作性，亦为"大法官"的后续推演奠定了释义学基础。

第二步，"大法官"在类型化之基础上，提出对宗教行为之自由和宗教结社之自由的限制条件。既然宗教行为之自由和宗教结社之自由并非受绝对之保障，自应受相对之保障无疑，而相对之保障的反面即公权力可借由法律对此两者加以限制。因此，限制此两者之法律应符合何种限制条件，以无违宗教信仰自由之本旨，为"大法官"在类型化后之论证重点。"大法官"认为，宗教信仰之自由与其他之基本权利，虽同受保障，亦同受规范，除内在信仰之自由应受绝对保障，不得加以侵犯或剥夺外，宗教行为之自由与宗教结社之自由，在必要之最小限度内，仍应受相关法律约束。

第三步，"大法官"对系争之"兵役法"第1条根据上述所形成之限制条件加以检验。"大法官"在宗教行为之自由与宗教结社之自由仅受相对保障之基础上，提出"非可以宗教信仰为由而否定公权力及法律之存在"，因而认定宗教之信仰者，亦应负基本义务与责任，且此类基本义务与责任并不得因宗教信仰之关系而免除。至于系争之"兵役法"第1条，"大法官"认为，为达成保护人民生命和财产等基本权利，有赖于人民应尽其基本义务，其中，为防卫安全，人民有服兵役之义务。对此，台湾地区现行"宪法"第20条亦有明文。惟人民如何履行兵役义务，台湾地区现行"宪法"并无明文规定，而应由立法者斟酌安全、社会发展之需要，以"法律"定之。系争之"兵役法"第1条，系为实践人民之服兵役义务而为之规定，原属立法政策之考量，非为助长、促进或限制宗教而设，且无助长、促进或限制宗教之效果。再者，男子服兵役义务，并无违反人性尊严亦未动摇价值体系之基础，且为大多数国家与地区之法律所明定，更为保护人民、防卫安全所必需。据此，"大法官"完成论证，认定"兵役法"第1条与宗教信仰自由之保障并无抵触。

王和雄、刘铁铮对以上多数意见并不赞同，因而各提出"不同意见书"一份。王和雄之"部分不同意见书"认为，虽赞同多数意见提出之"宗教之信仰者，既亦系人民，其所应付之基本义务与责任，并不得仅因宗教信仰之关系而免除"，但认为，虔诚之宗教信仰者，其外在之行为，虽可能因涉及他人之权利与公序良俗，不能不同受"法律"之规范，第本于教义而为之宗教行为，如涉及宗教核心之理念者，其信仰与行为即具有表里一致之关系，该项行为即不能全然以法规范之构成要件之行为视之，而毋宁已涉及内在宗教信仰之层次。在此种情形下，该行为虽与一般社会上具有支配性之伦理观念及以之为基础之法律义务相冲突，如遵行科罚，将使虔诚之宗教信仰者，因基于人性尊严所为生命之选择，陷于心灵上根本之冲突，因此，宗教行为如与法令相抵触时，法令之规范或处罚，即应特别审慎或严谨，俾免侵害或剥夺宗教信仰自由之本旨。更进而言之，当"国民"义务之履行与宗教信仰自由相冲突时，该义务之履行将对其宗教信仰造成限制或影响，则对宗教行为之规范或限制，即应以严格审查密度尽到最大审慎之考虑，非仅为达成目的所必要，且应选择损害最小之方法而为之，尤应注意是否有替代方案之可能性，始符宗教信仰自由之本旨。在比较法上，美国、德国和奥地利等国，均允许因宗教信仰而拒绝服兵役者，可以以补充役之义务、或免除战斗性之兵役、或服替代劳役代替之。因此，王和雄认为，宗教之信仰者，基于教义及戒律之关系，并因虔诚之宗教训练及信念上等原因而在良心上反对任何战争者（例如专职之神职人员）至少应在"兵役法"上规定，避免使其服战斗性或使用武器之兵役义务，而以替代役为之，俾免宗教信仰之核心理念与法令相抵触而影响宗教信仰自由之保障。

　　刘铁铮从程序和实体上皆提出不同之意见，涉及宗教信仰自由部分，主要在其对实体之不同意见。在实体部分，刘铁铮认为，人民有信仰宗教之自由，系确认信仰自由事涉人民内心之真诚与生命价值之选择，对于宗教行为之规范，应抱持和平与容忍之态度，除非举证证明有明显立即之危险或关系重大公共利益，否则不应介入干涉，对于拘束人民宗教自由之立法考虑，亦然。据此，刘铁铮认为，宗教之信仰者，基于教义及戒律之关系，并因虔诚之宗教训练及信念上等原因，而在良心上反对任何战争者，在"兵役法"上自应避免使其服战斗性或使用武器之兵役义务，俾免宗教信仰之核心理念与法令相抵触而影响宗教信仰自由之保障，因此之故，在制度上给予因宗教或良心因素不愿服兵役之人转服替代役之方法，始真正符合保障人权之意旨。

值得一提的是，在本号解释后，台湾地区"立法院"通过"替代役实施条例"，允许役男以宗教原因得服替代役，于需用部门担任辅助性工作，履行公共事务或其他社会服务，但，替代役期较常备兵役为长。①

【延伸思考】

本案为台湾地区有关宗教信仰自由之指标性案例，尤其是将宗教信仰自由类型化以及限制宗教行为之自由与宗教结社之自由之条件，均对台湾地区宗教法制之建立有着莫大之影响。甚至两位"大法官"在"不同意见书"提出之"替代役"制度亦在本案后为台湾地区所确立。但，本案并非无值得思考之处。

第一，许育典认为，本案为台湾地区第一次出现千载难逢的宗教法学契机，但"大法官"并未借此机会，去妥当定义与涵摄在台湾地区宗教法学上的宗教概念。②本书认为，其间原因并非"大法官"未能意识到本案在台湾地区宗教法学上之重要意义，而是有着公权力（包括司法权）在内，亦不宜介入判断宗教内容之考量。但，"大法官"的确错失延展"释字第460号解释"之机会。从日常角度观察宗教之定义，无非以基督教、伊斯兰教、佛教、道教等示例性列举说明，但，在"法律"上虽可以上述具一定社会影响力之宗教定义"宗教"之内涵，但在宗教信仰自由原则之下，非主流、仅少数人群信仰之宗教如何定义？又，在中华文化圈下，并无如基督教之于欧洲一般影响的宗教，各种信仰实质上与特定地方之住民习惯、风俗有涉，这些具地方特色之习惯、风俗是否亦属宗教？更进一步，宗教信仰自由之关键在于人基于内心确认而形成之信仰，如若

---

① 李念祖编著：《人权保障的内容》（上），三民书局2006年版，第199页。
② 许育典：《宗教自由与宗教法》，元照出版有限公司2005年版，第165页。

信仰某种不具宗教形态之学说，如信仰生存主义、信仰绿色环保主义等，是否也可谓之为宗教信仰自由之"宗教"？"释字第460号解释"将私人出资建设之神坛排除出"宗教场所"的范围，是否意味着台湾地区"司法院大法官"认为此类民间神坛并不具有宗教属性？这些问题，"大法官"在"释字第490号解释"中甚至未能给出解答的线索。此诚为本案最大遗憾之处。

第二，在本号解释中，"大法官"虽对宗教信仰自由为类型化，且如前所述，"大法官"之类型化可以与理论上之类型化相呼应，但多数意见的某些表述并非周延。如多数意见认为，内在信仰之自由，涉及思想、言论、信念及精神层次。如果思想、信念及精神尚属内在领域，则"言论"是否属于内在领域，不无值得思考之处。如果按吴庚和许育典之观点，言论应属宗教行为自由或宗教表达自由，而非内在信仰之自由。多数意见将言论放置在内在信仰之自由的示例性列举中，到底是疏漏，抑或是"大法官"认为发表涉及宗教之言论亦属内在信仰自由之范围，受绝对保障？值得探讨。

第三，本案之本质，在于宗教之戒律与公权力制定之法律之间的效力，何者为优位的问题，亦即信仰宗教者是否可以以其所信仰之宗教的戒律为由，抵抗公权力制定之"法律"。本号"解释"之作法，在于将两者效力何者为优位之问题，转化为公权力制定之"法律"在何情况下优位于宗教之戒律的问题。即在一般情况下，宗教之戒律可以抵抗公权力制定之"法律"，但当出现特定事由时，公权力制定之"法律"自可优位于宗教之戒律。但，核心问题在于，上述"特定事由"意指为何？多数意见以"兵役法"第1条为立法政策之考量为由，便轻易以公权力制定之"法律"替代宗教之戒律，是否与宗教信仰自由之意旨相符？相比之下，王和雄和刘铁铮要求以严格审查密度审查限制宗教信仰自由之"法律"，是否更具合理性？颇值得进一步思考。

第四，以何为标志判断宗教信仰，亦为宗教信仰自由所必须关注之问题。如南北朝时期，普通民众争相入寺庙为僧尼以避祸，如役男为躲避服役，而妄称信仰特定之宗教，宗教信仰自由是否仍得为此类人群提供保障，亦即，在法律上如何判断特定主体的确为某宗教之信仰者。但，此一判断有着相当之难度，因为宗教信仰自由以绝对保障之密度保障内心信仰自由，且以其为核心和基础，而内心之信念几无观察和判断之可能。是以，基于实务上之确实困难，在理论上对宗教信仰自由内涵之界定，并非可以通过上述三分法之类型化可以完满解决，尚需结合实务之困难，作更加精细之建构。

案例18 五峰景德会、五指山灶君堂诉师善堂案

解释号："释字第573号解释"

知识点：宗教中立原则与宗教团体自治

【案情要览】

本案声请人五峰景德会和五指山灶君堂为两宗教团体，分别在日本殖民统治时期和民国初年成立。因两声请人在成立时，尚未登记为法人，因而无法受让地方善心人士捐赠之土地，因而咸借另一寺庙师善堂（即本案与声请人相对之主体）之名义受赠土地，约定嗣后办理转移登记。五峰景德会于1970年登记成立财团法人，师善堂即召开内部信众大会，决议将上述土地转移至五峰景德会，并在主管机关办理相关登记。五指山灶君堂亦于1980年与师善堂办理土地转移手续。但，20余年后，师善堂管理人变更，后任管理人以台湾地区"监督寺庙条例"第8条"寺庙之不动产及法物，非经所属教会之决议，并呈请该管官署许可，不得处分或变更"之规定为据，指称上述土地转移手续未经其所参加为会员之"中国佛教会"同意为由，诉请涂销与两声请人之土地所有权转移登记。后师

善堂提起诉讼，受不利判决后，上诉至台湾地区高等法院，获有利之判决，两声请人向台湾地区"最高法院"提起上诉，台湾地区"最高法院"作成不利于两声请人之判决，两声请人遂认为本案之主要法源"监督寺庙条例"第8条违反宗教信仰自由而无效。

声请人之观点，主要并非集中于宗教信仰自由。声请人认为，台湾地区"监督寺庙条例"从名称上判断，并不具有"法律"之位阶，且无上位法之明确授权，因而以台湾地区"监督寺庙条例"第8条之规定对声请人作成不利之判决，系以"条例"位阶之规范性文件限制人民之财产权，因而违反法律保留原则。惟本案声请人之一五指山灶君堂在"释宪声请书"之"补充理由书"中提出，台湾地区"监督寺庙条例"第1条规定，"凡有僧道住持之宗教上建筑物，不论用何名称，均为寺庙"等语，显然将台湾地区"监督寺庙条例"之适用范围限于佛教与道教，而不适用于其他宗教，在违反平等原则同时，也与"释字第460号解释"和"释字第490号解释"宣示之宗教信仰自由意旨不符。

【基本知识】

宗教信仰自由之本旨既在维护民主法治社会之多元文化，则多元之文化必然建立在允许多元之宗教信仰基础上。基于历史经验，对多元之宗教信仰破坏最深者，亦是对一元之宗教信仰利用最巨者，非公权力机关莫属。是以，在民主法治之现代社会，为维护多元文化之宗教基础，惟必须保持公权力对宗教信仰之中立。宗教中立原则因而为宗教信仰自由之题中应有之义，构成宗教信仰自由客观法面向之重要组成部分。

宗教中立原则，系指公权力不受某一特定宗教的影响，在所有宗教中不偏不倚，促进所有人民在多元社会最大可能的宗教信仰自我实现。[1] 宗

---

[1] 许育典：《宪法》，元照出版有限公司2006年版，第249页。

第四部分　宗教信仰自由

教中立原则与宗教信仰自由之为相互依存之关系：只有公权力保持宗教中立而不干涉宗教事务，宗教自由才有可能存在，而也只有在宗教自由的保障下，公权力本身不与现存之某一特定宗教团体为伍，宗教中立原则才可想象。① 与宗教中立原则所伴生者，为宗教宽容原则。宗教宽容本为宗教信仰自由产生之事实基础，若无宗教改革后所形成之宗教宽容，中世纪之宗教专制则无法被根本动摇，亦不可能产生宗教信仰自由。与宗教中立原则伴生之宗教宽容原则，虽亦有上述意涵，但核心仍在于要求公权力对宗教采取宽容之态度。由于公权力对宗教保持中立，则公权力自应容忍宗教之内容、组织及形式，并创造宽容之制度环境，维护多元宗教之自由开展。

宗教中立原则与宗教宽容原则，在制度上体现为政教分离。从世界范围内来看，宗教中立原则由欧洲宗教改革中出现的新教派"索塞纳斯派"所首倡，其核心思想在于建立独立于公权力的教会。另一新教派别再洗礼派主张教会与公权力相分离，使各教派处于平等地位。在美洲，殖民地普罗维登斯于1633年制定一部宪法，规定地方官吏只有行政权，而无权干涉宗教事件。② 杰斐逊在1786年起草《宗教自由法令》，宣告宗教脱离公权力的支持或监管而成长为公民的私人事务。美国宪法第一修正案规定延续上述传统，立有不得设立国教条款。对此，杰斐逊曾言："宗教完全是个人与其信仰之神之间的事，其信仰与崇拜无关于他人，政府的立法权只能及于行为，而不能及于意见，宪法之禁止立法机关设立国教或禁止宗教的自由行使，乃是要在国家与教会之间建立一道分离的隔墙。"③ 除美国外，欧洲国家亦逐渐实现宗教中立，如德国魏玛宪法第137条和基本法第140条都规定有"禁止国家教会"的内容。

政教分离之自然延伸在于公权力自外于宗教团体，即宗教团体自治。

---

① 许育典：《宪法》，元照出版有限公司2006年版，第250页。
② [英]伯里：《思想自由史》，吉林人民出版社1999年版，第51页。
③ 转引自荆知仁：《美国宪法与宪政》，三民书局1993年版，第348页至第349页。

宗教团体系由具相同信仰的多数人集结而成。宗教团体对其成员，甚至是非成员具有较大的影响力。通常，个人也只有通过宗教团体，能够满足或发展个人在宗教信仰上的需求。① 宗教团体虽具有宗教之属性，但在形式上仍为一团体，因而其自治并非仅受政教分离保障，而且为团体自治所保障。结合政教分离与团体自治，宗教团体自治，系指宗教团体成立后，能够依据自己的教义，决定其组织架构、人事、教务推动、资金与事业的经营等，公权力对此必须尊重。② 在台湾地区，宗教团体自治一度在规范层面上未受保障，"监督寺庙条例"及依其制定之规范，规定寺庙之主管官署有权干预寺庙事务。如台湾地区"司法院大法官""释字第 200 号解释"曾以"保护寺庙财产，增进公共利益"为理由，肯定台湾地区"寺庙登记规则"第 11 条允许撤换募建寺庙管理人之规定符合"监督寺庙条例"第 11 条之意旨。③

本案之争点在于，台湾地区"监督寺庙条例"第 8 条要求寺庙土地转移需呈请该管官署许可之规定，是否有违宗教团体自治及宗教信仰自由之本旨。

【解释要点】

"大法官"针对本案作成"释字第 573 号解释"，认定台湾地区"监督寺庙条例"为"现行有效规范人民权利义务之法律"。但，该"监督寺庙条例"第 8 条之规定，未顾及宗教组织之自主性、内部管理机制之差异性，以及为宗教传布目的所为财产经营之需要，对该等寺庙之宗教组织自主权及财产处分权加以限制，妨碍宗教活动自由已逾越必要之程度；且其规定应呈请该管官署许可部分，就申请之程序及许可之要件，均付诸阙

---

① 许育典：《宪法》，元照出版有限公司 2005 年版，第 253 页。
② 许育典：《宪法》，元照出版有限公司 2005 年版，第 253 页。
③ 参见"释字第 200 号解释"之"解释文"，募建寺庙，系指由信众出资共同建设之寺庙。在该号解释中，"大法官"认为，募建寺庙与纯系私人出资建设之寺庙有所不同。

如，已违反法律明确性原则，遑论采取官署事前许可之管制手段是否确有其必要性，与保障人民自由权利之意旨，均有所抵触；又依同条例第1条及第2条第1项规定，第8条规范之对象，仅适用于部分宗教，亦与公权力对宗教应谨守中立之原则及宗教平等原则相悖。据此，"大法官"认定，台湾地区"监督寺庙条例"第8条及第2条第1项规定应至迟于届满二年时，失其效力。许玉秀、王和雄、赖英照各提出"协同意见书"（含"部分协同意见书"）一份。

根据"解释文"与"解释理由书"，"大法官"认为，尽管"释字第490号解释"将宗教信仰自由的保障范围分为内在信仰之自由、宗教行为之自由与宗教结社之自由，但，人民所从事宗教行为及宗教结社组织，与其发乎内心之虔诚宗教信念无法截然二分，人民为实现内心之宗教信念而成立、参加之宗教性结社，就其内部组织结构、人事及财政管理应享有自主权，公权力制定之宗教性规范苟非出于维护宗教自由之必要或重大之公益，并于最小限度为之，即与保障宗教信仰自由之意旨有违。又，"大法官"针对"监督寺庙条例"第1条提出概括出宗教中立与宗教宽容原则，"大法官"谓：保障人民有信仰宗教之自由，系为维护人民精神领域之自我发展与自我实践，及社会多元文化之充实，故对宗教应谨守中立及宽容原则，不得对特定之宗教加以奖励或禁制，或对人民特定信仰畀予优待或不利益。

【理论评析】

宗教中立原则，为宗教信仰自由客观法面向之体现。在客观法面向上，宗教信仰自由为落实民主法治社会之多元文化社会的客观价值秩序与制度性保障。[1]"释字第573号解释"在相当程度上对台湾地区之宗教中

---

[1] 许育典：《宗教自由与宗教法》，元照出版有限公司2005年版，第89页。

立原则作了总结，因而为呈现宗教信仰自由之客观法面向的经典案例。

从比较法的角度，美国最高法院于1947年艾弗森案中，对杰斐逊所言之政教分离原则，作了详细的论述："不论州的政府还是联邦政府，都不得设立一个教会；不得通过援助一种宗教、或所有宗教、或偏护某一宗教而歧视另一宗教的法律……不得课征任何数量的税收以支持任何宗教活动或机构，不论他们以任何名义出现，也不论他们采取任何形式传教和布道。不论是州政府还是联邦政府，都不得以公开的或隐蔽的方式参与宗教组织或集团的事务；反之亦然。"由此，美国最高法院所称之"政教分离原则"的具体内容包括：其一，不得设立国教，或者使某一宗教和教派具有超越其他教派的地位；其二，禁止公权力机关参与或开展宗教活动；其三，禁止任何宗教团体行使政治上的权力或享有特权。在莱蒙诉库尔茨曼案中，美国最高法院又提出判断政教分离原则的三项标准，即法律必须具有世俗的立法目的，法律主要或者首要的影响必须是既不促进也不限制宗教，法律不得助长政府过分卷入宗教。①

德国联邦宪法法院亦在"附耶稣受难像的十字架"案中，对宗教中立原则作了阐述。在上述案件中，联邦宪法法院提出，公立的义务学校并非教会学校，巴伐利亚州之有关在教室内悬挂十字架之州法，乃违反基本法保障宗教信仰自由之规定。② 联邦宪法法院申言之：基本法第140条规定联结魏玛宪法第136条第4项之规定，公权力不得强制人民参加任何形式的宗教活动，由此而产生公权力对于各宗教团体与教派都有一个中立的义务，巴伐利亚之州法规定课堂上应悬挂十字架规定，已经违反了宗教中立义务，而公权力必须严守这种宗教中立义务，才可使各宗教和平共存。③ 2000年，德国联邦宪法法院又在"耶和华见证人取得公法人团体地

---

① 祝捷主编：《外国宪法》，武汉大学出版社2010年版，第50页。
② 许育典：《宗教自由与宗教法》，元照出版有限公司2005年版，第342页。
③ 许育典：《宗教自由与宗教法》，元照出版有限公司2005年版，第344页。

位"一案中，对宗教团体自治进行了阐述。德国联邦宪法法院认为，具有公法人团体地位之宗教团体有着如下权限：得对其成员征收捐税；基于组织的权限，得成立公法性质的下级机构，以及其他具有法律能力的机构；基于雇主能力，得建立具公法性质之雇佣关系；得制定自己的法律，同时透过捐献取得宗教上的公物；得完全以住所地，决定成员应归属于哪个基层教区。① 针对本案之诉愿人提出耶和华见证人禁止其信徒参加德国政治选举，联邦宪法法院专门对宗教团体自治之内涵予以阐明："宗教团体的内部组织源自教会的自主决定权，只要确保对于宗教团体的隶属性，系建立在自愿的原则上，则宗教团体对于其成员拥有影响力，亦同样是属于其自主的组织权限……公权力对于宗教与世界观的严格中立义务，并不能因为民主原则而被质疑。"②

整合比较法之经验以及台湾地区学者对于宗教中立原则之阐述，宗教中立原则有着两个方面的含义。第一，宗教中立原则意味着公权力不能对有关宗教信仰或世界观认同的信仰事务加以侵犯，公权力对于宗教信仰事务应当"保持距离的中立性"。③ 此一宗教中立原则，毋宁强调公权力对于宗教信仰之消极义务，反过来理解，即宗教团体所享有之对抗公权力侵害的防御权。就此意义而言，宗教中立原则虽为宗教信仰自由之客观法面向，但与其主观权利面向亦息息相通。第二，宗教中立原则还意味着公权力应透过法秩序建构多元的宗教信仰开展环境，保障人民有关宗教或世界观信仰的自由开展，使个人自由去选择与决定其宗教或世界观信仰。④ 在此意义上，宗教中立原则又为公权力之积极义务，通过法秩序构建，以维

---

① 翁岳生召集：《德国联邦宪法法院裁判选辑》（十一），台湾地区"司法院"2004版，第98页至第99页。
② 翁岳生召集：《德国联邦宪法法院裁判选辑》（十一），台湾地区"司法院"2004版，第101页至第102页。
③ 许育典：《宪法》，元照出版有限公司2006年版，第249页。
④ 许育典：《宪法》，元照出版有限公司2006年版，第250页。

护各宗教平等发展和人民自由选择宗教信仰的制度环境。

至于宗教团体自治，许育典谓之为制度性保障。[1] 按制度性保障理论之原创者施米特的观点，制度性保障，总是与某种现存物有关系，亦即现状的要求，是将某项制度列为制度性保障的重要标准，而制度性保障无异于"现状的担保"。在基本权利的维度理解制度性保障，其主要意义在于要求公权力必须建立某些"（法）制度"，并确保其存在，借以保障基本权利之实现，尤其该制度赖于存在之基本规范，公权力机关（尤其是立法者）不得任意加以更动，以免使基本权利之保障，失所附丽，故所谓制度性保障者，其目的在确保某些基本权利之存在与实现。[2] 职是之故，宗教团体自治，之所以为制度性保障，其意义在于：第一，宗教团体自治对于维护宗教中立原则，进而保障宗教信仰自由，为具有关键性作用之现状，必须透过制度加以维护；第二，通过建立宗教团体自治的制度，使得宗教团体在成立之后，能够依据其所信仰之宗教的教义，决定其组织架构、人事、教务推动、资金与事业的经营等，公权力机关对之表示尊重，而不透过修法的方式随意变更之。[3]

宗教团体自治之内容，包含有组织自治、人事自治、财政自治和规章自治：组织自治，系指宗教团体对于其内部组织有自行决定权；人事自治，系指宗教团体有任用、晋升及免职组织内部人员的权限；财政自治，系指宗教团体对于自身财产权拥有处分、收益的权限，可将信徒捐献的财产自主运用于宗教事务上；规章自治，系指宗教团体为规范其组织成员，有订定自治规章的权限。[4]

然而，宗教团体自治并非是无限度之自治，公权力对宗教之中立，亦

---

[1] 许育典：《宪法》，元照出版有限公司2006年版，第252页。
[2] 李建良：《基本权利理论体系之构成及其思考层次》，《人文及社会科学集刊》1997年第9卷第1期。另参见本书案例8。
[3] 许育典：《宪法》，元照出版有限公司2006年版，第253页。
[4] 许育典：《宗教自由与宗教法》，元照出版有限公司2005年版，第138页。

非完全、绝对之中立。正如杰斐逊所言"政治与宗教之间的分离之墙"亦有高度。公权力对宗教之中立，到何种程度？或言宗教团体自治之限度何在？上述德国之"耶和华见证人取得公法人团体地位"案中，德国联邦宪法法院之观点颇有启发性。在判决书中，德国联邦宪法法院严格区分了信仰之内容与基于信仰之行为：在信仰之内容上，严守中立，甚至不惜允许宗教团体不遵守民主原则，如对比德国基本法和政党法对政党内部组织形式之民主要求，德国联邦宪法法院对宗教团体之自治不可谓不宽容；但，对于宗教团体之行为，德国联邦宪法法院则并非认为宗教团体之自治为无限度之自治，而是必须遵循法治原则，其提出："一个想要称为公法人社团的宗教团体，必须忠于法律，其必须确保将遵守现行法律，尤其是当其被托付行使国家权力时，只会以符合宪法及其他法律规定的方式行使公权力。"① 德国联邦宪法法院之观点，不妨以双轨制概括之。所谓双轨制，系指公权力对宗教团体所主张之信仰内容持绝对中立之态度，以符合内心信仰绝对自由之本旨，但对宗教团体之行为并非完全中立，亦应受法律之限制。对比"释字第490号解释"之意旨，上述双轨制之观点，与"释字第490号解释"对宗教信仰自由保障范围之分类及施以不同之保障密度的观点，系属同源。

在本案中，"大法官"运用宗教中立原则和宗教团体自治之基本原理，提出限制宗教团体自治之条件，并据此认定系争之"监督寺庙条例"第8条违反宗教信仰自由而无效。"大法官"之推演共分为三步。

第一步，"大法官"对"释字第490号解释"所为之类型化加以更加详细之说明，以厘清三种宗教信仰自由类型之关系，并以此牵引出对宗教团体自治之阐述。在"解释理由书"中，"大法官"提出，"释字第490号解释"将宗教信仰自由类型化为内在信仰之自由、宗教行为之自由与

---

① 翁岳生召集：《德国联邦宪法法院裁判选辑》（十一），台湾地区"司法院"2004版，第111页。

宗教结社之自由，但人民所从事之宗教行为及宗教结社组织，与其发乎内心之虔诚宗教信念无法截然二分，人民为实现内心之宗教信念而成立、参加之宗教性结社，究其内部组织结构、人事及财政管理应享有自主权。

第二步，"大法官"提出限制宗教团体自治之条件。"大法官"认为，宗教性规范苟非出于维护宗教自由之必要或重大公益，并于必要之最小限度内为之，即与保障人民信仰自由之意旨有违。由此可见，"大法官"仍然是按照比例原则之经典模式，提出限制宗教团体自治之条件，亦即限制宗教团体自治之"法律"必须符合比例原则。

第三步，"大法官"运用限制宗教团体自治之条件，审查系争之"监督寺庙条例"第8条，认定该条因违反法律明确性原则和比例原则而与宗教信仰自由相抵触。"大法官"首先对宗教团体自治之范围进行了界定："寺庙内部之组织结构、是否加入其他宗教性人民团体（教会）成为团体会员，及其与该宗教性人民团体之内部关系，暨寺庙财产之管理、处分等事项，均属宗教结社自由之保障范围。"进一步，"大法官"对系争之"监督寺庙条例"第8条之意义予以说明。"大法官"认为，该条之规定，旨在避免寺庙之不动产及法物遭受不当之处分或变更，致有害及寺庙信仰之传布存续。但，"大法官"笔锋一转，在肯定系争之规范"固有其正当性"的同时，认为其规定须经所属教会同意部分，未顾及寺庙之组织自主性、内部管理机制之差异性，以及为宗教传布目的所为财产经营之需要，对该等寺庙之宗教组织自主权及财产处分权加以限制，妨碍宗教活动自由已逾越必要之程度；且其规定应呈请该管官署许可部分，就申请之程序及许可之要件，均付诸阙如，不仅受规范者难以预见及理解，亦非可经由司法审查加以确认，已违法律明确性原则，遑论采取官署事前许可之管制手段是否确有其必要性，其所实行之方式，亦难谓符合最小侵害原则。

此外，"大法官"还对"监督寺庙条例"第2条第1项之"合宪性"

进行了解释。"大法官"认为,在此部分,"大法官"对宗教中立原则进行了阐述。"大法官"提出,保障人民有信仰宗教之自由,系为维护人民精神领域之自我发展与自我实现,及社会多元文化之充实,固公权力对宗教应谨守中立及宽容原则,不得对特定之宗教加以奖励或禁制,或对人民特定信仰畀予优待或不利益。且据台湾地区现行"宪法"第 7 条规定之平等原则,公权力如仅针对特定宗教而为禁制或畀予不利益,即有悖宗教中立原则及宗教平等原则。据此,"大法官"认为,台湾地区"监督寺庙条例"第 1 条所称"凡有僧道住持之宗教上建筑物,不论用何名称,均为寺庙",及第 2 条第 1 项所称"寺庙及其财产法物,除法律别有规定外,依本条例监督之",表明"监督寺庙条例"仅适用于佛、道等部分宗教,对其余宗教未为相同之限制,与宗教中立原则及宗教平等原则有所不符。

据此,"大法官"认定系争之"监督寺庙条例"第 8 条及第 2 条第 1 项因"违宪"而定期间失效。许玉秀、王和雄、赖英照提出"协同意见书"(含"部分协同意见书")各一份,其中赖英照所提之"部分协同意见书"系针对本案声请人所提之"'寺庙监督条例'是否为法律"之问题,另两份"协同意见书"均与宗教信仰自由及宗教团体自治有关。

许玉秀认为,对于本案所涉及之宗教中立原则、宗教平等原则、法定原则及比例原则,多数意见并未呈现充分清晰之认知,尚有说明之必要。许玉秀之论述共分四点。第一,宗教组织自主权、宗教中立原则与宗教信仰自由之关系,对此,许玉秀认为,宗教组织之自主权系为保障个人宗教信仰自由而存在,乃借团体之客观权利,支持主观之个人信仰自由,如以宗教中立原则进行宗教自由之审查,其审查内容即宗教组织之自主权是否遭受到公权力之侵害。第二,宗教组织自主权(中立原则)之内涵与界限。许玉秀认为,依宗教中立原则,宗教信仰自由应保障宗教团体于公领域完全独立于公权力之外,有不受任何妨碍而运作之权利。然而,宗教自主权既已落实为基本权利，即不得超越法治而存在，不得以宗教自由为违反法律之护身符。宗教自主权具体包括哪些内容，而得享宗教自主权限，仅得以逐案论断。第三，财产管理是否为宗教组织之内部事务，许玉秀认为，基于宗教中立原则，自无以税捐成立之宗教组织，则宗教组织所属财产之得丧变更，自属宗教组织内部之事务，如承认宗教组织之自主权，即不能承认公权力对此有监督之权利，而无论其目的为何。第四，宗教中立、宗教平等、比例原则与法定原则四者之关系，许玉秀认为，宗教中立原则即宗教自主原则，其与宗教平等原则之上位概念为自主原则和平等原则，对应之基本权利分别为自由权与平等权。该两者与比例原则、法定原则之关系为：比例原则及法定原则乃程序规则，前二者则为实体规则，比例原则及法定原则系用以协助自由原则与平等原则之落实。据此，许玉秀认为，任何限制宗教信仰自由之法律，都必须经过比例原则和法定原则之审查。

王和雄虽同意多数意见，但认为多数意见并未给出公权力与宗教之关系、法律对宗教之规范原则及限制宗教自由之法规的审查密度，因而为"协同意见书"予以补充。对于公权力与宗教之关系，王和雄之观点与一般见解基本相同，不再赘述。对于限制宗教信仰自由之审查密度，王和雄认为，基于宗教信仰自由，公权力本于宗教中立原则，不宜也不应企图将宗教事务完全纳入公权力机关规范与管制之范围，除非宗教团体或个人之宗教行为已逾越宗教信仰自由之保障范围而触犯相关法律之规定。又公权力纵使要以法律规范宗教行为，亦应体认宗教行为之限制与规范，事实上很有可能侵害到行为之实体内部所蕴涵之宗教信仰之核心，因此，在限制或规范时，应尽到最大审慎之考虑，立法者不能动辄以"维持社会秩序"或"增进公共利益"等抽象概念而对宗教信仰自由予以限制或规范，且有关宗教教义之解释与宗教团体内部组织之事项，因属宗教团体自主决定之范围，非法院依法所得受理之对象，司法权对此应受到限制。

【延伸思考】

本号解释延续"释字第490号解释",为台湾地区有关宗教信仰自由的重要案例。但本案并非没有值得思考之处。

第一,多数意见认为,"释字第490号解释"虽然将宗教信仰自由分为内在信仰之自由、宗教行为之自由与宗教结社之自由,但人民所从事之宗教行为及宗教结社组织,与其发乎内心之虔诚宗教信念无法截然二分。由此可见,"大法官"实际上又部分地修正了有关宗教信仰自由的三分法。此种修正,就宗教信仰自由之事务本质而言,确有必要,但,"释字第490号解释"所为之三分法,并非仅有理论之意义,而在实务上亦是确定对宗教信仰自由各类型之保障密度的依据,如若对此进行修正,则基于三分法所确立之宗教信仰自由的保障密度如何随之修正?多数意见并未阐明,有待进一步观察。

第二,"大法官"在论证"监督寺庙条例"第8条之"合宪性"时,并未提出审查限制宗教信仰自由之法律的审查密度,且在逻辑上不无值得思考之处。多数意见的逻辑是:"监督寺庙条例"第8条本身"固有其正当性",但因违反法律确定原则和逾越必要之程度,因而"违宪"。此一逻辑的吊诡之处在于,似乎导致"监督寺庙条例"第8条"违宪"之原因并非其实体上侵犯宗教信仰自由,而是在程序上不周延,否则"固有其正当性"无法自圆其说。再者,察"解释理由书",多数意见之谓"正当性",乃在于"避免寺庙之不动产及法物遭受不当之处分或变更,致有害及寺庙信仰致传布存续",此所谓之"正当性",明显有违宗教中立原则,系公权力在宗教面前自拟为保护人和监护者的产物,其"正当性"有何来哉?不无值得思考之处。更加重要的是,多数意见对于宣告"监督寺庙条例"第8条"违宪"之理由,尤为简单,看不出"大法官"到底以何审查密度审查系争之法规,与美国和德国明确提出之严格审查密度相比，显有不足。

第三，宗教中立原则在宗教与公权力之关系上，可以导出政教分离原则，那么，如何看待宗教中立原则对宗教与私人关系之影响，即宗教团体规范的放射效力。因比较成熟之宗教团体，皆有限制其信徒和神职人员之宗教规范，如天主教甚至发展出教会法体系，宗教团体规范之内部效力自可用宗教团体自治之规章自治解释，但宗教团体规范能够以宗教中立之名义，对外产生放射效力？如员工能否以信仰佛教为理由，拒绝为雇主屠宰牲畜，自属此类。此一关系，较宗教团体规范与公权力制定之法律的关系，自仍有较大之区别。"司法院"曾有"院字第1878号解释"，认定"妻矢志为尼，不得认为有民法第1001条但书所谓不能同居之正当理由"，似有否定宗教团体规范之放射效力的倾向。但，吴庚认为，宗教团体规范之放射效力在宗教团体自治之名义下，仍应尊重，因此上述案例可以更换为"妻矢志为尼，即构成夫一方请求离婚的正当理由"。[①] 当然，以上观点仍系理论上之观点，至若实务中如何发展，尚需进一步观察。

[①] 吴庚：《宪法的解释与适用》，三民书局2004年版，第236页。

第五部分 财产权

案例19 费立杰等三人诉叶财记工程有限公司案

解释号:"释字第349号解释"
知识点:公法上财产权之范围

【案情要览】

本案三名声请人系台湾地区台北市大小区仁爱段二小段700号、701号及701-1号房屋之业主。声请人相对之主体叶财记工程有限公司(以下简称"叶财记公司")自1975年取得本地块之建设资格,并与本地块之所有人在建设时订立合建契约,该契约约定依台湾地区建筑法规规定之停车位,由营建商与本地块之所有人双方抽分比例使用。后,包括三声请人通过向营建商、原地主和原始购屋者购买之方式,取得房地所有权,其中包括前述停车位之所有权在内,并按此比例缴纳地价税和土地增值税。但,叶财记公司未经业主之同意,而单独将停车位占有并为管理、使用、收益等处分行为,排除包括声请人在内全体123位共有人之收益、使用、处分等所有权权能。三名声请人遂以管理委员会主任委员暨共有人身份,代表全体共有人起诉叶财记公司。但,在台北地方法院、台湾高等法院和"最高法院"均获不利之判决。三级法院之理由,均谓"叶财记公司与原地主间之合建契约中，就大厦法定空地已成立分管契约，此分管契约转载于房屋预定契约书内，虽系债权契约，亦拘束所有承购户，声请人……自应受该分管契约之拘束"。台湾高等法院之"80年度重上字第243号判决"以及"最高法院"之"81年度台上字第505号判决"（以下简称"505号判决"）均以"48年度台上字1065号判例"（以下简称"1065号判决"）作为判决之依据。声请人遂声请"大法官解释"。

声请人认为，"505号判决"和"1065号判决"有违台湾地区现行"宪法"第15条保障人民之财产权之本旨。声请人有关财产权之主张共有三点：其一，声请人认为，依法取得土地之应有部分，对于共有物之全部，拥有使用、收益之权，而叶财记公司与原地主之分管契约仅为债权契约，仅对立约债务人有拘束力，而第三人既非分管契约之当事人，自不受分管契约之限制，但"最高法院"之判决对本案未签署分管契约之受让人，亦限制其使用、收益、处分应有部分之权能，有违保护人民财产权之本旨；其二，依营建商提供之"预定房屋契约书"第9条之约定，背面空间为出售停车位，凡未购买车位者不得占用，声请人认为，上述规定系越俎代庖，侵夺购屋户所有权人之使用权，因为住户既已取得法定空地之持分，须缴纳空地土地之土地税，却无法使用，又无法中止此关系，不但违背当事人真意，且违反公序良序及诚信原则，而且违法，应属无效，而对于此类将不动产所有权架空之契约，法院竟未宣告其为无效，有违保障人民财产权之本旨；其三，"1065号判决"谓"共有人与其他共有人订立共有物分割或分管持约后，纵将其应有部分让与第三人，其分割或分管契约，对于受让人仍继续存在"，表明分管契约须以共有人全体一致之同意方可订立，但本案中之所谓"分管契约"并非全体共有人订立，而是营建商与土地之所有权人订立之合建契约，事后又未经全体共有人全体一致之同意，因而并不属于"1065号判决"之"分管契约"，但，声请人对共有土地之使用、收益等所有权权能却因此而永久丧失，违反保障财产权之本旨。据此，声请人认为"505号判决"适用"1065号判决""违宪"。

【基本知识】

任何基于理性之学说，无不认为人类之成为人类，必须依赖外界之物质，以维系其生命。人类自不能不依靠外在物资来维持其生命，进而满足其人类之尊严，则建立及维系一个由宪法来严密保障的财产权体系，就是一个现代法治社会的必要之举。[1]

保障财产权之目的，自有保障私人对其财产之所有权和支配权之意涵，亦有以宪法位阶之拘束力形成市场经济之内容的价值取向。[2] 但，财产权之保障目的并不限于经济利益之领域，而是具有更加深刻的内涵，至少还圆满人格和型塑民主。第一，财产权之圆满人格功能。早在古希腊时期，即有哲人提出财产权具有追求人格圆满之功能，如柏拉图、亚里士多德等均认为，好的财产制度，应当是最能使人们过一种有德行的生活的财产制度。[3] 中国古代儒家亦有"有恒产者有恒心，无恒产者无恒心；苟无恒心，放辟邪侈无不为己"。[4] 教会法学家阿奎那亦认为财产权比较有助于人格圆满的追求。以上先哲之所以认为财产权足以具有圆满人格之功能，主要在于财产权给予私人以自立于他人之保障，使得私人借由财产权足以抵御他人之侵害，而毋须因匮乏之恐惧，而产生对他人的依附心理，以至于人格扭曲与残缺。这里的他人，既可以指公权力，亦可指私人，而在现代民主法治社会，一般指向公权力。第二，型塑民主。财产权对于民主之型塑作用，可以从两个方面来理解：其一，对财产权之保障，在价值上趋向于市场经济，市场经济天然地导向民主政治，再者，在无财产权保

---

[1] 陈新民：《德国公法学基础理论》（下册），山东人民出版社2001年版，第405页至第406页。
[2] 陈慈阳：《宪法》，元照出版有限公司2005年版，第600页。
[3] 苏永钦：《财产权的保障与大法官解释》，载苏永钦：《违宪审查》，学林出版股份有限公司1999年版。
[4] 《孟子·滕文公上》。

障之社会，人民之衣食住行均有赖于统治者之恩赐，民主政治几成画饼；其二，对财产权的保障，必然引起财产的增值，因而财产权愈普及也意味着"社会分权"愈有效，政治体系的分权在此基础上可说是水到渠成。①

基于财产权之极端重要性，财产权自产生以来，自被视为人之为人的、最为重要的基本权利之一。1776年美国《独立宣言》所言之三大基本人权——生命、自由和追求幸福的权利——中，财产权即暗含在追求幸福的权利中。1789年法国《人权宣言》，更是明确地将财产权列为与生命、自由同等重要之三大基本人权之一。美国在1789年之《权利法案》中，亦透过第五修正案之正当程序原则，确认财产权之地位。后续各国宪法均以财产权作为基本权利清单之重要内容。但，在德国魏玛时期，经施米特之解释，财产权自具有制度性保障之功能，从而兼具基本权利和制度性保障双重属性，在魏玛宪法中仅此一例。财产权之所以为制度性保障，自在于财产权若无法律制度，根本无从形成权利的具体内涵，财产权之内容及限制，均须得通过法律加以形成。是以，财产权与其他自由权不同，其非仅消极地为个人划定公权力所不可侵越的自由空间，毋宁更要求公权力必须积极形成一种制度。②但，基于制度性保障之功能，公权力亦不得随意对体现财产权之制度性保障的法律予以变更。

台湾地区现行"宪法"亦重视对财产权之保障。台湾地区现行"宪法"第15条规定，人民之财产权应予保障，为台湾地区保障人民之财产权提供法源。但，台湾地区现行"宪法"第15条并未指出"财产"所指为何以及对财产权应如何保障，在实务中，台湾地区"司法院大法官"充当着将财产权施以制度性保障的型塑者。在台湾地区"司法院大法官"

---

① 苏永钦：《财产权的保障与大法官解释》，载苏永钦：《违宪审查》，学林出版股份有限公司1999年版。
② 陈爱娥：《司法院大法官会议解释中的财产权概念之演变》，载刘孔中、李建良主编：《宪法解释之理论与实务》（第一辑），台湾地区"中央研究院"中山人文社会科学所1998年版。

有关基本权利之解释中,数量上以财产权为最大宗,① 体现出"大法官"对于财产权的着力与重视。台湾地区"司法院大法官"在"释字第400号解释"中,对财产权之含义作了比较确切的说明:"关于人民财产权应受保障之规定,旨在确保个人依财产之存续状态行使其自由使用、收益及处分之权能,并免于遭受公权力或第三人之侵害,俾能实现个人自由、发展人格及维护尊严。"② "释字第596号解释"再次阐明上述观点。③

本案之争点在于:台湾地区现行"宪法"所保障之财产权,系属公法上之财产权,而声请人主张之权利系属基于建筑物区分所有权而获得之对共有财产的使用、收益权能,此类基于民事争议而产生之财产权纠纷,是否属于公法上财产权保障之范围,不无值得探讨之处。

【解释要点】

"大法官"针对本案作成"释字第349号解释",认定"1065号判决"之"共有人于与其他共有人订立共有物分割或分管之特约后,纵将其应有部分让与第三人,其分割或分管契约,对于受让人仍继续存在",就维持法律秩序之安定性而言,固有其必要,惟应有部分之受让人若不知悉有分管契约,亦无可得而知之情形,受让人仍受让与人所订分管契约之拘束,有使善意第三人受不测损害之虞,与保障人民财产权之意旨有违,嗣后应不再援用。李志鹏提出"协同意见书"一份,杨兴龄、张特生联合郑健才各提出"不同意见书"一份。

另多数"大法官"还针对当时台湾地区有关建筑物区分所有权规范不明之状况,对台湾地区之"立法"机关提出从速加以规范之建议。

---

① 苏永钦:《财产权的保障与大法官解释》,载苏永钦:《违宪审查》,学林出版股份有限公司1999年版。
② "释字第400号解释"之"解释理由书"。
③ "释字第596号解释"之"解释理由书"。

【理论评析】

本案为台湾地区"司法院大法官"针对民事案件所作成之"宪法性"解释中的典型案例，其出台极富争议，除多位"大法官"提出"协同或不同意见书"，亦在台湾法学界及台湾社会产生较大反响。[①]

财产权之标的自在于财产。但，财产之范围为何，自在法治社会建立起财产制度以来，即为长久讨论之话题。衡诸世界范围内财产权范围发展之总体趋势，公法上财产权之范围，从早期之所有权向晚近之财产性权利发展，而又从存续状态的保障向兼及经济活动的保障发展，且不仅包括基于私法而获得之财产权，而且包括基于公法产生之财产利益。

第一，从早期之所有权向晚近之财产性权利发展。早期之财产权仅及于所有权，如德国魏玛宪法第153条即未使用"财产权"的概念，而径直使用"所有权"。对于"所有权"之界定，在德国学界一般采取与民法相联结的办法，通过民法之相关规定界定所有权，即对动产和不动产的所有权。1923年，德国学者Wolff提出，应当将魏玛宪法"所有权"的概念从传统的民法物权，扩充到任何具有财产价值的私权利。按此观点，所有具有财产价值的请求权，即可包含入魏玛宪法所称的"所有权保障范围"。在基本法时代，基本法第14条所规定之财产权保障，即认为所有具有财产性利益之私权利俱属财产权保障范围。[②] 德国联邦宪法法院亦认为，公法上所称之财产权"一如民法及社会通念所形成者"。[③]

第二，从存续状态的保障向兼及经济活动的保障发展。公法上之财产权最首要者便是存续保障。所谓"存续保障"，系指财产现有存续状态的

---

① 王文宇：《从财产权之保障论释字第349号解释》，载刘孔中、李建良主编：《宪法解释之理论与实务》（第一辑），台湾地区"中央研究院"中山人文社会科学所1998年版。
② 陈新民：《德国公法学基础理论》（下册），山东人民出版社2001年版，第408页。
③ 苏永钦：《财产权的保障与大法官解释》，载苏永钦：《违宪审查》，学林出版股份有限公司1999年版。

保障，因而获利的机会、期待或可预见的财富并不包括在内。德国联邦宪法法院认为，基本法上有关财产权之保障，以既有的财产或因营业活动而获致的成果为限。①但德国在具有财产价值之经济活动是否属于财产权保障范围的问题上，持相当谨慎之态度。如营业活动在德国被视为营业自由的范围，而不属于财产权，而德国联邦宪法法院对设立企业及经营权是否属于财产权保障范围亦持怀疑态度。②按联邦宪法法院之态度，唯有具有营业的"实质"，也就是"营业体制正常的经营"，才是基本法保障营业财产权的目标，对于其他只是将来纯粹的获利期望、营利机会以及反射利益，则"过于空泛"，不属于财产权之保障范围。③相比之下，美国最高法院的态度要更加开放。美国宪法所保障的财产权在早期亦仅指对物的、排他的权利，布莱克斯通大法官针对此提出：财产权保障真正重要的不在排他而自主地拥有，实在于对物的使用与处分，如果自主拥有的土地受到许多使用的限制，财产权又有何意义？随着经济社会的发展，美国宪法所保障的财产权从单纯的使用价值内涵，扩充到交换价值内涵，甚至包括权利后面的经济交易。④在此问题上，台湾地区"司法院大法官"更类美国最高法院之观点，使得台湾地区"公法"上之财产权的保障范围相当宽广。⑤

第三，从基于私法获得之财产权，到兼及基于公法产生之财产利益。自 Wolff 提出公法之财产权及于所有具有财产价值的私权利后，即有学者提出公法之财产权是否及于具有财产利益之公权利。在魏玛时期，后一观点未获得普遍之承认。在基本法时代，德国联邦法院承认具有财产利益之

---

① 吴庚：《宪法的解释与适用》，三民书局2004年版，第249页。
② 吴庚：《宪法的解释与适用》，三民书局2004年版，第249页。
③ 陈新民：《德国公法学基础理论》（下册），山东人民出版社2001年版，第409页。
④ 苏永钦：《财产权的保障与大法官解释》，载苏永钦：《违宪审查》，学林出版股份有限公司1999年版。
⑤ 蔡维音：《财产权之保护内涵与释义学结构》，《成大法学》2006年第11期。

公权利，属于基本法所称之财产权的保障范围。但，德国联邦宪法法院并不支持此见解，而是基于公权利之多元性与广泛性，提出"区别理论"，以防止对财产权保障条款之滥用。"区别理论"，系指唯有公法权利已经具备"财产权构成的特征"，或是公法请求权已经具备类似私法的财产权要素，或是公法已经赋予权利人"类似财产权人之地位"，若毫不补偿地剥夺该项权利将违背法治原则之后果时，则该项具有财产利益之公法权利，才受财产权之保障。在德国，这些权利主要是指因社会保险所产生之公法上的期待权与请求权。[1] 另一方面，公法产生之财产利益并非仅指为人民添附财产利益之公法权利，如社会保险所产生之请求权，而且包括对人民产生财产性负担之租税、财产罚以及因社会保险而产生之保费等，此类财产性负担是否因构成对人民财产权之限制，而可以被纳入财产权之范围。蔡维音认为，此类财产性负担虽非属存续保障，但的确给人民造成金钱之负担，应当认为其系对于人民既有之整体财产状况之负担，因而应界定为对于人民资产支配运用自由的限制。[2]

由公法上财产权之范围，连带产生公法上之财产权与私法上之财产权的关系，传统观点认为，公法上之财产权仅系私人针对公权力之基本权利，体现人民与公权力基于财产而发生制不对等关系，而私法上之财产权系平等私人之间的基本权利。[3] 此一观点立基于财产权系防御权，至多扩展至私人向公权力所主张之受益权，而对公法上之财产权对私法上之财产权的辐射效应未能涵盖。对于此辐射效应，不妨从公法上之财产权的自由权面向和受益权面向两个方面理解。第一，公法上之财产权的自由权面向决定私法上之财产权的规范空间（包括可规范之内容、规范内容实现之

---

[1] 陈新民：《德国公法学基础理论》（下册），山东人民出版社2001年版，第410页。
[2] 蔡维音：《财产权之保护内涵与释义学结构》，《成大法学》2006年第11期。
[3] 不独台湾地区，在大陆，亦有学者对宪法之财产权与民法之财产权有何关系产生争论，且在2007年因北京大学巩献田教授主张拟议中之《物权法》违宪达到高峰。此类文献在大陆颇多，本书不予详述。

方式和程度等），盖因自由权划定公权力与私人之界限，因此，私法上之财产权的规范空间上受公法上之财产权的限定。公法上之财产权越稳固、保障越得力，私法上之财产权的规范空间亦越大。[①] 第二，公法上之财产权的受益权面向引导私法上之财产权的发展与变化，盖因公法上之财产权的受益权面向，涉及市场经济体制的维护与社会财富的再分配，因而引导私法上之财产权向着更加丰富的内涵转变，如私法自治、契约自由等处分私法之财产权的原则，按照公法上之财产权的受益权面向的要求，需在一定程度发生变化。

将公法上之财产权，适用于规范私法上之财产权案件，并非指公法上之财产权产生扩张效力，抑或言公私法二元化时代已经远去，甚至不需德国公法学之"第三人效力"和美国宪法之"政府行为理论"予以解释。其理论基础，乃在于公法上之财产权适用之私法案件，俱需以民事法律规定为依据，而民事法律规定尽管在私法自治支配下，以任意性规范为主，但仍不得排除强制性规范，而后者系立法者基于特定公共政策考量而制定，并非可以与单纯之私法规范等同。如果因强制性规范而发生民事纠纷，则在当事人间自属私法纠纷，但对公权力而言，无异于公共政策之考量与私人利益之冲突，显有适用公法上之财产权的充分理由。因此，德国联邦宪法法院特别强调基本权利对民事强制性规范的效力。[②] 即便是任意性规范，虽可由当事人以契约自由为由另定契约排除之，但民法既规定任意性规范，则其目的自当为对当事人之行为产生引导作用，因而亦渗透立法者对公共政策之考量，只不过在规范强度上弱于强制性规范而已。因此，德国联邦宪法法院并未完全排除基本权利对任意性规范的效力。苏永钦认为，对于以下两者，基本权利并非是自外于私法规范，而是应采取不

[①] 苏永钦：《宪法权利的民法效力》，载苏永钦：《合宪性控制的理论与实际》，月旦出版社有限公司1994年版。

[②] 苏永钦：《宪法权利的民法效力》，载苏永钦：《合宪性控制的理论与实际》，月旦出版社有限公司1994年版。

同之审查密度。①

台湾地区"司法院大法官"对台湾地区现行"宪法"第15条所称之"财产权"之范围的界定,颇有着力,亦通过解释,形成若干指标性案例,参见下表所示:②

表5 台湾地区"司法院大法官"有关财产权范围之解释概览

类别	解释号	具体针对之事项（包括权利和所负之金钱义务）
不动产物权	291 等	依取得时效取得之财产权
	304	不动产抵押权
	349	善意第三人共有物上之权利
	358	共有人分割共有物之请求权
	369	房屋
	374 等	土地所有权
	406	自由使用土地建筑之权利
	408	地上权
	425	土地征收补偿
	515	土地强制买回
	579	物权化之耕地租赁权
	600	土地登记制
	671	共有不动产之抵押权
动产物权	216	动产抵押权
	428	邮件
	465	保育类野生动物及其制品
	577	烟品之物权
准物权	383	矿业权

---

① 苏永钦:《宪法权利的民法效力》,载苏永钦:《合宪性控制的理论与实际》,月旦出版社有限公司1994年版。

② 本表根据陈爱娥之《司法院大法官会议解释中的财产权概念之演变》和蔡维音之《财产权之保护内涵与释义学结构》以及法源法律网登载之信息绘制而成。参见陈爱娥:《司法院大法官会议解释中的财产权概念之演变》,载刘孔中、李建良主编:《宪法解释之理论与实务》(第一辑),台湾地区"中央研究院"中山人文社会科学所1998年版;蔡维音:《财产权之保护内涵与释义学结构》,《成大法学》2006年第11期。统计截至2011年8月26日,解释号截止"释字第689号解释"。

续表

类别	解释号	具体针对之事项（包括权利和所负之金钱义务）
债权	37	善意第三人在被没收财产上合法成立之债权
	106	一般债权
	292	破产债权
	335	受领提存物之债权
	386	公债债权
	437	继承权回复请求权
	488	信用合作社之股东股权
	596	劳工请领退休金之请求权
	643	商业团体会员请领退休金之请求权
公法之请求权	187 等	公务人员依法办理退休请领退休金
	266	公务人员薪金
	312	公务人员福利互助金
	434	公务人员保险养老给付
	605	公务人员年资
智慧产权	213	专利权
	370 等	商标权
人民之金钱给付义务	52 等	租税
	426 等	特别公课
	473 等	社会保险之保费
	511 等	罚锾
	578	财产刑罚
	593	科予人民租税之外之金钱给付义务
	628	自治团体收取之费用
支配财产之自由	200	寺庙财产管理权
	390	停工或勒令歇业
	400	限制计划土地之所有人对其权利之行使
	406	不核发执照影响人民自由使用财产
	444	土地限做畜牧设施使用
	578	雇主提拨劳动退休准备金之义务
	672	外币管制

续表

类别	解释号	具体针对之事项（包括权利和所负之金钱义务）
为获取财产利益而从事经济活动	414	药物广告
	514	营业自由
	606	公司以未分配盈余增资转投资于重要事业

（本表为作者自制）

苏永钦评价，不论上述解释有利或不利于声请人，都可以看出"大法官"在此把财产权概念扩展的程度，已远超德国。[1] 吴庚认为，法律上及所有人主观上一切具有财产价值之权利及物件，皆属于财产权之范围。此处的"法律"，在德国法上仅为私法，例外情况为公法，但在台湾地区实务中，则不区分"公法"或"私法"。[2]

延续上述思路，"大法官"将声请人基于私法获得之财产权视为台湾地区现行"宪法"第15条之保障范围，并认定"1065号判决"与财产权之保障相抵触，因而应不再援用。"大法官"之推演共分为三步。

第一步，"大法官"说明债权行为与物权行为之区别，并以物权行为为例，说明公示对于保护善意第三人之重要性。"大法官"提出，"民法上之法律行为，有债权行为与物权行为，除有法律有特别规定外，前者于特定人间发生法律效力，后者于以公示方法使第三人得知悉之状态下，对任何第三人均发生法律上之效力，故动产以交付为公示方法，不动产以登记为公示方法"。对于公示之效力和目的，"大法官"认为，公示之效力在于公示得作为权利取得丧失、变更之要件，而其目的在于保护善意第三人。

第二步，"大法官"认为基于维持法律秩序安定性之需要，债权行为在一定条件下，仍可对第三人发生效力。"大法官"认为，如其事实为第

---

[1] 苏永钦：《财产权的保障与大法官解释》，载苏永钦：《违宪审查》，学林出版股份有限公司1999年版。

[2] 吴庚：《宪法的解释与适用》，三民书局2004年版，第243页至第244页。

三人明知或可得而知，纵为债权契约，其契约内容仍非不得对第三人发生法律上之效力。因此，"大法官"认为，"1065号判决"所言"共有人于与其他共有人订立共有物分割或分管之契约后，纵将其应有部分让与第三人，其分割或分管契约，对于受让人仍继续存在"，就维持法律秩序之安定性而言，有其必要。

第三步，"大法官"将在物权行为中以公示之方法保护善意第三人的制度，类推适用至债权行为。"大法官"认为，应有部分之受让人若不知悉有分管契约，亦无可得而知之情形，受让人仍受让与人所订分管契约之拘束，有使善意第三人受不测损害之虞，与保障人民财产权之意旨有违。据此，"大法官"认定，"1065号判决"在上述范围内，嗣后应不再援用。

至此，"大法官"完成本案之论证。在"解释文"及"解释理由书"最后，"大法官"也承认本案之起源，在于有关建筑区分所有权之法定空地部分仍存在法律空白，因而建议台湾地区"立法"机关"尽速立法加以规范"。

本案有四位三组"大法官"提出"协同意见书"或"不同意见书"，表明"大法官"对本案观点颇异。李志鹏同意多数意见之决定，但对多数意见之观点并非完全赞同。李志鹏认为，债权之转移，除法律别有规定外，非经让与人或受让人通知债务人，对于债务人不生效力。"1065号判决"对于法律秩序之安定性固有其必要，但分割契约或分管契约均属债权契约，当不动产物权之转移，因登记而生效力后，上述分割或分管契约，既为债权契约，若为受让人所不知，对该受让人仍继续存在，即有使善意之受让人有受损害之虞。查李志鹏之观点，与多数意见之区别，在于多数意见采类推物权行为中以公示之方法保护善意第三人之制度于债权行为，而李志鹏径直提出债权行为本身之对人性，即具有保护善意第三人之意涵。若纯从法理上而言，李志鹏之观点，尚更加贴近民法之本旨。杨兴龄、张特生联合发布"部分不同意见书"。其认为,共有人间所订立之分管契约,对受让应有部分者,应当有其效力,理由有三:其一,共有人间订立分管契约,并依约交付各共有人占有使用者,已具备公示之作用,此与买卖不破租赁在原理上相通;其二,民间买受不动产者,有实地调查其现状及权利关系之习惯,受让人对分管契约,系明知或可得而知之事实,如不知有分管契约存在,乃系可归责于己之事由所致,无特予保护之必要,且共有物之分管,涉及他共有人对共有物之权利义务,受让人应受其拘束;其三,不动产之分管契约为物权契约,受让共有物之应有部分者,自应继受其法律关系。据此,杨、张二位"大法官"认为,"1065号判决"与保障财产权之本旨并不抵触。郑健才提出"不同意见书",认为,不动产共有人就共有物订立分管契约,各就共有物之特定部分实行管领之债权,同时又互负容忍他共有人各就特定部分实行管领之债务,性质上乃结合于物权而相当于租赁之继续性双务契约,一经实行,亦与租赁物之交付相当,应类推台湾地区"民法"有关租赁物权化之规定,使其效力及于自共有人中一人或数人受让共有物应有部分之第三人。因此,郑健才认为,"1065号判决"为提升共有物之利益价值,维护合理之财产秩序,以增进公共利益所必要,与保障财产权之本旨并无抵触。

【延伸思考】

本案为将私法上之财产权,转隶为公法上之财产权的典型案例,尤其是本案涉及众多民法理论,使得民法理论与公法理论在同一案件中,有互相角力之机会,为观察公法上之财产权与私法上之财产权关系之难得机会。但,本案并非无值得讨论之问题。

第一,前文已述,民事规范可分为强制性规范与任意性规范,前者仍具有公共政策之考量,因强制性规范而发生之私法纠纷,仍有公共政策之考量与私人利益之冲突的问题。在本案中,"1065号判决"为强制性规范，正如多数意见所指出，其公共政策考量，在维护法律秩序之安定性。据此，本案则存在维护法律秩序之安定性与善意第三人利益之冲突。多数意见最后选择后者，认为善意第三人之利益，足以压倒维护法律秩序之安定性价值。"大法官"在此间的利益衡量究竟以何为标准？又如杨、张二位"大法官"在其"部分不同意见书"中所认为，本案除善意第三人之利益，尚有其他共有人之利益，"大法官"又是否关注到此部分共有人之利益？不无疑问。

第二，多数意见在为论证时，将在物权行为中以公示之方法保护善意第三人的制度，类推适用至债权行为，而杨、张二位"大法官"及郑健才在作不同意见之论证时，亦是将分管契约类推适用买卖不破租赁之原则。上述类推的基础何在？尤其是作成有效决定之多数意见的类推，能够将物权行为之制度，类推适用至跨度如此之大之债权行为？值得进一步思考。①

第三，本号解释乃针对民事案件所作成之"宪法性"解释，则本案之"宪法"特性何在，多数意见并未予以充分揭示。苏永钦曾针对本案论及"大法官"与普通法院在维护财产权上的分工问题。苏永钦认为，本号解释最大的问题，在以"宪法"之名控制法院的造法，却未提出真正的"宪法"论点。② 如本号解释的"解释理由书"以"民法上之法律行为，有债权行为与物权行为……"开头，似乎在重述"民法"相关条文之规定，但从法学之涵摄方法去理解，又可理解为上述规定为本案之审查基准，③ 亦即凡偏离本条之规定太远的判决，均有抵触保障财产权之本旨。但，"大法官"在论证末尾仅以"有使善意第三人受不测损害之虞"

---

① 王文宇：《从财产权之保障论释字第349号解释》，载刘孔中、李建良主编：《宪法解释之理论与实务》（第一辑），台湾地区"中央研究院"中山人文社会科学所1998年版。
② 苏永钦：《财产权的保障与大法官解释》，载苏永钦：《违宪审查》，学林出版股份有限公司1999年版。
③ 此处审查基准之概念，并不同于美国法上的审查基准，参见本书案例13。

就判定"1065号解释"抵触保障财产权之本旨，略显仓促，亦无法体现本案之"宪法"特色。[①]

第四，按德国法之通说，私法上之财产权对于公法上之财产权有形成作用，即便台湾地区采广义之财产权的概念，私法上之财产权亦为构成公法上之财产权的主要内容。因此，"形成"财产权内涵的私法，在何种情况下会和"限制"财产权的公法一样，面临有违保障财产权之本旨的诘问？对此类规范之审查密度与审查方法，是否又和审查公法规范类同？职司"违宪审查"之"大法官"，又当如何对民事判例进行"合宪性"控制，均值得讨论。[②]

案例20 何加兴诉嘉义市政府案

解释号："释字第516号解释"

知识点：公益征收与补偿

【案情要览】

本案声请人何加兴系台湾地区嘉义市竹围子段三块土地之所有权人。1989年3月28日，嘉义市政府为办理都市计划某道路之交角停车场工程，以"府地用字第15800号公告"（以下简称"15800号公告"）对声请人所有之三块土地予以征收，并通知声请人领取补偿地价。但，声请人以上述补偿地价计算错误为由，提起诉愿、再诉愿，并在1989年9月2日获得台湾地区"内政部"之有利决定，"15800号公告"被撤销。期间，因声请人提起诉愿而未领取补偿款，嘉义市政府将款项办理提存至法

[①] 苏永钦：《财产权的保障与大法官解释》，载苏永钦：《违宪审查》，学林出版股份有限公司1999年版。

[②] 苏永钦：《民事判例的合宪性控制——以释字第349号解释为例》，载苏永钦：《违宪审查》，学林出版股份有限公司1999年版。

院。嘉义市政府将声请人之地块提交标准地价评议委员会重新评定,于1989年12月14日以"府地字第68180号公告"(以下简称"68180号公告")更正"15800号公告",但嘉义市政府迟至1993年9月23日始函告声请人领取增额补偿地价。声请人认为,嘉义市政府发放增额补偿费之时间,显逾台湾地区"土地法"第233条所规定之期限,原征收处分即应失去效力,嘉义市政府如需使用该土地,依法应重新办理征收。但,嘉义市政府驳回声请人之上述主张,声请人不服,提起诉愿、再诉愿及行政诉讼,均获不利之决定或判决,遂声请"大法官解释"。

声请人认为,台湾地区"土地法"第233条明定,"征收土地应补偿之地价及其他补偿费,应于公告期满后十五日内发给之",台湾地区"司法院""院字第2704号解释"又重申上述规定,但"行政法院"据以驳回声请人"庭长评事联席会议之决议"(以下简称"决议")却引用"释字第110号解释"谓:"因补偿之估定有异议,而由该管市县地政机关依法提交标准地价评议委员会评定,或经土地所有人同意延期缴交在案者,不再此限",可谓对"土地法"第233条之规定视若无睹,且明显违反"宪法"第15条保障人民财产权之规定。声请人认为,倘若逾15日之期限,尚得以征收处分已确定为由,而认为无溯及使其失效之效果,则"土地法"第233条岂非不发生任何效果(具文);人民因征收处分所受特别牺牲而应得之补偿费,岂非可以因此无限期迟延?至于"行政法院"谓嘉义市政府已经将初期之补偿款提存,即认为嘉义市政府给付补偿地价之行为,已经符合台湾地区"土地法"之规定。声请人认为,"释字第110号解释"所言之"补偿数额"应当为"法定之数额",自非一部之数额。声请人认为,因征收系达成公用需要手段之一种,而对被征收土地所有权人所造成之特别牺牲,人民固然依次有容忍依法定程序剥夺其土地所有权之义务,然此项征收及其程序之法律必须符合必要性原则,并应予相当期间内给予合理之补偿。

据此，声请人认为，台湾地区"行政法院"相关之决议抵触财产权保障之意旨。

【基础知识】

财产权既为基本权利之一，亦如其他基本权利一样，应在条件达成时，受到限制。对财产权之限制，除给予人民在金钱上之负担（如租税、财产罚、特别公课等）外，公权力对财产之征收，为适用范围最为广泛之一种财产权限制方式。德国公法学家史脱特甚至认为，征收是对于财产权最大之侵害。[①] 因此，确定公权力在何条件下可以通过征收方式，而对人民财产权形成限制，为公法学长盛不衰之问题。

西方之征收，起源于罗马法时代。在近代的意义上，格老秀斯提出，征收的许可，是因为领主对臣民有"最高统治权"，领主如有"合法之理由"，而且此项"合法之理由"，系以"公共用途"为目的，领主自可以来侵犯人民的财产，而人民可以由领主之处，取得损失补偿。[②] 法国《人权宣言》首次在宪法层面，确立了对人民财产权征收之限制，其第17条提出，除非当合法认定的公共需要所显然必需时，且在公平而预先赔偿的条件下，任何人的财产不得受到剥夺。《人权宣言》第17条之内容，确立了财产征收的三大要件并对之进行了初步的规定。《人权宣言》所确立的三大征收财产权的要件为：征收原因、征收依据与补偿，而初步之内容为：其一，征收原因只能为公共需要所显然必需；其二，征收依据只能为法律（从所谓"合法认定"推知）；其三，征收需给予公平且预先赔偿。后续宪法唯在有关三大要件之内容上有所调整，因此，可以说《人权宣言》第17条之规定奠定了后续宪法有关财产权征收之技术性规定的基本架构。

[①] 陈新民：《德国公法学基础理论》（下册），山东人民出版社2001年版，第410页。
[②] 陈新民：《德国公法学基础理论》（下册），山东人民出版社2001年版，第420页。

在民主法治社会，奉行市场经济为圭臬，因而通过具有最高效力之法律保障财产权，并规定征收之条件，已成为通例。如德国在魏玛宪法时期，魏玛宪法第 153 条即对财产权之征收，作了相当精密之规定。据魏玛宪法第 153 条之规定，征收财产权需满足三项条件：其一，征收的原因只能是"公共福利"；其二，征收的依据只能是法律；其三，征收需给予适当的补偿。基本法亦在大体上延续上述规定，而仅因部分之措辞有所更改而发生细部之变化。美国宪法亦在第五修正案和第十四修正案对财产权之征收作出规定。美国宪法第五修正案针对联邦之法律，提出任何人民之财产，未经正当法律程序不得被剥夺，私有财产亦不得在未予以公正补偿后，予以公用征收。第十四修正案又针对州法，作成基本相同之表述。美国宪法通过上述两条修正案，形成以"正当法律程序"和"公正之补偿"两大理念，来作为保障人民财产权之方式。[1]

因台湾地区现行"宪法"第 15 条仅一般性宣示财产权应受保障，因而对财产权之征收，一般台湾地区通常将台湾地区现行"宪法"第 15 条与第 23 条结合起来，讨论对财产权之征收问题。"释字第 400 号解释"提出：如因公用或其他公益目的之必要，公权力机关虽得依法征收人民之财产，但应给予相当之补偿，方符保障财产权之意旨。[2] "释字第 425 号解释"针对土地所有权之征收更加完整地提出：土地征收，系因公共事业之需要，对人民之财产权，经由法定程序予以剥夺之谓；规定此项征收及其程序之法律必须符合必要性原则，并应于相当期间内给予合理之补偿。[3] 根据台湾地区现行"宪法"第 15 条、23 条及"大法官"之相关解释，台湾地区对人民财产权之征收，并须满足以下要件：其一，征收原因为公共事业或其他公益；其二，征收依据为符合比例原则之"法律"；其

---

[1] 陈新民：《德国公法学基础理论》（下册），山东人民出版社 2001 年版，第 434 页。
[2] "释字第 400 号解释"之"解释文"。
[3] "释字第 425 号解释"之"解释文"。

三，征收补偿应当合理、相当。当然，此一归纳仅为描述性之归纳，具体到判断何为"公用事业""公益""符合比例原则""合理、相当"等相对不确定之法律概念，则需结合个案进行更加精深之学理探讨。

本案之争点有二：其一，公权力机关对被征收人仅给予给付，而未按照台湾地区"土地法"第233条给予及时给付，是否违反保障财产权之本旨；其二，公权力机关先给予部分给付，是否可以认定为已经履行给付义务。

【解释要览】

"大法官"针对本案作成"释字第516号解释"，认为"行政法院"之"决议"于保障人民财产权之旨意有违，应不予适用。

根据"解释文"和"解释理由书"，"大法官"认为，公权力机关因公用或因其他公益目的之必要，虽得依法征收人民之财产，但应给予合理之补偿。此项补偿乃系因财产征收，对被征收财产之所有人而言，系为公共利益所受之特别牺牲，自应予以补偿，以填补其财产权被剥夺或其权能受限制之损失。故补偿不仅需相当，为减少财产所有人之损害，更应尽速发给，方符保障人民财产权之意旨。因此，台湾地区"土地法"第233条规定之期间，虽可能因对征收补偿有异议，经该管地政部门提交评定或评议而得展延，但补偿费额一经评定或评议后，主管地政部门仍应即行通知需用土地人，并限期缴交，以转发应受补偿人，其期限亦不得超过台湾地区"土地法"第233条规定之期间。上述征收程序之严格要求，乃在贯彻因增进公共利益为公用征收时，亦应兼顾确保人民财产权益之"宪法"意旨。

至于一部提存是否可谓已履行补偿地价之行为。"大法官"认为，被征收土地应补偿之费额，应受补偿人有异议，而拒绝受领，依台湾地区"土地法"第237条第1项第1款之规定，得将款额提存之，但该项应补偿之费额，如于提交评定或评议后，认应增加给付时，应增加发给之补偿数额，倘未经依法发给，征收处分即不得谓已因办理上述提存而不影响其效力。其例外在于：至若应增加补偿之数额过于庞大，需用土地人（公权力机关）需动支预备金支应，或有其他特殊情事，致未能于15日内发给者，仍应于评定或评议结果确定之日起于相当之期限内尽速发给之（依2000年2月2日公布之"土地征收条例"第22条第4项为3个月），否则征收土地核准案，即应失其效力。

【理论评析】

根据对争点的整理，本案之着力点应在征收之补偿部分，为台湾地区有关土地征收之典型案件，影响后续多个"大法官解释"，因而从学理角度出发，本书在此对征收之各项理论问题作一阐述。

第一个问题为：征收之法理基础。

在当今民主法治社会，任何权利均得考量社会之利益，而对社会负有义务，财产权亦不例外。在财产权上负有社会义务，是德国公法学上公法上之财产权与私法上之财产权的区别之一。德国民法典第903条规定，在不违反法律和第三人利益的范围内，物的所有人可以随意处分物，并排除任何干涉。但德国基本法第14条规定，财产权负有社会义务。基本法对财产权应负社会义务之规定，乃延续魏玛宪法第151条之规定。魏玛宪法第151条规定，经济生活之组织，应与公平之原则及人类生存维持之目的相适应。[1] 但，魏玛宪法第151条仅将财产权之社会义务视为"方针条款"，而并非施加在财产权上的直接义务，基本法第14条则将财产权所负之社会义务，视为具有适用力的、直接的法律义务。[2] 尽管两者在产生

---

[1] ［德］卡尔·施米特：《宪法学说》，刘锋译，世纪出版集团、上海人民出版社2005年，第435页。

[2] 陈新民：《德国公法学基础理论》（下册），山东人民出版社2001年版，第419页。

效力之方式上有所不同，但对基本法所言的"社会义务"，也因而可以按照魏玛宪法第151条所确定之范围加以理解。

那么，财产权所负义务与征收的区别何在，为理解征收概念的一个重要问题。盖因若视征收为财产权所负义务，则"征收应获得补偿"之规则在法理上并不足够之正当性。魏玛宪法时期以降，德国公法学一共形成了四种学说。其一，个别处分说，安序兹认为，法律概括地对所有人民的某一种类财产权进行侵犯，则是一种对财产权所施加的社会义务，而非征收，只有个案的、特别的对财产权的侵犯，才征收。① 其二，修正的个别处分说，该说坚持征收是个案的、特别的对财产权的侵犯，但进一步认为，公法对财产权所施加之社会义务，必须遵循平等原则，每个人都要负担公法所施加之社会义务，但征收是违反平等原则的，因此，征收是少数人为了公共利益而为的特别牺牲。因此，修正的个别处分说又可称为"特别牺牲说"。基于"特别牺牲说"，基于平等原则所衍生的"负担均分"，被征收人的特别牺牲应予补偿，② 因此，特别牺牲说又很好地解释了征收补偿之必要性。特别牺牲说为德国联邦普通法院系统所采取之通说。其三，可期待（忍受）说，该说认为，财产权所负之社会义务性，是对财产权极轻微的侵犯，因而可以期待人民忍受之，但对财产权之征收为对财产权利的最大侵害，非财产权所负之社会义务可比。③ 由此可见，可期待（忍受）说实际上是从人民财产权受侵害的程度（量）上来区分财产权所负义务和征收。该说为德国联邦行政法院系统所采纳。

台湾地区现行"宪法"第15条并无财产权所负义务之规定，第23条所言之"妨碍他人自由""避免紧急危难""维持社会秩序""增进公共利益"应理解为征收之条件，而非所负义务。但基于民生主义中"节

---

① 陈新民：《德国公法学基础理论》（下册），山东人民出版社2001年版，第427页。
② 陈新民：《德国公法学基础理论》（下册），山东人民出版社2001年版，第428页。
③ 陈新民：《德国公法学基础理论》（下册），山东人民出版社2001年版，第429页。

制资本"之要求，台湾地区现行"宪法"第145条规定有对私人资本之节制，可以归类为财产权所负之义务。台湾地区"司法院大法官"对征收之概念，采取前述特别牺牲说，如"释字第425号解释"提出"土地征收对被征收土地之所有权人而言，系为公共利益所受特别牺牲"云云。① 但在"释字第440号解释"中，大法官又转换话语，提出公权力机关依法行使公权力致人民财产遭受损失，若逾其社会责任所应忍受之范围，形成个人之特别牺牲者，公权力应予合理补偿。② 似又将特别牺牲说和可期待（忍受）说结合了起来。

财产权所负义务对于征收还有着其他的直接影响。首先，财产权所负义务为征收提供了一种规范上的正当性，亦即当财产权所保护的对象越具有社会关联性或者社会功能时，公权力机关（主要是立法机关）对财产权的约束范围也就越大。③ 其次，财产权所负的社会义务，既是对财产所有权人使用财产之限制，又是对公权力通过征收方式限制财产权的限制。财产权所负社会义务构成限制一种法律标准来拘束公权力，而不是全权赋予公权力可以依政治意念来填充的空白规定。④ 公权力机关对于财产权之限制，应当与财产权所保护的对象所具有的社会关联性或者社会功能成比例。

第二个问题，征收的依据为何，如何理解征收事实依据的"公共利益"等范畴以及作为征收法律依据的"法律"。

第一，对事实依据之讨论。征收的依据可以分为事实依据和法律依据。事实依据为征收在事实上可以依凭的理由或原因。在民主法治社会，对人民财产权予以征收的事实依据只能是具有公共意涵之事务，但，究竟如何定义"公共"，则在理论上有其发展过程。在德国公法学上，古典征

---

① "释字第425号解释"之"解释文"。
② "释字第440号解释"之"解释理由书"。
③ ［德］康德拉·黑塞：《联邦德国宪法纲要》，李辉译，商务印书馆2007年版，第351页。
④ 陈新民：《德国公法学基础理论》（下册），山东人民出版社2001年版，第419页。

收理论要求，征收之原因必须有一个"公共事业"（公用事业）。[①] 但晚近之德国公法学较少使用"公共事业"的概念，而是根据基本法之规定，多采用"公共福利"的概念。德国公法学认为，公共福利与公共利益并非仅仅是用语上的区别，公共利益为更加上位之概念，包含公共福利在内，而公共福利是经过选择的、重大的、特别的公共利益。[②] 因此，公共福利系属"重大公共利益"，而非一般公共利益。但此"重大"又当如何判断，为征收之一关键问题，也是最为棘手之问题。在历史上，德国曾有"国库利益说"，以是否增加公权力机关有充分的财源（国库利益），作为判断公共利益是否为重大的标准。"国库利益说"的本质为将公共利益等同于"公权力机关利益说"，此说无论在理论上抑或在实务上都甚为荒谬。因此，早在魏玛宪法时期，德国法院即明白地宣示"纯粹的国库利益"并不能视为公共福祉之需要，一个征收不能为满足国库利益而为之。[③] 1950年，德国巴登州最高法院在一起征收案的判决中，提出"并非所有的公共利益，皆是为作为征收借口的公共福祉，尽管为了达到国家及其他公共任务，国家斟酌这些任务而采取之措施，是符合公共利益之需求，但，并不一定能满足公共福祉之要件……唯有为了整个民族所不可或缺的重要的使用"的情况下，这一公共利益方可被认为是"公共福祉"。[④] 然而，即便如此，"公共利益"仍然是一个相当空泛之不确定法律概念，因而，在技术上，德国采取立法之方式，将经过利益衡量而选择的"重大公共利益"加以类型化，并通过法律的方式加以明确规定，避免在实践中出现"公共福祉"或"公共利益"泛化的情况。事实上，德国联邦宪法法院对"公共福祉"的认定非常严格，在1987年之"波克斯堡征收

[①] 陈新民：《德国公法学基础理论》（下册），山东人民出版社2001年版，第418页。
[②] 陈新民：《德国公法学基础理论》（下册），山东人民出版社2001年版，第474页。
[③] 陈新民：《德国公法学基础理论》（下册），山东人民出版社2001年版，第474页。
[④] 陈新民：《德国公法学基础理论》（下册），山东人民出版社2001年版，第474页至第476页。

案"中，甚至宣告"以创造工作机会及改善地区经济结构"为目的所进行之征收，不属于"公共福祉"。①

台湾地区对此问题，查"释字第400号解释""释字第579号解释"，以及本号解释等为"公用或其他公益"之用语、"释字第425号解释"为"公用事业"之用语，"大法官"对"公共"之理解，尚在德国公法学古典征收理论之"公用事业"的理解上，即便如此，"大法官"对"公用事业""公益"到底为何，也未能作明确之说明，因而较之德国法之实务，尚有一段距离。

第二，对法律依据之讨论。公权力为征收若仅具有事实依据（即重大之公共利益确可成立），但无法律依据，则征收亦不得为，以符合法治原则之要求，亦是防止公权力借即便是重大之公共利益，恣意侵害人民之财产权。按照法律保留原则，此处所言之"法律"，仅指形式意义之法律，即由立法机关制定之规范性文件，而不及于其他实质意义之法律，应无再作赘述之必要，但是否只要系属形式意义之法律，即可对人民之财产权予以征收，则存在值得探讨之处。在德国公法学上，作为征收之法律依据的"法律"，除应当为形式意义之法律外，还需满足两项要求：在实质上，该法律必须经过比例原则之检验；在形式上，该法律应当本身即具有补偿条款。

征收人民财产权之法律，既为限制基本权利之依据，自得在征收方式、征收范围上符合比例原则，此为实质法治原则所必须。将符合比例原则列为征收法律所必须满足之实质要求，仍在于征收乃对人民财产权之最大侵害，因此，公权力为征收时，必须仔细衡量征收之必要性，只有当能够通过比例原则之各阶段检验时，方可适用。台湾地区"司法院大法官"在"释字第409号解释"中提出，并非合述"法律"规定之土地征收目

---

① 翁岳生召集：《德国联邦宪法法院裁判选辑》（十），台湾地区"司法院"2002版，第153页。

的及用途者，公权力即可任意实施征收，仍应受"土地法"相关规定及"土地法施行法"第49条比例原则之限制。① 但此处所提的"比例原则"乃是行政法意义上的比例原则，与"宪法"意义上的比例原则尚有区别。在"释字第425号解释"中，"大法官"提出："此项征收及其程序之法律必须符合必要性原则"，从比例原则之手段必要性的角度，提出"宪法"层次比例原则之适用。至"释字第564号解释"，其"解释理由书"谓："此项（公权力对财产权）限制究至何种程度始逾人民财产权所应忍受之范围，应就行为之目的与限制手段及其造成之结果予以衡量，如手段对于目的而言尚属适当，且限制对土地之利用至为轻微，则属人民享受财产权同时所应负担之社会义务。"② "大法官"提出比较完整之比例原则的检验步骤。但是，在总体上，"大法官"在征收问题上对比例原则适用，仍然颇显粗疏。③

作为征收之法律所必须满足的形式要求，在此处专指德国基本法第14条第3项之"含有补偿条款的法律"。德国基本法的制定者，要求作为征收依据的法律，在规定征收之要件与程序的同时，必须同时包含有补偿程序，以完全制止立法者制定一个允许"无补偿的征收"的法律。④ 基本法的上述规定，将征收条款和补偿条款透过宪法位阶之规定，强制性地合为一体，因而德国学者Ipsen将基本法的上述规定称为"唇齿条款"。⑤"唇齿条款"之功能在于：其一，唇齿条款将补偿作为征收许可的一个要件，对人民财产权形成防卫；其二，唇齿条款又强调征收与补偿的同时性，相当于施以立法者以立法义务，强迫立法者在制定含有征收条款的法

---

① "释字第409号解释"之"解释文"。
② "释字第564号解释"之"解释理由书"。
③ 陈爱娥：《司法院大法官会议解释中的财产权概念之演变》，载刘孔中、李建良主编：《宪法解释之理论与实务》（第一辑），台湾地区"中央研究院"中山人文社会科学所1998年版。
④ 陈新民：《德国公法学基础理论》（下册），山东人民出版社2001年版，第495页。
⑤ 陈新民：《德国公法学基础理论》（下册），山东人民出版社2001年版，第495页。

律时，必须同时考虑补偿条款，否则该法律即有违宪之虞；其三，唇齿条款对立法者产生警惕作用，使得立法者在制定征收法律时，亦需通盘考虑征收之必要性、补偿之适当性等。① 然而，以德国法为圭臬之台湾地区，尚无对"法律"之上述形式要求，仅有学者通过对"大法官解释"之总结，提出"征收与补偿联结"的原则。②

第三个问题，对于补偿的若干技术性问题，亦即何种补偿为足够、补偿之时间长短等。

何种补偿为足够，即补偿范围问题。德国公法学依宪法层次规范之条文，有"全额补偿""适当补偿""公平补偿"等说。古典征收理论主张"全额补偿"，即补偿的范围，不仅包括被征物之损失，亦包括其他因征收而引起的损失。③ 如按普鲁士在1874年颁行的《土地征收法》，在土地征收部分，"全额"系指"被征土地及其附属物及孳息之全额"以及"引起剩余土地的价值减低"。④ 德意志帝国法院在1893年的一起案件中，甚至认为因一个征收计划而导致房屋无人愿意承租而给房屋所有人造成的"租金损失"，亦属于"全额"补偿的范围。⑤ 但到魏玛宪法时期，由于魏玛宪法第153条第2项明定，对公益征收，给予"适当之补偿"，德国公法学在此阶段，均持"适当补偿说"。"适当补偿"相对于"全额补偿"，自是大大限缩补偿之范围。根据"适当补偿"的原则，立法者可以权衡公益的需求，以参酌当事人间的财产状况，而来制定各种不同程度的征收法律，而不必拘泥于以往的、偏重于保护被征收人权益的全额补偿。⑥ 二战后，基本法将魏玛宪法中的"适当补偿"改为"公平补偿"，

---

① 陈新民：《德国公法学基础理论》（下册），山东人民出版社2001年版，第495页至第496页。
② 吴庚：《宪法的解释与适用》，三民书局2004年版，第254页。
③ 陈新民：《德国公法学基础理论》（下册），山东人民出版社2001年版，第422页。
④ 陈新民：《德国公法学基础理论》（下册），山东人民出版社2001年版，第488页。
⑤ 陈新民：《德国公法学基础理论》（下册），山东人民出版社2001年版，第489页。
⑥ 陈新民：《德国公法学基础理论》（下册），山东人民出版社2001年版，第492页。

且要求此类补偿必须"衡量公共利益与私人利益",从而确立起德国公法学上的"公平补偿说"。"公平补偿说"是将公共利益和私人利益同等观之,同时参酌双方之利益,以确定最终之补偿范围。实际上,"公平补偿说"与"适当补偿说"一样,仍是给予立法者一个弹性的立法空间,使之在完全的市价补偿以及完全的有名无实之补偿间,拥有一个折中的决定权限。① 台湾地区现行"宪法"对补偿范围并无明确规定,仅在第143条以政策性语言规定公权力对私有土地"照价收买",但此处"照价收买"是否即为征收补偿,而"照价"之"价"为何,并无确切说明。"释字第400号解释"提出"相当之补偿"的概念,而"释字第425号解释"又提出"合理之补偿"的概念,且认为"合理之补偿"的概念系"经释字第400号解释在案",有将"相当之补偿"与"合理之补偿"等而视之的意味。② 但,至于"补偿"到何程度为"相当""合理",则无进一步说明。反倒是"释字第344号解释"在"解释理由书"提出土地改良物随土地被一并征收时,主管部门对补偿费的估定,"自应就被征收之土地改良物实际具体状况为之",③ 似乎有"全额补偿说"的偏向。

补偿之时间长短,即补偿在何时给予被征收之财产所有权人。若公权力机关仅有征收补偿之承诺,而无给付补偿款之行为,则征收补偿无异于画饼,财产所有权人之权利亦为空谈。因此,及时补偿实构成征收补偿的重要制度。按"无补偿即无征收"的公式,除在一方面宣示补偿为征收许可之构成要件外,在另一方面还似乎隐含着对征收补偿款之给付应当在征收行为发生之前的意涵。在台湾地区"释字第425号解释"提出对于被征收之财产所有权人,"应于相当期间内给予合理之补偿","被征收土地之所有权人于补偿费发给或合法提存前虽仍有该土地之所有权,惟土地

---

① 陈新民:《德国公法学基础理论》(下册),山东人民出版社2001年版,第498页。
② 参见"释字第400号解释"之"解释文"与"释字第425号解释"之"解释理由书"。
③ "释字第344号解释"之"解释理由书"。

征收对被征收土地之所有权人而言，系为公共利益所受特别牺牲，是补偿费之发给不宜拖延过久"云云，[①] 指明及时补偿原则的大要：其一，补偿不宜拖延过久；其二，在补偿款给付之前，征收行为并不得发生。

至于本案，"大法官"处理之着力点在回应上述第三个问题。"大法官"延续上述思路，认定台湾地区"行政法院"系争之决议抵触财产权保障之意旨，不再援用。本案共两个争点，"大法官"亦按两个争点展开推演。

对于第一个争点，"大法官"之推演共分为三步。

第一步，"大法官"提出对财产权之征收应有补偿，且该补偿应当及时，从而提出解决本案第一个争点的基本立场。"大法官"提出，因公用或因其他公益目的之需要，虽得依法征收人民之财产，但应给予合理补偿，且，此项补偿乃系因财产征收，对被征收财产之所有人而言，系为公共利益所受之特别牺牲，自得应予以补偿，以填补起财产权被剥夺或其权能受限制之损失，故补偿不仅需相当，为减少财产所有人之损害，更应尽速拨给。

第二步，"大法官"查明，系争之决议所涉及之台湾地区"土地法"和相关"司法院"解释，均符合及时补偿的要求。"大法官"认为，台湾地区"土地法"第233条规定，各种补偿费，"应于公告期满后十五日内发给之"，此项期间虽或因对征收补偿有异议，经该管地政部门提交评定或评议而得展延，但补偿费额一经评定或评议后，主管地政部门仍应及时通知需用土地人，并限期缴交，以转发给应补偿人，其期限亦不得超过上述规定之"十五日"。"行政法院"系争之决议所依据之台湾地区"司法院""院字第2704号解释"和"释字第110号解释"，亦持此观点。至于应增加补偿之数额过于庞大，需用土地人需动支预备金支应，或有其他特

[①] "释字第425号解释"之"解释文"。

殊情事，致未能于十五日内发给者，仍应于评定或评议结果确定之日起于相当之期限内尽速发给之（依台湾地区"土地征收条例"第22条第4项为三个月），否则征收土地核准案，即应失其效力。此一论证步骤，实际上构建了台湾地区有关"及时补偿"的制度性保障，对于其中细部问题都予以详细说明。

第三步，"大法官"认为，"行政法院"系争之决议所言"固谓征收土地补偿费额经标准地价评议委员会评定后，主管机关通知并转发土地所有权人，不得超过土地法第二百三十三条所规定之十五日期限，然纵已逾十五日期限，无从使已确定之征收处分溯及发生失其效力之结果"，系对"释字第110号解释"之误解，与保障财产权之本旨有违。

对于第二个争点，"大法官"之推演在上述第一个争点的第一步推演基础上，共分为两步：

第一步，"大法官"对台湾地区"土地法"相关条文做规范分析，认定补偿需为应补偿之补偿费全部补偿，一部补偿并不构成补偿成立。"大法官"认为，对于台湾地区"土地法"第227条所公告，被征收土地应补偿之费额，应受补偿人有异议而拒绝受领，依台湾地区"土地法"第237条第1项第1款之规定，得将款额提存之，但该项应补偿之费额，如于提交评定或评议后，认应增加给付时，应增加发给之补偿数额，倘未经依法拨给，征收处分即不得谓已因办理上述提存而不影响其效力。

第二步，"大法官"又根据以上规范分析的结果，对补偿与征收之关系进行总结，并重申台湾地区"土地法"相关规范的立场。"大法官"提出，台湾地区"土地法"之规定系因有征收即有补偿，补偿之发给与征收土地核准处分之效力间，具有不可分之一体性所必然。而这一必然，在台湾地区"土地法"第235条之规定，"被征收土地之所有权人，对于其土地之权利义务，于应受补偿发给完竣时终止"亦明。

据此，"大法官"认定台湾地区"行政法院"系争之决议因抵触保障财产权之本旨而不应再予援用。

【延伸思考】

在本案中,"大法官"所着力解决的是及时补偿的问题,亦厘清补偿与征收之间的先后关系,在台湾地区有关公益征收的案件中,具有重要的地位和意义。但,本案仍有一些值得进一步思考的问题。

第一,"大法官"在本号解释中,延续"释字第 425 号解释",深化了对于"及时补偿"的论述。"释字第 425 号解释"之"解释文"云:"补偿费之拨给不宜延迟过久",①而本号解释则以更加肯定之语气提出"补偿不仅需相当,更应尽速发给"。但,本号解释仍有在语句上不够规范和明确之处,如本号解释提出,"征收土地补偿之地价及其他补偿费,倘若应增加补偿之数额过于庞大,应动支预备金,或有其他情事,致未能于十五日内发给者,仍应于评定或评议结果确定之日相当之期限内尽速发给之",则"相当之期限"究竟为何?公权力机关是否会凭借"相当之期限"这一相对空洞之话语,拖延给付,并非不无疑问。惟台湾地区"司法院大法官"在"释字第 652 号解释"中,对"相当之期限"为补充解释,明确规定"相当之期限"最长不得超过两年,②从而完善了自"释字第 425 号解释"以降的"及时补偿"原则,使得"及时补偿"在"大法官解释"上具有了体系化的特征。

第二,公益征收之本质在于公权力机关与人民之间的财产流转,唯因征收之公益本质,而由人民承受特别牺牲,此一财产流转必须成立。因此,公益征收使得公权力机关和人民之间形成了强制性双务契约,则民法上有关双务合同之抗辩权(主要是先履行抗辩权、同时履行抗辩权和不安抗辩权等)是否可以适用于公益征收?从本号解释之意旨推演,人民

---

① "释字第 425 号解释"之"解释文"。
② "释字第 652 号解释"之"解释理由书"。

对土地之权利义务在公权力机关给付补偿款完毕后方终止,是否意味着人民可以据此享有对公权力机关之先履行抗辩权?由于大量民法术语被引入公法上之公益征收,因此,此类问题仍需作进一步延伸思考。

第三,就当前之征收概念而言,征收之对象仅及于财产之存续,仍需进一步思考之问题,在于征收之概念是否及于财产之价值?此一问题,仍在于公法与民法在对财产理解上之偏差,以及实践中对于财产价值判断的实际困难。事实上,将财产之价值,纳入征收之概念,在理论上并非毫无根基:首先,公法上之财产权的保障范围,已然及于财产之价值,征收为财产权保障所规范之主要领域,无将财产之价值排除出征收概念之合理理由;其次,征收亦不固守于财产之使用价值,而以可货币化之交换价值度量财产,否则何以认识征收之应补偿性?从此意义而言,公法上对财产使用价值(存续)之保障,亦应延及对财产交换价值(价值)之保障。[1]

---

[1] 苏永钦:《财产权的保障与大法官解释》,载苏永钦:《违宪审查》,学林出版股份有限公司1999年版。

第六部分 人身自由

案例21 张大勇等四人诉台湾高等法院高雄分院案

解释号:"释字第523号解释"
知识点:人身自由与比例原则

【案情要览】

本案声请人张大勇、林清正、蔡向荣、蒋湘演等四人因涉嫌流氓行为被台湾地区高雄市警察局移送台湾高雄地方法院治安法庭审理。此四人在前述治安法庭第一次审理过程中,因声请人等自1997年6月25日遭留置之期间行将届满,乃于1997年7月21日裁定再予延长一个月。声请人对此延长留置之裁定不服,遂向台湾高等法院高雄分院治安法庭(以下简称"被声请人")提起抗告,认为被声请人据以裁定的"检肃流氓条例"第11条第1项之规定:"法院对被移送裁定之人,得予留置,其期间不得逾一月","但有继续留置之必要者,得延长一月,以一次为限",与台湾地区现行"宪法"第8条保障人身自由的意旨相抵触。

声请人针对台湾高等法院高雄分院认为"检肃流氓条例"第11条第1项所规定之"留置""延长留置"本质上不同于刑事诉讼上的"羁押",提出刑事处分系指所有依刑事实体法或程序法所加诸人民生命、身体、自由、财产等一切处分，不论源自普通法或特别法；更不问其名称为何均属之。"检肃流氓条例"所规定之"留置"，在性质与作用上，与台湾地区"刑事诉讼法"第101条有关羁押之本质而言，应无二致。因此，留置与羁押应同属刑事处分，皆为便于程序之进行与真实发现，本质上均对人身自由予以限制。羁押在维护及落实台湾地区现行"宪法"第8条人身自由保障之意旨，本诸比例原则，就羁押要件及其必要性，特别明文规定之，即在具备积极、客观、明确之条件下，法院始得发动其羁押权，以防人身自由之不当侵害。而"检肃流氓条例"有关留置之规定，却一反人身自由保障之宏旨，无视比例原则之基本精神，对留置之强制处分，未定有任何积极、客观、明确之条件限制，毫无保留地授权法院无所节制地行使留置之强制处分权，且于延长留置之规定上，以"有继续留置之必要"之不确定法律概念，委由法院决定是否延长留置。观诸系争条文内容，在无明确之要件制约情形下，恐流于法院专擅之弊，对人身自由保障，势必造成立即、重大之危害。台湾地区现行"宪法"第8条规定人身自由保障之实践，在诉讼程序进行过程中，必须备有相关之规定与之配合，庶免人权动辄遭受不当之侵害。就此台湾地区"刑事诉讼法"及"军事审判法"皆有完整之规定，以维护被告之人权保障，尤以被告羁押要件之规定，却未定有相同或类似限制人身自由之前提要件，声请人等在身受其害之余，认为"检肃流氓条例"第11条第1项之规定，显然违背人身自由之前提条件。

【基本知识】

个人之自由首源于，其能基于自主意识自我行为。[①] 人身自由对于人民而言，为最为重要和根本的基本权利之一，构成其他基本权利之基础。

---

① 陈慈阳：《宪法学》，元照出版有限公司2005年版，第497页。

第六部分 人身自由

早在英国 1215 年《自由大宪章》中，人身自由即已经成为基本权利之重要组成部分。《自由大宪章》第 39 条规定，任何自由民，如未经其同级贵族之依法裁判，或经国法判决，皆不得被逮捕、监禁、没收财产、剥夺法律保护权、流放，或加以任何其他损害。此一规范，被认为是人身自由及人身保护之滥觞，且成为人身自由保障之规范结构的典范。法国 1789 年《人权宣言》第 7 条也确认："除非在法律所规定的情况下并按照法律所指示的手续，不得控告、逮捕或拘留任何人。"德国魏玛宪法第 114 条规定，人身之自由不得侵犯，凡用公共权力以妨害或褫夺人身之自由者，惟依法律使得为之。战后，德国基本法亦在第 2 条第 2 项规定个人之自由不可侵犯，此等权利惟根据法律使得干预之。同时，德国基本法又在第 104 条详细规定了剥夺人身自由所需符合之程序性要件，从而强化对于人身自由之保障。

由以上比较法之知识可知，作为基本权利的人身自由实包括两层含义：其一，作为抽象权利的人身自由；其二，作为程序权利的人身自由。此两层含义所导致之规范结构亦有所不同。作为抽象权利的人身自由，是指将人身自由视为人民所享有之抽象权利，而通过基本权利规范的抽象方法，[①]形成"某基本权利不得侵犯"之规范结构。如德国魏玛宪法第 114 条之规定，即为人身自由在此一层次含义的具体体现。德国基本法第 2 条第 2 项的表述，亦属此类。作为程序权利的人身自由，则将人身自由转化为不受任意控告、监禁和逮捕等限制人身自由措施的自由，并通过详细规定采取限制人身自由措施之权限、程序乃至于时间要件，使得人身自由在基本权利体系中，由一仅在规范结构上体现为"应受保障"的抽象权利，转化为一相当具体之权利。人身自由的两层含义在德国基本法第 2 条第 2 项和第 104 条的联结上，体现得较为明显，因而也为在释义学上分析人身

[①] 对此，可参见祝捷：《宪法基本权利规范的中国特色——以私有财产权条款为例》，载《人权研究》（第 9 卷），山东人民出版社 2010 年版。

自由之规范结构提供了文本依据。

台湾地区现行"宪法"第8条分四款规定了人民之人身自由。与其他基本权利在台湾地区现行"宪法"上仅有寥寥数语相比，人身自由条款的内容相当丰富。从规范结构来看，具备了作为基本权利的人身自由两个层次的含义：其一，该条第1项起句规定，"人民身体之自由应予保护"，从而规定了作为抽象权利的人身自由，与德国基本法第2条第2项之规范结构及规范性质基本相通；其二，该条第1项至第4项又相当详细，以至于不厌其烦地规定了依法逮捕、拘禁、审问、处罚的权限、程序乃至于时间要求，以及人民之人身自由被限制后享有之权利等，构成了作为程序权利的人身自由。吴庚认为，台湾地区现行"宪法"第8条是有关基本权利条款中，唯一除了宣示原则之外，兼具法规性质的条文。①

在本案中，台湾地区"检肃流氓条例"第11条第1项规定了对于被移送裁定之人，得采取"留置"和"延长留置"等措施，而声请人认为"检肃流氓条例"所称之"留置"与刑事处分上之"羁押"在本质上相同，均为限制人身自由之措施，应当受人身自由之限制，但被声请人则认为，"留置""延长留置"与"羁押"在本质上有所不同，不能混为一谈。因此，本案之争点在于，台湾地区"检肃流氓条例"所规定之"留置"及"延长留置"，是否属于限制人身自由之措施，是否应如"羁押"一样具有严格之适用条件。

【解释要点】

"大法官"针对本案作成"释字第523号解释"，认定"检肃流氓条例"第11条第1项之规定，逾越必要程度，与台湾地区现行"宪法"第8条、第23条的意旨不符，应失其效力。王泽鉴、吴庚联合提出"部分

---

① 吴庚：《宪法的解释与适用》，三民书局2004年版，第190页。

不同意见书"一份。

根据"解释文"和"解释理由书","大法官"认为,凡限制人民身体自由之处置,不问其是否属于刑事被告身份,公权力机关所依据之程序,须依"法律"规定,其内容更须实质正当,并符合台湾地区现行"宪法"第 23 条所定相关之条件,方符台湾地区现行"宪法"第 8 条保障人身自由之意旨。"流氓检肃条例"第 23 条虽规定法院受理流氓案件,同条例及其他法令未规定者,准用台湾地区"刑事诉讼法"之规定,但法院受理流氓案件时,仍应斟酌同条例与刑事法规在规范设计上之差异而为适用。系争第 11 条第 1 项所规定之"留置",系法院于感训处分裁定确定前,为确保日后审理程序之处置,与羁押在处分目的上固有相类之处,惟同条例有意将此种处分另称"留置"而不称"羁押",且其规定之要件亦不尽相同,显见两者"立法"之设计有异,自不能以彼例此。"检肃流氓条例"授予法院就留置处分有较大之裁量权限,固系维护社会秩序之所必须,然其中有关限制人民权利者,应符合明确性原则,并受基本权利保障与比例原则之限制,则无不同。因此,系争有关"留置"之规定,虽有其必要,唯此乃对人民人身自由所为之严重限制,对于法院得裁定留置之要件并未明确规定,除被移送人裁定之人系依同条例第 6 条、第 7 条之规定而为径行拘提之事由,因而得推论其已同时符合留置之正当理由外,不论被移送裁定之人是否有继续严重破坏社会秩序之虞,或有逃亡、湮灭事证或对检举人、被害人或证人造成威胁等足以妨碍后续审理之虞,均委由法院自行裁量,径予裁定留置被移送裁定之人,系争之规定就此而言已逾越必要程度,与保障人身自由之意旨不符。

【理论评析】

"释字第 523 号解释"虽非台湾地区有关人身自由最经典之案例,但"大法官"对人身自由保障之论证理路,却为台湾地区"司法院大法官"

有关人身自由案例最为典型者，尤其是对形式合法与实体正义兼具的论证模式的运用，亦具重要意义。

与其他基本权利在台湾地区现行"宪法"的文本中仅有寥寥数语不同，第8条对人身自由的保护相当丰富，由此使得台湾地区现行"宪法"对于人身自由之保障，上升到"宪法"保留的层次。按法律保留原则之阶层化的法律保留，[①] 法律保留可以阶层化为"宪法"保留、绝对的法律保留、相对的法律保留和非属法律保留的次要事项。[②] "宪法"保留之对象，为最为重要之基本权利，以至于必须由"宪法"本身加以保障和限制，即或是"立法"机关制定之"法律"，亦不得加以限制。依"释字第443号解释"之"解释理由书"，"宪法"保留中"最为重要"的标准是[③]台湾地区现行"宪法"中"较为详尽"的规定。台湾地区现行"宪法"将人身自由提升至"宪法"保留的高度，显然是基于人身自由的特别重要性。此一观点亦获得台湾地区"司法院大法官"的肯认。"释字第588号解释"专门提出："人身自由乃人民行使其宪法上各项自由权利所不可或缺之前提"，[④] 因而将人身自由置于其余基本权利之上，突出了人身自由在基本权利体系中的优位性。

台湾地区现行"宪法"沿袭大陆法系传统，但，第8条有关人身自由之规定，相当于英美法的人身保护令，显然受到英美法系强烈的影响。[⑤] 从学理上而言，人身自由为相当广泛之概念，即或不在抽象含义上的人身自由，尚包括行为自由、身体保护、行动自由，乃至于迁徙自由、住所不受侵犯等，[⑥] 但，台湾地区现行"宪法"第8条除宣示性地规定抽

[①] 参见本书案例2。
[②] 吴庚：《宪法的解释与适用》，三民书局2004年版，第59页。
[③] "释字第443号解释"之"解释理由书"。
[④] "释字第588号解释"之"解释理由书"。
[⑤] 许育典：《宪法》，元照出版有限公司2006年版，第181页。
[⑥] 陈慈阳：《宪法学》，元照出版有限公司2005年版，第497页以下。

象含义上的人身自由外，仅对不受逮捕、拘禁、审问和处罚四种特别的人身自由做规定，即如何将有犯罪嫌疑的人民拘禁起来。① 根据权力分立原则，为了保护人民之人身自由免于来自立法与行政两权之侵害，针对人民人身自由之限制，只能由独立于立法与行政两权之外的司法机关方可为之。因此，保障人民之人身自由在相当程度上演变为司法机关对限制人身自由措施之独享权。

但，司法机关为一相当广泛之概念，法院、检察机关乃至于警察机关都可称得上是"司法机关"。此一论争，在台湾地区历史上多次出现，再经台湾地区"司法院大法官"解释才逐渐清晰。如"释字第166号解释"即宣告台湾地区"违警罚法"规定警察机关对违警人得裁决拘留及罚役的规定"违宪"，要求"应迅由法院依法定程序为之"。② "释字第251号解释"再次认定，罚役、拘留及矫正处分等台湾地区"违警罚法"规定之限制人民人身自由之措施，均应由法院依法定程序为之。③ 至极具指标意义的"释字第392号解释"，对"逮捕""拘禁""审问"和"处罚"四项限制人身自由之特别措施做了含义上的界定。其中，逮捕和拘禁被界定为在刑事诉讼中，为保证审问和处罚而必需的刑事司法过程。由于检察机关在刑事诉讼中扮演的重要角色，因此，检察机关在逮捕和拘禁中亦被视为"司法机关"，而享有逮捕权和拘禁权，但受到一定的限制。如检察官不得在侦查过程中直接羁押当事人，而必须在必要时向法官申请羁押，等等。④ 在"释字第392号解释"中，审问被界定为"法院审理之讯问"，因而明确地将法院确定为得行使审问权的唯一主体。⑤ 处罚则被更加广泛地从对人民施加的负担角度来理解，即"限制人身自由的惩罚性措施"，

---

① 法治斌、董保成：《宪法新论》，元照出版有限公司2005年版，第205页。
② "释字第166号解释"之"解释文"。
③ "释字第251号解释"之"解释文"。
④ 吴庚：《宪法的解释与适用》，三民书局2004年版，第200页至第201页。
⑤ "释字第392号解释"之"解释文"。

包括自由刑的科处、罚金易科为拘役及属行政罚之拘留、感训、管训、感化、强制工作、强制治疗等均属"处罚"。①

在限制人民之人身自由时，遵循正当法律程序，当属自然。台湾地区现行"宪法"第8条以"宪法"位阶详尽规定限制人民之人身自由所遵循的程序，亦出于以上目的。但，经"释字第384号解释"揭示，限制人民之人身自由，在满足程序与形式之合法要件时，在实体上亦应正当。根据"释字第384号解释"，所谓"实体正当"具体化为符合台湾地区现行"宪法"第23条所定相关之条件。至"释字第471号解释"，不仅"释字第384号解释"之意旨得以重申，且台湾地区现行"宪法"第23条被更进一步落实为比例原则，因而表明在考量限制人民人身自由之措施是否抵触台湾地区现行"宪法"第8条时，可以综合运用正当法律程序原则与比例原则。究其在具体个案中的适用，则落实到第8条所谓"依法定程序"上，即"依法定程序"之含义，系指限制人民人身自由之措施，不仅在程序上应符合形式意义上之法律，而且该形式意义上的法律应当在实体上亦是正当的。② 此一进路，在实质上体现了台湾地区大陆法系与英美法系杂糅的现状，亦对"大法官"作成本号解释提供了最为妥帖的进路。

至于本案，多数"大法官"根据"释字第384号解释"和"释字第471号解释"积累而成之论证脉络，宣告系争"检肃流氓条例"第11条第1项之规定与保障人身自由之本旨不符。多数"大法官"之推演共分为三步。

第一步，多数"大法官"重申"释字第384号解释"和"释字第471号解释"所形成之论证脉络，以暗示本号解释的立场。"大法官"谓：凡限制人民身体自由之处置，不问其是否属于刑事被告之身份，公权力机

---

① 吴庚：《宪法的解释与适用》，三民书局2004年版，第193页。
② "释字第384号解释"之"解释文"。

关所依据之程序,须依"法律"规定,其内容更须实质正当,并符合台湾地区现行"宪法"第 23 条所定相关之条件,方符保障人身自由之意旨。

第二步,多数"大法官"对系争"检肃流氓条例"第 11 条第 1 项所谓"留置"的含义加以阐明,以论证系争之规范在形式上是否具有合法性。多数"大法官"认为,法院受理流氓案件时应斟酌"检肃流氓条例"与台湾地区"刑事诉讼法"在规范设计上之差异而为适用。系争之"检肃流氓条例"第 11 条第 1 项既然规定"留置",其目的系法院于感训处分裁定确定前,为确保日后审理程序之处置,与台湾地区"刑事诉讼法"所规定之"羁押"在处分目的上固有相类之处,唯系争之规范有意将此种处分另称"留置"而不称"羁押",且其规定之要件亦不尽相同。据此,多数"大法官"认定,"留置"与"羁押""两者立法之设计有异,自不能以彼例此"。由此可见,在形式合法性问题上,多数"大法官"肯定了系争之规范规定"留置"措施在形式上之合法性,而未引据"释字第 392 号解释"之意旨,宣告"留置"与"宪法"保留不符。

第三步,多数"大法官"在肯定系争规范之形式合法性后,笔锋一转,运用比例原则之检验方法,否定系争规范之实体正当性,从而宣告系争之规范有违保障人身自由之本旨。多数"大法官"提出,系争"检肃流氓条例"第 11 条第 1 项规定"留置"之目的,"系为确保感训处分程序顺利进行,于被移送裁定之人受感训处分确定前,拘束其身体自由于一定处所之强制处分,虽有其必要,唯此乃对人民人身自由所为之严重限制"。在对必要性的论证上,多数"大法官"的主要理由是:系争之"检肃流氓条例"对法院适用"留置"之要件未作明确规定,不论被移送裁定之人是否有继续严重破坏社会之虞,或有逃亡、湮灭事证或对检举人、被害人或证人造成威胁等足以妨碍后续审理之虞,均委由法院自行裁量。据此,多数"大法官"认定,系争之规范对人民人身自由造成严重侵害,不符台湾地区现行"宪法"第23条所规定之比例原则。

至此，多数"大法官"完成论证，对系争之"检肃流氓条例"第11条第1项作成"违宪"定时间失效的决定。

王泽鉴和吴庚不赞同多数"大法官"的论证方法及其结论，更从法安定性的角度对多数"大法官"作成"违宪"定期间失效之决定提出质疑。① 王泽鉴和吴庚提出，多数意见保障人身自由之意旨，固值首肯，但其认为系争之规范不能准用台湾地区"刑事诉讼法"相关规定，与"符合宪法解释原则"的解释方法不符。王泽鉴和吴庚认为，所谓"符合宪法之法律解释"，系指应依"宪法"之规范意旨及价值体系解释"法律"，而于某项"法律"规定有多种解释时，为避免该项"法律"被宣告"违宪"，应采可导致其"合宪"之解释，以维护法秩序之统一。从法律解释的方法论体系上，王泽鉴和吴庚所谓的"符合宪法之法律解释"，应为"合宪性解释"方法中的冲突规则，即当法律出现若干相冲突的解释时，尽可能地选取使其"合宪"的解释。王泽鉴和吴庚提出，"符合宪法的法律解释"在性质上属于体系解释，解释主体应"借此该原则达成规范控制之目的，期能在发现规范内容的过程中，调整下位规范与上位规范的互动关系及贯彻同位阶规范之价值判断"。因此，王泽鉴和吴庚认为，就"释宪"方法而言，若无害于人民权益之保障，"合宪性解释"应先行于"违宪"解释，以维持法秩序之和谐及运作。在"合宪性解释"方法的统摄下，王泽鉴和吴庚认为，台湾地区"刑事诉讼法"第101条对羁押的适用要件已经作出详尽规定，若将"留置"类比为"羁押"，则依"检肃流氓条例"第23条有关准用"刑事诉讼法"之规定，则可将"刑事诉讼法"有关"羁押"之要件准用于"留置"，以填补系争"检肃流氓条例"第11条第1项之漏洞，且有益于保障人民人身自由，亦符法安定性原则。

---

① 苏永钦：《合宪法律解释原则——从功能法上考量其运用界限与效力问题》，载苏永钦：《合宪性控制的理论与实践》，月旦出版社有限公司1994年版。

据此，王泽鉴和吴庚认为，多数意见舍将"留置"等同于"羁押"的"合宪性解释"，而采"留置"与"羁押""不能以此类比"的"违宪"解释，在方法论上并不可行。更进一步，王泽鉴和吴庚还不无担忧地提出，多数意见所为之"定期间失效"的期间内，受"留置"之人民的人身自由如何得到保障；而若失效期间届满后，台湾地区"立法"机关未能完成修法程序，则"留置"将无法定程序可依；纵再"立法"，依多数意见，其应遵循的内容实相当于"刑事诉讼法"第101条规定，不免辗转曲折，云云。

【延伸思考】

"检肃流氓条例"在台湾地区历史上，为多个"大法官解释"所涉及，而这些"大法官解释"串联起来，也基本构成台湾地区"司法院大法官"对于人身自由及台湾地区现行"宪法"第8条的基本看法。本号解释亦为一系列解释具有重要地位的一环，但本号解释及台湾地区"司法院大法官"围绕人身自由所形成之观点，并非无值得思考之处。

第一，台湾地区现行"宪法"第8条承继大陆法系对人身自由之规定，列举作为抽象权利的人身自由和作为具体权利的人身自由，但在规定作为具体权利的人身自由时，又并未涵盖全部人身自由，而依循英美法系立法例，仅规定逮捕、拘禁、审问和处罚四种限制人身自由的特别措施。按台湾地区学者观点，此一规定意在保障刑事犯罪嫌疑人之人身自由。[①]但，在实务中，台湾地区现行"宪法"第8条却被扩大解释至所有限制人民人身自由之公权力行为。"释字第384号解释"即明确提出"凡限制人民身体自由之处置，在一定限度内为宪法保留之范围，不问是否属于刑事被告身分"均受第8条保障，从而扩大第8条之适用范围。至"释字

---

① 法治斌、董保成：《宪法新论》，元照出版有限公司2005年版，第205页。

第588号解释"，行政执行上的拘提、管收等行政措施，也被认定为属于人身自由保障之对象。① 究其原因，实在于大陆法系与英美法系有关人身自由之规范与意旨产生冲突与偏差，导致台湾地区有关人身自由之保障范围在规范和实务上产生落差。此中有关台湾地区现行"宪法"之制定及其实施过程中的"释宪"机制对"宪法"规范的续造过程，值得关注。

第二，本号解释及其所依循的"释字第384号解释"和"释字第471号解释"形成之论证脉络，实是将英美法系之正当程序原则与大陆法系之比例原则加以竞合适用。但，在英美法系，正当程序原则并不纯然是一程序性原则。经由怀尼哈默案及洛克纳诉纽约州案发酵，正当程序原则尚包括具有实体功能之实质性正当程序原则，其含义在于保障立法符合公平正义之要求。实质性正当程序原则与比例原则在功能上有共通之处，都意在保证实体正当。然而，多数"大法官"却在论证本案时，将正当程序原则和比例原则竞合适用，是否有多余之感？在法律论证之方法上，颇有值得吾人思考之处。

第三，本号解释之多数意见在判断系争之规范是否符合实质正当时，主要运用比例原则所提供之检验方法，但，多数意见在此并未严格适用比例原则之三阶段理论。首先，多数意见并未考量"留置"之适当性，而径直提出"必要性"，且其所谓"必要性"的本质，乃在于"留置"措施的目的，更加接近于"释字第476号解释"提出之"目的正当性原则"。② 多数意见紧随"必要性"，论证"留置"是否过于严重限制人民之人身自由的部分，更加清晰地表明多数意见此处使用之"必要性"，并非比例原则经典三阶理论中所指涉之"必要性"。结合"释字第476号解释"所揭示之比例原则四阶理论，本号解释对比例原则之运用，是否意味着比例原则之四阶可以在实务中加以取舍和选择，而无需进行严格的推

---

① 许育典：《宪法》，元照出版有限公司2006年版，第189页。
② 参见本书案例4。

演？若否，则多数意见之本意并非运用比例原则，而是依据台湾地区现行"宪法"第23条另创判断途径？值得思考。

第四，王泽鉴和吴庚两位精研法律解释之大家，以法律解释方法论为基调，对多数意见作成不同意见，并以法之安定性为理由，对多数意见之观点与结论提出质疑，不无合理之处。但，王泽鉴和吴庚所依循之"符合宪法的法律解释"，在立论上不无值得进一步检讨之处。诚如吴庚自言，经验上就有不少是以法律来解释"宪法"。[1] "合宪性解释"在相当程度上可能异化为"合法性解释"，导致上位法和下位法位置之颠倒。尤其在维护法秩序统一及法之安定性的情况下，异化"合宪性解释"之可能性尤为明显。因此，如何构建法律解释——乃至于"宪法"解释——方法论体系，以保证"合宪性解释"不因法之安定性等理由被异化，诚值得深思。

当然，本案所涉问题还有"违宪"定期间失效决定与基本权利保障的关系等制度性问题，但此问题在台湾地区已不属于人身自由所专有，因而不再详述。

---

[1] 吴庚：《宪法的解释与适用》，三民书局2004年版，第596页。

第七部分 工作权

案例22 潘正雄诉台湾地区"卫生署"案

解释号:"释字第404号解释"

知识点:职业自由

【案情要览】

本案声请人潘正雄系台北市某中医诊所负责医师,兼具中医师及药师双重资格,但不具有西医师资格。2002年11月下旬至12月初,声请人以西医手术方式治疗病患赵某痔疮,并交付西药供其服用,唯因手术不当,造成赵某肛门括约肌受损而排便失禁。赵某遂向台北市卫生部门检举声请人,台北市卫生部门查实后,以台湾地区"卫生署""医字370167号函释"之规定"中医师使用医师(西)处方药房始得买卖之药品或西医外科手术应视同医师不正当行为""具药剂师资格之中医师依规定仍不可使用须经医师指示,即可供治疗疾病,故使用西药成药为人治病,核非中医师之业务范围……"等为据,依据台湾地区"医师法"第25条之规定,给予声请人停业六个月之处分,声请人不服,提起诉愿、再诉愿和行政诉讼,均遭不利之决定或判决,遂声请"大法官解释"。

声请人认为,所谓西医师处方药,为该药药性强烈,如果用药不当或过强会引起病人副作用，甚危及患者生命安全，为安全计，所以卫生部门将此药物列为医师处方药；所谓成药，为安全无虞人人可随时直接向药房或药局承购使用的药物。根据台湾地区"卫生署"在再诉愿决定书中之观点，中医师一使用西药成药就是违法或不正当的行为，违反台湾地区"医师法"第25条规定，显然是不合逻辑的推论，这项见解全台湾地区中医师宣示人人可用的西药成药，唯独中医师不准使用，这分明是对中医师的一种惩罚及不平等对待，由上而述，台湾地区卫生部门的行政处分，违反台湾地区现行"宪法"第7条、第15条保障人民平等权及工作权的规定。

【基本知识】

台湾地区现行"宪法"所规定的权利体系与同时代一般宪法规定的权利体系有着很大的不同，它实际上杂糅了自由主义、民权主义和社会主义三种思潮的权利观。[①] 工作权是台湾地区现行"宪法"基本权利之上述气质之最佳体现，亦即：工作权兼具消极之自由权与积极之社会权的双重面向。由此两面向展开对工作权内涵及外延之探讨，亦构成对工作权进行释义学分析的经典范式。[②]

在十七、十八世纪自然法思想中，工作权系指工作自由，亦即个人得自由地工作，此乃人天赋的一种权利，公权力亦不得侵犯之。[③] 考察上述概念，如果抛开"工作"之内涵，则消极面向之工作权，至少在内涵上与其他基本权利——如财产权、言论自由等，并无区别，因而为一典型之

[①] 周叶中、祝捷：《〈中华民国宪法〉(1946)评论》，载周叶中、江国华：《从工具选择到价值认同——民国立宪评论》，武汉大学法学院出版社2010年版。

[②] 当然，另有学者认为，消极面向之工作权，是指职业自由，而积极面向之工作权，是指具有集体性质之劳动权。参见陈慈阳：《宪法学》，元照出版有限公司2005年版，第588页。本书认为，积极面向之工作权，应当是指具有给付请求权性质之工作权，而非劳动权。

[③] [日]阿部照哉等：《宪法》(下)，周宗宪译，中国政法大学出版社2006年版，第263页。

自由权。若从自由权的观点出发，消极面向之工作权，或谓职业自由，系人民以生活创造或维持的意思，在一定期间内，反复从事某作为的基本权利。[1] 更进一步而言，工作的概念广泛，既包括传统意义上之职业，如木匠、医生等，又包括短期、非独立性的非典型经济活动。[2] 因此，凡人民作为生活职业的正当工作，均属宪法上所保障工作权的保护范围。[3] "工作"之内涵，关涉职业自由的保障范围。按以上理解，在基本权利之范畴内，职业自由是"社会价值中立"之基本权利，[4] 只要该活动不对社会共同体造成伤害，就属于职业自由的保障范围，并不强调该活动必须对社会有积极的贡献。[5]

随着工商业之发展，社会贫富不均现象日趋严重，承认人民享有最起码的生活权利之思潮，也渐渐出现。法国著名的空想社会主义者傅立叶在1808年提出人民应该享有工作权的见解。[6] 另一位早期社会主义者门格尔也提出，所有有工作能力的人民，均得依其工作权，向公权力请求分配支领日薪的一般日雇工作。[7] 在社会主义思潮影响下，工作权成为具有给付请求权性质之基本权利，即向公权力请求工作机会之权利。此时，公权力之义务则不再是消极地侵害人民之职业自由，而是积极促进每个有工作能力之个人都有工作机会。[8] 因此，工作权之完整意涵，包括消极和积极两个面向，前者系科以公权力消极不作为之义务，使得工作权具有主观公权利之性质，而后者则科以公权力积极作为之义务，赋予工作权以客观法的意涵。但，积极面向之工作权对公权力科以较高义务，因而在比较法的角

---

[1] 李惠宗：《宪法要义》，元照出版有限公司2004年版，第211页。
[2] 许育典：《宪法》，元照出版有限公司2006年版，第270页。
[3] 法治斌、董保成：《宪法新论》，元照出版有限公司2005年版，第253页。
[4] 李惠宗：《宪法上工作权保障之系谱》，载刘孔中、李建良：《宪法解释之理论与实务》，"中央研究院"中山人文社会科学研究所1998年版，第350页。
[5] 许育典：《宪法》，元照出版有限公司2006年版，第270页。
[6] 陈新民：《德国公法学基础理论》（下册），山东人民出版社2001年版，第688页至第689页。
[7] ［日］阿部照哉等：《宪法》（下），周宗宪译，中国政法大学出版社2006年版，第263页。
[8] 陈慈阳：《宪法学》，元照出版有限公司2005年版，第594页。

度，世界各国较少将积极义务之工作权完整地载入宪法。

在比较法上，美国《独立宣言》所昭示之三大基本人权中，"追求幸福的权利"即包括职业自由在内。法国《人权宣言》虽未载入有关工作权之内容，但在1793年雅各宾专政时期的宪法第21条规定，每个社会都有给予其人民工作之义务。[1] 德国法语境下，魏玛宪法第163条规定，德国人民应有可能之机会，从事经济劳动，以维持生计。以上所引宪法有关工作权之规范，都按照社会主义者对于工作权的想象而制定，即偏向积极面向之工作权。因此，工作权在十九世纪末至二十世纪上半叶，有着明显的客观法属性。德国基本法对工作权之规定，进一步地将工作权界定为兼具主观权利性质和客观法规范性质之基本权利。[2] 德国基本法第12条第1项明定，所有德国人均有自由选择其职业、工作地点及训练地点之权利，为德国联邦宪法法院引为职业自由之基本法源。考察德国基本法对工作权之规范，消极面向之工作权，即职业自由，自得到充分之体现。根据德国联邦宪法法院之观点，职业自由涉及人格整体，盖人格惟有在个人执行该项其认为属生活任务与生活基础的职业活动，且透过该职业活动，能同时为社会整体作出贡献时，才得以实现。[3] 但，积极面向之工作权，即请求获得工作机会之权利，则未能得到完全实现。联邦宪法法院认为，工作权，除了训练地点选择自由外，并不包含请求公权力给予一定工作的权利。[4]

台湾地区现行"宪法"有关工作权之规定，深受自由主义、民权主义和社会主义的共同影响，同时从消极面向和积极面向界定工作权之意

---

[1] 陈新民：《德国公法学基础理论》（下），山东人民出版社2001年版，第688页。
[2] 李惠宗：《宪法上工作权保障之系谱》，载刘孔中、李建良：《宪法解释之理论与实务》，"中央研究院"中山人文社会科学研究所1998年版，第356页。
[3] 李惠宗：《宪法上工作权保障之系谱》，载刘孔中、李建良：《宪法解释之理论与实务》，"中央研究院"中山人文社会科学研究所1998年版，第356页。
[4] 许育典：《宪法》，元照出版有限公司2006年版，第274页。

涵。具体而言，台湾地区现行"宪法"有关工作权之文本，被设计为两个部分：其一，基本权利专章第15条规定，人民之生存权、工作权及财产权，应予保障；其二，基本"国策"专章第152条规定，人民具有工作能力者，公权力应予以适当之工作机会。第15条所规定之工作权，与生存权、财产权并列，构成具有经典意义之自由权，而第152条规定之内容，又构成科以公权力义务之工作权，因而为工作权作为客观法规范提供依据。当然，第152条之意涵被认为仅在于督促公权力改善经济环境，尽量使人民有工作机会的目标追求，而并非赋予人民获取工作的给付请求权，因而被列入基本"国策"部分，而非进入基本权利清单。由此观之，台湾地区现行"宪法"对工作权之理解与规定，与德国基本法及联邦宪法法院之观点基本一致。

但，工作权即为自由权之具体化，自然与其余自由权相同，在一定情况下，受公权力之规范与限制。在本案中，声请人认为，台湾地区"卫生署""医字370167号函释"规定"中医师使用医师处方药房始得买卖之药品或西医外科手术应视同医师不正当行为""具药剂师资格之中医师依规定仍不可使用须经医师指示，即可供治疗疾病，故使用西药成药为人治病，核非中医师之业务范围……"等规定，限制声请人（中医师）使用西医成药之行为。因此，本案之争点有三：其一，中医师使用西药成药，是否属于职业自由之范围，职业自由之范围究竟为何；其二，倘公权力意欲对职业自由加以限制，需满足何种要件；其三，系争之"医字370167号函释"是否对中医师之职业自由造成不当限制。

【解释要点】

"大法官"针对本案作成"释字第404号解释"，认定系争之"医字370167号函释"，符合台湾地区"医师法"及"医疗法"之立法意旨，与台湾地区现行"宪法"保障工作权之规定，并无抵触。"大法官"吴庚提出"不同意见书"一份。

根据"解释文"及"解释理由书",多数"大法官"认为,台湾地区现行"宪法"第 15 条规定人民之工作权应予保障,故人民得自由选择工作及职业,以维持生计。惟人民之工作与公共福祉有密切关系,为增进公共利益之必要,对于人民从事工作之方法及应具备之资格或其他要件,得以"法律"为适当之限制。医师执行医疗业务,以维护病人之生命、身体、健康为目的,台湾地区"医师法"为强化专业分工、保障病人权益及增进国民健康,使不同医术领域之医师提供其专精之医疗服务,将医师区分为医师(即西医师)、中医师及牙医师,其资格之取得要件各有不同。中医师若以"限医师指示使用"之西药制剂或西药成药处方,为人治病,即违背医师专业分类之原则及病人对中医师基于传统医术诊治病人之信赖。据此,"大法官"认为,系争"医字 370167 号函释"有关"中医师如使用'仅限医师指示使用'之西药制剂,核为医师业务上之不正当行为""西药成药依药物药商管理法之规定,其不待医师指示,即可供治疗疾病,故使用西药成药为人治病,核非医师之业务范围"要在阐释中医师之业务范围,与保障工作权之规定,并无抵触。

【理论评析】

本案虽非台湾地区"司法院大法官"对工作权第一次作出解释,但在台湾地区工作权案件中,仍相当典型。"大法官"在本案中对工作权(职业自由)之认识与界定,已经成为台湾地区基本权利的经典案件,有台湾地区之"药房案"的称谓。

台湾地区现行"宪法"第 15 条对工作权之规定相当抽象,仅按照"工作权应受保障"的典型规范结构,对作为基本权利之工作权加以表述。有关工作权保障范围之观点,可谓林林总总,其理论观点可分为广义、中义和狭义三类。广义之工作权,不仅包括传统观点所谓的职业自由和工作机会给付请求权，尚包括职业能力养成所需之教育请求权、职业能力资格取得所需之考试权和开展职业所需之营业自由。① 中义之工作权，则以传统观点为据，将工作权界定为职业自由和工作机会给付请求权，且对于后者仍认为属于对公权力机关不产生拘束力之方针条款。狭义之工作权，则认为工作权从源头来看，应属社会权，对工作权保障范围之界定，宜以社会权为据，即工作权应为保障劳工阶层为目的的一项社会基本权，而不应包括职业自由在内。② 至于台湾地区"司法院大法官"对工作权之解释，则比较偏向广义之工作权。如"释字第268号解释"提出，"此种（考试）资格关系人民之工作权……"将考试资格纳入工作权之保障范围；③ "释字第514号解释"提出，"人民营业之自由为宪法上工作权及财产权所保障"，④ 则是将营业自由纳入工作权之保障范围。

但，多有学者对广义及实践中之观点提出批评，其核心观点在于广义及实践之工作权在保障范围上过于宽泛，并基于此认识提出了有关工作权保障范围的观点。法治斌、董保城认为，工作权主要是指选择工作自由，乃个人就其性情、体力、能力的适应性，选择适当工作，即所谓职业自由，其内涵有：其一，选择职业的自由；其二，选择工作场所的自由；其三，选择教育场所的自由；其四，执行职业的自由；其五，禁止强迫从事某特定工作；其六，消极职业自由等。⑤ 陈慈阳认为，职业自由之保护始于自由选择及从事何种职业及执业行为，结束于退出该职业之行为，并同时保障不从事任何职业之自由。⑥ 同时，陈慈阳认为，职业自由还包括自由选择职业训练及教育场所之自由、选择在特定职业下于何种职位执行业

---

① 李惠宗：《宪法上工作权保障之系谱》，载刘孔中、李建良：《宪法解释之理论与实务》，"中央研究院"中山人文社会科学研究所1998年版，第360页至第363页。
② 吴庚：《宪法的解释与适用》，三民书局2004年版，第277页。
③ "释字第268号解释"之"解释理由书"。
④ "释字第514号解释"之"解释文"。
⑤ 法治斌、董保成：《宪法新论》，元照出版有限公司2005年版，第253页。
⑥ 陈慈阳：《宪法学》，元照出版有限公司2005年版，第590页。

务之自由，以及禁止强制工作之要求等。① 以上观点，显然都受到德国基本法第12条第1项以及德国联邦宪法法院观点的影响，大体上将工作权按照中义来理解。吴庚则认为，"大法官解释"实践中的工作权概念，在相当程度上偏离工作权之本质内涵。② 吴庚认为，工作权之保障范围可以描述如下：其一，人民得依其工作能力自由地选择工作，并获得合理报酬，即职业选择自由；其二，公权力机关有义务实施最低工资、监督雇主改善工人与劳动者的工作条件；其三，对欠缺工作能力者，公权力机关应依其志愿办理职业训练，对已从事工作或劳动者也可实施技能鉴定及证照制度；其四，举办维护工人与劳动者生计的社会保险；其五，工人与劳动者有权组织工会，并行使团结、团体协约及争议之权，必要时并得发起罢工。③ 该观点亦是吴庚在本号解释之"不同意见书"中所提之工作权保障范围。由此可见，在吴庚看来，工作权中的职业自由部分，仅指职业选择自由，而不包括职业执行自由及其派生的营业自由，而且工作权的保障范围还包括大量劳工政策方面的内容。

从台湾地区"大法官解释"的实践以及工作权在实践中运行的可行性来看，按中义理解工作权应当比较合理，即将工作权按照职业自由加以理解。至于劳工政策部分是否属于工作权之保障范围，查台湾地区现行"宪法"之基本"国策"专章及"宪法增修条文"之基本"国策"一条（第10条），吴庚谓工作权之劳工政策部分，应当为对公权力规范性较弱的方针条款，而不宜定位为基本权利，其中部分有关劳工权利之内容，置于劳动权之下更为合适。④

对工作权之保障，德国联邦宪法法院借由1958年之"药房案"，形

---

① 陈慈阳：《宪法学》，元照出版有限公司2005年版，第592页至第593页。
② 吴庚：《宪法的解释与适用》，三民书局2004年版，第279页。
③ 吴庚：《宪法的解释与适用》，三民书局2004年版，第279页。
④ 参见本书案例24。

成著名的"三阶段"理论，成为判断工作权是否受到公权力侵害之经典模式。"三阶段"理论的基本思想，是将工作权按事物本质分为三阶段，由审查机关在审查立法机关和行政机关限制工作权之公权力措施（包括立法和行政措施）时，分别施以不同的审查密度，而此种审查，须经比例原则之检验。因此，所谓"三阶段"理论，乃是比例原则和审查密度在工作权上配合使用的一种论证模式。根据德国联邦宪法法院之观点，对限制工作权（或在表述上称职业自由，下同）的规范分为三大种类：

第一类，职业执行规范，系指人民在选择职业后，应以何种方式和内容来执业，而不涉及人民是否可以从事某项职业的问题。[1] 职业执业规范不涉人民选择职业之自由，因而并非为职业自由保障之核心内涵。因此，公权力机关对于限制人民之职业执行规范有着相当宽泛之形成自由。[2] 申言之，职业执行规范所受的审查密度最为宽松，一项限制人民工作权之措施，只要符合一般公益考量且合乎目的性，即具有正当性。

第二类，职业选择之主观许可要件，系指人民所要选择从事某一种职业之前，本身应当具备的特别能力和资格；[3] 为职业选择设置主观许可要件之目的在于，人民虽有选择各种职业的自由，但公权力对于特种事业，如果因其关系公共安全秩序，或因其关系人民的卫生或健康，须为选择从事该项职业之人民设定特殊资格。[4] 职业选择自由之主观许可要件，关涉人民选择职业之自由，但，职业选择自由之主观许可要件又为人民可以通过受教育、训练及参加考试达成，因而并非人民所不可预知和控制的范围，并非须采取严格审查密度。因此，职业选择之主观许可要件，应采取严于对职业执行规范之审查密度，但又不至于对公权力机关之形成空间造成过度限制，亦即：只要职业选择之主观许可要件符合职业本质所需，即

---

[1] 许育典：《宪法》，元照出版有限公司2006年版，第272页。
[2] 陈慈阳：《宪法学》，元照出版有限公司2005年版，第591页。
[3] 许育典：《宪法》，元照出版有限公司2006年版，第273页。
[4] 许育典：《宪法》，元照出版有限公司2006年版，第272页至第273页。

具有正当性。

第三类，职业选择之客观许可要件，系指人民职业选择时，所受到的非属人民本身因素的外在限制。由于职业选择之客观许可要件并非人民可以预知，亦并非人民可以通过主观之努力可以实现，因而职业选择之客观许可要件对人民职业自由之限制为"三阶段"中最重。因此，职业选择之客观许可要件，只能于有保护"特殊重要公益"所必要时，方具有正当性，亦即：对职业选择之客观许可要件之审查密度应当严于职业选择之主观许可要件所适用的审查密度。

对于以上"三阶段"审查密度之不同，导致在经受比例原则检验时，亦有不同之关照。对此，按比例原则之三阶理论，"三阶段"在经历适当性原则、必要性原则和衡量性原则所经受之检验对象，可如下表所示：①

表6 工作权之"三阶段"受比例原则检验之内容

	职业执行规范	职业选择之主观许可要件	职业选择之客观许可要件
适当性原则	限制职业执行自由之措施，只要与公共利益有合乎本质与合理之衡量即为已足，适当性原则在此旨在防止立法权作不符本质的滥用。	限制职业选择自由之主观要件，须有较个人自由更值得优先保护的"重要社会法益"存在时，此种职业之"主观许可要件"之规定始符合保障工作权之要求。	对职业选择自由设定"客观许可要件"之规定，须是为了防止明显而高度危险，并保障符合"极重要之社会法益"时，始能合理化。
必要性原则	在多数可选择的限制手段中，选择一适当并侵害最少的限制手段。	同左	同左
衡量性原则	此种手段的采取，尚须不得过度，令人尚可忍受。	同左	同左

德国联邦宪法法院所建立之"三阶段"理论，在保障工作权之基准客观化方面，有莫大贡献，且于保障基本权利之精神与公权力基于公共利

---

① 李惠宗：《宪法上工作权保障之系谱》，载刘孔中、李建良：《宪法解释之理论与实务》，"中央研究院"中山人文社会科学研究所1998年版，第378页。

益对经济活动规则责任的平衡上，有极精确之区分。在本案中，多数"大法官"试图借助"三阶段"理论，构建台湾地区保障工作权之论证方法，并宣告系争之"医字370167号函释"与保障工作权之本旨并无抵触。多数"大法官"之论证共分为以下三步。

第一步，多数"大法官"提出工作权之保障范围。多数"大法官"认为，台湾地区现行"宪法"第15条规定，人民之工作权应予保障，故人民得自由选择工作及职业，以维持生计。由此可见，多数"大法官"对工作权保障之范围，采取与德国联邦宪法法院基本相同之观点，也与台湾地区学界普遍认识基本一致。

第二步，多数"大法官"对限制工作权之相关问题进行论述。多数"大法官"之论述包括三个层次。其一，工作权得否限制。多数"大法官"提出，人民虽有自由选择工作及职业之基本权利，"惟人民之工作与公共福利有密切关系，为增进公共利益之必要……得以法律为适当限制"，据此，多数"大法官"肯定工作权同其他自由权一样，都可因公共利益而受到限制。其二，工作权限制之对象。多数"大法官"仿照德国联邦宪法法院对于工作权之"三阶段"理论，提出工作权之限制对象包括从事工作之方法、应具备之资格和其他要件等"三要件"。有学者认为，此"三要件"与"三阶段"相对应：从事工作之方法相当于职业执行，应具备之资格相当于职业选择之主观许可要件，其他要件相当于职业选择之客观许可要件。[①] 其三，工作权限制之方法。同其他基本权利一样，多数"大法官"认为，工作权仍需受台湾地区现行"宪法"第23条之限制，即受法律保留原则和比例原则之考量。

第三步，多数"大法官"对系争之"医字370167号函释"是否符合保障工作权之意旨进行审查。多数"大法官"认为，台湾地区"医师法"

[①] 李惠宗：《宪法上工作权保障之系谱》，载刘孔中、李建良：《宪法解释之理论与实务》，"中央研究院"中山人文社会科学研究所1998年版，第379页。

为强化专业分工、保障病人权益及增进人民健康,使不同医术领域之医师提供其专精之医疗服务,将医师区分为医师、中医师及牙医师,其资格取得要件各有不同,并在第41条规定医疗机构之负责医师应督导所属医事人员依各该医事专门职业法规规定执行业务,均属增进公共利益所必要。以此为理论基础,多数"大法官"进一步提出,中医师若以"限医师指示使用"之西药制剂或西药成药处方,为人治病,即违背医师专业分类之原则及病人对中医师基于传统医术诊治疾病之信赖,纵中医师兼具药师资格,亦同。对于声请人提出中医师使用成药部分,多数"大法官"认为,西药制剂"限医师指示使用"所称之"医师"不包括中医师,自非中医师于处方上所得指示使用,而中医师如以西医成药处方为病人治疗疾病,显非以擅长之传统医术施医,云云。据此,多数"大法官"认定,系争之"医字370167号函释"与保障工作权之意旨并无违背。

吴庚对多数意见之观点提出不同意见,认为多数意见对工作权之性质及意涵界定不明。吴庚认为,各项基本权利应当基于其本质及内容进行适当之诠释,并建构明确之保障范围,以弥补台湾地区现行"宪法"关于人民基本权利之各条规定过分化约不足的问题。对于工作权,吴庚认为,工作权之性质系本案首须界定之前提。吴庚认为,由于1946年"制宪"时受社会主义、集体主义思潮的影响,1946年"宪法"第15条增加有关"工作权"的内容,因此,工作权被解释为人民于失业之际,请求公权力机关予以适当就业机会,以维持其生存之权利,甚至将同条之财产权亦与工作权等量齐观视为达到生存权之手段。吴庚认为,将工作权作如此之解释诚属舍近求远,不切实际,若公权力机关对人民现有之职业工作尚且不能尽其保障义务,遑论请求公权力机关给予适当之工作?舍工作之保障而不论,倡言应积极的提供工作,亦何异于五十步笑百步。故,吴庚提出前述之工作权范围,并认为德国联邦宪法法院所建立之"三阶段"理论,即非所能全盘接受,云云。

【延伸思考】

本案为台湾地区"司法院大法官"有关工作权之经典案例，多数意见对工作权保障范围之阐释以及类比德国联邦宪法法院"三阶段"理论构建之"三要件"，亦为台湾地区论述工作权之经典范例。但，本案并非无值得进一步思考之处。

第一，多数意见按通说将工作权与职业自由画上等号，但，从本质而言，工作权与职业自由并非完全可以等同。吴庚认为，关于工作权的正确诠释，应回归其原本的性质，即以保障劳工阶层为目的的一项社会基本权，个人有工作能力者，公权力机关应设法予以适当之工作机会，或给予失业之救助，无工作能力者则应依其意愿提供职业训练，俾具有获得工作之一技之长。[①] 据此，吴庚认为，工作权之本质为一社会权，而与职业自由、营业自由等自由权无涉。然而，工作权无论为社会权，或自由权，在实务上终究应有实践之方式。德国联邦宪法法院所创设之"三阶段"理论以及多数"大法官"在本号解释所建构之"三要件"，均为工作权（职业自由）实证化之方式。如将工作权定位为纯粹的社会权，则工作权将如何在实务中展开？人民是否又得以工作权为依据，向公权力请求工作机会之给付？因此，将工作权定位为纯粹之社会权之观点，并非不无疑问。

第二，德国联邦宪法法院"三阶段"理论之所以成为审查公权力行为是否侵犯工作权之经典模式，乃在于"三阶段"理论本身已经由审查密度与比例原则相配合，构成相当精致之体系。对比多数"大法官"在本号解释中所建构之"三要件"，则粗糙有余而精致不足，以至于难以在学理上以"理论"谓之。首先，"应具备之资格"要件之范围似已包括职

[①] 吴庚：《宪法的解释与适用》，三民书局2004年版，第277页。

业选择之主客观许可要件在内,范围较"职业选择之主观许可要件"广,两者是否可以完全等同,不无疑问。其次,所谓"其他要件"究竟指何?尽管李惠宗认为"其他要件"系指职业选择之客观许可要件,但"其他"之意涵,似乎并不仅限于"客观许可要件",因而值得研究。再次,多数意见并未用审查基准和比例原则对"三要件"之含义进行严格阐释,因此,"三要件"是否等同于或者类似于"三阶段",仍不无值得进一步探讨之处。

第三,台湾地区法理学者颜厥安从法学方法论上对本案多数意见之论证方法提出质疑。颜厥安认为,多数"大法官"认为本案为台湾地区"医事法"之适用范围问题,而并非对前述规范之解释。但,颜厥安认为,法适用与法解释不可分,本案之争点并不在于工作权或职业自由,而在于台湾地区"医事法"是否因系争之"医字 370167 号函释"而产生与保障工作权之本旨不符的"暗示性扩张"?或者说,不在业务范围内的行为,是否大家当然构成业务上不正当行为?多数"大法官"不论述以上争点,反而将论证之重心力放在中西医分业之法律管制是否符合保障工作权之本旨上,因而存在相当大的问题。[①] 此一从法学方法论角度指出之问题,未必不为台湾地区"司法院大法官"在对基本权利进行解释时的通病,以本案为触发点为法理学者所揭示,亦值得进一步观察与讨论。

纵然有上述值得思考之处,但就工作权而言,尤其在职业自由部分,本案依然在台湾地区树立起相当重要之范例,亦建立具有可用性的理型,因而成为台湾地区有关工作权之理论与实务的经典案例,指标性话语和论证结构为后续多个同类案件所反复引用,对于学界及实务界之影响,尤不容忽视。

[①] 颜厥安:《自由权之内部与外部维系结构》,载《公法学与政治理论》,元照出版有限公司 2004 年版,第 199 页。

案例23　李永恒诉台北市政府案

解释号："释字第373号解释"
知识点：劳动权

【案情要览】

本案声请人李永恒为台北市"国语实验国民小学"工友，即并非该小学具有军公教身份的员工，担任该小学警卫工作之受雇劳工。1989年8月24日，声请人以学校工友已纳入台湾地区"劳动争议处理法"适用之范围为由，依该"法"规定认为有成立工会之必要性，向台北市政府社会局申请筹组"台北市教育事业技工工友工会"。被声请人提出，台湾地区"工会法"第4条之规定，各级公权力机关行政及教育事业军火工业之员工，不得组织工会，因而以此为由，驳回声请人筹组工会之申请。声请人经诉愿、再诉愿及行政诉讼，均遭不利之决定或判决，遂声请"大法官解释"。

声请人认为，其受雇为技术工友担任警卫工作之受雇劳动，法律依据在台湾地区"行政院"制颁之"事务管理规则""工友管理篇"，根据台湾地区"行政法院"前期判决，公立小学之工友与其受雇佣之学校间乃具私法上雇佣关系之性质，显见公立小学之工友虽与其雇佣学校间发生雇佣关系，仍并不受台湾地区"公务员服务法"之拘束，亦彰显公立小学之工友并不具有公务员身份。声请人认为，公立小学之工友待遇菲薄，但公平性原则在劳务给付之请求及报酬上应予重视，且对于不合理之劳动条件，工友竟无法申诉，为此欲纠结工友以团结之力量争取合理之劳动条件，因而筹组"台北市教育事业技工工友工会"，但遭台北市政府驳回。声请人认为，公立小学之工友为"私法"上之受雇劳动，为台湾地区"劳资争议处理法"适用行业范围之劳工，成立工会有其实际上之需要。

且根据台湾地区现行"宪法"第 14 条结社之自由和第 153 条劳动保护之条款,加上第 22 条之权利概括保护条款,皆足以彰显公立学校之工友有组织工会之自由。公立学校之工友成立工会,并不会妨碍他人自由,亦无紧急危难发生之可能,更不会影响社会秩序,更加不会减损公共之利益,因此,声请人认为,台湾地区"工会法"第 4 条以明文限制公立小学之工友组织工会乃"违宪"之不必要条款,因而无效。

【基本知识】

本案涉及之劳动权有广义与狭义之分。广义之劳动权,除狭义之劳动权外,尚包括前述案例涉及之职业自由,尚具有自由权色彩之基本权利,而狭义之劳动权则为劳工运动之产物,为体现劳工集体利益之基本权利。以下对于劳动权之论述,均以狭义之劳动权为限。

劳动权,或称劳工权利,系指人民中之从事特定职业的阶层,在劳动中结成工会并与资方进行协商、交涉乃至举行罢工之权利。因此,劳动权为具有相当身份性之权利,亦即并非人民在所有情况下均得享有,而是人民于具有劳工身份时,才得享有。劳动权之产生,与劳工运动在 19 世纪至 20 世纪初的勃兴有关。其时,劳工阶层在特定意识形态的引导下,与资方就最长劳动时间、最低工资、男女同工同酬、改善劳动条件等问题,展开卓绝斗争,取得一系列成果。在此,劳工阶层通过结成工会、与资方进行对等谈判、组织罢工等,以团体之力量补足劳工个体权利不足之弱势,取得较好效果。因此,通过确认劳动权之方式,固化劳工运动之成果,在 20 世纪的立宪运动下,逐渐显露。

从基本权利之谱系而言,劳动权所含之部分内容,在其他基本权利中,亦有体现。如劳工结成工会之权利,即属人民之结社自由,再如罢工权,在资本主义国家之宪法中大多有所体现,已经成为人民之经典自由权利之一。作为整体意义上的劳动权进入基本权利体系,亦同诸多社会权利一般，是在德国魏玛宪法中。魏玛宪法第159条规定，为保护及增进劳动条件及经济条件之结社自由，无论何人及何种职业，均应予保障；规定及契约之足以限制或妨碍此项自由者，均属违法。第159条对于劳工组成工会之结社自由给予了特别保护，并为此以宪法之规范，限制私人契约自由的原则，凸显了劳动权在魏玛宪法中的重要地位和意义。第165条又对工会之基本权利及其与联邦公权力机关之关系作出了详尽的规定，因而肯定了工会在德国经济生活中的重要地位。诸如属于劳动权范围之集体协商权、协定权等，均在第165条有所体现。战后，德国基本法亦对劳动权采取极为重视的态度。德国基本法第9条第3项规定，保护并促进劳动与经济条件之结社权利，应保障任何人及任何职业均得享有；凡限制或妨碍此项权利为目的之约定均属无效，为此而采取之措施均属违法，依基本法有关条文所采取之各项措施，其主旨不得违反本项所称结社保护并促进劳动与经济条件所为之劳工运动。可以说，从文本表述和规范内涵来看，德国魏玛宪法和基本法有关劳动权的规定基本相同。除德国法外，日本1946年宪法亦对劳动权有着明确的规定。根据日本1946年宪法第28条之规定，劳工之团结权利，与团体交涉及其他团体行动之权利，应予保障。从日本宪法之文本来看，日本宪法上的劳动权，主要是劳工在团体状态下所享有之权利，因而具有明显的集体属性。[1]

劳动权同其他基本权利一样，亦具有积极和消极两个面向。在积极的面向上，劳动权包括劳工之团结权（结成工会之自由）、团体协商权和争议权（含罢工权在内），即日本宪法上所称之"劳动三权"。[2] 在消极面向上，劳动权系指公权力不得以刑罚等威胁限制劳工的团结及争议行为。[3] 如根据德国魏玛宪法和基本法之规定，不仅公权力不得威胁或限制

---

[1] ［日］阿部照哉等：《宪法》（下），周宗宪译，中国政法大学出版社2006年版，第269页至第270页。

[2] ［日］阿部照哉等：《宪法》（下），周宗宪译，中国政法大学出版社2006年版，第269页。

[3] ［日］阿部照哉等：《宪法》（下），周宗宪译，中国政法大学出版社2006年版，第270页。

劳工之劳动权，企业与劳工订定之私人契约，亦不得因劳工行使劳动权，而追究劳工之民事责任，使劳工承受被解雇、不利待遇之威胁，亦即德国联邦劳工法院所谓的基本权利之"第三人效力"。[①]

台湾地区现行"宪法"对于劳动权之规定，与工作权分属不同章节。如上案例所述，工作权暨职业自由规定在基本权利专章，而劳动权却不能透过释义学之方法，从工作权之推导得出。查台湾地区现行"宪法"之文本，在基本"国策"专章中，对劳动权有着相应的表述。第153条规定，公权力为改良劳工及农民之生活，增进其生产技能，应制定保护劳工及农民之"法律"，实施保护劳工及农民之政策；第154条规定，劳资双方应本协调合作原则，发展生产事业，劳资纠纷之调解与仲裁，以"法律"定之。查上述两条文，并未如德国魏玛宪法、德国基本法和日本1946年宪法般，对于劳工组成工会之权利、劳工之具有团体属性之权利，作成明确规定，而是在确定基本方针的基础上，为相关公权力机关"立法"提供根本依据。此为台湾地区现行"宪法"有关劳动权之规范，在比较法上的殊异之处。

本案之争点，在于系争之台湾地区"工会法"第4条限制公权力机关行政及教育事业军火工业之员工组织工会之权利，是否有违劳动权之意旨。

【解释要点】

"大法官"针对本案作成"释字第373号解释"，认定系争台湾地区"工会法"第4条之规定，已经逾越台湾地区现行"宪法"第23条之必要限度，侵害从事此项职业之人民之结社权，应在解释公布之日起、至迟届满1年时，失其效力。基于教育事业技工、工友之工作性质，就其劳动

[①] [德]康德拉·黑塞：《联邦德国宪法纲要》，李辉译，商务印书馆2007年版，第284页。

权利之行使有无加以限制至必要，应由"立法"机关于上述期间内检讨修正。刘铁铮、戴东雄联合发布"不同意见书"一份。

根据"解释文"和"解释理由书"，多数"大法官"认为，台湾地区现行"宪法"第14条规定人民有结社之自由、第153条第1项规定为改良劳动之生活，增进其生产技术，公权力机关应制定保护劳动之"法律"，实施保护劳动之政策。从事各种职业之劳动者，为改善劳动条件，增进其社会及经济地位，得组织工会，乃现代法治社会普遍承认之劳工基本权利，公权力机关制定有关工会之"法律"，应予兼顾社会秩序及公共利益前提下，使劳工享有团体交涉及争议等权利。系争之台湾地区"工会法"禁止教育事业技工、工友组织工会部分，因该技工、工友所从事仅为教育事业之服务性工作，其工作之性质，与人民受教育之权利虽有关联，惟禁止其组织工会，使其难以获致合理之权利，实已逾越必要限度，侵害从事此项职业之人民之结社权。此外，多数"大法官"以提请"立法"机关之口吻提出，工会为保障劳动权益，得联合会员，就劳动条件及会员福利事项，如工资、工作时间、安全卫生、休假、退休、职业灾害补偿、保险等事项与雇主协商，并缔结团体协约；协议不成发生劳资间纠纷事件，得由工会调处；亦得为劳资争议申请调解，经调解程序无效后，即得依法定程序宣告罢工，以谋求解决。最后，多数"大法官"提出，基于教育事业技工、工友之工作性质与国民受教育权利之保护，诸如校园之安全、教学研究环境之维护等各方面，仍不能谓全无关涉；其劳动权利之行使，有无加以限制之必要，应由"立法"机关于一年内检讨修正。

【理论评析】

本案为台湾地区"司法院大法官"解释中极少数触动劳动权核心问题之案例。多数"大法官"在本案中，对于劳动权之含义及范围作出了明确的解释，因而已经成为台湾地区有关劳动权之指标性案例。劳动权在积极面向上，系指劳工所享有之团结权、团结协商权及争议权，此三项权利构成劳工形成团体，与资方开展协商、谈判并达成协议，以至于斗争之基础。劳动权在消极面向上，亦指公权力机关及私人不得以任何措施限制劳工之上述权利。因此，团结权、团结协商权及争议权实构成劳动权之保障范围。

团结权，又称劳工结社权，乃是一般人民享有之结社权在劳工领域的延伸，即劳工为保障及促进劳动及经济条件结成团体的权利。[1] 劳工所结成之团体的名称，以工会为主，但并不限于工会。无论名称为何，劳工所结成之团体均应受劳动权之保障。[2] 团结权之保障范围包括劳工个体之团结权和劳工团体自治两项。所谓劳工个体之团结权，系指劳工不仅得自主决定加入某一劳工团体，以确保及促进劳动及经济条件，公权力机关及其所在之企业不得不当干预，且劳工加入某一劳工团体后，得依该劳动团体之章程在此团体内为行为及活动之权利。[3] 当然，从另一侧面而言，劳工个体之团结，亦保障劳工不参加劳工团体之自由，即公权力机关、企业及劳动团体本身，不得强制要求劳工参加某一特定之劳工团体。所谓劳工团体自治，系指劳工团体得自行决定其团体形态，并自主决定本团体之内部事务，包括对属于本团体之劳工给予纪律处分。劳工团体自治乃是保证劳工团体独立于公权力机关及企业的一项制度性保障，但，劳工团体自治有其界限。此种界限，从正面意义上而言，劳工团体自治之目的只得以保障及促进劳工及经济条件为限，而不得逾越劳工团体成立之目的，从反面意义而言，又指劳工团体不得过度限制其成员的基本权利，如政治自由和参政权等。如日本最高法院曾作成判决，决定所谓统一候选，并由工会全力推动其选举活动，此非不得作为工会的活动，对于成员，若系"劝告"

---

[1] 陈慈阳：《宪法》，元照出版有限公司2005年版，第594页。
[2] 陈慈阳：《宪法》，元照出版有限公司2005年版，第595页。
[3] 陈慈阳：《宪法》，元照出版有限公司2005年版，第596页。

或"说服"其放弃竞选,则另当别论。[1]

团结协商权,又称团体交涉权,系指劳工借暂时性或持续性的团体,与资方或资方团体交涉工作条件及其他事项的权利。[2] 团结协商权,既是团结权的自然延伸,也是基于团结权核心领域所形成的。[3] 在团结协商权之框架下,劳工团体得通过"共同参与"和"共同决定",运用集体协商,由劳资双方在谈判桌上,决定工资或其他工作条件并用以规范劳资关系。代表劳工团体参加协商之代表,应由劳工团体依内部章程选举产生,再由劳资双方的代表经过提案、谈判、协商等过程,缔结协议,由劳资双方共同遵守。[4] 此时,劳资双方之协商及其所达成之协议,除法律另有规定外,不受公权力的强制干预。[5]

争议权,又称劳动竞争权,是指为保证劳资协议之贯彻,而赋予劳工采取罢工、怠工、示威等行为之权利。[6] 争议权虽非在劳资纠纷中经常进行的活动,但却是最强烈且最终的手段。[7] 由于争议权之行使暨罢工等相关活动之开展,对企业之生产及社会秩序影响甚大,因此,对争议权之行使,有着严格的限制。考察争议权之权利目的,争议权并非是一项可以独立启动之权利,而是保证劳资协议得以贯彻落实之工具性权利,因此,争议权之启动,只得以劳资协议未贯彻为前提。因此,从本质上而言,争议权实为确保劳资协议得以贯彻落实而对资方形成事实威慑力之权利。立基于此认识,争议权暨罢工之行使要件主要有:[8] 其一,须为劳工团体(主要是工会)领导,非为劳工团体领导之罢工为非法,但劳工团体可以接

---

[1] [日]阿部照哉等:《宪法》(下),周宗宪译,中国政法大学出版社2006年版,第273页。
[2] [日]阿部照哉等:《宪法》(下),周宗宪译,中国政法大学出版社2006年版,第273页。
[3] 陈慈阳:《宪法》,元照出版有限公司2005年版,第597页。
[4] 李震山:《行政法导论》,三民书局2009年版,第175页。
[5] 陈慈阳:《宪法学》,元照出版有限公司2005年版,第597页。
[6] 李震山:《行政法导论》,三民书局2009年版,第175页。
[7] 陈慈阳:《宪法学》,元照出版有限公司2005年版,第597页。
[8] 陈慈阳:《宪法学》,元照出版有限公司2005年版,第598页。

手一开始非由其主导之罢工,以使罢工合法化;其二,确保劳动协议有效期间的和平义务,此期间不得再以协议明定之条款要件为罢工理由;其三,罢工目的不是为了劳资协议内容或条件则不受允许,如为其他劳工团体产生的劳资争议所为之罢工;其四,罢工之采取及进行须符合比例原则,如罢工须为最后之手段、罢工之手段与其目的应当相当、在紧急状态下不得举行罢工、罢工一俟结束则须回复至和平状态等。按争议权之目的,只能是以保证劳资协议之贯彻落实前提,无涉具体之劳工协议的政治性罢工因而不属于争议权之保障范围,构成违法。但,如果该政治性罢工系针对公权力机关之经济政策,如与劳工工资、工时、社会福利、地位等直接相关的法律法令等,则亦为合法。[1]

劳动权中值得思考之问题为劳动权之保障范围,是否覆盖所有以出卖劳力谋生之人民?从表面上来看,凡以出卖劳力谋生之人民均为劳工,在应然层面上均应享有劳动权,但,某些从事特定职业之人民,基于公共利益和职业特殊性的考量,其劳动权之行使受到严格限制。此部分人民,大多数为公务员、警察、军人等。限制上述人员劳动权之理由,主要在于上述人员与公权力之间是公法上的职务关系,而非如劳工与雇主间之私法契约关系,公务的停废对于包含劳工在内的全体人民之共同利益,亦会造成重大影响或有造成重大影响之虞,因此,上述人员之劳动权与一般劳工之劳动权相比是不完整的。[2] 此处所谓的不完整,主要是针对争议权而言的,团结权和团结协商权因而在一定程度上仍可享有,如公务员仍可组织维护公务员权利之社团等。但,对具有公权力身份之人员劳动权的限制亦不是绝对的:首先,如仅为在公权力机关中服务而非具有公务员身份之人

---

[1] [日]阿部照哉等:《宪法》(下),周宗宪译,中国政法大学出版社2006年版,第274页至第275页。
[2] 李震山:《行政法导论》,三民书局2009年版,第175页;[日]阿部照哉等:《宪法》(下),周宗宪译,中国政法大学出版社2006年版,第278页。

民,亦得允许享有争议权;① 其次,公权力机关内部有着种类繁多的部门分工,公务员争议行为对公共利益之影响根据公务员所在之部门的不同而有异,因此,并非所有公务员都被绝对地禁止行使争议权。②

本案之关键在于系争之"工会法"第4条限制公权力机关行政及教育事业军火工业之员工组织工会之权利,是否有违劳动权之意旨。多数"大法官"对此作成有利于声请人之解释,认定系争之"工会法"第4条不当限制劳工之结社权,因而定期间失效。多数"大法官"之论证共分为三步:

第一步,多数"大法官"将台湾地区现行"宪法"第14条与第153条之规定相结合,推演出劳动权之保障范围,即劳动三权。多数"大法官"提出,台湾地区现行"宪法"规定人民有结社之自由,而第153条第1项又规定公权力为改良劳工之生活,增进其生产技能,应制定保障劳工之"法律",实施保护劳工之政策。据此,多数"大法官"认为,从事各种职业之劳动者,为改善劳动条件,增进社会及经济地位,得组织工会,从而推演出劳动权之团结权。随后,"大法官"又提出公权力制定有关工会之"法律",应于兼顾社会秩序及公共利益前提下,使劳工享有团体交涉及争议等权利,进一步地推演出劳动权之另外两项保障范围,其中团体交涉权即学理上所称之团结协商权。至此,多数"大法官"完成第一步论证,结合基本权利专章之条款和基本"国策"专章之条款,推演出劳动权及其保障范围,为后续论证提供法理基础。

第二步,多数"大法官"肯定,系争之"工会法"第4条限制公权力机关行政及教育事业军火工业之员工组织工会之权利,为维护公共利益所需。多数"大法官"提出,系争之第4条禁止教育事业技工、工友组

---

① 陈慈阳:《宪法学》,元照出版有限公司2005年版,第599页。
② [日]阿部照哉等:《宪法》(下),周宗宪译,中国政法大学出版社2006年版,第279页。

织工会部分，因该技工、工友所从事者为教育事业之服务性工作，其工作之性质，与人民受教育权有所关联。此部论证，提出系争之"工会法"限制教育事业技工、工友组织工会，系因为实现特定行政目的之手段，因而为第三步适用比例原则奠定了基础。

第三步，多数"大法官"以台湾地区现行"宪法"第23条所规定之比例原则为依据，认定系争之"工会法"第4条限制教育事业技工和工友组织工会之规定，逾越必要限度，侵害从事此项职业之人民的结社权。多数"大法官"认为，教育事业之技工和工友仅从事教育事业之服务性工作，因而其工作性质虽与人民受教育权有所关联，但此种关联毕竟不如直接从事教育之教师。因此，多数"大法官"提出，系争之"工会法"第4条禁止其组织工会，使其难以获致合理之权益，实已逾越必要限度，侵害从事此项职业人民的结社权，因而应在解释公布之日起至届满一年时，失其效力。

颇有意思的是，多数"大法官"并未顺着第一步思路对劳动三权作一明确之阐述，而是在争点解决后，对劳动三权之团结协商权和争议权作了简要的说明。多数"大法官"认为，工会为保障劳工权益，得联合会员，就劳动条件及会员福利事项，如工资、工作时间、安全卫生、休假、退休、职业灾害补偿、保险等事项与雇主协商，并缔结团体协约；协议不成发生之劳资间纠纷事件，得由工会调处；亦得为劳资争议申请调解，经调解程序无效后，即得依法定程序宣告罢工，以谋求解决。因此，多数"大法官"又在解释中对"立法"机关提出指令，要求"立法"机关基于教育事业技工、工友之工作性质及人民受教育权利之保障，综合考量诸如校园之安全、教学研究环境之维护等各方面因素，对其劳动权利之行使，进行检讨修正。据此，多数"大法官"实际上认为教育事业之技工、工友在本号解释后，仅得享有组织工会之权利，即劳动权之一的团结权，而团结协商权和争议权是否享有，尚须"立法"机关检讨后方有定论。

刘铁铮、戴东雄不同意多数意见之观点，联合发布"不同意见书"一份。刘铁针、戴东雄提出，多数意见认为从事教育事业之技工、工友依本号解释仅得享有组织工会之权利，而尚无团结协商权和争议权的观点不妥，系争之"工会法"第4条既因不当限制劳工之结社权无效，上述人员就应当与其他工会一样，享有完整的劳动权，包括团结协商权和争议权。刘铁铮、戴东雄认为，劳动权对于劳工而言，其意义在于保障劳工之权利以维持其生存，使借团体力量以维护其应得之利益，劳动者之结社权毋宁为其生存权之重要组成部分。据此，刘铁铮、戴东雄认为，劳动结社权与一般结社权不同，劳动结社权与团体交涉权（即团结协商权）及争议权（罢工），在行使上有结合之关系，在结构试拟稿有联系之关系，即所谓劳动三权，或劳工之集体基本权。劳动三权在概念上虽有分别，但在发挥实现其集体劳工之生存权及工作权之功能上，则绝不可分割而任缺其一。如果劳动者只有团结权，而无团结交涉权与争议权，则工会组织与劳工之其他联谊性组织，将无所区别，尽失其为生存权之重大意义。况且，刘铁铮、戴东雄最后提出，教育事业之技工、工友既非本身从事教育事业，仅担任学校劳力性之服务工作，其组成工会，纵有罢工之权利，如何会影响人民受教育之权利与校园之安宁，实令人费解；其组成之工会，不能与其他工会立于平等之地位，也难令人心安，云云。

【延伸思考】

本案为台湾地区劳动权的经典案例，尤其是仿照德国、日本之劳动三权，从工作权、结社自由及保障劳动之政策中推演出劳动者组成工会之权利、团体交涉权和争议权，并由刘铁铮和戴东雄在"不同意见书"中，揭示出劳动三权之紧密关联，对于台湾地区劳动权学理及实践之发展，具有重大意义。但，本案并非无值得思考之处。

第一，劳动权从权利之实践方式观察，属具有集体性质之权利，主要透过劳工团体之行为发挥其功能，此为劳工组成劳工团体之目的。但，作为个体之劳工，如何体现劳动权，亦即劳动权是否存在个体之形态，尤值得进一步思考。如个体之劳工是否在参加某一特定之劳工团体后，即丧失自主决定自身劳动利益之权利，而只能透过劳工团体表达利益，不无值得思考之处。而进一步的问题是，劳工在劳工团体内的权利又当如何维护。如劳工团体能否以某劳工为贯彻其罢工决议而对之加以惩戒，如开除会籍等，即工会之统制权。[1] 劳工对于在劳工团体内受到之不利负担，应遵循何种程序加以救济，此种救济是否构成公权力对劳动权之干涉？此类问题触及劳工参加劳工团体之必要性、劳工团体之存在意义与界限等重大理论问题，值得进一步探讨。

第二，按劳动权之团结权不仅保障劳工积极地组织、参加劳工团体之自由，而且保障劳工消极地不参加劳工团体之自由。但，因劳工运动之历史传统，较多劳工团体采取所谓"闭锁制协定"或"加盟制协定"，亦即要求某一行业之劳工强制性地加入该行业特定的劳工团体。在此状况下，劳工之团结权实质上转化为"团结义务"，英国和日本均有此类劳动团体。不仅如此，日本工会法甚至规定，工会代表受雇于特定工场事业场之过半劳工时，得缔结以其劳动须为该工会会员作为雇佣条件之劳动协约，更加从法制面上强化了劳工之强制团结义务。此时，劳工之消极的团结权又应如何维护？劳动之决定自由如何体现？值得思考。

第三，如前所述，公务员等人员虽在享有之劳动权上并不完整，但其并非绝对地完全不享有争议权。由于公务员等人员之争议权被限制的理由，在通说上为重大公共利益说，因此，按公务员所在部门涉及公共利益之轻重，不同部门之公务员之争议权被限制的程度亦有不同。但，关键问题在于，如何判断各部门所涉之公共利益？如果说公权力机关之设置，乃

---

[1] [日]阿部照哉等：《宪法》（下），周宗宪译，中国政法大学出版社2006年版，第272页。

基于公权力所涉事务之特性，则各部门所涉之公共利益乃是在不同事务特性之基础上的考量，而非对各部门所涉事务本质的划分，亦即每个公权力机关及其部门均得有涉及比较重大公共利益之事务。在此思想之下，则依公务员所属部门按不同程度限制公务员之争议权，无事实上之实践可能。如按另一具有重大影响之理由，财政民主说，则公务员行使争议权之限制，纯在于公务员之职权及行为原则上系依据立法机关所制定的法律和预算而定，故公务员之争议行为，违反财政民主之原则，属完全之限制，而无商讨之可能。因此，如何认识公务员行使争议权之限制及其例外，尚须深入思考。

第八部分　获得救济权

案例24　陈俊男诉台湾地区"健康保险局"案

解释号："释字第533号解释"

知识点：空白条款与诉讼权

【案情要览】

本案声请人陈俊男为台湾地区"健康保险局"（以下简称"被声请人"）特约医事服务机构之业者，承办"全民"健康保险业务。1996年2月27日，被声请人认为，声请人以健保不给付为由向病患收取医疗费用，又以手术项目向被声请人申报医疗费用，遂作成"健保医字第8500409号函"，依台湾地区"全民健康保险法"第72条规定处以罚锾，并依"全民健康保险医事服务机构特约及管理办法"第34条第7款及"全民健康保险医事服务机构合约"第29条第1项规定予以停止特约2个月。但，声请人并无被声请人所称之情事，并依民事诉讼程序声请假处分。惟台湾高等法院台中分院民事裁定，此系被声请人依"法律及办法"对声请人所为之单方面公法上之行政行为，即行政处分，非私权法上之"法律"之争执，自适于为民事诉讼标的。声请人遂转为提起诉愿、再诉愿及行政诉讼，惟台湾地区"行政法院"以"全民"健康保险医事服务机构，对争议案件审议,依"全民健康保险法"第 5 条第 3 项之规定,既然无其得提起诉愿及行政诉讼之规定,自属不得提起诉愿及行政诉讼之规定,因而不得提起诉愿及行政诉讼,据此,台湾地区"行政法院"认定声请人所提之行政诉讼,自非合法,应予驳回,声请人遂声请"大法官解释"。

声请人认为,台湾地区"行政法院"认定"健保局之单方面公法上之行政行为",即行政处分,应是无误。至于"行政法院"所谓依台湾地区"全民健康保险法"第 5 条第 3 项之规定,既无其得提起诉愿及行政诉讼之规定,自属不得提起诉愿及行政诉讼",但该规定并无禁止提起诉愿及行政诉讼之规定,即构成一"空白条款",故依法应可提起诉愿及行政诉讼。

【基本知识】

从实体和程序的观点,基本权利又可分为实体的基本权利及程序的基本权利。[1] 台湾地区现行"宪法"除大篇幅规定平等权、人身自由、言论自由、财产权等实体的基本权利外,尚规定有程序的基本权利,即台湾地区现行"宪法"第 16 条所规定的"人民有请愿、诉愿及诉讼之权"。另,从更加广义上来理解,台湾地区现行"宪法"第 17 条所规定之"人民参政权",亦可属于程序的基本权利,但台湾地区学界一般不将第 17 条所规定之人民参政权与第 16 条规定之基本权利并列。因此,程序的基本权利在台湾地区基本权利保障的理论谱系上,仅指请愿、诉愿和诉讼三项基本权利,因而又可以称之为"获得救济权"。由于获得救济权,在客观效果上给人民产生特定之利益,如实体的基本权利可以通过救济程序获得保障,因而又有学者将获得救济权依其性质分别称为"行政上的受益权"或"司法上的受益权",[2] 此一将获得救济权定性为受益权的观点,也为

---

[1] 吴庚:《宪法的解释与适用》,三民书局 2004 年版,第 285 页。
[2] 许育典:《宪法》,元照出版有限公司 2006 年版,第 279 页。

台湾地区实务所采纳。①

程序的基本权利,或获得救济权之存在,与基本权利之功能有着密切关联。基本权利之存在,科予公权力两项义务:不仅要实现实体的基本权利所规制的保障内容,而且要创设有效达成前项目标的程序规范和机制。因此,适当的救济程序是实现基本权利保障不可或缺的要件。②

获得救济权从横向和纵向上可以切割为不同的权利种类。所谓横向上之切割,乃在于对实现获得救济权之要件所为的划分,如不受军事审判权、获得公正裁判权、发起再审(包括上诉、申诉和控告)权、获得司法救济权、提起法律审的权利等。其中,台湾地区现行"宪法"第9条明确规定人民除现役军人外,不受军事审判,因而在台湾地区一般将不受军事审判权排除在获得救济权范围之外。获得救济权在横向上之切割,在于保障获得救济权得以最终落实,而避免流于具文。获得公正裁判权,意在确保人民于被为行政处分或司法审判时,得享有公正对待之权利,以避免未定先罚或有罪推定。发起再审权,意在给予人民在承受不利之决定或裁判后,仍有继续上诉、申诉或抗告,以维护自身权利的机会。获得司法救济权,意指法院对人民所承受之不利决定具有最终决定权,人民亦可将在行政机关或立法机关所承受之不利决定诉至法院,此项权利既是司法权制约立法权、行政权的题中应有之义,同时也是杜绝立法专断和行政专断所需。提起法律审的权利,目的又在于赋予人民质疑立法机关所制定之法律以及行政机关所制定之规范,是否与上位法相抵触的权利,防止立法机关和行政机关借由抽象之规范对人民基本权利产生侵害,亦在提请立法机关和行政机关虽具有制定规范之权利,但并不得利用此项权利恣意侵害人民之基本权利。

---

① "释字第416号解释"之"解释理由书"。
② 吴庚:《宪法的解释与适用》,三民书局2004年版,第285页。

所谓纵向上之切割，乃在于根据请求救济所针对之对象而为的划分。根据台湾地区现行"宪法"第 16 条，纵向上之切割，可以分为请愿、诉愿和诉讼三项权利。对于请愿权，尽管有台湾学者从较广义的角度，将请愿权理解为人民向全部公权力机关提出请求的权利，① 但台湾地区"请愿法"第 2 条仅从狭义的角度，将请愿理解为人民对公权力机关所采取政策、公共利害或其权益之维护，向职权所属之民意机关或主管行政机关所提出之请愿，并在第 4 条又明确规定，人民对于依法应提起诉讼或诉愿之事项，不得请愿。事实上，人民可以正式具状向法院控告公权力机关，还可以提起科予义务之诉请法院判令行政机关作成特定的行政行为，比请愿更直接有效。② 对于诉愿，依据台湾地区"诉愿法"第 1 条之定义，是指人民认为行政机关具体的行政措施违法或不当，损害其权利或利益，而向该机关的上级机关表示不服的方法。由此可见，诉愿权大致相当于大陆的行政相对人所享有的提起行政复议权。对于诉讼，台湾地区在"刑事诉讼法""民事诉讼法"和"行政诉讼法"三大"诉讼法"中，均未对"诉讼"作一明确定义。台湾地区"司法院大法官"在"释字第 416 号解释"中提出，诉讼之权，乃人民司法上之受益权，指人民于其权利受侵害时，有提起诉讼之权利，法院亦有依法审判之义务而言。③

至于本案，根据台湾地区"全民健康保险法"第 5 条第 1 项规定，为审议本保险被保险人、投保单位及保险医事服务机构对于保险人核定之案件发生争议事项，应设"全民健康保险争议审议委员会"；第 3 项又规定，被保险人及投保单位对争议案件之审议不服时，得依法提起诉愿及行政诉讼。结合以上之规定，台湾地区"全民健康保险法"并未规定保险医事服务机构不服审议时，得否提起行政诉讼，因而构成一空白条款。查

---

① 陈慈阳：《宪法学》，元照出版有限公司 2005 年版，第 619 页。
② 吴庚：《宪法的解释与适用》，三民书局 2004 年版，第 286 页。
③ "释字第 416 号解释"之"解释理由书"。

本案声请人之"释宪"声请书，声请人对"行政法院"之行政行为之认定并无异议，因此，本案之争点在于：台湾地区"全民健康保险法"第5条之"空白条款"得否作为声请人提起行政诉讼之法律依据。

【解释要点】

"大法官"针对本案作成"释字第533号解释"，认定声请人经台湾地区"全民健康保险法"第5条第1项所定之程序提请审议，对审议结果仍有不服，自得提起行政争讼。吴庚提出"协同意见书"一份。

根据"解释文"和"解释理由书"，"大法官"认为，人民诉讼权应予保障，旨在确保人民于其权利受侵害时，得依法定程序提起诉讼并受公平审判，以获得适当之救济。具体案件之诉讼，究应循普通诉讼程序抑或依行政诉讼程序为之，应由"立法"机关衡酌诉讼案件之性质及既有诉讼制度之功能等而为设计。关于民事诉讼与行政诉讼之审判，依现行"法律"之规定，分由不同性质之法院审理，系采二元诉讼制度：关于因私法关系所生之争执，由普通法院审判；因公法关系所生之争议，则由"行政法院"审判之。"全民"健康保险为强制性之社会保险，攸关人民福祉至巨，具公法之性质。因此，台湾地区"健康保险局"与保险医事服务机构缔结之"全民"健康保险特约医事服务机构合约，具有行政契约之性质，缔约双方如对契约内容发生争议，自属公法上争讼事件。1998年10月28日，台湾地区修改"行政诉讼法"，其中第2条规定："公法上之争议，除法律别有规定外，得依本法提起行政诉讼"，第8条第1项又明定，因公法上契约发生之给付，亦可提起给付之诉。因此，本案声请人特约医事服务机构，如对其与被声请人所缔结之合约内容发生争议，既属公法上事件，经该特约医事服务机构依台湾地区"全民健康保险法"第5条第1项规定之程序提起审议，对审议结果仍有不服时，自得依法提起行政争讼。

【理论评析】

本案中，多数"大法官"借由对"空白条款"是否排除诉讼救济问题的回答，对台湾地区之多元诉讼制度及其区别进行了阐述。回溯至本号解释作成前不久之"释字第 530 号解释"，[①] 本案实再次对民事诉讼和行政诉讼在保障人民基本权利上的分工，进行了详细解释。

诉讼权为通过程序保障人民实体权利之基本权利，在主观权利上之功能为使人民得以权利救济之方式，防御公权力之侵害。[②] 至于人民如何以权利救济之方法，防御公权力之侵害，德国公法学界以德国基本法第 19 条第 4 项构建起诉讼权作为主观权利之体系。这一体系主要包括四个方面的内容。[③] 其一，诉讼权之防御功能，依赖于构建一个广泛而完整的权利救济保障，即便在法无明文规定管辖机关时，亦应确定一个辅助性管辖，以填补法律之漏洞，如德国基本法第 19 条第 4 项第 2 句规定"如无其他管辖机关时，得向普通法院起诉"属此类。其二，诉讼权之防御功能的启动要件之一，为需受到公权力之侵害。不仅人民之权利因公法关系受到侵害自应如此，即便人民因私法关系发生纠纷，公权力仍有义务提供在私法领域上足够的权利救济体制，否则构成对人民诉讼权之侵害。其三，诉讼权之防御功能的启动要件之二，为需人民之权利被侵害，即诉讼权虽未创设实体权利，但其启动以人民之实体权利受侵害为前提。因此，立法机关并不得透过对人民之实体权利不当的限制，来破坏权利救济的保障。而且，此处的实体权利，既包括人民所有主观公法权利，也包括私法权

[①] "释字第 530 号解释"系台湾地区"司法院大法官"借对"司法机关得否颁布规则"问题的阐述，对台湾地区之司法改革设定总体原则和时间表进行了设定，在台湾地区司法体制改革中，堪称具里程碑性质之解释。

[②] 许育典：《宪法》，元照出版有限公司 2006 年版，第 282 页。

[③] 许育典：《宪法》，元照出版有限公司 2006 年版，第 282 页至第 283 页。

利。① 其四，诉讼权之防御功能，亦依赖于一个有效的权利救济保障，即人民得通过诉讼制度，尽可能快速地、简洁地实现他们的权利。在客观法秩序上，诉讼权要求公权力构建司法机关的组织与程序，型塑合理、完善和有效的诉讼，以符保障人民诉讼权利之需。

诉讼权虽非实体上之基本权利，但其并非纯为保障实体之基本权利所创设之工具性权利，相反，诉讼权亦有明确之保障范围。吴庚在"释字第368号解释"所提之"协同意见书"中提出，各种基本权利，无论属于消极性防止公权力侵害之防御权，或积极性要求公权力提供服务或给付之受益权，公权力均负有使之实现之任务。为达成此项任务，公权力自应就各个权利之性质，依照社会生活之实现及整体发展之状况，提供适当之制度的保障。② 经由制度保障功能之确认及对基本权利条款所作之体系解释，吴庚认为，诉讼权之保障范围包括如下原则：其一，"有权利即有救济"原则，亦即凡基本权利，遭受公权力机关不法侵害，均应提供诉讼救济之途径；其二，"司法终极统制原则"，亦即诉讼救济途径最后的审级，应为法官所组成的法院，其他机关不得作为终审；其三，法律保留原则与正当程序原则，即各类型之诉讼程序，均应以法律规定，且其内容也须符合法治社会所需的正当程序；其四，审级原则，即诉讼过程中，无论有无成文或不成文规范之依据，③ 都不应使审级救济丧失功能。以上原则，在台湾地区"司法院大法官"有关诉讼制度之解释中，均有涉及，典型之表述如下表7所示：

尽管对诉讼权之保障，有上述原则加以规范与引导，但，诉讼权究竟应如何落实，亦即在具体诉讼制度上的设计，立法机关享有相当充分的自

---

① 陈慈阳：《宪法学》，元照出版有限公司2005年版，第626页。
② "释字第368号解释"吴庚之"协同意见书"。
③ 吴庚：《宪法的解释与适用》，三民书局2004年版，第131页。

表7 台湾地区"司法院大法官"有关诉讼权保障范围之代表性表述

原则	解释号	相关表述	相关表述之意义
有权利即有救济原则	430	"现役军官依有关规定声请续服现役未受允准,并核定其退伍,如对之有所争执,既系影响军人身分之存续,损及……服公职之权利,自得循诉愿及行政诉讼程序寻求救济。"①	对特别权力关系之破除
司法终极统制原则	418	"诉讼权,系指人民有依法定程序,就其权利义务之争议,请求法院救济,以获致终局解决与保障之权利。"②	确认法院为终局解决之公权力机关
法律保留与正当程序原则	298	"公务员之惩戒……得视其性质于合理范围内以法律规定由其长官为之。"③	确认公务员惩戒事项只能由"法律"规定
	393	"保障人民之诉讼权,其实现所应遵循之程序及所应具备之要件,应由立法机关衡量诉讼之性质,以法律为正当合理之规定。诉讼程序之目的即在发现真实,实现正义。"④	确认实现诉讼权所需之正当程序原则的意义
审级原则	396	"惟保障诉讼权之审级制度,得由立法机关视各种诉讼案件之性质定之。"⑤	确认审级制度之重要性

(本表为作者自制)

由形成空间。⑥ "释字第 416 号解释"肯定上述观点,提出"惟此项权利(诉讼权)如何实现……自得由立法机关衡量诉讼事件之性质,为合理之规定"。⑦ 从比较法的角度观察,对受案法院之设立,主要有两种模式:其一为所有的诉讼案件均由普通法院受理,即"诉讼一元主义",美国、英国、日本等国均属此类;其二为根据诉讼案件之法律性质不同,分设两种

---

① "释字第 430 号解释"之"解释理由书"。
② "释字第 418 号解释"之"解释理由书"。
③ "释字第 298 号解释"之"解释文"。
④ "释字第 393 号解释"之"解释理由书"。
⑤ "释字第 396 号解释"之"解释文"。
⑥ 吴庚:《宪法的解释与适用》,三民书局 2004 年版,第 288 页。
⑦ "释字第 416 号解释"之"解释理由书"。

以上的法院体系分别受理，则称为"诉讼多元主义"。① "诉讼多元主义"的司法体制一般将具有公法性质之案件从普通民事和刑事案件中区隔出来，由专设的法院管辖，德国是诉讼多元主义的典型代表。德国并没有一套司法机关体系，而是以案件的类型，将司法机关分为不同的类型。根据德国基本法第 95 条第 1 项至第 3 项的规定，德国设审理普通民事、刑事案件的普通法院，审理行政案件的行政法院，审理涉及财税单据纠纷的财经法院，审理劳资纠纷的劳工法院以及审理社会保险案件的社会法院体系等。② 台湾地区仿德国例，亦建立诉讼多元主义的司法机关体系。依"释字第 530 号解释"，台湾地区"司法院"为台湾地区之"最高审判机关"，在"司法院"之下，设立审理普通民事、刑事案件的普通法院，审理行政案件的"行政法院"以及专司公务人员惩戒的"公务员惩戒委员会"。但根据"释字第 418 号解释"之观点，"无论何种方式，人民于其权利因违法行政处分而遭受侵害时，得向法院请求救济，则无不同"。③

是以，诉讼权既为司法上之受益权，则不仅形式上应保障个人得向法院主张其权利，且实质上亦须使个人之权利获得确实有效之保护。④ 根据案件类型，确定合适之受案法院，在台湾地区"诉讼多元主义"之背景下，显得尤为重要。但，就本案而言，系争之"全民健康保险法"第 5 条并未对保险医事服务机构不服"全民健康保险争议审议委员会"之决定时，得否提起诉愿及行政诉讼，因而构成一"空白条款"。因此，本案之关键在于声请人得否在系争之规范并未明确规定时，就所涉争议提起行政诉讼。对此，多数"大法官"作成有利于声请人之解释，依保障诉讼权之意旨，宣告保险医事服务机构与台湾地区"中央健康保险局"在两者所缔结之合约因履约发生争议时，不仅得依"全民健康保险法"第 5

---

① 许育典：《宪法》，元照出版有限公司 2006 年版，第 284 页。
② 祝捷：《外国宪法》，武汉大学出版社 2010 年版，第 152 页至第 153 页。
③ "释字第 418 号解释"之"解释理由书"。
④ "释字第 418 号解释"之"解释理由书"。

条之规定，提交"全民健康保险争议审议委员会"审议，对审议结果不服的，且得依法提起诉愿或行政诉讼。多数"大法官"之论证共分为三步。

第一步，多数"大法官"重申在前述解释中所确立的"诉讼多元主义"原则，并对普通法院与"行政法院"之分工，作了简要的阐述。多数"大法官"提出，在台湾地区，关于民事诉讼与行政诉讼之审判，分由不同性质之法院审理，系采二元诉讼制度，即"诉讼多元主义"；除"法律"另外规定外，关于因私法关系所生之争执，由普通法院审判，因公法关系所生之争议，则由"行政法院"审判之。多数"大法官"在此奠定了普通法院与"行政法院"分工之原则，为以下之论证提供了基本框架。

第二步，多数"大法官"对于"全民健康保险"之公法属性进行论证，使本案之争点得以套用至第一步所形成之分工原则中。由于"全民健康保险"事涉多项问题，因而多数"大法官"在此着墨颇多。首先，多数"大法官"从更加上位之行政契约入手，论述行政契约的公法属性。多数"大法官"提出，行政机关基于法定职权，为达成行政目的，得以行政契约与人民约定由对造为特定用途之给付，俾有助于该行政机关执行其职务，而行政机关亦负相对之给付义务。其次，多数"大法官"对"全民健康保险"之公法属性进行论述。多数"大法官"提出，"全民健康保险"为强制性社会保险，攸关全体人民福祉至巨，因而具公法之性质。最后，多数"大法官"提出，台湾地区"中央健康保险局"与保险医事服务机构缔结之"全民健康保险特约医事服务机构合约"，旨在使特约医事服务机构依相关具公法性质之法规提供医疗服务，以达成促进人民健康、增进公共利益之行政目的。同时，特约医事服务机构所从事者，为履行其提供医疗服务之义务，以及协助"中央健康保险局"办理各项保险行政业务。因此，除合约中规定"中央健康保险局"得对特约医事服务机构给予履约之必要指导外,尚可为贯彻行政目的,对特约医事服务机构处以罚锾的权限,使作为合约当事人一方之"中央健康保险局"享有优势地位。是以,多数"大法官"认定,此一合约具有行政契约之性质。结合多数"大法官"对行政契约之公法属性的论述,"中央健康保险局"与特约医事服务机构所订定之合约,具公法属性。

第三步,多数"大法官"将第二步所形成之结论,运用于第一步所形成之框架中,最终得出本案之最终结论。多数"大法官"认为,既然上述合约具公法属性,则缔约双方如对契约内容发生争议,自属公法上争讼事件。随后,多数"大法官"引据台湾地区"行政诉讼法"第2条之规定:"公法上之争议,除法律别有规定外,得依本法提起行政诉讼",以及第8条第1项之规定:"人民与中央或地方机关间,因公法上原因发生财产上之给付或请求作成行政处分以外之其他非财产上之给付,得提起给付诉讼。因公法上契约发生之给付,亦同。"以强化最终结论的规范性,亦即:特约医事服务机构,如对其与"中央健康保险局"所缔结之合约内容发生争议,既属公法上事件,经该特约医事服务机构依"全民健康保险法"第5条第1项所定程序提请审议,对审议结果仍有不服时,自得依法提起行政诉讼。据此,多数"大法官"对系争之"空白条款"的含义予以明确:系争之"全民健康保险法"对不服"全民健康保险争议审议委员会"之审议结果,应循何种诉讼途径救济未设规定,而前述合约采双方合意选定民事诉讼管辖法院的做法,亦即将攸关合约之争讼定性为民事争讼,固非可议,惟根据以上所引"行政诉讼法"之规定,自应循行政争讼程序解决。

至此,多数"大法官"完成对本案的论证。吴庚赞同多数意见之结论,但对多数意见之理由持不同意见,因而发布"协同意见书"一份。吴庚首先肯定,在台湾地区"行政诉讼法"颁布后,类似于本案之行政契约类案件将方兴未艾,因而本案之解释具有指标意义。吴庚认为,诉讼事件之审判权归属，在采民事诉讼与行政诉讼分离之社会，恒属难题，较多地设有解决冲突之机制，而台湾地区"民事诉讼法"对此未加规定，"行政诉讼法"之规定亦未周全，以至于迭生争议，徒增人民讼累。台湾地区"行政诉讼法"修正后，诉讼种类与民事诉讼且多雷同，因审判权而生之冲突有增无减，可能使得民事法院和"行政法院"均以无审判权为由驳回，而使人民之权力延宕多时未获救济。因此，吴庚建议，可以对消弭审判权冲突之罚则予以简明指示，而非如多数意见般斤斤于"诉讼法"上之技术问题，未能针对此项涉及人民权利保障至关重要之事项，提出解决途径，殊属遗憾，云云。

【延伸思考】

本案如吴庚之观点，为台湾地区"行政诉讼法"修正后涉及"诉讼多元主义"之下，不同法院审判权分工之指标性案例。又，多数意见的确对属于民事与行政交叉地带之"行政契约"的受案法院作成较为明确之认定，因而对于同类案件之审理与人民诉讼权之保障，颇有裨益。但，本案并非无值得讨论之处。

第一，诚如某"大法官"在"释字第 89 号解释"提出之"不同意见书"中所提之观点："晚近，公权力机关既常立于准私人之地位与私人发生各种私法关系，公权力机关之行政行为亦逐渐减少其权力之色彩，与私法行为渐趋接近；故于行政处分之外，有所谓公法上契约。行政法规上关于行政行为之规定，亦颇多仿效私法之规定者。民事事件与行政事件之划分因而益见困难；解决之道宜求诸立法之目的，细按有关法规之全部条文探索其基本精神之所在，据而为决定审判权之标准；如不察及此，专由各个条文与法律理论之枝节处着眼，则由若干条文与理论观察可视为民事事件者，由另一角度观之又可视为行政事件，将见徘徊歧路而难获适当之决定。"① 该"大法官"之意见颇具见地，对确定具私法外观之公权力行为的受案法院，具有直接指导意义。但，在本案中，多数"大法官"似并未如该"大法官"所言，从法律体系中寻索确定"特约医事服务机构合约"之属性，而是从"全民健康保险"制度及"中央健康保险局"之地位论证该合约之公法属性。前述合约虽为保障后两者所采取之手段，但能否由目的之公法属性而推导出其所采取手段亦具有公法属性？在判断前述合约之法律属性上，是否更应考察该合约所涉之法律之整体性？多数法官似在解释方法论上存在瑕疵，值得进一步思考。

第二，对法律争讼根据案件属性，决定受案法院，在学理上固有其合理性，但，从保障人民之诉讼权角度而言，并非无值得讨论之处。盖因对人民诉讼权之保障，意在使人民于实体权利受到侵害时，得经过公权力预先设置之组织与程序，获得救济。因此，诉讼权之本旨，在于确保人民获得相当之救济。而无论"诉讼一元主义"或"诉讼多元主义"，均在于确保人民或更加公平、合理及有效率之救济，而非其他。在案件属性明晰的情况下，人民自得根据案件属性选择合适法院，但，如本案所涉之"特约医事服务机构合约"，对作为法律高端精英之"大法官"尚需颇费笔墨详加论证，更遑论普通人民？因此，按外观主义确定受案法院，为保障人民诉讼权之选项之一。所谓"外观主义"，系指允许人民根据案件之外观，根据社会通常观念决定受案法院，而非对人民科以过高之判断义务。以本案为例，如按"外观主义"之方法，因本案涉及契约，因此，人民若通过普通法院提起争讼亦属合理。在"诉讼多元主义"之下，普通法院与行政法院之分工，从保障人民诉讼权的角度，究竟应采取"外观主义"，抑或是根据案件属性确定受案法院？实为人民诉讼权之保障关键所

---

① 参见"释字第89号解释"之"不同意见书二"。标点为作者所加。

系，值得讨论。

第三，本案之争点，在系争之"全民健康保险法"第 5 条之空白条款，是否得提起诉愿及行政诉讼。从司法终极统制原则及有权利必有救济之观点，该空白条款当然不构成阻却人民提起诉愿及行政诉讼之原因。但，"同法"更设立"全民健康保险争议审议委员会"，为对"全民"健康保险事务所涉争议予以审议之专门机关，该机关显为从专业角度对"全民"健康保险事务作判断之机关，因此，其所为之判断，与非涉"全民"健康保险事务之诉愿机关和"行政法院"相比，自更具有专业性。因此，该专业机关之判断，是否构成公法上针对专业性问题所提出之"判断余地"？并非无值得探讨之处。如该专业机关之判断，落在"判断余地"之内，则人民提起诉愿及行政诉讼是否因判断余地而难以获得救济？对专业问题之"判断余地"是否因而限制人民之诉讼权？值得探讨。

第九部分　应考试权

案例25　蔡镜辉诉台湾地区"考试院""考选部"案

解释号："释字第319号解释"

知识点：考试权与阅卷评分行为

【案情要览】

本案声请人蔡镜辉系参加1989年台湾地区举办之专门职业及技术人员高等考试律师考试，于收到台湾地区"考试院""考选部"（以下简称"被声请人"）寄发之成绩单，因其考试成绩未能达到录取标准，向被声请人申请复查成绩，经被声请人函复原评成绩与所发成绩单相符，并附列各科目分题成绩表，而并未向声请人展示其评分标准、原始考卷及评分状况，更未对声请人之试卷进行重新评议。声请人不服，提起诉愿、再诉愿和行政诉讼，均遭不利之决定或判决，遂声请"大法官解释"。

声请人认为，人民有应考试服公职之权，又人民之工作权、生存权、财产权应予保障。考试成绩涉及上述权利，获得公平、公正、公开之考试，乃人民应享有之基本权利。公权力机关晋用人才以及专门职业之执业资格，均须经台湾地区"考试院"举办之各种考试，考试须公平、公正、公开，因此榜示后，办理试务之机关应将应考人之成绩公开，以示负责之基本义务，俾免成绩登录有误，如张冠李戴、颠倒填报、高分报以低分、及格报以不及格之弊端，亦即高度之重大瑕疵，以达抡才之目的，始无侵害应考人之考试权益。声请人认为，被声请人引据之台湾地区"应考人申请复查考试成绩处理办法"（以下简称"复查成绩办法"）第8条前段"应考人申请复查成绩，不得要求重新评阅，提供参考答案，阅览或复印试卷"，以行政命令限制人民之考试权利，不仅侵害声请人之合法考试权益，抑且侵害千千万万应考人之合法考试权益至深且巨，影响司法人才晋用、服务社会之人事管道至为重大。

【基本知识】

在台湾地区，考试权既可以作为基本权利面向的概念，又可归入公权力之范畴，而作为基本权利的考试权，与作为公权力之考试权密不可分。因此，理解作为基本权利之考试权，需先了解公权力面向之考试权意指为何。

作为公权力之考试权，为孙中山"五权宪法"架构之一。孙中山通过吸收世界各国"三权分立"思想的经验，结合中西方关于考选和纠察的制度，创立了"五权宪法"的思想，其中"考试权"是最具特色的公权力形态之一。孙中山认为，在选报官吏的方式上，选举和委任各有流弊，英美等国极力赞扬中国的考选制度，并移植至各自国内，政治方有起色。因此，孙中山认为，将来中国的宪法，必要设置独立机关专掌考试权，大小官吏必须经过考试。然而，孙中山所言的考试权，与英美国家通行的文官制度又有所不同，后者仅及于行政机关中不负政治责任之一般文官，而考试权则涵盖所有公职人员。孙中山认为，不仅行政官吏要经过考试，而且"人民之代表与受人民之委托者，不但须经选举，尤须经考试"，"国民大会及五院职员，与夫全国大小官吏，其资格皆由考试院定之"。[①] 然

---

① 谢政道：《孙中山之宪政思想》，五南图书出版股份有限公司1999年版，第91页，第94页。

而，孙中山有关考试权的设计，并未在1949年前的宪政实践中获得实现。1946年"宪法"虽将"考试院"作为五院之一，但亦仅是在形式上保留了考试权。查"考试院"之职权，与孙中山所谓之考试权相隔甚远，基本上是人事行政的主管机关，其权限亦不限于举办公务人员任用资格和专业职业及技术人员执业资格的考试，而且涵盖与公务人员任用、铨叙、考绩、抚恤等有关的事项，实际上是一个主管人事行政权的机关。① 1991年台湾当局发动"宪政改革"后，"考试院"被边缘化，仅承担考试及人事行政方面的法制权，而人事行政的执行权，由"行政院"另设"人事行政局"掌理。②

　　台湾地区现行"宪法"第18条之表述为"人民有应考试服公职之权"，亦即第18条实际上有"应考试"和"服公职"两项表述，则基本权利面向之考试权具体含义为何，颇值得争论。亦即："应考试"和"服公职"是否为两项独立的权利，抑或为一项连贯的权利。此一争论，涉及代议机关代表之候选人是否属于考试权主体之关键问题。"大法官"在"释字第546号解释"中提出，应考试之权，系指具备一定资格之人民有报考公权力机关所举办公务人员任用资格暨专门职业及技术人员执业资格考试之权利；服公职之权，则指人民享有担任依法进用或选举产生之各种公职、贡献能力服务公众之权利。③ 因此，"应考试权"和"服公职权"被分为两项基本权利，考试权之范围仅限于"应考试权"，而非"应考试服公职"的连贯权利，代议机关代表之候选人亦不属于考试权主体。据此，考试权之概念得以确立，即人民参加公务人员任用资格暨专门职业及技术人员执业资格考试之权利。另，因作为基本权利之考试权，实为公权力之考试权在基本权利上的映射，因此，非属具有公权力性质之考试，如

---

① 法治斌、董保成：《宪法新论》，元照出版有限公司2005年版，第389页至第393页。
② 周叶中、祝捷：《台湾地区"宪政改革"研究》，香港社会科学出版社有限公司2007年版，第120页。
③ "释字第546号解释"之"解释理由书"。

大学及高中之入学考试，并不属于考试权之范围。①

考试权为台湾地区颇具特色的一项基本权利，因而在比较法上几无与之直接对应之基本权利。例如，德国基本法第33条第2项规定，所有德国人根据其能力、资格和专业水平享有同等的担任公职的机会。此条规定，更加类似于服公职权，而非考试权。因此，对于考试权在基本权利谱系中之定位，台湾学界存在不同观点。有学者将其单列为一项基本权利，有学者则认为其应当属于政治参与权的一种。②

在实务上，有关考试权之解释，为台湾地区"司法院大法官"解释实务的重点范围，所涉"大法官解释"数量较多。总体而言，由于涉及考试之公权力措施一般涉及用人机关业务需要，或属于细节性、技术性的规范，因此，"大法官"对考试权案件所涉之公权力措施，偏向于适用宽松审查密度。如"释字第155号解释"宣告笔试及格但不参与实习或训练过程者，不发给及格证书的措施并不违反保障考试权之意旨；"释字第547号解释"宣告中医师检覆考试由口试改为笔试并不违反信赖利益保护原则，等等。③

本案之争点在于：应考人在考试结果产生疑义时，得否要求主持考试之公权力机关对其试卷进行重新评阅，并向应考人提供标准答案，允许应考人阅览或复印试卷，还是仅得对试卷分数进行形式审查。

【解释要点】

"大法官"针对本案作成"释字第319号解释"，认定系争之台湾地区"复查成绩办法"第8条之规定，与台湾地区"典试法"第23条关于"办理考试人员应严守秘密"之规定相符，与保障人民应考试权之意旨亦

---

① 陈慈阳：《宪法学》，元照出版有限公司2005年版，第631页。
② 如陈慈阳、许育典、陈新民均持前一观点编列其宪法学著作，而吴庚则偏向于后者。
③ 吴庚：《宪法的解释与适用》，三民书局2004年版，第304页。

相符。翁岳生、杨日然、吴庚联合提出"不同意见书"一份。

根据"解释文"和"解释理由书",多数"大法官"认为,考试机关依法举行之考试,设典试委员会以决定命题标准、评阅标准、审查标准、录取标准以及应考人考试成绩之审查等事项,并在监察机关监督下,进行试题之封存、试卷之密封、点对,应考试人考试成绩之审查以及及格人员之榜示与公布。在考试中,阅卷委员系于试卷密封时评定成绩,在密封开拆后,除依形式观察,即可发现该项成绩有显然错误者外,如循应考人之要求,任意再行评阅,纵再行密封,因既有前次阅卷委员之计分,并可能知悉应考人为何人,亦难以维持考试之客观与公平。系争之台湾地区"复查成绩办法"第8条之规定,系为维护考试之客观与公平及尊重阅卷委员所为之学术评价所必要,亦与台湾地区"典试法"第23条关于"办理考试人员应严守秘密"之规定相符,而如发现有试卷之漏阅等显然错误之情形,系争之"复查成绩办法"第7条又设有相当之补救规定,因而系争之规定与保障人民应考试权之本旨尚无抵触。但,多数"大法官"同时认为,考试成绩之复查,既为兼顾应考人之权益,有关复查事项仍宜以"法律"定之。

【理论评析】

本案系台湾地区有关考试权的经典案例。在本案中,"大法官"确定多项与考试息息相关之基本原则,如"考试公平客观""尊重学术评价""保守考试秘密"等,尤其为台湾地区解决阅卷评分这一保障人民考试权之关键一环所涉之法律争议提供了法源。以下将就本案之关键——阅卷评分行为——进行详述,以期揭示对实现考试权之诸多制度性保障的理论脉络。

考试之基本原理,在于通过书面、口头或其他方式(如实习、训练等),通过预先设置的若干考试项目,对应考人之水平、能力进行评价。

因此，考试固系应考人展现其对应考科目水平及能力之过程，亦涉及对应考人在考试中之表现的评价。应考人参加考试及考试评价人对应考人表现之评价，构成考试之两大基本环节。如谓应考人得参加考试，为考试权在形式上之实现，则应考人获得评价人公正、客观之评价，则为考试权在实质上之实现。否则，即或应考人得无限制地参加某项考试，却不能获得与之水平、能力相当之评价，或在评价环节被不公正、不客观地对待，则应考人参加考试系属徒劳。由于大多数考试系以书面试卷形式出现，因而对考试行为之评价，亦可称为"阅卷评分行为"。

保障阅卷评分行为之客观、公正，为实现考试权之诸多制度性保障之关键环节，对于应考人及考试目的之实现，意义重大，毋须赘言。考试权既然唯一基本权利，则与其他基本权利一样，可以从主观权利和客观法两个面向加以理解。在主观权利的面向上，考试权与一般自由权相同，即公权力机关不得限制人民参加考试之权利，对限制人民考试权利之公权力措施，应符合台湾地区现行"宪法"第23条之要求。例如：公权力机关不得不当限制特殊人群（如残障人士）参加考试之权利，亦不得设置不必要之前置条件，限制人民参加考试之资格。在此意义上，考试权与工作权、平等权发生密切联结。[1] 如"释字第613号解释"即属于平等权与考试权相关联之典型案例。[2] 除主观权利面向之含义，考试权亦具有客观法的功能，得科以公权力机关致力于建立公平合理的考试制度，并保障公务人员身份、地位以及使其充分发挥服务潜能的文官体制。[3] 保障阅卷评分行为之公正、客观，系考试权科以公权力机关之义务，公权力机关应当建立起足以堪用的阅卷评分制度，如同行专家阅卷、密封考卷、设置标准答案及评分标准、多人轮流阅卷等，均属此类。

---

[1] 许育典：《宪法》，元照出版有限公司2006年版，第298页。
[2] 参见本书案例13。
[3] 吴庚：《宪法的解释与适用》，三民书局2004年版，第303页。

然而，除非完全由客观题组成之试卷，如纯粹由选择题、判断题组成之试卷，不需阅卷人在标准答案及评分标准内作自由裁量，多数试卷均含有需阅卷人在标准答案及评分标准内作自由裁量，因而可能出现因阅卷人因素，而导致应考人难以获得完全公平、客观之判断。因此，考试能否取得理想成绩，固然根本地在于其水平与能力，但阅卷人执行评分标准的宽严，乃至于阅卷时之情绪、心态，亦将对应考人考试之结果产生关键影响。考试，不仅是评测能力、选拔人才之重要方法，且已隐然成为决定应考人人生轨迹和前途命运的重大活动。由于阅卷人之因素，对应考人影响甚远，如若应考人对阅卷评分行为不满，得否提起对试卷之复审，以及在何种程度上复审，亦即阅卷评分行为的可审查性，对于应考人之考试权在实质上获得实现，具有重大意义。

对于阅卷评分行为的可审查性，除可在特别权力关系关系的框架内加以分析，亦可置于判断余地的分析框架内。判断余地是针对不确定法律概念所提出的理论分析框架。不确定法律概念，系指其内容特别空泛及不确定之法律概念。[①] 法律构成要件采用不确定法律概念时，无论在解释及涵摄上，均可能欠缺明确性，但公权力机关仍应作成依其见解为合法及正确之决定，并无在多数决定中作选择之权利。[②] 由于公权力机关适用不确定法律概念的情况各有不同，因此，不同公权力机关在适用同一不确定法律概念，或者同一公权力机关在不同情况下适用同一不确定法律概念，均有可能对该不确定法律概念作不同理解。[③] 上述情况的发生，乃是由不确定法律概念之事物本质所决定，不仅在事实上无法避免，在法律上也不应作一般性禁止。在适用不确定法律概念的情形下，法律对不确定法律概念适用之拘束宜相对化，公权力机关对不确定法律概念的判断应享有不受审查

---

① 陈敏：《行政法总论》，三民书局1998年版，第161页。
② 陈敏：《行政法总论》，三民书局1998年版，第166页。
③ 陈敏：《行政法总论》，三民书局1998年版，第166页。

的"余地",亦即"判断余地"。①

判断余地理论产生后,阅卷评分权就被认为是判断余地的典型核心。②阅卷评分行为属于考试组织机关判断余地的理由主要有:第一,参与阅卷评分的阅卷人一般为具有相应资质的专家,阅卷人依据其专业知识对考生答卷进行判断,具有高度的属人性,不应受到外部的审查;第二,考生在考试过程中、阅卷人在阅卷过程中,都不可避免地受到外界因素的干扰,亦即"考试经验"或"阅卷经验",事后审查者难以设身处地地想象,更谈不上审查;第三,作为过程的考试一经结束,即已无法复原,因而考试过程具有"不可回复性",由此造成举证的困难;第四,阅卷评分系针对多数相对人而言,若因某一相对人提出异议而修改其分数,对其他未提出异议之相对人显有不公,况且阅卷人在阅卷评分过程中,本来就多有参酌整体答题状况评分的情形,事后审查者在无法获知全部考生答卷状况的情况下,就更难作出公正的判断。③

对于阅卷评分行为之审查,德国联邦行政法院形成了比较成熟和稳定的审查风格。德国联邦行政法院在判决中指出:"法官原则上尊重阅卷委员基于教育学术专业之评量,仅与阅卷委员误认具体事实,偏离评分一般原则或参酌无关之事项时,法院始例外地予以审查。"根据德国联邦行政法院所建立的标准,除程序性事项外,法院仅仅审查阅卷人之评分是否基于"恣意",亦即阅卷人的专业评分即便在不具有专业知识的理性第三人看来,也是全然不可支持的。④按此标准,德国联邦行政法院实际上放弃了阅卷评分行为的实质性审查权。查德国联邦行政法院的有关判例,对阅卷评分行为进行形式性审查的对象主要有:其一,有无考试程序上之瑕

---

① 陈敏:《行政法总论》,三民书局1998年版,第166页。
② 宋健弘:《考试评分之判断余地》,《成大法学》第14期。
③ 董保城:《应考试权与实质正当程序原则之保障》,载董保城:《法治与权利救济》,元照出版有限公司2006年,第50页。
④ 宋健弘:《考试评分之判断余地》,《成大法学》第14期。

疵，如命题人之聘任、命题、考试时间与方法、阅卷有无遵守考试法规等；其二，对事实之认定有无错误，如有否误认解答文句之内容，或遗漏答案之一部分；其三，有无违背一般有效之评价原则，如考试之评分是否以比较方式评定之；其四，有无"与事件无关之考虑"参与在内，如是否有私人恩怨、好恶或偏见等影响判断；其五，有无违背平等原则，如男女或种族之间之差别待遇，或侵害应考人之平等权，等等。① 台湾地区"行政法院"在有关判决中所持见解，与德国联邦行政法院的上述观点相当接近。②

至于本案，多数"大法官"虽未指明判断余地理论，但在论证中仍体现了判断余地理论对于阅卷评分行为的影响，宣告系争之"考试复查办法"第8条与保障考试权之意旨并无违背。多数"大法官"之论证分为三步：

第一步，多数"大法官"对一般之考试程序及对考试过程之监督方式进行描述，借此引申出考试保密之原则。多数"大法官"谓：考试机关依法举行之考试，设典试委员会以决定命题标准、评阅标准、审查标准、录取标准以及应考人考试成绩之审查等事项，并在监试人员的监视下，进行试题之封存，试卷之弥封、点封，应考人考试成绩之审查以及及格人员之榜示与公布；如发现有潜通关节、改换试卷或其他舞弊情事，均由监试人员报请有权机关依法处理之，此观台湾地区"典试法"及"监试法"有关规定甚明。多数"大法官"在上述论述中，所强调者基本上为程序性事项，因而为本案之论证奠定基调。

第二步，多数"大法官"对是否应对阅卷评分行为做实质性审查进行论证。多数"大法官"提出，阅卷委员于试卷密封时评定成绩，在密

---

① 翁岳生：《行政法院对考试机关考试评分行为之审查权》，载翁岳生：《法治国家之行政法与司法》，元照出版有限公司2009年版，第78页。
② 翁岳生：《行政法院对考试机关考试评分行为之审查权》，载翁岳生：《法治国家之行政法与司法》，元照出版有限公司2009年版，第78页。

封开拆后,除依形式观察,即可发现该项成绩有显然错误者外,如循应考人之要求,任意再行评阅,纵再行密封,因既有前次阅卷委员之计分,并可能知悉应考人为何人,亦难维持考试之客观与公平。在此,多数"大法官"沿着第一步所奠定之"程序性事项"的基调,认定任凭应考人在复审时要求对阅卷评分行为作实质性审查,有违考试保密之原则,因而对其他应考人产生不公平之情形。

第三步,多数"大法官"运用上述结论,对系争之"考试复查办法"进行审查。多数"大法官"认为,系争之"考试复查办法"第8条规定,"申请复查考试成绩,不得要求重新评阅、提供参考答案、阅览或复印试卷。亦不得要求告知阅卷委员之姓名或其他资料",系为维护考试之客观与公平及尊重阅卷委员所为之学术评价所必要。进而,多数"大法官"又提出,"考试复查办法"第7条对试卷之漏阅等显然错误之情形设有相当之补救规定,相当于再次重申了论证第一步所确立的程序性事项之基调,亦即:对阅卷评分行为仅得为形式意义之审查,而非得为实质意义之审查。

据此,多数"大法官"认定,系争之"考试复查办法"与保障人民应考试权之本旨并无违背。但,多数"大法官"仍给出具有警告性质之建议,既为兼顾应考人之权益,有关复查事项仍宜以"法律"定之。

翁岳生、杨日然、吴庚联合提出"不同意见书"一份。三位"大法官"提出,考试之评分专属典试委员(即多数意见所言之"阅卷委员",下同)之职权,因而应受尊重,其他公权力机关甚至法院亦不得以自己之判断,代替典试委员评定之分数。惟公权力之行使,均应依法为之,任何人之权利遭受公权力违法侵害时,皆得诉请超然独立之司法机关予以救济。职是之故,典试委员之评分虽应予尊重,但如其评分有违法情事时,并不排除其接受司法审查之可能性。法院固不得自行评分以代替典试委员之评分,惟得审查考试程序是否违背法令(如典试委员有无符合法定格要件)、事实认定有无错误(如部分漏未评阅或计分错误)、有无逾越权限(如一题三十分而给逾三十分)或滥用权力(专断、将与事件无关之因素考虑在内)等。若有上述违法情事,法院得撤销该评分,使其失去效力,而由考试机关重新评定。据此,三位"大法官"认为,系争之"考试复查办法"第8条之规定,并未剥夺申请人依法提起诉愿或诉讼之权,并未违反保障考试权之本旨。虽然多数意见并不否认上述见解,但在"解释理由书"中仅以考试保密之原则作为宣告系争之"考试复查办法"并未违反考试权之理由,显有偏颇之处。以多数"大法官"之观点,试卷密封是否开拆为问题之要点,其认为开拆后不得要求重新评阅,否则不足以维持考试之客观公平,但三位"大法官"认为,密封开拆后再行评阅,仍得予以密封,有效保持秘密,并不影响其客观与公平,在此情形重新评阅以纠正错误或偏失,反而为追求其评分客观公平所必要。但,按三位"大法官"之观点,试卷经典试委员评分后,不得任意再行评阅,乃典试委员评分判断时之权威性使然,其判断或容有置疑之处,但除经依法定程序处理者外,其判断仍应受各方之尊重,此为考试制度设计之意旨,云云。

事实上,三位"大法官"之意见书虽名为"不同意见书",但仅是理由与多数意见不同,结论部分则与多数意见相同。按台湾地区惯例,似应称为"协同意见书"更为恰当。

【延伸思考】

本号解释为将判断余地理论运用于阅卷评分行为的指标性案例。多数"大法官"在论证过程中,几乎完全排除对阅卷评分行为的实质性审查,符合台湾地区"行政法院"对阅卷评分行为之见解和台湾地区公法学界之通说。但本案并非没有值得思考之处。

第一,如前所述,本案为判断余地理论适用于阅卷评分行为之经典案例。但，判断余地为不确定法律概念理论之衍生理论，其适用之前提不确定法律概念之存在。而在阅卷评分行为中，所不确定者，应是指命题人所设置之考试答案。此处则产生一系列相互关联之问题：既然为命题人所设置之答案，则是否可以用"不确定法律概念"称之？其"不确定"之意涵究竟为何？是否意味着阅卷人可以自行在命题人所设置答案范围内决定应考人之得分？如若如此，则命题人设置答案之意义为何？若非如此，则命题人所设置之答案所如何能够称得上为"不确定法律概念"？或此处用语若为"专业判断"是否更加合适？均不无疑问。

第二，考试并非为统一固定之题型，不同题型对应考人考察之侧重点和目标各有不同，连带评价方式亦有较大差异。因此，对于不同题型是否都可适用判断余地理论，使其在复查时都不受实质性审查，则不无疑问。考试题型虽呈多样化之样态，但在总体上可分为知识性评价试题和学术性评价试题。知识性评价试题系针对以考察考生知识掌握状况和熟练程度为目的的题型而言，具体题型包括解释名词或命题、简答等。在这些题型中，答案相对固定，虽有考生发挥之空间，但考生应答之内容应为考试大纲或教材所确定者，而非为具有争辩性质之学术探讨。因此，知识性评价试题仍落在传统的判断余地理论的适用范围内，对知识性评价试题之评分行为的复查，不应为实质性审查，并无疑问。学术性评价试题，系针对考察考生运用知识能力以及学术素养能力为目的的题型而言，具体题型包括论述题、案例分析、作文、开放性的实验题、问答题等。上述题型的显著特点是允许考生根据自身的知识积累、专业偏好和语言偏好进行作答，评分标准所确定者，并非为阅卷人所必须依循的标准，而仅为阅卷人评分时的参考，甚至是阅卷人评分时的指导性意见。基于上述题型的特点，学术性评价试题所为之评价，除考察考生对知识点的掌握程度，还应在考生观点是否明确、论证是否清晰、论据是否充分、解决方案是否合理、语言表达是否流畅等。在学术性评价试题中，由于评分标准的宽泛，阅卷人享有的评价空间亦大于知识性评价试题。由于学术性评价涉及具有争辩性质之学术探讨，阅卷人基于其各自的专业背景，可能出现将自己的学术观点作为评价标准的情况。详言之，即阅卷人以考生之答案与自己学术观点进行比较，若符合或者贴近自己的学术观点，则该考生容易获得高分甚至满分，若不符合自己的学术观点，则该考生获得低分甚至被判零分的可能性增大。为避免这种情况的发生，德国联邦宪法法院通过判决，形成"一般有效评价原则"。根据德国联邦宪法法院的判决，考试评分固然具有专业性判断或整体性评价的特征，但仍须遵循一般有效评价原则，此种一般评价原则应该是客观的、可以检验的且为一般人所能接受的。[1] 一般有效评价原则科以阅卷人审慎评价的义务，阅卷人在此时，不得以"判断余地"为由，拒绝审查。因此，不论是多数意见，还是翁岳生等三位"大法官"所提出之不同意见（"协同意见"?）均未考虑到考试题型之因素，其对判断余地理论之适用是否适当，不无疑问。

第三，更为激进之观点，提出不仅阅卷人有"判断余地"，应考人更有"作答余地"与之相对应。[2] 所谓"作答余地"，系指应考人之作答，只要具备答题内容具有前后一贯的有效论证且说理系合乎逻辑者，即应将该见解视为可接受的答案，给予相应分数，而不能由阅卷人根据考试大纲及命题人所设置之标准答案形成垄断。应考人的"作答余地"虽得对抗阅卷人之"判断余地"，但并非意味着"作答余地"亦成为应考人之排除阅卷人评价的理由，不若此，考试机关组织考试之目的将无法得以彰显，社会考试秩序亦荡然无存。根据德国联邦宪法法院在医师证照考试判决中的观点，应考人的答案须符合以下要件，方形成"作答余地"中"可接受的答案"：第一，公开发表要件，即应考人的答案具备与考试相关的专

---

[1] 陈爱娥：《阅卷委员的学术评价余地与诉讼权保障》，《月旦法学杂志》2002年第82期。
[2] 董保城：《应考试权与实质正当程序原则之保障》，载董保城：《法治与权利救济》，元照出版有限公司2006年，第53页。

业知识内容，而此种内容在该专业的书籍刊物上曾经有刊载；第二，容易获得要件，即除作答之应考人外，同一科目的其余应考人获取上述信息也并不困难。①"作答余地"虽为相对激进之概念，但对于应考人而言，仍不失为考试权实证化之具体途径。职是之故，"作答余地"在实践中如何进行具体化，不无值得进一步探讨之处。

此外，多数意见既然已经提出对人民考试权影响较大之复查事项，宜以"法律"规定，则按台湾地区现行"宪法"第 23 条之规定，应适用法律保留原则，宣告系争之"考试复查办法"不符合法律保留原则。但，多数意见仅给出具警告性质之建议，且并未说明为何此系争之规范并未违反法律保留原则，并不无遗憾及令人费解之处。当然，此一问题与考试权本身并无必然关联，不予详言。

---

① 董保城：《应考试权与实质正当程序原则之保障》，载董保城：《法治与权利救济》，元照出版有限公司 2006 年，第 53 页至第 54 页。

第十部分　社会权利

案例 26　苏焕智等 55 人质疑台湾地区"国军老旧眷村改建条例"案

解释号:"释字第 485 号解释"

知识点:社会权利与民生福利原则

【案情要览】

1996 年 5 月 28 日,台湾地区"立法院""立法委员"苏焕智提案,并经其余 54 名"立法委员"联署,向台湾地区"司法院"声请"释宪",认为台湾地区"国军老旧眷村改建条例"(以下简称"眷村改建条例")抵触台湾地区现行"宪法"第 7 条规定之平等权,因而无效。

根据苏焕智等 55 人(以下简称"声请人")向台湾地区"司法院"提交之"释宪声请书",声请人认为,台湾地区现行"宪法"第 7 条规定之平等权,虽分为形式平等及实质平等,且在合理的情形下为顾及实质平等,"法律"自可有差别规定,然而在何种标准下始可为差别规定,其内涵无非是"正义""合理"。系争"眷村改建条例"之内容独厚特定少数原眷户,使其能享有承购依该系争之条例兴建之住宅及公权力机关给予之辅助购宅款等丰厚的权益,几乎形同公权力机关"立法"赠送原眷户一户一屋。在台湾地区，不动产价值不菲，原眷户只要依规定于5年后转手即可获暴利，而老旧眷村改建无非是为了原眷户居住安全的问题，不应采赠售房屋此种不合理、不正义收买图利他人的方式为之。另，依系争之"眷村改建条例"建造的住宅，动用公权力资源却仅图利特定身份之人士，而此特定人士又不乏军将官等非弱势人士，且依该条例之规定，同为军眷身份者其眷村住宅，必须在1980年12月31日前建造完成者始得改建获赠，且配赠之面积竟舍生活实际需要，而以退伍时之职阶高低为标准，使得即使于为军眷身份族群中亦不平等。况且其他与"国军"老旧眷村相同情况之各部会及学校眷户却未能享有同样的权益，明显违反公法上的平等原则。据此，声请人认为，系争之"眷村改建条例"针对此并未能提出合理的差别待遇的基准，对其他职业别、其他身份之人民显有不公，实质违反平等权之规定，因而"违宪"。

【基本知识】

在自由主义思潮之下，基本权利主要为自由权，即基本权利所关注者，主要为个体足以自为之基本权利，而较少从社会面向观察与思考基本权利之范围和功能。况且，在19世纪末至20世纪上半叶，自由法治国的思想大行其道，公权力在社会上的作用十分有限，人民则可以在社会上自由竞争，而经营自己的生活。[1] 然而，随着垄断企业之出现，以及市场机制在调控国民经济方面的失灵，失业、贫富不均等社会问题迭次出现，导致人民若仅享有以自由权为内涵之基本权利，无从真正实现其作为人之尊严。亦即：由于人民只凭法律形式上的自由及平等，并不能保证所有人民皆能获得最大之福祉，法律保障个人之自由，可能形成徒具形式之自由。正如法国早期无政府主义者对自由权之揶揄：所谓自由者，是指乞丐及百

---

[1] 许育典：《宪法》，元照出版有限公司2006年版，第75页。

万富翁,皆有在塞纳河桥下,享受餐风露宿之自由也。[1]

在此背景下,西欧各国通过立法的方式,将政治理念上之福利社会思想,转变为社会福利与社会保障制度。但,在根本法层次引入社会权之概念,则肇始于德国魏玛宪法。[2] 魏玛宪法在第二编"德国人民之基本权利及基本义务"中规定了人民的经济社会文化权利(也作"社会基本权利"),并对公权力机关规定了诸多经济社会文化方面的义务。比较典型的有规定公权力之家庭扶助义务的第119条,规定保护青年义务的第122条,规定公权力之艺术、科学及学理培植义务的第142条,为人民创造就业机会的第163条,保障中产阶级利益的第164条以及保障工会权利和劳工利益的第165条,等等。[3] 另据魏玛宪法第151条所揭示,人民享有经济生活之各项基本权利,目的在于实现公平之原则及人类维持生存之目的。由于魏玛宪法将人民之社会权提升至从未达到之高度,与纯粹保障个人自由之自由法治国的思潮不同,因而魏玛宪法所确定的原则又被称为社会法治国原则,简称"社会原则"。[4] 二战结束后,魏玛宪法为德国基本法所取代,但社会原则并未消亡,而是在德国基本法中继续生长。尽管德国基本法未循魏玛宪法例,详尽列举社会权,但在第20条第1项宣示:"德意志联邦共和国为民主与社会的联邦国",在第28条第1项又规定:"各州宪法秩序必须符合基本法的共和、民主及社会的法治国原则",从而在联邦和州两个层次都继续肯定了社会原则,也为在基本法上推演社会权提供了基本法源。德国学者黑塞认为,德国基本法意义上的法治国家秩

---

[1] 陈新民:《德国公法学基础理论》(下册),山东人民出版社2001年版,第702页,第708页。
[2] 就客观历史事实而言,人民之经济社会权利进入宪法,始于1918年苏俄宪法,但就对立宪史之影响而言,德国魏玛宪法之影响显然超过前述苏俄宪法,因此,"社会权入宪"肇始于德国魏玛宪法,已经成为学界之通说,在此说明。
[3] 祝捷主编:《外国宪法》,武汉大学出版社2010年版,第130页至第131页。
[4] 参见陈慈阳:《宪法学》,元照出版有限公司2005年版,第250页。此处之"社会原则"在学理上应为"社会国原则",但因技术原因,简化为"社会原则",在此指明。

序的决定性标志,在于它是一个"社会"意义上的法治国家的秩序。① 除德国外,亦多有欧美国家在宪法中对社会权之概念及内容加以肯定,但名称略有不同,如英国称社会原则为"福利原则",北欧诸国又倡导建立"福利国家""福利社会"等,与社会原则之本质及社会权作为基本权利之目的基本相同。

社会权是与自由权相对应的概念,亦具有概括基本权之意涵,须通过文本之规定及释义学方法推演其具体内涵。荷兰学者范得文认为,社会权可分为五大类:工作权、经济参决权、生活保障权、社会保健权和社会文化发展权。德国学者布鲁纳和奥地利学者陶曼德则提出社会权之三分法,即社会权包括工作权、社会安全(保险)权以及文化教育权。② 台湾学者对社会权具体内涵之讨论,亦呈现多元化之样态。如陈春生认为,社会权包括国民经济、社会安全和教育文化三部分的内容。③ 许育典以"社会"为核心词,认为社会权之内涵包括在社会形成、社会安全和社会正义方面的基本权利,④ 等等。而陈新民则认为,在上述分类中,许多个别(具体)权利之属性容有相互归属之可能,因而根据个别(具体)权利之属性与内容,基本延续布鲁纳和陶曼德的观点,将社会权整合成工作权、社会安全(保险权)和文化发展权三者。⑤ 实际上,以上诸多观点相互融通、大同小异,就简洁和明确两项标准而言,陈新民的观点在教义学上更加可取。

在台湾地区,社会权作为基本权利之观点虽来源于德国公法学,但亦具有地区特色。孙中山提出之三民主义,为制定台湾地区现行"宪法"

---

① [德]康德拉·黑塞:《联邦德国宪法纲要》,李辉译,商务印书馆2007年版,第161页。
② 陈新民:《德国公法学基础理论》(下册),山东人民出版社2001年版,第691页至第692页。
③ 陈春生:《论法治国之权利保护与违宪审查》,新学林出版股份有限公司2007年版,第14页以下。
④ 许育典:《宪法》,元照出版有限公司2006年版,第78页至第80页。
⑤ 陈新民:《德国公法学基础理论》(下册),山东人民出版社2001年版,第692页。

的指导思想，而三民主义中，民生主义具有举足轻重的地位。后经孙中山之不断阐释与修正，民生主义含有"节制资本""平均地权"等重要意涵，构成台湾地区推演社会权之重要学理基础。至今，台湾地区现行"宪法"仍在序言中提出"依孙中山先生之遗教制定本宪法"云云，而除"五院架构"外，综观台湾地区现行"宪法"的全部条文，当推社会权之部分与孙中山之宪法思想最为吻合，甚至连用语都直接来自民生主义。①除在指导思想上体现了社会权的重要意义外，台湾地区现行"宪法"还在正文中专列一章曰基本"国策"，集中地列举了社会权所涵盖之个别（具体）权利及基于社会权所产生之公权力义务。有学者甚至认为，基本"国策"规定了"发展指针"和所有公权力机关应遵循之义务，在台湾地区现行"宪法"中占据着极其重要的地位，因而构成除权力结构和基本权利之外的"第三结构"。②

至于本案，争点在于系争之"眷村改建条例"对于得适用本条例之眷户的特殊对待，是否有违平等原则。

【解释要点】

"大法官"针对本案作成"释字第485号解释"，认定系争之"眷村改建条例"第5条、第21条及其施行细则第9条规定之原眷户享有承购依同条例兴建之住宅及领取公权力机关给予辅助购宅款之优惠，就自备款部分得办理优惠利率贷款，对有照顾必要之原眷户提供适当之扶助，其立法意旨与平等权尚无抵触。但，"大法官"要求"立法"机关对系争之"眷村改建条例"相关规定与解释意旨不符部分加以通盘检讨修正。陈计男提出"不同意见书"一份。

根据"解释文"和"解释理由书"，多数"大法官"认为，平等权

---

① 吴庚：《宪法的解释与适用》，三民书局2004年版，第66页。
② 陈新民：《宪法学导论》，作者自刊2001年版，第431页。

并非指绝对、机械之形式上平等，而系保障人民在法律上地位之实质平等，立法机关基于价值体系及立法目的，自得斟酌规范事物性质之差异而为合理之区别对待。促进民生福祉乃基本原则之一，此观台湾地区现行"宪法"前言、第一条、基本"国策"及"宪法增修条文"第10条之规定自明。本此原则，公权力机关应提供各种给付，以保障人民得维持合乎人性尊严之基本生活需求，扶助并照顾经济上弱势之人民，推行社会安全等民生福利措施。由于上述措施涉及社会资源之分配，立法机关就各种社会给付之优先级、规范目的、受益人范围、给付方式及额度等项之有关规定，自享有充分之形成自由，斟酌对人民保护照顾之需求及财政等社会政策考量，制定"法律"，将福利资源为限定性之分配。因此，多数"大法官"认定，系争之"眷村改建条例"第5条、第20条及其施行细则第9条分别规定，原眷户享有承购依该条例兴建之住宅及领取由当局给予辅助购宅款之优惠，就自备款部分尚得办理优惠利率贷款，其立法目的系在对有照顾必要之原眷户提供适当之扶助，符合促进民生福祉之基本原则，与保障平等权之意旨尚无抵触。

但，多数"大法官"同时提出，唯鉴于资源有限，有关社会政策之立法，必须考量经济及财政状况，依资源有效利用之原则，并注意与一般人民之平等关系，就福利资源为妥善之分配；对于受益人范围之决定，应斟酌其财力、收入、家计负担及须照顾之必要性妥为规定，不得仅以受益人之特定职位或身份作为区别对待之唯一依据；关于给付方式及额度之规定，亦应力求与受益人之基本生活需求相当，不得超过达成立法目的所需必要限度而给予明显过度之照顾。据此，多数"大法官"认定，系争之"眷村改建条例"第3条第1项、第5条第1项及第24条第1项等与限定分配资源以实现实质平等之原则及资源有效利用之原则未尽相符。因此，"大法官"要求"立法"机关就其与本解释意旨未符之部分，进行通盘检讨改进。

【理论评析】

本案为通过"大法官"解释,首次对社会原则按照本土资源的进路进行阐述,提出"促进民生福祉之原则"的表述,为社会权在台湾地区现行"宪法"中获取应有地位提供了法源。在本案中,"大法官"认定系争之"眷村改建条例"符合民生福利原则,与保障平等权之意旨尚无抵触。

社会权之所以为与自由权并列之基本权利,不仅在于社会权之含义与自由权迥异,更在于社会权之构成原理和实践方式与自由权有着显著区别。对社会权与自由权之区别的揭示,需对耶令内克之身份理论进行必要的回顾。耶令内克认为人民与公权力之关系可以分为四阶段,依次为:被动身份、消极身份、积极身份、主动身份。该"被动""主动""消极""积极"等,均系从公权力和人民之间关系所发阐述。德国公法学曾在此基础上,形成基本权利功能之理论体系。[①] 被动身份所产生者,为人民之基本义务,主动身份所产生者,为人民之参政权,与本案主题关联性不强,以下重点对消极身份和积极身份加以介绍。消极身份,系指人民在由可述被动身份所产生之义务范围外,拥有一个可以获得公权力承认而不受干涉之自由范围,在这个范围内,人民可以自由地行为以及自主地来满足自己的目标。[②] 消极角色所牵引出的,为基本权利谱系中的自由权部分。因此,自由权乃是基于人民对公权力之消极身份获取,得抵御公权力恣意侵害之"防御权"。在实践方式上,自由权乃是人民得主张公权力机关不干预即可实现的基本权利,如言论自由、宗教信仰自由、财产权、迁徙自由等均属此类。相对应的,积极身份则是指公权力承认及给予人民法律上的资格,人民可以为其个人之利益,请求透过公权力机关所设置之制度,

---

① 参见本书案例7。
② 陈新民:《德国公法学基础理论》(下册),山东人民出版社2001年版,第693页。

借公权力来达成其愿望。[1] 积极身份赋予人民向公权力机关请求给付之资格，因而为给付请求权之基础。社会权虽与给付请求权不能直接画上等号，但在基本原理上，社会权亦是在于请求公权力机关为满足人民维持其社会生活和基本尊严为特定给付。在耶令内克身份理论的解释下，自由权与社会权之区别呼之欲出：自由权之出发点在于人民能凭借自己的能力获得最大幸福，因而欲摆脱公权力对人民自由范围之干涉，而社会权则恰恰相反，其认为人民有时候并不能自食其力地于社会上发展其才能，因而有待于公权力积极介入私人之自由领域。[2] 由此，社会权之实践方式与自由权亦不相同：社会权之实践并非公权力消极不干预即可实现，而是需公权力积极作为方可实现。

这也就牵引出为何德国基本法并未如德国魏玛宪法大量列举社会权条款的做法，而是仍然把对传统自由权的保障放在首位。[3] 德国基本法的制定者认为，仅仅通过规定社会权，如经济社会文化权利，来平衡人民彼此间经济社会的不平等性是不够的，其原因是社会权的实现除了公权力积极作为外，还需要诸多因素的配合。[4] 如工作权、受教育权、环境权、居住权等典型的社会权，并非是一俟被列入基本权利清单即可实现，还需要宏观经济层面、财政能力等各个方面的因素予以配合。[5] 因此，社会权不仅不同于传统之自由权的实践方式，而且也不能简单地等同于公法上之给付请求权的实践方式。事实上，对于社会权实践方式的认知，与对社会权规范性质之认知密切相关。总体而言，对于社会权规范性质之认知的观点主要有四种：

第一，方针条款。方针条款之认识，源于德国公法学界对魏玛宪法中

---

[1] 陈新民：《德国公法学基础理论》（下册），山东人民出版社2001年版，第694页。
[2] 陈新民：《德国公法学基础理论》（下册），山东人民出版社2001年版，第695页。
[3] [德] 康德拉·黑塞：《联邦德国宪法纲要》，李辉译，商务印书馆2007年版，第162页。
[4] 陈慈阳：《宪法学》，元照出版有限公司2005年版，第252页。
[5] 祝捷主编：《外国宪法》，武汉大学出版社2010年版，第131页。

有关社会权规定的一般理解。① 德国公法学家安序兹认为,并非所有魏玛宪法的条文皆能直接赋予公民基本权利,除那些狭义的及严格意义的法规外,魏玛宪法中属于单纯的法律原则的条文,并不能直接产生法律效果。根据安序兹的观点,社会权规范仅仅是给予立法机关为将来立法的一种指示,而缺乏一种积极的效力及可适用性,因而必须通过立法机关的立法后,才得以实现及具体化。② 根据安序兹之观点,社会权规范仅仅是给予立法机关一种日后行为的方针指示,其虽然树立了全社会的价值观,但并不规范拘束力,因而被称为"方针条款"。③ 因此,所谓"方针条款",又可称为"目标条款",系指社会权规范暨基本"国策"条款并非赋予人民公法上之请求权,而是对公权力所设定的方针和目标。

第二,对立法机关之委托。如果说德国公法学界在二战前,对于社会权规范按"方针条款"的理解尚属消极,二战后德国公法学界对于社会权规范的理解则相当积极,即将其视为对立法机关之委托。对立法机关之委托,系指社会权规范对于个别(具体)的社会权仅作原则性的规定,而委托立法机关通过制定特定的、细节性的规定加以贯彻落实。④ 如果从另一个角度来理解"对立法机关之委托"的性质,可以发现,社会权规范实际上规定了公权力的义务。黑塞认为,"社会原则"不仅意味着公权力对于一些无法回避的既有现实的被迫承认,它还意味着,保护、维持与偶尔实施干预这些行为已经远远不能穷尽公权力任务的内涵了。⑤

至于立法机关落实此种委托的程度,则有强弱不同的三种观点。按对立法机关规范密度的高低,依次为最佳化命令、价值取向和框架秩序。其一,最佳化命令,即认为此种委托要求公权力在相对于法律与事实上的可

---

① 祝捷主编:《外国宪法》,武汉大学出版社2010年版,第132页。
② 陈新民:《德国公法学基础理论》(上册),山东人民出版社2001年版,第141页。
③ 陈新民:《德国公法学基础理论》(下册),山东人民出版社2001年版,第696页至第697页。
④ 陈新民:《德国公法学基础理论》(上),山东人民出版社2001年版,第141页。
⑤ [德]康德拉·黑塞:《联邦德国宪法纲要》,李辉译,商务印书馆2007年版,第167页。

能范围内，以尽可能高的程度实现社会权规范所定之内容。① 其二，价值取向，即认为此种委托与政治宣示不同，乃是拘束力的、规范性的纲领，要求立法机关等公权力机关在行为的价值取向上，与社会权规范所揭示之价值取向保持一致，而不得由公权力自由决定。② 其三，框架秩序，即认为社会权规范的形成是政治行动和决策过程，具有框架性质，虽然规定了一定目标，但对于这些目标如何实现、实现的手段与实现的程度等均没有规定，而是留待立法机关在政治实践中对框架进行填补，但是，立法者所进行的只能是填补工作，而不能超越基本权规范所设定的框架。③ 当然，亦有学者试图根据不同的社会权规范，尝试对"对立法机关之委托"予以类型化。德国公法学家乐雪的观点比较具有代表性。乐雪提出，按"对立法机关之委托"理解社会权规范，事实上是社会权规范对立法机关的一种有拘束力的训令，其根据拘束力的强弱，可以分为方针条款、对立法机关之命令、对立法机关之委托、"一贯的、形式的准则"等四种类型。④

第三，制度性保障。制度性保障的观点，亦是德国公法学界在魏玛宪法之基础上，对社会权规范性质的理解。根据制度性保障的观点，社会权被视同为在根本法层次上的一个制度性保障，即在对现状肯定的基础上，将现状转化为社会权，并制定制度对之加以保障。⑤ 然而，在制度性保障之观点已经被扬弃的背景下，古典制度性保障的观点，得否继续适用于对

---

① 王鹏翔：《基本权的规范结构与立法余地问题》，载《台大公法中心新秀论坛论文集》，2006年11月。
② 陈爱娥：《社会国的宪法委托与基本权保障》，载《公法学与政治理论》，元照出版有限公司2004年版，第275页。
③ 本书对框架秩序的理解，主要参考了Böckenförde关于"框架秩序"的阐述。参见王鹏翔：《基本权的规范结构与立法余地问题》，载《台大公法中心新秀论坛论文集》，2006年11月。
④ 陈新民：《德国公法学基础理论》（上册），山东人民出版社2001年版，第151页至第152页。
⑤ 祝捷：《宪法基本权利规范的中国特色》，载《人权研究》（第9卷），山东人民出版社2010年版。

社会权规范之理解，尚存在诸多理论问题。但无论如何，从规范发生学的意义上而言，将社会权规范视为制度性保障之观点，亦能突出社会权规范对于维护社会福利及人民福祉之重要性。在实践方式上，制度性保障的观点则表明对于人民社会权应给予组织、程序等相关制度的保障，并使得此种制度不因立法之变迁而被恣意破坏。

第四，公法上之给付请求权。认为社会权规范构成人民公法上之给付请求权基础的观点，源于对以自由权为代表之基本权利的传统认识，即社会权规范亦赋予人民可以主张实践的一种公法权利，并且，当人民之社会权无法得以实现时，亦可请求法院予以救济。多有论者对经济社会文化权利之可诉性进行讨论，其理论基础正在于将社会权规范按照公法上之请求权的方向加以理解。事实上，亦有部分个别（具体）的社会权，确可以通过公法上给付请求权之方式加以实现，如请求社会救助、社会抚恤、疾病救护等皆属此类。然而，此类个别（具体）的社会权毕竟并非能涵盖所有社会权，绝大多数社会权尚不能透过公法上之给付请求权的方式加以实现。

当然，亦不能谓社会权规范不应向着公法上之给付请求权的方向理解。基本权利毕竟需要通过人民之实践方有意义，而非仅凭公权力机关之赐予，自由权如此，社会权亦如此。因此，尽管向公权力机关要求直接给付之请求权，仅得于少部分社会权中实现，但间接之给付请求权，则并非完全不可能。在实践中，社会权大多可以转化为人民在程序上的参与权和要求公平分配之给付请求权。程序上的参与权，是指人民平等参加公权力机关有关经济社会文化事务重大决策的权利，如人民基于环境权享有参加公权力机关重大环境政策制定的权利、人民基于住房权享有参加公权力机关重大房地产政策制定的权利，等等。公平分配的给付请求权是指人民有权要求公权力机关在一定范围内，对全体社会成员作相对公平分配的权利。如德国联邦宪法法院曾经在"入学名额案"中，认为受教育权"不允许人民可以要求公权力机关兴建大学，以便增加就学机会之名额"，[1]而是将受教育权界定为"公平考量合乎公平正义标准的名额分配请求权"。[2] 但，此项请求权亦不同于自由权之排除妨碍请求权的实现方式，并不意味着任何人基于社会权规范得向公权力机关请求给付，而是加诸立法机关就具体事项进行立法，来确保每个人基本生活都能得到满足的义务。[3]

在台湾地区，有关基本"国策"条款之性质与实践方式，亦有如上述之探讨，相关之理论学说与德国公法学界对社会权规范之性质与实践方式的探讨大体相同，不再赘述。[4] 惟台湾地区"司法院大法官"在解释实务中，亦对基本"国策"条款之性质与适用有着丰富的探讨，值得一提。"大法官"在本号解释之前，对于基本"国策"条款之运用，主要有三种模式。其一为"释字第189号解释"所形成之"径直引用"模式。在"释字第189号解释"中，"大法官"径直引用有关劳工保障（第153条第1项）和劳资协作（第154条）的规定，作为系争之"台湾省工厂工人退休规则"审查基准。[5] "释字第190号解释""释字第206号解释""释字第215号解释"亦按"释字第189号解释"所奠定之模式，以径直援用之方式，肯定基本"国策"条款对下位法的规范效力。[6] 其二为"释字第422号解释"所形成之"义务"的模式。"释字第422号解释"将台湾地区现行"宪法"第153条第1项有关农民保障之规定，结合第15条对生存权之规定，认定为"明确揭示公权力机关负有保障农民生存及提

---

[1] 陈新民：《德国公法学基础理论》（上册），山东人民出版社2001年版，第708页。
[2] 陈慈阳：《宪法学》，元照出版有限公司2005年版，第253页。
[3] 陈慈阳：《宪法学》，元照出版有限公司2005年版，第253页。
[4] 许育典：《宪法》，元照出版有限公司2006年版，第379页以下。
[5] 参见"释字第189号解释"之"解释理由书"。此处"审查基准"采德国法上有关"审查基准"的定义，而非美国法上的"审查基准"，在此指明。
[6] 许育典：《宪法》，元照出版有限公司2006年版，第387页。

升其生活水准之义务"。① 其三为"释字第 456 号解释"所形成之"对立法机关之委托"模式。"释字第 456 号解释"之"解释理由书"在引据台湾地区现行"宪法"第 153 条后，提出"公权力机关为保障劳工生活，促进社会安全，乃制定劳工保险条例"，② 隐含着前述社会权规范向"立法"机关委托之意涵。至"释字第 472 号解释""释字第 456 号解释"未能明确揭示之隐含含义，得以明确地展现。据"释字第 472 号解释"之"解释理由书"，"大法官"认为，台湾地区现行"宪法"第 155 条、第 157 条和增修条文第 10 条第 5 项含有诸如"为谋社会福利，应实现社会保险制度""为增进民族健康，应普遍推行卫生保健事业及公医制度"及"应推行全民健康保险"等，"立法"机关自得制定符合上述意旨之相关"法律"，而具体制度应如何设计，则属立法裁量之范围。③ 综合"释字第 456 号解释"和"释字第 472 号解释"之相关表述，可以揣摩出"大法官"对于"对立法机关之委托"模式的理解，偏向于德国公法学上之"框架秩序"的观点。且，经"释字第 456 号解释"揭示，此种"框架秩序"之边界为台湾地区现行"宪法"第 23 条所规定之法律保留原则（含授权明确性原则）和比例原则。④

除多数意见外，部分"大法官"亦通过"协同意见书"和"不同意见书"，对基本"国策"条款之性质及实践方式进行阐述，但其结论与多数"大法官"其实并无大异。⑤ 比较具有代表性的是苏俊雄在"释字第 472 号解释"之"协同意见书"中的观点。苏俊雄认为，按台湾地区现行"宪法"增修条文第 10 条第 5 项之规定，公权力机关应推行"全民"健

---

① "释字第 422 号解释"之"解释文"。
② "释字第 456 号解释"之"解释理由书"。
③ "释字第 472 号解释"之"解释理由书"。
④ "释字第 456 号解释"之"解释理由书"。
⑤ 陈爱娥：《社会国的宪法委托与基本权保障》，载《公法学与政治理论》，元照出版有限公司 2004 年版，第 273 页。

康保险，在此项"对立法机关之委托"之下，"立法"机关固然具有规划全面健康保险制度的正当性以及积极作为的义务，并且对于此项"目标"①的实现方式拥有广泛的政策形成空间，但是，其就此所作的规制，仍然必须合乎保障人民自由权与平等权的规范要求，不得逾越对规范形成自由所设定的框架界限。②而吴庚在同号解释之"解释理由书"中，更加明确地提出，"立法"机关履行"对立法机关之委托"而制定相关"法律"时，对个人自由权利的限制，比仅单纯基于公共利益等因素考量之比例原则，具有更高的正当性。③

但，"大法官"以上对于社会权规范暨基本"国策"条款的运用，仍处于个别的、具体的适用阶段，主要集中于劳工及农民保障、"全民"健保等领域，而并未形成具有总体性的、诸如"社会原则"的概念。至本案，多数"大法官"终于透过正式之"解释文"和"解释理由书"，明确提出"促进民生福利之原则"，并以此为据，宣告系争之"眷村改建条例"相关条款与保障平等权之意旨并无抵触。多数"大法官"之论证共分为三步：

第一步，多数"大法官"对平等权之意涵予以复述，作为引出"促进民生福利之原则"的铺垫。多数"大法官"在"解释理由书"开篇，即引据在"大法官"解释中被运用得相当纯熟的对平等权意涵之解释：平等原则并非指绝对、机械之形式上平等，而系保障人民在法律上地位之实质平等，立法机关基于特定之价值体系及立法目的，自得斟酌规范事物性质之差异而为合理之区别对待。查后续"解释理由书"文字，多数"大法官"复述平等权意涵之目的在于：本案之争点在系争之"眷村改建条例"是否有违保障平等权之意涵，多数"大法官"在开篇复述"大法

---

① 此处的"目标"，相当于前述之"方针条款"中的"方针"。
② "释字第472号解释"苏俊雄之"协同意见书"。
③ "释字第472号解释"吴庚之"协同意见书"。

官"解释对于平等权之一般观点,既直面争点,又体现出解释脉络之传承性,更有重要者,在于可以更加便利地利用"区别对待"的表述,以引申出"促进民生福利原则"之适用背景。

第二步,多数"大法官"对"促进民生福利之原则"进行阐述。多数"大法官"对此原则的阐述,共分为两部分。

其一,多数"大法官"揭示"促进民生福利之原则"的规范依据。多数"大法官"提出,促进民生福利为台湾地区现行"宪法"之一项基本原则,此观前言、第1条、基本"国策"章及增修条文第10项规定自明。在此,不妨观察多数"大法官"所列举之规范依据的内容,以考察"促进民生福祉之原则"的渊源。前言部分指明台湾地区现行"宪法"系"孙中山先生……之遗教"所制定。第1条指明"三民主义"及"民享"之地位,而"三民主义"中自包括"民生主义"的思想。此两条表明"促进社会福祉之原则"的直接渊源是作为本土资源的"民生主义"。基本"国策"章及作为其补充的增修条文第10条,又为社会原则在台湾地区现行"宪法"上的体现。因此,仅从规范上来看,多数"大法官"将民生主义和社会原则杂糅进"促进民生福祉之原则",体现了沿袭本土资源与继受外来法相结合的特点。[1]

其二,多数"大法官"对"促进民生福祉之原则"的性质及实践方法进行了阐释。多数"大法官"提出,本此原则,公权力应提供各种给付,以保障人民得维持合乎人性尊严之基本生活需求,扶助并照顾经济上弱势之人民,进行社会安全等民生福利措施;前述措施既涉及公权力资源之分配,立法机关就各种社会给付之优先顺序、规范目的、受益人范围、给付方式及额度等项之有关规定,自享有充分之形成自由,斟酌对人民保护照顾之需求及财政等社会政策考量,制定法律,将福利资源为限定性之

---

[1] 周叶中、祝捷:《台湾地区"宪政改革"研究》,香港社会科学出版社2007年版,第348页。

分配。据此，多数"大法官"对于"促进民生福利之原则"的理解，仍然是按照"对立法机关之委托"的方向加以理解：首先，多数"大法官"认定，"促进民生福利之原则"对公权力科以义务；其次，多数"大法官"虽提出公权力之给付义务，但并未提出人民对应之给付请求权，因而，多数"大法官"对于"促进民生福利之原则"的理解，并不是公法上之给付请求权方向的；再次，多数"大法官"对立法机关之立法形成自由及其范围，为比较详尽之列举，其作为"对立法机关之委托"的意涵愈加明显。

第三步，多数"大法官"运用以上所形成之"促进民生福祉之原则"，对系争之"眷村改建条例"相关条款进行审查，并得出上述条款与保障平等权之意旨并无抵触的结论。多数"大法官"提出，系争之"眷村改建条例"相关条文，规定原眷户享有承购依该条例兴建之住宅及领取公权力机关给予辅助购宅之优惠，就自备款部分尚得办理优惠利率贷款，其立法目的系在对有照顾必要之原眷户提供适当之扶助，符合促进民生福利之基本原则，与保障平等权之意旨尚无抵触。

但，多数"大法官"并未就此认定系争之"眷村改建条例"无不妥之处。多数"大法官"提出，惟鉴于资源有限，有关社会政策之立法，必须考量经济及财政状况，依资源有效利用之原则，并注意与一般人民之平等关系，就福利资源为妥善之分配；对于受益人范围之决定，应斟酌其财力、收入、家计负担及须照顾之必要性妥为规定，不得仅以受益人之特定职位或身份作为区别对待之唯一依据；关于给付方式及额度之规定，亦应力求与受益人之基本生活需求相当，不得超过达成立法目的所需必要限度而给予明显过度之照顾。据此，多数"大法官"认定，系争之"眷村改建条例"第3条第1项、第5条第1项及第24条第1项等有关承购人处分权之规定，与限定分配资源以实现实质平等之原则及资源有效利用之原则未尽相符。因此，"大法官"要求"立法"机关就其与本解释意旨未符之部分，进行通盘检讨改进。

陈计男虽提出"不同意见书"一份，但其主要理由乃在于本案并非声请人行使职权所产生之疑义，因而不应受理本案。陈计男之"不同意见书"既与社会权无关，则本书不再赘述。

【延伸思考】

本号解释堪称台湾地区有关社会原则、社会权规范暨基本"国策"条款之性质及实践方式的集大成者，在台湾地区颇具指标性意义。多数"大法官"之观点，对于型塑台湾地区之社会原则，以及指导基本"国策"条款之适用，具有重大意义。但，本案并非无值得进一步思考之处。

第一，多数"大法官"在"解释理由书"中，"促进民生福祉之原则"和平等权之关系虽未明确揭示，但仍沿袭"区别对待"之铺垫，提出"不得超过达成立法目的所需必要限度而给予明显过度之照顾"的界限。但多数"大法官"并未对"必要限度""明显过度"等不确定之法律概念给出明确阐释，更未提出体系化之审查密度。如本案中，多数"大法官"认定眷户获得购宅之优惠不抵触保障平等权之意旨，而承购人之处分权与保障平等权之意旨未尽相符，其中理由为何？适用何种审查密度？多数"大法官"并未在"解释理由书"中给出明确交代。因此，上述"促进民生福祉之原则"在实务中当如何精细化操作，值得进一步思考。

第二，从社会权产生之目的而言，社会权原本乃是为平衡形式平等、机会平等而造成之实质不平等、结果不平等局面提出，但，在实践中，社会权规范在给付请求权方向上的理解，却产生了"公平分配之给付请求权"的意涵。因此，实务中存在之"公平分配之给付请求权"，是否与社会权规范之产生目的有所乖违，有值得进一步讨论之处。

第三，"促进民生福祉之原则"，在本号解释中，是台湾地区本土资源和外来法资源相结合的结果。然而，对于蕴含中国传统儒家哲学的"民生"思维，与充满德国公法学严谨逻辑之社会原则，如何通过释义学之方法，进行结合，从而推导出台湾地区之"促进民生原则"？考察多数"大法官"之"解释理由书"，似只有对规范之罗列，而无从法学方法论之角度所为之严格论证，亦为关照到本土资源和外来法资源能否共容相通的问题。查台湾地区学者有关社会权之论述，大体以德国公法学之"社会原则"为理论依托，而较少挖掘本土资源中"民生"的法意涵。因此，此方面的工作，仍有进一步推动和深入之必要。

至于为何已经发生系争之"眷村改建条例"相关条款对承购人处分权之规定，可能与保障平等权之意旨不符，但多数"大法官"仍未作出"违宪"之宣告，而是要求"立法"机关作"通盘检讨改进"？是"大法官"解释中常见之问题，不再赘述。

第十一部分　未列举权利

案例27　黄茂林诉嘉义县水上乡户政事务所案

解释号:"释字第399号解释"
知识点:未列举权利的推演方法与姓名权

【案情要览】

声请人黄茂林之长子名为"黄志家",因其谐音为"黄指甲",被同学嘲弄,因而向嘉义县水上乡户政事务所(以下简称"被声请人")申请改名为"之诚"。被声请人1993年9月15日作成"嘉水户字第1674号简便行文表"函复声请人其申请更改长子名字,核与规定粗俗不雅字义欠合,未予照准。声请人提起诉愿、再诉愿及行政诉讼,均遭不利之决定及裁判,其中,诉愿、再诉愿及行政诉讼,均引据台湾地区"内政部"于1976年作成之"台内户字第682266号函释"之规定"姓名不雅,不能以读音会意扩大解释"为据。因此,声请人遂就以上第682266号函释是否侵犯人民基本权利声请"大法官解释"。

声请人认为,台湾地区"姓名条例"第6条第1项第6款规定,"命名文字字义粗俗不雅或有特殊原因经主管机关认定者"之"命名文字字义粗俗不雅"问题,条款上并无不得以读音会意扩大解释规定,自然依得声请人自以为命名"粗俗不雅"出于私权利自由思想观念意愿为前提地申请改名。人们对"粗俗不雅"的名字，各有想法，认知不同，有人故意以畜牲猪、狗、羊、牛等为名字，有人命名字义虽正确，但由其读音、呼唤、喊叫、会意而人格受侵害。因此，命名文字字义粗俗不雅，不能光就文字的意义解释，况且名字不仅只是用来认字，亦可用来呼唤、喊叫，自然产生会意"文字的意思"联想。系争之第682266号函释以"姓名不雅，不能以读音会意扩大解释"，台湾地区"行政法院"等以"所谓命名文字字义粗俗不雅，系指文字字义粗俗欠雅而言，不能以其读音会意扩大解释，而谓为粗俗不雅"等，是钳制人民思想自由，抵触保障人民言论自由之意旨，进而抵触台湾地区现行"宪法"第15条生存权，以及第22条人民权利自由概括规定。

【基本知识】

植根于西方自然法传统的基本权利理论，咸认为人权乃造物主赋予之与生俱来、不可剥夺之事物，此观美国《独立宣言》可窥见大略。根据天赋人权的理念，人民所享有之基本权利，必不以作为宪制性法律有无规定为限。宪制性法律所确认之基本权利，因而为实定法意义上的人民基本权利，并非包含所有自然法意义上之基本权利。因此，研究人民之基本权利，无可回避的一个问题，势必要正视人民基本权利在自然法和实证法上的关联与区隔。[①] 此即：宪制性法律所明确之人民基本权利，仅为人民在自然法上所享有之基本权利的一部分，而非人民所享有之全部基本权利。

即便抛弃形而上之自然法学说，从权利产生之社会实状角度而言，基本权利产生于人基于其自然属性和社会属性所具有之需求，而人之需求随时代之变迁而不断充实和发展，因而基本权利亦处于不断充实和发展阶

[①] 李震山：《论宪法未列举之自由权利之保障》，载刘孔中、陈新民：《宪法解释之理论与实务》（第三辑上册），"中央研究院"中山人文社会科学研究所2002年版。

第十一部分 未列举权利

段。宪制性法律所规定之人民基本权利,通常只是就制宪当时最重要、最有受公权力侵害之虞的人权加以规定,绝无将所有基本权利一网打尽的可能。[1] 文本上相对固定之宪制性法律,因而难以适应基本权利随时代变迁而充实和发展之性格。因此,在宪制性法律文本之外,必然存在与宪制性法律所明确规定之基本权利具有同等重要性之基本权利。此类基本权利并未为宪制性法律所明确列举,因而在学理上可以被称为"未列举权利",亦有学者称之为"概括基本权"。[2]

在比较法上,"未列举权利"在美国、日本、德国等国的宪制性法律上均有体现。总体而言,"未列举权利"的提法直接来源于美国宪法第9修正案。美国宪法第9修正案规定,不得因本宪法列举某种权利,而认为人民所保留的其他权利得取消或忽视。美国殊为重要之基本权利,如隐私权等,均由第9修正案所规定之"未列举权利"推演而来。"未列举权利"在日本宪法上又称之为"国民权利"或"包括的基本权",[3] 日本宪法第13条规定,任何国民,身为个人应受尊重,国民生命、自由及追求幸福的权利,于不违反公共福祉范围内,在立法及其他国政上,应受最大尊重。日本实务界以日本宪法第13条为依据,推演出容貌未经允许不得摄影的自由、抽烟的自由等自由。[4] 德国基本法则在其人性尊严的框架,对未列举权利予以确认。德国基本法第2条第1项规定,每个人有人格自由开展的权利,只要他不侵犯他人的权利、不违反合宪的秩序或违反道德法则。

台湾地区现行"宪法"第22条所确认之"其他自由及权利",被认为是台湾地区"未列举权利"的直接法源。根据该条的规定,除台湾地区现行"宪法"第7条至第21条所列举之人民基本权利之外,其他自由

---

[1] 许育典:《宪法》,元照出版有限公司2006年版,第314页。
[2] 许育典:《宪法》,元照出版有限公司2006年版,第314页。
[3] 萧淑芬:《基本权基础理论之继受与展望》,元照出版有限公司2005年版,第30页。
[4] 萧淑芬:《基本权基础理论之继受与展望》,元照出版有限公司2005年版,第30页。

及权利，不妨碍社会秩序公共利益者，均受保障。但，根据台湾地区"司法院大法官"之解释，未列举权利并非仅能由台湾地区现行"宪法"第22条推演，而有着相当复杂之推演方法，包括已列举之基本权利、基本"国策"等均可作为推演未列举权利的依据。真正由台湾地区现行"宪法"第22条推演之基本权利，主要有除请愿、诉愿和诉讼之外的程序基本权、隐私权、家庭权、结婚权和姓名权等。[1]

至于本案，由于系争之第682266号函释限制人民自由取名之权利，因而本案之争点在于人民是否有自由命名之权利，公权力机关是否得限制人民之姓名权。

【解释要点】

"大法官"针对本案作成"释字第399号解释"，认定系争之第682266号函释"姓名不雅，不能以读音会意扩大解释"之规定，有违台湾地区现行"宪法"保障人格权之本旨，应予不再援用。

根据"解释文"及"解释理由书"，"大法官"认为，姓名权为人格权之一种，人之姓名为其人格之表现，故如何命名为人民之自由，应为台湾地区现行"宪法"第22条所保障。台湾地区"姓名条例"第6条第1项就人民申请改名，设有各种限制，其第6款规定命名文字字义粗俗不堪或有特殊原因经主管机关认定者得申请改名，命名文字字义粗俗不者，行政机关之认定固有其客观依据，至于"有特殊原因"原亦属一种不确定法律概念，尤应由行政机关于受理个别案件时，就具体事实认定之，且命名之雅与不雅，系于姓名权人主观之价值观念，行政机关于认定时允宜予以尊重。姓名文字与读音会意有不可分之关系，读音会意不雅，自属上述法条所称的申请改名之特殊原因之一。据此，"大法官"认定，系争之

---

[1] 许育典：《宪法》，元照出版有限公司2006年版，第316页至第318页。

第十一部分　未列举权利

"内政部"之第682266号函释"姓名不雅，不能以读音会意扩大解释"，有违台湾地区现行"宪法"保障人格权之本旨，应不予援用。

【理论评析】

"释字第399号解释"为台湾地区"司法院大法官"明确引用台湾地区现行"宪法"推演未列举权利的典型案例。台湾学者李震山总结"大法官解释"，以台湾地区现行"宪法"为据，将未列举权利分为三类，即非真正之未列举权利、半真正之未列举权利和真正未列举权利。

第一，非真正之未列举权利，系指该基本权利之名称虽在基本权利专章中没有获得明确之规定，但可以从已经为基本权利专章所规定之基本权利所包含，或可为现有之基本权利所直接推演。非真正之未列举权利，并非未列入基本权利专章之基本权利，而是需要通过法解释之方法，从已列举基本权利中推演而知，因而仅具有未列举权利之外在特征。台湾地区最为典型之非真正之未列举权利，系由讲学自由中推演出的大学自治。"释字第380号解释"提出，大学自治属于台湾地区现行"宪法"第11条讲学自由之保障范围。[①] 从"释字第380号解释"观察，大学自治虽在台湾地区现行"宪法"上并未明示，但其属于讲学自由的保障范围，因而可以为讲学自由所容纳，而非真正之未列举权利。当然，有的非真正之未列举权利也未见得从一个已列举之基本权利中可以推演而出，如在"释字第516号解释"中，"大法官"即从工作权和财产权中推演出"营业自由"。[②]

第二，半真正之未列举权利，系指该基本权利之名称虽在基本权利专章中没有获得明确之规定，但可以从台湾地区现行"宪法"的基本"国

[①] 李震山：《论宪法未列举之自由权利之保障》，载刘孔中、陈新民：《宪法解释之理论与实务》（第三辑上册），"中央研究院"中山人文社会科学研究所2002年版。
[②] "释字第380号解释"之"解释文"。

353

策"专章推演而出。半真正之未列举权利虽然非基本权利专章所确认,但并非亦不为台湾地区现行"宪法"其他部分所确认。台湾地区现行"宪法"以基本"国策"专章的形式,确认了部分基本权利。这部分基本权利大多数并非传统意义之自由权,而是具有社会性质之基本权利,如环境权、生存权等。① 况且,按基本"国策"本身构成人民在公法上之请求权和公权力所负义务之来源,因而在释义学上,基本"国策"自当可为推演未列举权利之依据。在此意义上,由基本"国策"推演之基本权利,并非能与基本权利专章及台湾地区现行"宪法"其他部分完全未规定之基本权利等同,但,由于此类基本权利的确未曾出现在基本权利专章,又与非真正之未列举权利有所不同,因而可以称之为"半真正之未列举权利"。如"释字第372号解释"以台湾地区现行"宪法"之增修条文第9条第5项之规定"维护妇女之人格尊严"为依据,推演出人格尊严。②

值得注意的是,基本"国策"无论在释义学上作何解释,在实证法上,并不具有基本权利之属性,因此,从基本"国策"中所推演之基本权利,尚需一桥梁或媒介与基本权利专章发生联系。对此情形,"大法官"有时也寻找基本权利专章中某一特定条文,作为从基本"国策"中导引出半真正未列举权利之媒介。如在"释字第373号解释"中,"大法官"将基本权利专章所明确规定之工作权与基本"国策"专章中有关劳工政策的规定结合起来,推演出劳动权,即属此类。③ 有学者认为,基本"国策"与基本权利在性质上毕竟有别,单纯从基本"国策"推演未列举权利并不合适,在基本权利专章确无明确规定时,可在引用基本"国策"相关条文外,加引台湾地区现行"宪法"第22条,使其进入基本权利专

---

① "释字第516号解释"之"解释文"。
② 参见本书案例10。
③ "释字第372号解释"之"解释理由书"。台湾地区现行"宪法"之增修条文现为第10条第6项。

章的体例内，发挥第 22 条之保障媒介功能。①

第三，真正未列举权利，系指不仅名称没有出现在基本权利专章，而且无法从已列举权利中推演，亦无法由基本"国策"推导保障的基本权利。真正未列举权利不同于非真正未列举之权利和半真正未列举之权利，后两者尚可以通过现有规范资源推演得出，而真正未列举权利，只能通过具有概括性之人权规范推演。在台湾地区现行"宪法"中，此类概括性人权规范，系指第 22 条之规定。从概括性人权规范中推演基本权利，自有其界限，否则概括性人权规范将有可能成为基本权利的"口袋条款"，而使得基本权利出现泛滥的局面。根据台湾地区学者的观点，从第 22 条中直接推演出基本权利，需满足特定的条件。其一，该权利在实质上已经具有基本权利的品质，而不是将所有权利视为"基本权利"。② 其二，该权利完全不在基本权利专章中，因而不能从任何已为基本权利专章所确认之基本权利的用语、产生历史及体系等因素中探悉。按此观点，结合德国联邦宪法法院之相关判例，凡属列举权或不需宪法规定之固有权者，均不适用概括性人权规范。③ 其三，根据 22 条之明确规定，所推演之真正未列举权利，应当不妨害社会秩序与公共利益。此一规定，显属维护法秩序之稳定的题中应有之义。

最后，需要说明的是，半真正未列举之权利在特定时刻，亦会引用台湾地区现行"宪法"第 22 条，但此类引用与通过第 22 条推演真正未列举权利不同。在前一情形中，第 22 条之功能主要是承接与补充，即辅助基本"国策"之相关规定，向基本权利专章切入，④ 因而并不作为推演基

---

① "释字第 373 号解释"之"解释理由书"。
② 李震山：《论宪法未列举之自由权利之保障》，载刘孔中、陈新民：《宪法解释之理论与实务》（第三辑上册），"中央研究院"中山人文社会科学研究所 2002 年版。
③ 李震山：《多元、宽容与人权保障》，元照出版有限公司 2005 年版，第 40 页。
④ 李震山：《论宪法未列举之自由权利之保障》，载刘孔中、陈新民：《宪法解释之理论与实务》（第三辑上册），"中央研究院"中山人文社会科学研究所 2002 年版。

本权利之依据。但，在后一情形中，第 22 条则直接为推演基本权利之依据。

本案并非台湾地区"司法院大法官"推演未列举权利的第一起案件，但却是明确引用概括性人权规范的典型性案例。在本案中，"大法官"共经过三步推演，宣告系争之第 682266 号函释与保障基本权利之意旨不符。

第一步为"大法官"推演之最关键步骤，即论证姓名权属人民之基本权利。"大法官"提出，姓名权为人格权之一种，人之姓名为其人格之表现，故如何命名为人民之自由，应为台湾地区现行"宪法"第 22 条所保障。按照"大法官"之思路，姓名权被纳入人格权之保障范围，但，人格权本身尚不为基本权利专章所明确列举之基本权利。因此，"大法官"祭出第 22 条的概括性人权规定，将姓名权纳入第 22 条保障之范围。结合上文之理论阐述，"大法官"实际上是将姓名权视为真正未列举权利之一。

第二步，"大法官"提出限制人民姓名权之条件。既然姓名权属于人民之基本权利，则对姓名权之保障应符合台湾地区现行"宪法"第 23 条之规定，为确认姓名权为人民基本权利之逻辑结果。"大法官"对于此一推论并未作过多论述，而直接对姓名权之限制问题展开论述。按"大法官"之思路，姓名权既为人民基本权利之一，自应受限制，而台湾地区"姓名条例"是限制人民姓名权之重要法源。"大法官"认为，台湾地区"姓名条例"第 6 条第 1 项第 6 款规定限制改名之条件，即"命名文字字义粗俗不堪"和"有特殊原因"，在限制人民姓名权方面，并非毫无问题。"大法官"提出，如果说"命名文字字义粗俗不堪"尚有客观依据，则"特殊原因"则属于"不确定法律概念"，行政机关于受理具体案件时，应就具体事实认定。此外，"大法官"还认为，命名之雅与不雅，系于姓名权人主观之价值观念，行政机关于认定时宜予以尊重。经过第二步，"大法官"建立起保障姓名权之基本框架。

第三步,"大法官"运用以上所形成之框架,认定系争之第 682266 号函释有违保障姓名权之意旨。"大法官"认为,姓名文字与读音会意有不可分之关系,读音会意之不雅,自属台湾地区"姓名条例"所称得申请改名之特殊原因之一,因此,系争之第 682266 号函释有违保障人格权之本质,应不予援用。

至此,"大法官"完成本案之论证。认定不再援用系争之第 682266 号函释。

【延伸思考】

"大法官"对本案之论证相当清晰,且无"大法官"对本案之"解释文"和"解释理由书"提出不同意见或协同意见,但本案并非无值得探讨之处。

第一,未列举权利之本质为何,是否仅仅是指在形式上未被明确载入基本权利专章的基本权利?按自然法学派之人权思想,人权乃是天赋,而非法赋,此一观点虽不具有实践基础,而仅为抽象之哲学思考,但的确可为证成人权正当性之理论依据。由是观之,如若一项权利的确为基本权利,则不必由基本权利专章加以规定,则由人民所自然享有。从此意义而言,基本权利专章仅具有宣言之性质,而并无绝对之规范意义,未列举之基本权利似乎可不必经过如此繁复之推演。这一观点,在德国法的实务中亦有反映:德国联邦宪法法院认为,只要具体个案性判断涉及特别宪法规定,抑或客观宪法权,则不属于未列举权利。其中,特别宪法规定被解释为已列举权利,而客观宪法权,则被解释为原权或固有权,亦即不需基本权利专章规定亦可由人民享有之基本权利。那么,未列举权利又指为何呢?有台湾学者从未列举权利中推演"新兴权利",即非传统意义上的基本权利,而属在新的社会实践中所涌现的基本权利。如果转换视角,即将未列举权利的本质定义为"新兴权利",是否更加符合人权之内在逻辑?

若此，则未列举权利与已列举权利之间的本质区别，则在于被确认为基本权利的时间上有着先后关系。此一观点值得在实证基础上做进一步探究。

第二，正如有学者提出，作为概括性人权规范的台湾地区现行"宪法"第22条当前仍主要运用于婚姻家庭领域，如本案所推演之姓名权、"释字第293号解释"和"释字第443号解释"所推演之隐私权，以及"释字第242号解释"所推演之家庭权等。与此相应，德国基本法所规定之概括性人权规范，则多运用于财产性权利、外国人权利等，两者区别颇为悬殊。除开德国法上某些未列举权利在台湾地区基本权利专章中已有明确规定，两者的区别展现出台湾地区"司法院大法官"何种解释风格，不无值得探讨之处。

第三，本案在论证中思路虽然清晰，但并非无值得探讨之漏洞。如"大法官"既然已经提出在基本权利框架下保障人民之姓名权，但为何仍未按照台湾地区现行"宪法"第23条之经典法则（如法律保留原则、比例原则等），对系争之函释予以审查，而是绕到"不确定法律概念"的确定方法上，在释义学上是否有舍近求远之感，也值得探讨。

参考文献

一、论著

[1] [英] 约翰·弥尔顿：《论出版自由》，吴之椿译，商务印书馆 1958 年版。

[2] [英] 约翰·密尔：《论自由》，程崇华译，商务印书馆 1982 年版。

[3] 殷鼎：《理解的命运》，生活·读书·新知三联书店 1988 年版。

[4] 林子仪：《言论自由与新闻自由》，月旦出版社有限公司 1993 年版。

[5] 荆知仁：《美国宪法与宪政》，三民书局 1993 年版。

[6] 法治斌：《人权保障与司法审查》，月旦出版社有限公司 1994 年版。

[7] 城仲模：《行政法之一般法律原则》（一），三民书局 1994 年版。

[8] 苏永钦：《合宪性控制的理论与实际》，月旦出版社有限公司 1994 年版。

[9] [美] 杰罗姆·巴伦、托马斯·狄恩斯：《美国宪法概论》，中国社会科学出版社 1995 年版。

[10] 陈新民：《行政法总论》，台湾三民书局 1997 年版。

[11] 蔡志方：《行政法三十六讲》，台湾成功大学法律学研究所法学丛书编辑委员会 1997 年版。

[12] 城仲模编：《行政法之一般法律原则》（二），三民书局 1997 年版。

[13] [美] 卡尔·J. 弗里德里希：《超验正义——宪政的宗教之维》，周勇、王丽芝译，生活·读书·新知三联书店 1997 年版。

[14] 林纪东：《"中华民国宪法" 逐条释义》（一），三民书局 1998 年版。

[15] 刘孔中、李建良：《宪法解释之理论与实务》，"中央研究院" 中山人文社会科学研究所 1998 年版。

[16] 陈敏：《行政法总论》，三民书局1998年版。

[17] 陈新民：《宪法基本权利之基本理论》（上册），元照出版有限公司1999年版。

[18] 蔡震荣：《行政法理论与基本人权之保障》，五南图书出版股份有限公司1999年版。

[19] ［英］伯里：《思想自由史》，吉林人民出版社1999年版。

[20] 苏永钦：《违宪审查》，学林出版股份有限公司1999年版。

[21] 李建良、简资修：《宪法解释之理论与实务》（第二辑），"中央研究院"中山人文社会科学研究所2000年版。

[22] 台湾行政法学会主编：《行政法争议问题研究》（上），五南图书出版股份有限公司2000年版。

[23] 翁岳生编：《行政法》，中国法制出版社2000年版。

[24] 陈新民：《宪法学导论》，作者自刊2001年版。

[25] 李震山：《人性尊严与人权保障》，元照出版有限公司2001年版。

[26] 陈新民：《德国公法学基础理论》（上册），山东人民出版社2001年版。

[27] 陈新民：《德国公法学基础理论》（下册），山东人民出版社2001年版。

[28] 蔡维音：《社会国之法理基础》，正典文化2001年版。

[29] 张千帆：《西方宪政体系》（上册），中国政法大学出版社2001年版。

[30] 张千帆：《西方宪政体系》（下册），中国政法大学出版社2001年版。

[31] 陈新民：《"中华民国宪法"释论》，作者自刊2001年版。

[32] ［美］德沃金：《自由的法》，刘丽君译，上海人民出版社2001年版。

[33] 李念祖编著：《宪法原理与基本人权概论》，三民书局2002年。

[34] 刘孔中、陈新民主编：《宪法解释之理论与实务》（第三辑下），"中央研究院"中山人文社会科学研究所2002年版。

[35] ［德］罗伯特·阿列克西：《法律论证理论——作为法律证立理论的理性论辩理论》，舒国滢译，中国法制出版社2002年版。

[36] 翁岳生召集：《德国联邦宪法法院裁判选辑》（十），台湾地区"司法院"2002版。

[37] ［德］卡尔·拉伦茨：《法学方法论》，陈爱娥译，商务印书馆2003年版。

[38] 颜厥安：《法与实践理性》，中国政法大学出版社 2003 年版。

[39] 李念祖：《人权保障的程序》，三民书局 2003 年版。

[40] 许宗力：《法与国家权力》，月旦出版社有限公司 2003 年版。

[41] 叶俊荣：《行政法案例分析与研究方法》，三民书局 2003 年版。

[42] 陈慈阳：《宪法学》，元照出版有限公司 2004 年版。

[43] 吴庚：《宪法的解释与适用》，三民书局 2004 年版。

[44] [德] 海德格尔：《林中路》，孙周兴译，上海译文出版社 2004 年版。

[45] 《公法学与政治理论——吴庚大法官荣退论文集》，元照出版有限公司 2004 年版。

[46] 翁岳生召集：《德国联邦宪法法院裁判选辑》（十一），台湾地区"司法院" 2004 版。

[47] [德] 卡尔·施米特：《宪法学说》，刘锋译，世纪出版集团、上海人民出版社 2005 年版。

[48] 吴庚：《行政法之理论与实用》，中国政法大学出版社 2005 年版。

[49] 法治斌、董保城：《宪法新论》，元照出版有限公司 2005 年版。

[50] 邱小平：《表达自由——美国宪法第一修正案研究》，北京大学出版社 2005 年版。

[51] 许育典：《宗教自由与宗教法》，元照出版有限公司 2005 年版。

[52] 萧淑芬：《基本权基础理论之继受与展望》，元照出版有限公司 2005 年版。

[53] 李震山：《多元、宽容与人权保障》，元照出版有限公司 2005 年版。

[54] 许育典：《宪法》，元照出版有限公司 2006 年版。

[55] 许育典：《文化宪法与文化国》，元照出版有限公司 2006 年版。

[56] 黄茂荣：《法学方法与现代民法》，台湾大学法学丛书编辑委员会 2006 年版。

[57] 吴志光：《行政法》，新学林出版股份有限公司 2006 年版。

[58] 董保城：《法治与权利救济》，元照出版有限公司 2006 年版。

[59] 李惠宗：《宪法要义》，元照出版有限公司 2006 年版。

[60] 李念祖：《人权保障的内容》（下），三民书局 2006 年版。

[61] 王鹏翔：《基本权的规范结构与立法余地问题》，载《台大公法中心新秀论坛论

文集》，2006年11月。

[62] [日] 阿部照哉等：《宪法》（下），周宗宪译，中国政法大学出版社2006年版。

[63] 周叶中、祝捷：《台湾地区"宪政改革"研究》，香港社会科学出版社有限公司2007年版。

[64] 肖金明主编：《人权保障与权力制约》，山东人民出版社2007年版。

[65] [德] 康德拉·黑塞：《联邦德国宪法纲要》，李辉译，商务印书馆2007年版。

[66] 祝捷：《论比例原则在行政机构设置领域之适用》，载《华中法律评论》，华中科技大学出版社2007年版。

[67] 许宗力：《法与国家权力》（二），元照出版有限公司2007年版。

[68] 许宗力：《宪法与法治国行政》，元照出版有限公司2007年版。

[69] 黄昭元：《大法官有关平等权解释审查标准之分析检讨：从释字第六二六号解释谈起》，载《"第六届'宪法解释之理论与实务'学术研讨会"论文集》，2008年1月。

[70] 祝捷：《宪法解释方法论之批判与重构》，载《公法评论》（第5卷），北京大学出版社2008年版。

[71] 汤德宗：《违宪审查基准体系建构初探——阶层式比例原则构想》，载廖福特主编：《宪法解释之理论与实务》第6辑，"中央研究院法律学研究所筹备处"2009年版。

[72] 李震山：《行政法导论》，三民书局2009年版。

[73] 翁岳生：《法治国家之行政法与司法》，元照出版有限公司2009年版。

[74] 周叶中、江国华：《从工具选择到价值认同——民国立宪评论》，武汉大学法学院出版社2010年版。

[75] 祝捷主编：《外国宪法》，武汉大学出版社2010年版。

[76] 祝捷：《宪法基本权利规范的中国特色——以私有财产权条款为例》，载《人权研究》（第9卷），山东人民出版社2010年版。

二、期刊论文

[1] 林合民：《公法之信赖保护原则》，台湾大学法研所硕士论文，1985年。

[2] 李建良：《论学术自由与大学自治之宪法保障——司法院大法官释字第三八○号解释及其相关问题之研究》，《人文及社会科学集刊》1996 年第 8 卷第 1 期。

[3] 李建良：《基本权利理论体系之构成及其思考层次》，《人文及社会科学集刊》1997 年第 9 卷第 1 期。

[4] 林子仪：《新闻自由与诽谤——一个严肃的宪法课题》，《全国律师》1997 年 5 月号。

[5] 汤德宗：《论宪法上的正当程序保障》，《宪政时代》2000 年第 25 卷第 4 期。

[6] 法治斌：《保障言论自由的迟来正义——评司法院大法官释字第五零九号解释》，《月旦法学》第 65 期。

[7] 陈爱娥：《阅卷委员的学术评价余地与诉讼权保障》，《月旦法学杂志》2002 年第 82 期。

[8] 黄昭元：《宪法权利限制的司法审查标准：美国类型化多元标准模式的比较分析》，《台大法学论丛》2004 年第 33 卷第 3 期。

[9] 吴永乾：《美国诽谤法所称"真实恶意"法则之研究》，《中正大学法学集刊》2004 年第 15 期。

[10] 宋健弘：《考试评分之判断余地》，《成大法学》第 14 期。

[11] 王鹏翔：《论基本权的规范结构》，《台大法学论丛》2005 年第 34 卷第 2 期。

[12] 陈怡如：《司法院大法官平等原则违宪审查标准之探究》，《静宜人文社会学报》2006 年第 1 卷第 1 期。

[13] 黄舒芃：《"功能最适"原则下司法违宪审查权与立法权的区分——德国功能法论述取向之问题与解套》，《政大法学评论》2006 年第 91 期。

[14] 蔡维音：《财产权之保护内涵与释义学结构》，《成大法学》2006 年第 11 期。

[15] 周叶中、祝捷：《我国台湾地区"违宪审查制度"改革评析》，《法学评论》2007 年第 4 期。

[16] 郭德厚：《法律语句及其意义之矛盾性》，《中正大学法学集刊》2007 年第 22 期。

[17] 王鹏翔：《基本权作为最佳化命令与框架秩序——从原则理论初探立法余地问题》，《东吴法律学报》2007 年第 18 卷第 3 期。

[18] 欧爱民：《法律明确性原则宪法适用的技术方案》，《法制与社会发展》2008年第1期。

[19] 廖元毫：《高深莫测，抑或乱中有序？——论现任大法官在基本权利案件中的"审查基准"》，《中研院法学期刊》2008年第2期。

[20] 黄锦堂：《自治事项与委办事项之划分标准》，《政大法学评论》2008年第102期。

[21] 李建良：《经济管制的平等思维》，《政大法学评论》2008年第102期。

[22] 张志伟：《比例原则与立法形成余地》，《中正大学法学集刊》2008年第24期。

[23] 王晓丹：《法律叙事的女性主义法学分析》，《政大法学评论》2008年第106期。

后　　记

　　对台湾地区"司法院大法官解释"所涉案件按照一定体系进行整理与研读，既是推动台湾问题及两岸关系研究规范化、精细化与实证化所需，又可为大陆法学学人提供可资借鉴与参考之素材。2007年，我与恩师周叶中教授在合作撰写《台湾地区"宪政改革"研究》一书时，曾从公权力体制、基本权利和两岸关系三个方面对台湾地区"司法院大法官解释"作了系统地整理。但由于彼书并非以台湾地区"司法院大法官解释"为描述对象，因而所为之整理与介绍，较为简略，造成遗憾。因此，我总是想对台湾地区"司法院大法官解释"进行更加详细之探讨，遂形成撰写本书之原初动机，此事也因此构成作者的一桩心愿。

　　2009年5月，博士论文答辩完后，进入一段相对空闲的时期，为打发时间，我便开始草拟本书之结构与初稿。但由于毕业时期杂事众多，因此，此阶段之写作仅完成总论和部分的分论。入职武汉大学后，由于教学和科研任务接踵而至，竟有两年无暇重新拾起本书的写作。2011年暑假开始，才开始重启本书的写作。后经多次暂停与反复，终于在2012年寒假期间完成初稿，总算是了却心愿。

　　本书的思路与想法，曾向几位师友提起。恩师周叶中教授听说我的想法以及阅读本书的初稿后，曾对本书提出过诸多中肯的意见，对我启发良多。邓剑光、伍华军、朱松岭、陈星和易赛键等好友亦对本书的最终完成和出版提供了宝贵的帮助。本书的出版，还得益于九州出版社王守兵老师的大力协助，在此一并感谢。

当然，由于作者水平有限，加之时间仓促，书中难免存在错漏和不合理之处，烦请读者不吝赐教。

祝捷

2012 年 8 月 16 日

于武汉大学珞珈山